21世纪应用型本科财税系列规划教材

税　法

（第六版）

安仲文　编著

东北财经大学出版社
Dongbei University of Finance & Economics Press
大　连

图书在版编目（CIP）数据

税法/安仲文编著. —6版.—大连：东北财经大学出版社，2018.8（2019.1重印）
（21世纪应用型本科财税系列规划教材）
ISBN 978-7-5654-3299-6

Ⅰ. 税…　Ⅱ. 安…　Ⅲ. 税法-中国-高等学校-教材　Ⅳ. D922.22

中国版本图书馆CIP数据核字（2018）第186685号

东北财经大学出版社出版
（大连市黑石礁尖山街217号　邮政编码　116025）
网　　址：http：//www.dufep.cn
读者信箱：dufep@dufe.edu.cn
大连永盛印业有限公司印刷　　东北财经大学出版社发行

幅面尺寸：148mm×210mm　　字数：485千字　　印张：15.5
2018年8月第6版　　2019年1月第17次印刷

责任编辑：孙晓梅　　责任校对：惠恩乐
封面设计：冀贵收　　版式设计：钟福建

定价：35.00元

教学支持　售后服务　联系电话：（0411）84710309

如有印装质量问题，请联系营销部：（0411）84710711

第六版前言

税法是国家法律体系的重要组成部分，是调整税收关系的法律规范的总称。税法与税收密不可分，税法是税收的法律表现形式，税收则是税法确定的具体内容。我国《宪法》第56条规定："中华人民共和国公民有依照法律纳税的义务。"

进入21世纪以来，我国继续实行新一轮税制改革，按照"简税制、宽税基、低税率、严征管"的原则，积极稳妥地分步对现行税制进行有增有减的结构性改革。

本书是根据我国现行税收法律、法规编写的，内容包括税收实体法和税收程序法两大部分。全书共十七章，在编写过程中，尽量体现全面、实用、新颖的特点，做到深入浅出、通俗易懂。除了介绍税法基本理论、基本要素外，更注重理论与实际相结合，侧重于介绍国家最新颁布实施的税收法律、法规与税收计算实例，以便让读者在较短的时间内对我国现行税种有比较全面的了解，并能在税务实践中熟练应用。

改革国税地税征管体制，构建优化高效统一的税收征管体系，是完善税收体制、优化政府服务的迫切需要，是推进国家治理体系和治理能力现代化的重要举措。党的十九届三中全会审议通过的《深化党和国家机构改革方案》提出，将省级和省级以下国税地税机构合并，实行以国家税务总局为主与省（自治区、直辖市）政府双重领导管理体制。本次修订是继"营改增"之后，在全面推进资源税改革、2018年1月1日起开征环保税、烟叶税法和船舶吨税法于2018年7月1日起实施，以及税务机构合并的背景下进行的。**本次重印时，根据有关税法的规定，再次更新了相关内容。**

本书适合高等院校法学类、经济类、管理类专业的学生使用，也可以作为财税人员、企业财会人员的学习参考书。

本书由广西建设职业技术学院安仲文教授编著。在编写过程中，编著者参阅了许多近年来出版的税收类和法学类专著、教材、刊物，借鉴和吸收了国内外众多学者、同仁的研究成果，在此谨致以诚挚的谢意。

编著者

目　录

第一章

税法基本原理

第一节　税收与税法

马克思指出：赋税是政府机器的经济基础，而不是其他任何东西。国家存在的经济体现就是捐税。列宁也说过：所谓赋税，就是国家不付任何报酬而向居民取得东西。

税收是国家凭借政治权力强制、无偿地向社会经济组织和个人取得货币或实物收入的一种工具。征税的主体是国家，任何机构和团体都无权征税。税收依据的是政治权力，而不是凭借生产资料所有者的身份去参与分配，对所有的经济形式都可以参与其分配；对于国有企业来说，国家可以生产资料所有者的身份参与利润分配，但有其局限性。征税的目的是满足国家的财政需要，即国家行使其职能的需要。税收分配的客体是剩余产品 M，税收不能把社会产品价值中的生产资料 C 和劳动者报酬 V 作为分配的内容，否则简单再生产将无法持续。税收具有强制性、无偿性和固定性的特征。

税法是税收的存在形式。税收之所以采取法的形式，是由税收和税法的本质与特性决定的。从税收的本质来看，税收是强制、无偿地取得，没有法律的保护就无法实现这一目标。从形式特征来看，税收具有强制性、无偿性、固定性的特点，因此必须有法律的保证才能实现税收的稳定性。从税收的职能来看，税收具有取得收入和调节经济两大基本职能，要想实现这两大职能，就需要税收法律保护。税法以权威性、公正性、规范性成为体现纳税规则的最佳方式。

税法与税收密不可分，税法是税收的法律表现形式，税收则是税法所确定的具体内容。

税法是国家制定的用以调整国家与纳税人之间在征纳方面的权利及义务关系的法律规范的总称。税法的本质是正确处理国家与纳税人之间因税收而产生的税收法律关系和社会关系。既要保证国家的税收收入，也要保护纳税人的权利，两者缺一不可。税法体现为法律这一规范形式，是税收制度的核心内容。

制定税法的主体是国家最高权力机关，在我国是全国人民代表大会及其常务委员会。同时，在一定的法律框架之下，地方立法机关也拥有一定的税收立法权。此外，国家最高权力机关还可以授权行政机关制定某些税法。

税法的调整对象是税收分配中形成的权利义务关系。税收分配关系包括国家与纳税人之间的税收分配关系和各级政府的税收利益分配关系。如果说实现税收分配是目标，从法律上设定税收权利义务则是实现目标的手段。税法调整的是税收权利义务关系，而不是税收分配关系。

税法有广义和狭义之分。从广义上讲，税法是各种税收法律规范的总和。从立法层次上讲，它既包括由国家最高权力机关——全国人民代表大会及其常务委员会正式制定的税收法律，也包括国家最高行政机关——国务院制定的税收法规、由省级人民代表大会制定的地方性税收法规以及有关政府部门制定的税收规章等。从狭义上讲，税法指的是经国家最高权力机关正式立法的税收法律。

从立法过程来看，税法属于制定法。现代国家的税法都是经过一定的立法程序制定出来的，而不是约定俗成的。

从法律性质来看，税法属于义务性法规，义务性法规的一个显著特点是具有强制性。从定义推理，税收是纳税人经济利益向国家的无偿让渡，即国家通过政治权力将原属于社会经济组织和个人的社会产品强行划为国家所有，所以带有强制性，其力度仅次于刑法。权利义务对等是一个基本的法律原则。从财政的角度看，纳税人从国家的公共支出中得到了许多权利，这些权利是通过其他授权性法规赋予的；而从税法的角度看，纳税人则以尽义务为主，所以称税法为义务性法规。税法属于义务性法规，并不是指税法没有规定纳税人的权利，而是说纳税人的权利建立在其纳税义务的基础之上，是从属性的。例如，纳税人有依法申请行政复议的权利，也有依法提请行政诉讼的权利等。这些权利都是以履行纳税义务为前提派生出来的。

从内容看，税法具有综合性。税法不是单一的法律，而是由实体法、程序法、争讼法等构成的综合法律体系。其内容涉及课税的基本原则、征纳双方的权利义务、税收管理规则、解决税务争议的法律规范等，包括立法、行政执法、司法各个方面。其结构包括：宪法加税收法典；宪法加税收基本法加税收单行法律、法规；宪法加税收单行法律、法规。我国现使用宪法加税收单行法律、法规。

一、税法原则

税法原则反映税收活动的根本属性，是税收法律制度建立的基础。税法原则包括税法基本原则和税法适用原则。

（一）税法基本原则

税法基本原则是统领所有税收规范的根本准则，是包括税收立法、执法、司法在内的一切税收活动所必须遵守的。其中，税收法定原则是税法基本原则的核心。

从法理学角度分析，税法基本原则可以概括成税收法律主义、税收公平主义、税收合作信赖主义与实质课税原则。

1. 税收法律主义。它又称税收法定主义或税收法定性原则，指税收的征收和缴纳必须基于法律的规定进行。没有法律依据，国家就不能征税，任何人就不得被要求纳税。任何税收行为必须具备法律依据，税收立法与执法只能在法律的授权下进行，税务机关不能在没有法律依据的情况下征收税款。需要特别指出的是，这里所指的法律仅限于国家立法机关制定的法律，不包括行政法规；对税收法律的解释应该从严，不得扩大解释，不得类推适用。税收法律主义的要求是双向的：一方面，它要求纳税人必须依法纳税；另一方面，课税只能在法律的授权下进行，超越法律规定的课税是违法和无效的。这一原则的确立使税收立法权从政府的课税权力中分离出来，为当时的资产阶级民主政治的建立增添了坚实的法律基础。在现代社会，税收法律主义的功能偏重于保持税法的稳定性与可预测性。税收法律主义可以概括成课税要素法定、课税要素明确和依法稽征三个具体原则。

（1）课税要素法定原则，即课税要素必须由法律直接规定。课税要素不仅包括纳税人、征税对象、税率、税收优惠，而且包括征税基本程序和税务争议的解决办法等。课税要素的基本内容应由法律直接规定，实施细则等仅是补充。以行政立法形式通过的税收法规、规章，如果没有税收法律作为依据或者违反了税收法律的规定都是无效的。

（2）课税要素明确原则，即有关课税要素的规定必须尽量地明确而不出现歧义、矛盾，在基本内容上不出现漏洞。同时，出于适当保留税务执法机关的自由裁量权、便于征收管理、协调税法体系的目的和立法技术上的要求，有时在税法中做出较模糊的规定是难免的，一般并不认为这是对税收法律主义的违背，但是这种模糊的规定必须受到限制。另外，经过法律解释含义仍不确切的概念也是不能在税法中成立的；否则，课税要素明确原则就失去了存在的价值。

（3）依法稽征原则，即税务行政机关必须严格依据法律的规定稽核征收，而无权变动法定课税要素和法定征收程序。这一原则包含依法定课税要素稽征和依法定征收程序稽征两个方面。依法稽征原则的适用事实上也受到一定的限制，这主要是由税收法律主义与其他税法原则的冲突和稽征技术上的困难造成的。但是，无论如何，其根本目的必须是提高税务行政效率，方便纳税人缴税，解决稽征技术上的困难，而不是对税法的规避。

2. 税收公平主义。它是近代法的基本原理——平等性原则——在课税思想上的具体体现，与其他税法原则相比，税收公平主义渗入了更多的社会要求。一般认为，经济上的税收公平最基本的含义是：税收负担必须根据纳税人的负担能力分配，负担能力相等，税负相同；负担能力不等，税负不同（用收入指标、财产或消费水平指标确定负担能力）。法律上的税收公平主义与经济上的税收公平较为接近，其基本思想内涵是相通的。两者的区别是：一是经济上的税收公平是作为一种经济理论提出来的，可以作为制定税法的参考，但是对政府与纳税人尚不具备强制性的约束力。二是经济上的税收公平主要是从税收负担带来的经济后果上考虑，而法律上的税收公平主义不仅要考虑税收负担的合理分配，而且要从税收立法、执法、司法各个方面考虑。三是法律上的税收公平主义是有具体法律制度予以保障的，如行政复议制度、行政诉讼制度体现了税收公平主义精神。

3. 税收合作信赖主义。它也称公众信任原则，在很大程度上汲取了民法“诚实信用”原则的合理思想，认为税收征纳双方的关系就主流来看是相互信赖、相互合作的，而不是对抗的。税务机关用行政处罚手段强制征税也是基于双方的合作关系，目的是提醒纳税人与税务机关合作，自觉纳税。税收合作信赖主义与税收法律主义存在一定的冲突，因此，许多国家税法在适用这一原则时都做了一定的限制。首先，税务机关的合作信赖表示应是正式的，纳税人不能把税务人员个人私下的表示误认为是税务机关的决定，不能要求引用税收合作信赖主义少缴税。其次，对纳税人的信赖必须值得保护。如果税务机关的错误表示是基于纳税人方面隐瞒事实或报告虚假做出的，则对纳税人的信赖不值得保护。再次，纳税人必须信赖税务机关的错误表示并据此做出某种纳税行为。也就是说，纳税人已经构成对税务机关表示的信赖，但没有据此做出某种纳税行为，或者这种信赖与其纳税行为没有因果关系，也不能引用税收合作信赖主义。

4. 实质课税原则。它指应根据纳税人的真实负担能力决定纳税人的税负，不能仅考核其表面上是否符合课税要件。之所以提出这一原则，是因为纳税人是否满足课税要件，其外在形式与内在真实之间往往会因一些客观因素或纳税人的刻意伪装而产生差异。例如，纳税人转移定价而减少计税所得，税务机关根据该原则有权重新估定计税价格，并据以计算应纳税额。实质课税原则的意义在于防止纳税人避税与偷税，增强税法适用的公正性。

（二）税法适用原则

税法适用原则是指税务行政机关和司法机关运用税收法律规范解决具体问题所必须遵循的准则。税法适用原则在一定程度上体现税法的立法原则，但相比之下，税法适用原则含有更多的法律技术性准则，更为具体化。

1. 法律优位原则。它也称行政立法不得抵触法律原则，在税法中的作用主要体现在处理不同等级税法的关系上。

2. 法律不溯及既往原则。它是绝大多数国家所遵循的法律程序技术原则。在税法领域坚持这一原则，目的在于维护税法的稳定性和可预测性，使纳税人能在知道纳税结果的前提下做出相应的经济决策，这样，税收的调节作用才会较为有效；否则，就会违背税收法律主义和税收合作信赖主义，对纳税人也是不公平的。一些国家在处理税法的溯及力问题时，还坚持有利溯及原则。

3. 新法优于旧法原则。它也称后法优于先法原则，其含义为：新法、旧法对于同一事项有不同规定时，新法的效力优于旧法。新法优于旧法原则的适用，以新法生效实施为标志。新法优于旧法原则在税法中普遍运用，但是当新税法与旧税法处于普通法与特别法的关系时，以及某些程序性税法引用“实体从旧、程序从新原则”时，可以例外。

4. 特别法优于普通法原则。其含义为：对同一事项，两部法律分别订有一般和特别规定时，特别规定的效力高于一般规定的效力。特别法优于普通法原则打破了税法效力等级的限制，即居于特别法地位级别较低的税法，其效力可以高于作为普通法的级别较高的税法。例如，2001年版《中华人民共和国税收征收管理法》（以下简称《税收征管法》）是由全国人大常委会通过的，而《中华人民共和国行政处罚法》是由全国人大通过的，两者对于行政处罚的追溯时效有5年和2年两种不同规定。按照特别法优于普通法原则，在税务行政处罚过程中应当遵循5年的追溯时效。

5. 实体从旧、程序从新原则。其含义包括两个方面：一是实体税法不具备溯及力；二是程序性税法在特定条件下具备一定的溯及力。新程序性税法主要涉及税款征收方式的改变，其效力发生时间的适当提前，并不构成对纳税人权利的侵犯，也不违背税收合作信赖主义。

6. 程序优于实体原则。它是关于税收争讼法的原则，其基本含义为：在诉讼发生时，税收程序法优于税收实体法适用。适用这一原则，是为了确保国家课税权的实现，不因争议的发生而影响税款及时、足额入库。例如，《税收征管法》规定，纳税人、扣缴义务人、纳税担保人同税务机关在纳税上发生争议时，必须先依照税务机关的纳税决定缴纳或者解缴税款及滞纳金或者提供相应的担保，然后可以依法申请行政复议。

二、税法的渊源、适用范围和解释

（一）税法的渊源

法律的渊源又称法源，一般是指法的效力来源，即根据法的效力来源而表现的法的不同形式。税法的渊源也就是与税法有关的法的存在形式。税法的渊源主要是成文法。现行国家的税法都是经过一定的立法程序创制出来的，即税法是由国家制定的，而不是认可的。至于判例，即使在英美法系国家也仅是税法的补充，其主体仍然是成文法。税法的渊源有国内税法渊源，如宪法、法律、法规、规章等；有国际税法渊源，如税收协定、国际公约等。在有些国家，判例法也成为税法的渊源。

1. 宪法。宪法是每个民主国家最根本的法的渊源，其地位和效力是最高的。宪法规定了国家的性质、任务、基本制度，国家主要立法、司法、行政机关的组成、任期、权限，公民的基本权利和义务等根本问题。宪法作为税法的渊源表现在两个方面：一是直接的渊源，即宪法中关于税收的直接规定。各个国家一般都将税收列入宪法，做出或多或少的规定，《中华人民共和国宪法》（以下简称《宪法》）也在第56条中规定公民有依法纳税的义务。二是间接渊源，即宪法中的各项原则规定，在税收立法、司法、执法中必须严格遵循，不得违背。宪法确定的经济制度、分配制度、社会制度、民族区域自治政策、司法原则、公民的权利和义务，在现行税法体系中都有较为充分的体现。

2. 税收法律。这是指由享有国家立法权的国家最高权力机关，依照法律程序制定的规范性税收文件，其法律地位和效力仅次于宪法。在联邦制国家和部分单一制国家，由于税收立法权的分工和分税制的实行，税收法律形成了由中央立法机关立法的中央税法体系和由地方立法机关立法的地方税法体系。

3. 税收法规。这是指由国家最高行政机关制定的规范性税收文件。在我国，由地方立法机关制定的规范性税收文件也属于税收法规。税收法规的效力低于正式税收法律。我国税收法规的形式主要有税收条例、暂行条例、实施细则以及其他具有规范性内容的税收文件。在现阶段，税收法规是我国税收立法的主要形式。随着我国税收立法体制的完善，我国实体税法的整体法律层次应有所提高，大部分税种的征收应采用正式法律形式。

4. 税收规章。这是指有权的国家最高税务行政机关为执行税法制定的规范性文件，是税法的具体化，其作用在于使税法具有可操作性。税收规章的法律效力虽低于税收法规，但也是广义上税法的组成部分，属于税法的渊源。

5. 国际条约和国际惯例。国际条约是指一国作为国际法主体同外国缔结的双边、多边协议和其他具有条约、协定性质的文件。条约生效后，根据“条约必须遵守”的国际惯例，对缔约国就具有法律上的约束力，因而国际条约也是税法的渊源。国际条约的名称很多，如条约、公约、合约、协定、宣言、公报、议定书、盟约、换文、宪章等。

国际惯例是指以国际法院等各种国际裁决机构的判例所体现或确认的国际法规则和国际交往中形成的共同遵守的不成文的习惯。国际惯例是国际条约的补充。

我国国内法规定了国际条约和国际惯例的法律效力，如《中华人民共和国民法通则》规定：“中华人民共和国缔结或者参加的国际条约同中华人民共和国的民事法律有不同规定的，适用国际条约的规定，但中华人民共和国声明保留的条款除外。中华人民共和国法律和中华人民共和国缔结或者参加的国际条约没有规定的，可以适用国际惯例。”因此，国际条约和国际惯例也构成税法的渊源。涉及税收问题的国际条约及国际惯例如下：

（1）双边税收协定。随着国际经济贸易的日益发展，为防止不同国家之间双重征税，国与国之间签订双边税收协定的情况越来越多。

（2）多边税收协定。在地区和区域范围内，各国为消除重复征税也制定了一些共同规则，如拉美地区国家 1977 年通过的《在成员国和安第斯区域以外其他成员国之间避免重复征税的协定范本》以及《在安第斯集团内部避免重复征税的协定范本》，1972 年丹麦、芬兰、冰岛、挪威和瑞典五国签订的《关于税务行政管理援助的协定》等。

（3）国际公约。在一些国际公约中，也规定了有关国际税收的条文，如 1961 年的《维也纳外交关系公约》、1963 年的《维也纳领事关系公约》等，对外交和领事官员的税收豁免做出了规定。

（4）各国的涉外税收法规。一国的涉外税法是调整该国与跨国纳税人之间税收征纳关系的法律规范。它虽然受到税收管辖权的限制，但一国在与他国缔结税收协定时，往往要考虑国内税法的规定，使两者有机结合起来。因此各国的涉外税法也是国际税法的渊源。

（5）国际法院和各国法院关于税收纠纷的判例。根据《国际法院规约》第 38 条，国际法院和各国法院关于税收纠纷的判例可以作为确定国际税法原则的补充资料。许多国家把司法判例作为税法的渊源，与税法具有同等效力。但我国最高人民法院发布的有关判例不作为税法的渊源，只在审判实践中作为参考。

（6）国际惯例。由于国际惯例是逐渐形成的，各国在处理国际税收问题上的某些做法被实践证明为行之有效时，这种做法就成为国际惯例。比如，目前各国对在本国未设立机构、场所的公司、企业或个人取得的来源于该国的所得实行源泉扣缴所得税（即预提税）的办法。鉴于预提税已成为国际惯例，在所有的税收协定中，都对预提税的范围和税率做出了限制性规定。

（二）税法的适用范围

税法的适用范围即税法的效力，是指税法在什么地方、什么时间、对什么人具有法律效力。税法的效力范围表现为空间效力、时间效力和对人的效力。

1. 税法的空间效力。这是指税法在特定地域内发生效力。我国税法的空间效力主要包括两种情况：一是在全国范围内有效。由全国人民代表大会及其常务委员会制定的税收法律，由国务院制定的税收行政法规，由财政部、国家税务总局制定的税收行政规章以及具有普遍约束力的税务行政命令，在除个别特殊地区外的全国范围内有效。这里所谓的“个别特殊地区”，主要指中国香港、中国澳门、中国台湾等。二是在地方范围内有效。这也包括两种情况：其一是在特定的管辖区域有效，如由地方立法机关或政府依法制定的地方性税收法规、规章、具有普遍约束力的税收行政命令，在其管辖区域内有效；其二是在特定地区有效，如由全国人民代表大会及其常务委员会、国务院、财政部、国家税务总局制定的具有特别法性质的税收法律、税收法规、税收规章和具有普遍约束力的税收行政命令在特定地区（如经济特区，老、少、边、穷地区）有效。

2. 税法的时间效力。这是指税法何时开始生效、何时终止效力和有无溯及力的问题。

（1）税法的生效。在我国，税法的生效分为三种情况：一是税法通过一段时间后生效。其优点在于可以使广大纳税人和执法人员事先学习、了解和掌握该税法的具体内容，便于其得到准确贯彻和执行。二是税法自通过发布之日起生效。这种方式可以兼顾税法实施的及时性与准确性，目前大多采用这种方式。三是税法公布后授权地方政府自行确定实施日期。这种税法生效方式实质上是将税收管理权限下放给地方政府。

（2）税法的失效。税法的失效表明其法律约束力的终止，通常有三种类型：一是以新税法代替旧税法，即以在新税法中规定的生效日期为旧税法的失效日期。这是最常见的形式。二是直接宣布废止某项税法。三是税法本身规定废止日期，届时税法自动失效。

（3）关于溯及力问题。这是指一部新税法实施后，对其实施之前纳税人的行为如何适用。我国及许多国家都坚持不溯及既往的原则。

3. 税法对人的效力。在处理税法对人的效力时，国际上通行的原则有三个：一是属人主义原则，凡是本国的公民或居民，不管其身居国内还是国外，都要受本国税法的管辖。二是属地主义原则，凡是本国领域内的法人和个人，不管其身份如何，都适用本国税法。三是属人、属地相结合原则，我国税法采用这一原则。凡我国公民、在我国居住的外籍人员，以及在我国注册登记的法人或虽未在我国设立机构、场所，但有来源于我国收入的外国企业、公司、经济组织等，均适用我国税法。

（三）税法解释

税法解释是指法定解释，即有法定解释权的国家机关，在法律赋予的权限内，对有关税法或其条文进行的解释。对税法的解释有广义和狭义两种理解。广义的税法解释包括立法解释、行政解释和司法解释；狭义的税法解释仅指行政解释，特别是征税机关的解释。

税法解释可以按解释权限和解释尺度划分。

1. 按解释权限划分

（1）立法解释，是指税收立法机构对所设立税法的正式解释，包括全国人民代表大会及其常务委员会对税收法律做出的解释、有关行政机关和地方立法机关对相应税收法规做出的解释。税收立法解释还包括事前解释和事后解释。事前解释通常包含在税法正文或附则中，事后解释是指税法在实际执行和适用时发生疑问而由制定税法的机关所做出的解释。税收立法解释与被解释的税法具有同等法律效力。

（2）行政解释，也称税法执法解释，是指国家税务行政机关按照法律的授权，在执法过程中对税收法律、法规、规章如何具体应用所作的解释。税法的行政解释在行政执法中一般具有普遍的约束力。

（3）司法解释，是指最高司法机关对如何具体办理税务刑事案件和税务行政诉讼案件所作的具体解释或正式规定。它又分为由最高人民法院做出的司法解释、由最高人民检察院做出的检察解释，以及由最高人民法院和最高人民检察院联合做出的共同解释。司法解释具有法的效力，可以作为办案和适用法律、法规的依据。

2. 按解释尺度划分

（1）字面解释，是指严格按照税法条文的字面含义所做的解释。

（2）限制解释，是对税法条文所进行的窄于其字面含义的解释。

（3）扩大解释，是指对税法条文所进行的宽于其字面含义的解释，如印花税的征税范围。

税法解释是税法顺利运行的必要保证，它对税收执法、解决税收法律纠纷都是必不可少的。目前我国的税法解释存在以下问题：一是税法解释权限不够明确。按照法律规定，税法立法解释权是由制定税法的立法机关行使的，但由于税法的专业性较强，全国人大常委会将绝大部分立法解释权授予了国务院。另外，各级税务行政机关在立法解释上有多大权力、税法的行政解释和司法解释的关系如何，也不够明确。二是税法解释随意性较大，地方行政机关和地方政府越权参与税法解释的情况多，税法解释前后矛盾、上下矛盾的多，解释程序不规范。三是税法解释，特别是行政解释传递渠道多以“文件”形式下达，传播面窄，信息零散，不利于基层执法者和纳税人全面掌握，影响法律效力。四是税法解释的时间效力不明确。

改进我国的税法解释工作，要做到以下几点：一是应规范税法解释的权限；二是应依据税法的本意去解释，规范税法解释的形式、语言以及税法解释的程序，明确税法解释的效力；三是建立公开、统一、规范的税法解释传递系统；四是建立税法解释的监督和制约机制。这样，才能在维护税法的严肃性、稳定性的同时，提高税法的灵活性和可操作性。

三、税法的分类

1. 按照税法基本内容和效力的不同，可分为税收基本法和税收普通法

税收基本法是税法体系的主体和核心，在税法体系中起着税收母法的作用。其基本内容一般包括：税收制度的性质、税务管理机构、税收立法与管理权限、纳税人的基本权利与义务、税收征收范围（税种）等。我国政务院 1950 年发布的《全国税政实施要则》就具有税收基本法的性质。税收普通法是根据税收基本法的原则，对税收基本法规定的事项分别立法并实施，如个人所得税法、税收征收管理法等。我国目前还没有制定统一的税收基本法，随着我国税收法制建设的发展和完善，将研究制定税收基本法。

2. 按照税法功能作用的不同，可分为税收实体法和税收程序法

税收实体法主要是指确定税种立法，具体规定各税种的征收对象、征收范围、税目、税率、纳税地点等。例如，《中华人民共和国企业所得税法》《中华人民共和国个人所得税法》就属于税收实体法。税收程序法是指税务管理方面的法律，主要包括税收管理法、纳税程序法、发票管理法、税务机关组织法、税务争议处理法等。《税收征管法》就属于税收程序法。

3. 按照税法征收对象的不同，可分为对流转额课税的税法，对所得额课税的税法，对财产、行为课税的税法，对自然资源课税的税法

（1）对流转额课税的税法，主要包括增值税、消费税、关税等税

法[①]。这类税法的特点是与商品生产、流通、消费有密切关系。对什么商品征税、税率多高，这些对商品经济活动都有直接的影响，易于发挥对经济的宏观调控作用。

（2）对所得额课税的税法，主要包括企业所得税、个人所得税等税法。其特点是可以直接调节纳税人收入，发挥其公平税负、调整分配关系的作用。

（3）对财产、行为课税的税法，主要是对财产的价值或某种行为课税，包括房产税、车船税、印花税等税法。

（4）对自然资源课税的税法，主要是为保护和合理使用国家自然资源而课征的税。我国现行的资源税、城镇土地使用税等税种均属于资源税的范畴。

4. 按照税收收入归属和征管管辖权限的不同，可分为中央（收入）税法和地方（收入）税法

中央税指由中央政府征收、管理和支配的税收。地方税是与中央税相对应的，它是根据国家财政管理体制的规定，由中央统一立法或地方自行立法开征，由省和省以下地方政府负责征收管理，税款为地方财政固定收入的各种税的总称。中央地方共享税即由中央和地方共同管理和使用的税种。

5. 按照税法效力的不同，可分为税收法律、税收法规、税收规章

税收法律是指享有国家立法权的国家最高权力机关，依照法律程序制定的规范性税收文件。我国税收法律是由全国人民代表大会及其常务委员会制定的，其法律地位和法律效力仅次于宪法而高于税收法规、规章。

税收法规是指国家最高行政机关、地方立法机关根据其职权或国家最高权力机关的授权，依据宪法和税收法律，通过一定法律程序制定的规范性税收文件。我国目前税法体系的主要组成部分是税收法规，包括由国务院制定的税收行政法规和由地方立法机关制定的地方税收法规两部分，其具体形式主要是条例或暂行条例。税收法规的效力低于宪法、税收法律高于税收规章。

---

① 自 2006 年 1 月 1 日起废除农业税；自 2016 年 5 月 1 日起全面实施“营改增”，营业税正式退出历史舞台。

税收规章是指国家税收管理职能部门、地方政府根据其职权和国家最高行政机关的授权，依据有关法律、法规制定的规范性税收文件。在我国，税收规章具体是指财政部、国家税务总局、海关总署以及地方政府在其权限内制定的有关税收的办法、规则、规定，如《税务行政复议规则》《税务代理试行办法》等。税收规章可以增强税法的灵活性和可操作性，但其法律效力较低。一般情况下，税收规章不作为税收司法的直接依据，而只具有参考性的效力。

6. 按照主权国家行使税收管辖权的不同，可分为国内税法、国际税法、外国税法等

国内税法是指一国在其税收管辖权范围内调整税收分配过程中形成的权利义务关系的法律规范的总称，是由国家最高权力机关和经由授权或依法律规定的国家行政机关制定的税收法律、法规、规章等规范性文件。其效力范围在地域上和对人上均以国家税收管辖权所能达到的管辖范围为准。我们通常所说的税法即指国内税法。

国际税法是指调整国家与国家之间税收权益分配的法律规范的总称，包括政府间的双边或多边税收协定、关税互惠公约、经合范本、联合国范本以及国际税收惯例等。其内容涉及税收管辖权的确定、税收抵免以及无差别待遇、最惠国待遇等。国际税法是国际法的特殊组成部分，一旦得到一国政府和立法机关的法律承认，国际税法的效力高于国内税法。

外国税法是指本国以外各个国家制定的税收法律规范。

四、税法的作用

税法的作用是指税法实施所产生的社会影响，可以从规范作用和经济作用两方面进行分析。

（一）税法的规范作用

税法的规范作用是指税法调整、规范人们行为的作用，具体分为以下五个方面：

1. 指引作用。这是指法作为一种行为规范，为人们提供了一定的行为模式，设定了一定的标准，指示或者引导人们可以这样行为、应当这样行为或者不得这样行为。它有两种表现形式：可以选择的指引和不可

以选择的指引。可以选择的指引是指人们对法的规范所指引的行为模式有选择余地，法允许人们自行决定是这样行为还是那样行为，在法允许选择的范围内，行为人的选择均为合法，法通过肯定的、有利于行为人的后果实现有选择的指引的价值。通常情况下，授权性规范代表有选择的指引。不可以选择的指引也称确定的指引，是指人们必须根据法的规范指引而行为，包括作为及不作为。一般来说，义务性规范代表确定的指引，是不可选择的指引。税法的指引作用表现为税法的制定为人们的行为提供一个模式、标准和方向，即起到指引作用。

2. 评价作用。这是指法具有的判断、衡量他人行为是否合法，以及违法性质和程度的作用。法是一种行为规则，具有评价功能，是评判行为的标准和尺度，代表了一定的价值观念和价值取向。评判人的行为，有许多标准和尺度，如道德的、宗教的、政治的、习俗的等。法作为一种独特的标准和尺度，体现了国家意志。与其他社会规范相比，法具有概括性、强制性和稳定性的特点，其评判更明确、更具体、更有社会性。这就决定了法成为评价人们行为、维护社会秩序、促进社会进步的工具。法的评价作用制约和规范人们的一切社会活动，影响人们的思维和行为，对保障法的实施、建设法治国家，都有积极意义。税法的评价作用表现为税法作为法律规范，具有判断、衡量人们的行为是否合法的作用。

3. 预测作用。这是指人们可以根据法来事先估计、预见其所实施的行为是无效行为还是有效行为，国家将对该行为采取什么态度，行为人可能承担什么样的后果。法的预测作用可以告诫、提醒行为人实施合法和有效的行为，帮助行为人判断他人将要实施的行为以及该行为对自己的影响，从而正确处理一定的社会关系。税法的预测作用表现为可以预测出人们对税法做出什么样的反应和行为安排。

4. 强制作用。这是指法具有的预防、制裁、惩罚违法行为的作用。首先，法的强制作用表现为可以预防违法或者犯罪行为，体现法的威慑力量；其次，表现为通过诉讼活动制裁违法或者犯罪行为，强迫行为人承担不利的后果；再次，表现为一种安全感，使社会成员可以按照自己的意愿处理工作和生活事务，而不必受到违法或者犯罪活动的干扰和威胁。税法的强制作用表现为对违反税法的行为进行制裁而产生的法律保证。

5. 教育作用。这是指法对人们未来的行为所产生的影响，它有时是即时的，有时却表现为过程，对人的影响是渐进的、潜移默化的。具体来说，实现法的教育作用可以有多种渠道和方式。税法的教育作用表现为使人们的行为与税法要求相一致。

（二）税法的经济作用

税法的经济作用是指税法在调解经济分配关系的过程中产生的各种经济职能。

1. 税法是国家取得财政收入的重要保证。税法为取得税收收入提供的保证作用，一方面体现在税法作为义务性法规，设定了种种纳税义务，纳税人没有履行纳税义务，就是违反国家法律，就要受到相应的法律制裁；另一方面，法律要求相对的稳定性，不能朝令夕改，税收制度一旦成为法律之后，其固定性就有了法律保证，即使国家也不能对基本的税制要素随意改动。

2. 税法是正确处理税收分配关系的法律依据。税收征纳关系始终是一对矛盾，否定这一点，也就否认了税收的强制性。要调节这一对矛盾，更好地进行税收分配，需要一套具备权威性、对征纳双方都有约束力的规范标准。没有这样一套客观公正的标准，就不能判定纳税人是否及时足额纳税，国家则不能保证及时稳定地取得财政收入，纳税人的合法权益也不能得到有力的保护。此外，国家的课税权不受任何约束，还容易导致征收无度、无序，激化征纳矛盾，不利于税收分配关系的稳定。

3. 税法是国家调控宏观经济的重要手段。税收采用法的形式，可以将税收的经济优势与法律优势结合起来，使税收杠杆在宏观经济调控中更为灵敏、有力。其一，市场经济是法制经济，税收采用法的形式，可以为调控宏观经济提供最具权威性的规则和效力最高的保证体系，使调节的力度与预期的一致，防止税收杠杆的软化；其二，法律具有评价、预测和教育作用，税收借助法律的这些作用，可以增强税收杠杆的导向性，使其对宏观经济的调控更为灵敏。

4. 税法是监督管理的有力武器。税收采用法的形式，使其对经济活动的监督上升到法律的高度，成为法律监督的组成部分，其约束力无疑大为增强。在已有的法律中，尚没有哪部法律像税法那样对经济活动的监督具有如此的广度和深度、全面性和经常性，税法监督具有特别的意义。一方面，可以及时发现一般性违反税法的行为，并依法予以纠正，保证税法作用的正常发挥；另一方面，税法也是打击税收领域犯罪活动的有力武器，据此可以对偷税、抗税、逃税等行为予以最有力的打击，这在税收没有成为法律的情况下是无法做到的。

5. 税法是维护国家权益的重要手段。在对外经济交往中，税法是维护国家权益的基本手段之一。其一，关税的征收可以改变进出口商品的实际销售价格。对进口商品征税，使其销售价格提高，竞争力被削弱；对出口商品免税，可以使其无税进入国际市场，竞争力得到加强，此即所谓保护关税政策，对落后的发展中国家特别有意义。其二，对跨国纳税人征收所得税，可以防止国家税收利益流失到国外。其三，所得税和其他税种的征收，可使国内纳税人与跨国纳税人获得相同的税收待遇，防止税收歧视。税收采用法的形式，有助于提高其维护国家权益的权威性和总体效力，便于在签订有关双边或多边国际税收协定时坚持国际通用的法律原则和法律规范，对等处理税收利益关系。

五、税法的地位及税法与其他法律的关系

1. 税法的地位

税法是我国法律体系的重要组成部分。在我国的法律体系中，税法的地位是由税收在国家经济活动中的重要性决定的。第一，税收收入是政府取得财政收入的基本来源，而财政收入是维持国家机器正常运转的经济基础。第二，税收是国家宏观调控的重要手段，因为它是调整国家与企业和公民个人分配关系的最基本、最直接的方式。在市场经济条件下，税收的上述两项作用表现得非常明显。

现代国家大多奉行立宪法征税、依法治税的原则，即政府的征税权由宪法授予，税收法律须经立法机构批准，税务机关履行职责必须依法办事，税务争议要按法定程序解决。简而言之，国家的一切税收活动，均以法定方式表现出来。税法是国家法律体系中一个重要的部分，它是调整国家与各个经济单位及公民个人分配关系的基本法律规范。

2. 税法与其他法律的关系

在我国的法律体系中，各个法律之间，不管是横向还是纵向，都密切相关。涉及税收征纳关系的法律规范，除税法本身直接在税收实体法、税收程序法、税收争讼法、税收处罚法中规定外，在某种情况下也需要援引一些其他法律。因此，税法与其他法律或多或少地有着相关性。

（1）税法与宪法的关系。宪法是我国的根本大法，它是制定所有法律、法规的依据和章程。税法是国家法律的组成部分，当然也是依据宪法的原则制定的。

《宪法》第 56 条规定："中华人民共和国公民有依照法律纳税的义务。"这不仅明确了国家可以向公民征税，而且明确了向公民征税要有法律依据。这一规定是立法机关制定税法并据以向公民征税以及公民必须依照税法纳税的最直接的法律依据。

《宪法》还规定，国家要保护公民的合法收入、财产所有权，保护公民的人身自由不受侵犯等。因此，在制定税法时，就要规定公民应享受的各项权利以及国家税务机关行使征税权的约束条件，同时要求税务机关在行使征税权时，不能侵犯公民的合法权益等。

《宪法》规定，中华人民共和国公民在法律面前一律平等，即凡是中国公民都应在法律面前处于平等的地位。我们在制定税法时也应遵循这个原则，对所有的纳税人要平等对待，不能因为纳税人的种族、性别、出身、年龄等不同而在税收上给予不平等的待遇。

（2）税法与民法的关系。民法是调整平等主体之间，也就是公民之间、法人之间、公民与法人之间财产关系和人身关系的法律规范，故民法调整方法的主要特点是平等、等价和有偿。而税法的本质是国家依据政治权力向公民进行课税，是调整国家与纳税人关系的法律规范，这种税收征纳关系不是商品的关系，明显带有国家意志和强制的特点，其调整要采用命令和服从的方法，这是由税法与民法的本质区别所决定的。两者之间又有联系，当税法的某些规范同民法的规范基本相同时，税法一般援引民法条款。在征税过程中，经常涉及大量的民事权利和义务问题，比如，印花税中有关经济合同关系的成立、房产税中有关房屋的产权认定等，而这些在民法中已予以规定，税法就不再另行规定了。

在涉及税收征纳关系问题时，一般应以税法的规范为准则。比如，两个关联企业之间，一方以高进低出的价格与对方进行商业交易，然后再以其他方式从对方取得利益补偿，以达到避税的目的。虽然上述交易符合民法中规定的“民事活动应遵循自愿、公平、等价有偿、诚实信用”的原则，但是违反了税法的规定，应该按照税法的规定对这种交易做相应的调整。

（3）税法与刑法的关系。税法与刑法有本质区别。刑法是关于犯罪、刑事责任与刑罚的法律规范的总和。应该指出的是，违法与犯罪是两个概念，违反了税法并不一定就是危害税收征管罪。例如，《中华人民共和国刑法》（以下简称《刑法》）第 201 条规定，纳税人采取欺骗、隐瞒手段进行虚假纳税申报或者不申报，逃避缴纳税款数额较大并且占应纳税额 10% 以上的，处 3 年以下有期徒刑或者拘役，并处罚金；数额巨大并且占应纳税额 30% 以上的，处 3 年以上 7 年以下有期徒刑，并处罚金。《税收征管法》规定，从事生产、经营的纳税人、扣缴义务人未按照规定的期限缴纳或者解缴税款，纳税担保人未按照规定的期限缴纳所担保的税款，由税务机关责令限期缴纳。逾期仍未缴纳的，经县以上税务局（分局）局长批准，税务机关可以采取下列强制执行措施：书面通知其开户银行或者其他金融机构从其存款中扣缴税款。扣押、查封、依法拍卖或者变卖其价值相当于应纳税款的商品、货物或者其他财产，以拍卖或者变卖所得抵缴税款。从这些规定可以看出两者的区别。

第二节　税收法律关系

国家征税与纳税人纳税形式上表现为利益分配的关系，但经过法律明确其双方的权利与义务后，这种关系实质上已上升为一种特定的法律关系。了解税收法律关系，对于正确理解国家税法的本质，严格依法纳税、依法征税都具有重要的意义。

税收法律关系是税法所确认和调整的，国家与纳税人之间在税收分配过程中形成的权利义务关系。税收法律关系的实质，既是税收征纳关系在法律上的体现，侧重于国家依法强制征税和纳税人依法无偿纳税的内容；又是税收分配关系在法律上的表现，侧重于国民收入在国家和纳税人之间的分配和再分配以及国家由此形成自身财政收入的全过程。

税收法律关系主体的一方只能是国家。在税收法律关系中，国家不仅以立法者与执法者的姿态参与税收法律关系的运行与调整，而且直接以税收法律关系主体的身份出现。这样，构成税收法律关系主体的一方可以是任何负有纳税义务的法人和自然人，但是另一方只能是国家。

税收法律关系体现国家单方面的意志。税收法律关系的成立、变更、消灭不以主体双方意思表示一致为要件。税收法律关系之所以只体现国家单方面的意志，是由于税收以无偿占有纳税人的财产或收入为目标。

在税收法律关系中，权利义务具有不对等性。纳税人和税务机关可能法律地位是平等的，但在权利义务方面具有不对等性。税收法律关系中权利义务的不对等性不仅表现在税法总体上，而且表现在单行税法和法规中；不仅表现为实体利益上的不对等，而且表现为法律程序上的不对等。

税收法律关系具有财产所有权或支配权单向转移的性质。在税收法律关系中，纳税人要履行纳税义务。缴纳税款，就意味着将自己拥有或支配的一部分财物无偿地交给国家，成为政府的财政收入，国家不再直接返还给纳税人。

一、税收法律关系的构成要素

税收法律关系在总体上与其他法律关系一样，都是由法律主体、客体和法律关系内容三方面构成的，但在三方面的内涵上，税收法律关系则具有特殊性。

（一）税收法律关系的主体

税收法律关系的主体是指税收法律关系的参加者，即在税收法律关系中权利的享有者和义务的承担者，它们的主体资格是由国家法律、法规直接规定的。税收法律关系的主体分为征税主体和纳税主体。

征税主体是指参加税收法律关系，享有国家税收征管权力和履行国家税收征管职能，依法对纳税主体进行税收征收管理的国家机关。从严格意义上讲，只有国家才是征税主体，但是国家征税的权力总是通过立法授权具体的国家职能机关来行使的。

判断一个行政机关是否具备行政主体资格，关键要看其是否经过法定授权。税务机关之所以能成为征税主体，是因为经过国家的法定授权。我国现行法律明确规定了履行征税职能的行政机关，除此之外，没有法律明文授权，任何机关都不能成为征税主体。

纳税主体有广义和狭义两种。狭义的纳税主体就是通常所说的纳税人，即“法律、行政法规规定负有纳税义务的单位和个人”，这是最重要和最普遍的纳税主体。广义的纳税主体除包括纳税人外，还包括扣缴义务人，即“行政法规规定负有代扣代缴、代收代缴税款义务的单位和个人”。纳税人和扣缴义务人的权利义务有相同之处，也有不同之处。

（二）税收法律关系的客体

税收法律关系的客体是指税收法律关系主体双方的权利和义务所共同指向、影响和作用的客体对象。它是税收法律关系产生的前提、存在的载体，又是权利和义务联系的中介。税收法律关系的客体包括应税的商品、货物、财产、资源、所得等物质财富和主体的应税行为。

（三）税收法律关系的内容

税收法律关系的内容是指税收法律关系主体双方在征纳活动中依法享有的权利和承担的义务，它决定了税收法律关系的实质，是税法体系的核心。税收法律关系的内容包括征税主体的权利义务和纳税主体的权利义务两大方面。

1. 征税主体的权利和义务

税务机关的权利包括征税权、税法解释权、估税权、委托代征权、税收保全权、强制执行权、行政处罚权、税收检查权、税款追征权。

税务机关的义务包括依法办理税务登记的义务、开具完税凭证的义务、保密义务、多征税款立即返还的义务、实施税收保全过程中的义务、依法解决税务争议过程中应履行的义务。

2. 纳税主体的权利和义务

纳税主体的权利包括申请延期纳税权、申请减税免税权、多缴税款申请退还权、委托税务代理权、要求税务机关承担赔偿责任权、申请复议和提起诉讼权。

纳税主体的义务包括依法按期办理税务登记、变更登记或重新登记；依法设置账簿，合法、正确使用有关凭证；按规定定期向主管税务机关报送纳税申报表、会计报表和其他有关资料；按期进行纳税申报，及时、足额缴纳税款；主动接受和配合税务机关的纳税检查；违反税收法规的纳税人，应按规定交纳滞纳金、罚款，并接受其他法定处罚。

二、税收法律关系的产生、变更、消灭

税法是引起税收法律关系的前提条件，但税法本身并不能产生具体的税收法律关系。

税收法律关系的产生、变更或消灭必须有能够引起税收法律关系产生、变更或消灭的客观情况，也就是税收法律事实。税收法律事实一般指税务机关依法征税的行为和纳税人的经济活动行为，发生这种行为才能引起税收法律关系的产生、变更或消灭。例如，纳税人开业经营即产生税收法律关系，纳税人转业或停业就造成税收法律关系的变更或消灭。

1. 税收法律关系的产生，指在税收法律关系主体之间形成权利义务关系。由于税法属于义务性法规，税收法律关系的产生应以引起纳税义务成立的法律事实为基础和标志。而纳税义务产生的标志应当是纳税主体进行的应当课税的行为，不应当是征税主体或其他主体的行为。

2. 税收法律关系的变更，指由于某一法律事实的发生，使税收法律关系的主体、内容和客体发生变化。引起税收法律关系变更的原因是多方面的，主要有以下几点：一是由于纳税人自身的组织状况发生变化；二是由于纳税人的经营或财产情况发生变化；三是由于税务机关组织结构或管理方式发生变化；四是由于税法修订或调整；五是因不可抗力造成了破坏。

3. 税收法律关系的消灭，指这一法律关系的终止，即其主体之间权利义务关系的终止。税收法律关系消灭的原因主要有以下几个方面：一是纳税人履行纳税义务；二是纳税义务因超过期限而消灭；三是纳税义务被免除；四是某些税法被废止；五是纳税主体消失。

三、税收法律关系的保护

税收法律关系是同国家利益及企业和个人的权益相联系的。保护税收法律关系，实质上就是保护国家正常的经济秩序，保障国家的财政收

人，维护纳税人的合法权益。税收法律关系的保护形式和方法是很多的，税法中关于限期纳税、征收滞纳金和罚款的规定，《刑法》对构成逃税罪、抗税罪给予刑事处罚的规定，以及税法中对纳税人不服税务机关征税处理的决定可以申请复议或提出诉讼的规定等，都是对税收法律关系的直接保护。税收法律关系的保护对权利主体双方是对等的，不能只对一方保护，而对另一方不予保护。对权利享有者的保护，就是对义务承担者的制约。

第三节　税法要素

税法要素是指各种单行税法具有的共同的基本要素的总和。它既包括实体性的，也包括程序性的，即实体法要素和程序法要素。

税法的构成要素一般包括总则、纳税义务人、征税对象、税率、减免税、纳税环节、纳税期限、纳税地点、罚则、附则等。

一、总则

总则主要包括立法依据、立法目的、适用原则等。

二、纳税义务人

纳税义务人简称纳税人，亦称纳税主体，是税法规定的直接负有纳税义务的单位和个人，是税款的直接承担者。每一种税都有关于纳税义务人的规定，即解决向谁征税的问题。如果纳税人不履行纳税义务，就应由该行为的直接责任人承担法律责任。

税法规定，直接负有纳税义务的人可以是自然人，也可以是法人。在法律上，自然人是指基于出生而依法在民事上享有权利、承担义务的人，包括本国公民和居住在所在国的外国公民；法人是指依法成立并能独立地行使法定权利和承担法律义务的社会组织，如社团、企业等。

与纳税人有关的概念有：

1. 负税人，指实际负担税款的单位和个人。纳税人如果能够通过一定途径把税款转嫁或转移出去，纳税人就不再是实际负担税款的单位和个人。在我国，造成纳税人与负税人不一致的主要原因是价格与价值背离，引起税负转移或转嫁。

2. 代扣代缴义务人，指负有税法规定义务从持有的纳税人收入中扣除其应纳税款并代为缴纳的企业、单位或个人，如个人所得税以支付所得的单位和个人为扣缴义务人。

3. 代收代缴义务人，指负有税法规定义务借助与纳税人的经济交往而向纳税人收取应纳税款并代为缴纳的单位，主要有受托加工单位，生产并销售原油、重油的单位等。

4. 代征代缴义务人，指受税务机关委托而代征税款的单位和个人。

5. 纳税单位，指申报缴纳税款的单位，是纳税人的有效集合。

三、征税对象

征税对象是税法中规定的征税的目的物，是国家据以征税的依据。通过规定征税对象，解决对什么征税的问题。它是构成税收实体法要素的基础性要素。首先，征税对象是一种税区别于另一种税的原因。其次，征税对象体现各种税的征税范围。再次，其他要素的内容一般都是以征税对象为基础确定的，每一种税一般都有特定的征税对象。因此，征税对象是一种税区别于另一种税的主要标志，每一种税名称的由来以及各种税在性质上的差别，也主要取决于不同的征税对象。

征税对象可以从质和量两方面具体化。其质的具体化是征税范围和税目，量的具体化是计税依据和计税单位。

征税范围是指税法规定的征税对象的具体内容范围，是国家征税的界限，凡列入征税范围的都要征税。税目是指税法规定的应征税的具体项目，是征税对象的具体化。税目体现了征税的广度，反映了各税种具体的征税范围。计税依据是指计算应纳税额所依据的标准。一般来说，从价计算的税收以计税金额为计税依据，计税金额是指征税对象的数量乘以计税价格的数额；从量计算的税收以征税对象的重量、容积、体积、面积、数量为计税依据。计税单位的含义有两个：一是指划分征税对象适用税目、税率所依据的标准；二是与计税依据同义。

征税对象与计税依据的关系表现为：征税对象是征税的目的物；计税依据是在目的物已经确定的前提下，对目的物计算税款的依据和标准。征税对象是从质的方面对征税所作的规定；而计税依据是从量的方面对征税所作的规定，是征税对象量的表现。

税源是税款的最终来源、税收负担的最终归宿，税源大小体现纳税人的负担能力。在社会产品价值中，能够成为税源的只能是国民收入分配中形成的各种收入。

征税对象与税源的关系表现为：当某些税种以国民收入分配中形成的各种收入为征税对象时，税源和征税对象一致，如所得税；大多数税的征税对象与税源不一致，如消费税、房产税等。

四、税率

税率是应征税额占单位征税对象的比例。例如，对某一价值 100 元的商品课税 10 元，税率就是 10 与 100 的比率 10%。税率是税制构成的基本要素之一，属于税收制度的中心环节，是税收制度的核心内容。税率的高低直接关系到国家财政收入的多少和纳税人负担的轻重，关系到国家和各纳税人之间的经济利益。

税率的表示方法有两种：一是用征收多少税额的绝对量表示；二是用征收百分之几的百分比相对量表示。前者适用于从量计征的税种，称为定额税率。它是税率的一种特殊形式，是指按征税对象的一定计量单位规定固定税额，而不是规定征收比例的一种税率制度。具体运用时，又可分为地区差别定额税率、幅度定额税率和分类分级定额税率等形式。后者适用于从价计征的税种，又分为比例税率和累进税率。

比例税率是指对同一征税对象或同一税目，不论数额大小，只规定一个征税百分比的税率。它不因征税对象数额的变化而变化，是一种应用最广、最常见的税率，一般适用于对商品流转额的征税。具体运用时，比例税率可以细分为统一比例税率、行业比例税率、产品比例税率、地方差别比例税率、幅度比例税率等。

累进税率是指税率随着征税对象数额的增大而提高的一种税率制度。将征税对象数额按大小划分成若干等级，对每个等级由低到高规定相应的税率，征税对象数额越大税率越高，征税对象数额越小税率越低。在我国现行税收制度中，只存在超额累进税率和超率累进税率。超额累进税率是指按征税对象的绝对数额划分征税级距，纳税人的征税对象的全部数额中符合不同级距部分的数额，分别按与之相适应的各级距税率计征的一种累进税率。超率累进税率对每个等级部分分别规定相应的税率，分别计算税额，各级税额之和则为应纳税额。一定数量的征税对象可以同时按几个等级的税率计征，当征税对象数额超过某一等级时，仅就超过部分按高一级税率计算税额。

定额税率、比例税率和累进税率是税率的三种基本形式，可称为基本税率。在这三种基本税率下，又派生出其他诸多税率形式，可称为派生税率。

名义税率是税法规定的税率。由于税法中规定的税率因税率制度、计税依据、减税、免税、加成加倍征税等原因，纳税人的实际税率与税法规定的税率不相等，故将税法中规定的税率称为名义税率。

实际税率是衡量纳税人实际负担程度的主要标志，也是研究和制定税收政策的重要依据。实际负担率是纳税人实际缴纳的税额同其实际收入的比率。一般来说，由于减税、免税和税法规定的计税依据小于实际计税依据等原因，名义税率都高于实际税率，实际税率又高于实际负担率。在存在加成加倍征税的情况下，名义税率有可能低于实际税率。名义税率与实际税率差距较大时，不利于税收征管，因此必须注意名义税率、实际税率和实际负担率的差别，依据实际负担率和实际税率来确定名义税率。国家在制定税法时应尽量使名义税率接近实际税率。

平均税率也是一个重要的概念，它在确定和衡量企业税收负担时经常用到。平均税率是全部税额占全部征税对象数额的比率。

边际税率是征税对象数额的增量中税额所占的比率。累进税率中每一级的税率都是所属级次的边际税率。

零税率实际上是免税的一种方式。负税率是指政府利用税收形式对所得额低于某一特定标准的家庭或个人予以补贴的比例。

五、减免税

减免税是对某些纳税人或征税对象给予鼓励和照顾的一种特殊规定。减税是指对应纳税额少征一部分税款，免税是指对应纳税额全部免征。它们能使税收制度按照因地制宜和因事制宜的原则，更好地贯彻国家的税收政策。减免税是一种特殊的调节手段，必须严格按照税法规定的范围和权限办事，任何单位和部门不得任意扩大范围和超越权限擅自减税、免税。减免税有三种基本形式：

1. 税基式减免税，指通过直接缩小计税依据的方式实现的减税、免税，具体包括起征点、免征额、项目扣除、跨期结转等。起征点是指税法规定的对征税对象开始征税的数额起点，即征税对象数额未达到起征点的不征税，达到或超过起征点的就其全部数额征税。免征额是指税法规定的在征税对象全部数额中免予征税的数额，即不论纳税人收入多少，只对减去一定数额后的余额征税。项目扣除是指征税对象总额先扣除某些项目的金额后，以其余额为计税依据计算应纳税额。跨期结转是指将某些费用及损失向后或向前结转，抵销一部分收益，以缩小税基，实现减免税。

2. 税额式减免税，指通过直接减少应纳税额的方式实现的减税、免税，具体包括全部免征、减半征收、核定减免率以及核定减征税额等。

3. 税率式减免税，指通过直接降低税率的方式实现的减税、免税，具体包括重新确定税率、选用其他税率和规定零税率。

与之相对应，加重纳税人负担的措施有税收附加和税收加成。

（1）税收附加，也称地方附加，是地方政府按照国家规定的比例随同正税一起征收的列入地方预算外收入的一种款项，比如教育费附加。

（2）税收加成，是根据税制规定的税率征税以后，再以应纳税额为依据加征一定成数的税额，加一成相当于加征应纳税额的10%，加征成数一般在1~10成之间，如个人所得税中的劳务报酬所得。

税收附加往往针对所有纳税人，税收加成则针对某些特定纳税人。

六、纳税环节

纳税环节是指税法规定的征税对象从生产到消费的流转过程中应当缴纳税款的环节。商品从生产到消费，中间往往要经过许多环节，如工业品要经过工厂生产、商业采购、商业批发和商业零售等环节。具体在哪个环节纳税，关系到税制结构和整个税收体系的布局，可对商品生产、流通产生有利或不利影响，导致物价变化；也关系到税款能否及时、足额地入库，国家财政收入能否得到保证，以及地区间对税款收入的分配；还关系到是否便于纳税人缴纳税款，能否促进企业加强经济核算等。因此，正确确定纳税环节是对商品流转额征税中一个比较特殊又十分重要的问题。

七、纳税期限

纳税期限是指纳税人发生纳税义务后，向国家缴纳税款的间隔时间。各种税收都需要明确规定缴纳税款的期限，这是由税收的固定性决定的，也是税收收入及时性的体现。纳税期限如何确定呢？首先，应根据国民经济各部门生产经营的特点和不同的征税对象来确定；其次，应根据纳税人缴纳税款的数额多少来确定；再次，应根据纳税义务发生的特殊性和加强税收征管的要求来确定。我国现行税法规定，纳税期限有按年征收、按季征收、按月征收、按天征收和按次征收等多种形式。

八、纳税地点

纳税地点是指纳税人依据税法规定向征税机关申报纳税的具体地点。它说明纳税人应向哪里的征税机关申报纳税，以及哪里的征税机关有权进行税收管辖的问题。我国税法规定的纳税地点主要是机构所在地、经济活动发生地、财产所在地、报关地等。

九、罚则

罚则主要是对纳税人违反税法的行为采取的处罚性措施。这种处罚是税制中不可缺少的要素，是税收强制性特征在税收制度上的体现。

十、附则

附则一般规定与该法紧密相关的内容，如税法的解释权、生效时间等。

第四节　我国税法的制定与实施

税法的制定与实施就是我们通常所说的税收立法和税收执法。税法的制定是税法实施的前提。有法可依、有法必依、执法必严、违法必究，是税法制定与实施过程中必须遵循的基本原则。

一、税法的制定

税收立法是指有权的机关依据一定的程序，遵循一定的原则，运用一定的技术，制定、公布、修改、补充和废止有关税收法律、法规、规章的活动。

（一）税收立法机关

根据宪法、全国人民代表大会组织法、国务院组织法以及地方各级人民代表大会和地方各级人民政府组织法的规定，我国的立法体制是：全国人民代表大会及其常务委员会行使立法权，制定法律；国务院及所属各部委有权根据宪法和法律制定行政法规和规章；地方人民代表大会及其常务委员会在不同宪法、法律、行政法规相抵触的前提下，有权制定地方性法规，但要报全国人大常委会和国务院备案；民族自治地方的人民代表大会有权依照当地民族政治、经济和文化的特点，制定自治条例和单行条例。

1. 全国人民代表大会和全国人大常委会制定的税收法律

《宪法》第 58 条规定："全国人民代表大会和全国人民代表大会常务委员会行使国家立法权。"上述规定确定了我国税收法律的立法权由全国人大及其常委会行使，其他任何机关都没有制定税收法律的权力。在国家税收中，凡是基本的、全局性的问题，如国家税收的性质，税收法律关系中征纳双方权利和义务的确定，税种的设置，税目、税率的确定等，都需要由全国人大及其常委会以税收法律的形式制定实施，并且在全国范围内，无论对国内纳税人还是涉外纳税人，都普遍适用。除宪法外，在税收法律体系中，税收法律具有最高的法律效力，是其他机关制定税收法规、规章的法律依据，其他各级机关制定的税收法规、规章，都不得与宪法和税收法律相抵触。

2. 全国人大或全国人大常委会授权立法

授权立法是指全国人民代表大会及其常务委员会根据需要授权国务院制定某些具有法律效力的暂行规定或者条例。授权立法与制定行政法规不同，国务院经授权立法所制定的规定或条例等，具有国家法律的性质和地位，它的法律效力高于行政法规，在立法程序上还需报全国人大常委会备案。授权立法在一定程度上解决了我国经济体制改革和对外开放工作需要法律保障的当务之急，税收暂行条例的制定和公布施行也为全国人大及其常务委员会的立法工作提供了有益的经验和条件，在条件成熟时，可以将这些条例上升为法律。

3. 国务院制定的税收行政法规

国务院作为国家最高权力机关的执行机关，是最高国家行政机关，拥有广泛的行政立法权。《宪法》规定，国务院可“根据宪法和法律，规定行政措施，制定行政法规，发布决定和命令”。行政法规作为一种法律形式，在我国法律体系中处于低于宪法、法律而高于地方法规、部门规章、地方规章的地位，也是在全国范围内普遍适用的。行政法规的立法目的在于保证宪法和法律的实施，行政法规不得与宪法、法律相抵触，否则无效。例如，国务院发布的《中华人民共和国税收征收管理法实施细则》（以下简称《税收征管法实施细则》）就属于税收行政法规。

4. 地方人民代表大会及其常委会制定的税收地方性法规

根据《中华人民共和国地方各级人民代表大会和地方各级人民政府组织法》的规定，省、自治区、直辖市的人民代表大会以及省、自治区的人民政府所在地的市和经国务院批准的较大的市的人民代表大会有制定地方性法规的权力。由于我国在税收立法上坚持“统一税法”原则，因此地方权力机关制定税收地方法规不是无限制的，而是要严格按照税收法律的授权行事。目前，除了海南省、民族自治地区按照全国人大授权立法规定，在遵循宪法、法律和行政法规的基础上，可以制定有关税收的地方性法规外，其他省、直辖市一般都无权自定税收地方性法规。

5. 国务院税务主管部门制定的税收部门规章

《宪法》规定，国务院“各部、各委员会根据法律和国务院的行政法规、决定、命令，在本部门的权限内，发布命令、指示和规章”。有权制定税收部门规章的税务主管机关是财政部和国家税务总局，其制定规章的范围包括对有关税收法律、法规的具体解释，税收征收管理的具体规定、办法等。税收部门规章在全国范围内具有普遍适用效力，但不得与税收法律、行政法规相抵触。例如，财政部、国家税务总局颁发的《中华人民共和国增值税暂行条例实施细则》、国家税务总局颁发的《税务代理试行办法》等都属于税收部门规章。

6. 地方政府制定的税收地方规章

《中华人民共和国地方各级人民代表大会和地方各级人民政府组织法》规定，省、自治区、直辖市的人民政府可以根据法律、行政法规和本省、自治区、直辖市的地方性法规，制定规章，报国务院和本级人民代表大会常务委员会备案。按照“统一税法”原则，上述地方政府制定税收规章，必须在税收法律、法规明确授权的前提下进行，并且不得与税收法律、行政法规相抵触。没有税收法律、法规的授权，地方政府是无权自定税收规章的，凡越权自定的税收规章没有法律效力。例如，国务院发布实施的城市维护建设税、房产税等地方性税种暂行条例，都规定省、自治区、直辖市人民政府可根据条例制定实施细则。

（二）税收立法程序

税收立法程序是指有权的机关，在制定、认可、修改、补充、废止等税收立法活动中必须遵循的法定步骤和方法。目前我国税收立法程序主要包括以下几个阶段：

1. 提议阶段。无论是税法的制定还是税法的修改、补充和废止，一般由国务院授权税务主管部门（财政部或国家税务总局）负责立法的调查研究等准备工作，并提出立法方案或税法草案，上报国务院。

2. 审议阶段。税收法规由国务院负责审议。税收法律经国务院审议通过后，以议案的形式提交全国人民代表大会常务委员会的有关工作部门，在广泛征求意见并做修改后，提交全国人民代表大会或其常务委员会审议通过。

3. 通过和公布阶段。税收行政法规由国务院审议通过后，以国务院总理的名义发布实施。税收法律在全国人民代表大会或其常务委员会开会期间，先听取国务院关于制定税法议案的说明，然后经过讨论，以简单多数的方式通过后，以国家主席的名义发布实施。

二、税法的实施

税法的实施即税法的执行，它包括税收执法和守法两个方面。一方面，税务机关和税务人员要正确运用税收法律，并对违法者实施制裁；另一方面，税务机关、税务人员、公民、法人、社会团体及其他组织要严格遵守税收法律。

由于税法具有多层次的特点，因此在税收执法过程中，对其适用性或法律效力的判断上，一般按以下原则掌握：一是层次高的法律优于层次低的法律；二是同一层次的法律中，特别法优于普通法；三是国际法优于国内法；四是实体法从旧，程序法从新。

三、我国税收的立法原则

税收立法原则是指在税收立法活动中必须遵循的准则。我国的税收立法原则是根据我国的社会性质和具体国情确定的，是立法机关根据社会经济活动、经济关系，特别是税收征纳双方的特点确定的，并贯穿于税收立法工作始终的指导方针。税收立法主要应遵循以下几个原则：

1. 从实际出发的原则。从实际出发，这是唯物主义的思想路线在税收立法实践中的运用和体现。首先，税收立法必须根据经济、政治发展的客观需要，反映客观规律，也就是从中国国情出发，充分尊重社会经济发展规律和税收分配理论。其次，税收立法要客观反映一定时期国家、社会、政治、经济等各方面的实际情况，既不能被某些条条框框所束缚，也不能盲目抄袭别国的立法模式。在此基础上，充分运用科学知识和技术手段，不断丰富税收立法理论，完善税法体系，以适应社会主义市场经济发展的客观需要。

2. 公平原则。所谓公平，就是要体现合理负担的原则。在市场经济体制下，参加市场竞争的各个主体需要有一个平等竞争的环境，而税收的公平是实现平等竞争的重要条件。公平主要体现在三个方面：一是从税收负担能力上看，负担能力强的应多纳税，负担能力弱的应少纳税，没有负担能力的不纳税。二是从纳税人所处的生产和经营环境看，客观环境优越而取得超额收入或级差收益的应多纳税，反之少纳税。三是从税负平衡看，不同地区、不同行业间及多种经济成分之间的实际税负必须尽可能公平。

3. 民主决策原则。税收立法过程中必须充分倾听群众的意见，严格按照法定程序进行，确保税收法律能体现广大群众的根本利益。坚持这个原则，要求税收立法的主体以人民代表大会及其常务委员会为主，按照法定程序进行；对税收法案的审议，要进行充分的辩论，倾听各方面意见；税收立法过程要公开化，让广大群众及时了解税收立法的全过程，以及立法过程中各个环节的争论情况和如何达成共识的情况。

4. 原则性与灵活性相结合原则。在制定税法时，要求明确、具体、严谨、周密。为了保证税法制定后在全国范围内、在各个地区都能贯彻执行，不致与现实脱节，又要求在制定税法时，不能规定得过细、过死，这就要求必须坚持原则性与灵活性相结合的原则。具体来讲，就是必须把法制的统一性与因时、因地制宜相结合起来。法制的统一性表现在税收立法上，就是税收立法权只能由国家最高权力机关来行使，各地区、各部门不能擅自制定违背国家宪法和法律的所谓“土政策”“土规定”。我国又是一个幅员辽阔、人口众多、多民族的国家，各地区的经济文化发展水平不平衡，政治状况也不尽相同，因而对不同地区不能强求一样。为了照顾不同地区，特别是少数民族地区的不同情况和特点，为了充分发挥地方的积极性，在某些情况下，允许地方在遵守国家法律、法规的前提下，制定适合当地的实施办法等。

5. 法律稳定性、连续性与废、改、立相结合原则。制定税法是与一定的经济基础相适应的，税法一旦制定，在一定阶段内就要保持其稳定性，不能朝令夕改、变化不定。如果税法经常变动，不仅会破坏税法的权威性和严肃性，而且会给国家经济生活造成非常不利的影响。这种稳定性也不是绝对的，因为社会政治、经济状况是不断变化的，税法也要进行相应的变化。这种发展变化具体表现在：有的税法已经过时，需要废除；有的税法部分失去效力，需要修改、补充；根据新的情况需要制定新的税法。此外，还必须注意保持税法的连续性，即税法不能中断，在新的税法未制定前，原有的税法不应随便中止、失效；在修改、补充或制定新的税法时，应保持与原有税法的承续关系，应在原有税法的基础上，结合新的实践经验，修改、补充原有的税法和制定新的税法。

第五节　我国现行税法体系与税收管理体制

一、我国现行税法体系

从法律角度讲，一个国家在一定时期内、一定体制下，以法定形式规定的各种税收法律、法规的总和，称为税法体系。从税收工作角度讲，税法体系往往被称为税收制度。一个国家的税收制度是指在既定的管理体制下设置的税种以及与这些税种的征收、管理有关的，具有法律效力的各级成文法律、行政法规、部门规章等的总和。换句话说，税法体系就是通常所说的税收制度，简称税制。

税收制度可分为简单型税制及复合型税制。简单型税制主要是指税种单一、结构简单的税收制度；复合型税制主要是指由多个税种构成的税收制度。在现代社会，世界各国一般都采用多种税并存的复合型税收制度。

税收制度有三个层次：一是不同的要素构成税种，如纳税人、征税对象、税目、税率等。二是不同的税种构成税收制度。国与国之间的具体税种差异较大，但一般都包括所得税（直接税），如企业（法人）所得税、个人所得税，还包括流转税（间接税），如增值税、消费税，以及其他一些税种，如财产税（房地产税、车船税）、关税、社会保障税等。三是规范税款征收程序的法律、法规，如税收征收管理法等。

税种的设置及每种税的征税办法一般是以法律形式确定的，这些法律就是税法。一个国家的税法一般包括税法通则、各税税法（条例）、实施细则、具体规定四个层次。其中，税法通则规定一个国家的税种设置和每个税种的立法精神；各个税种的税法（条例）分别规定每种税的征税办法；实施细则是对各税税法（条例）的详细说明和解释；具体规定则是根据不同地区、不同时期的具体情况制定的补充性法规。目前，世界上只有少数国家单独制定税法通则，大多数国家都把税法通则的有关内容包含在各税税法（条例）之中，我国的税法就属于这种情况。

通常认为，在以间接税为主体的税制中，主要税种一般包括增值税、营业税和消费税；在以直接税为主体的税制中，主要税种一般包括个人所得税和企业（法人）所得税。以个人所得税为主体税种的情况，多见于经济发达国家，而把企业（法人）所得税作为主体税种的国家很少。以某种直接税和间接税税种为“双主体”的税制，是作为一种过渡性税制类型存在的。在 20 世纪 70 年代以前，理论界一直认为以所得税为主体税种的税制是最理想的。发达国家和一些发展较快的发展中国家在进行以流转税为主体税种向以所得税为主体税种的税制改革过程中，曾经出现过一些采用“双主体”的情况。我国目前基本上是以间接税和直接税为“双主体”的税制，间接税（增值税、消费税）占全部税收收入的比例为60%左右，直接税（企业所得税、个人所得税）占全部税收收入的比例为25%左右，其他辅助税种数量较多，但收入比重不大。

我国现行税法体系由税收实体法和税收征收管理法律制度构成。

我国现行税种有：增值税、消费税、企业所得税、个人所得税、资源税、城镇土地使用税、房产税、城市维护建设税、耕地占用税、土地增值税、车辆购置税、车船税、印花税、契税、烟叶税、关税、船舶吨税和环境保护税，共18个。除企业所得税、个人所得税、车船税、环境保护税、烟叶税、船舶吨税是以国家法律的形式发布实施外，其他税种都是经全国人大授权立法，由国务院以暂行条例的形式发布实施。这些税收法律、法规组成了我国的税收实体法体系。

除税收实体法外，我国对税收征收管理适用的法律制度是按照税收管理机关的不同而分别规定的。

由税务机关负责征收的税种的征收管理，按照全国人大常委会发布实施的《税收征管法》执行。

由海关机关负责征收的税种的征收管理，按照《中华人民共和国海关法》及《中华人民共和国进出口关税条例》等有关规定执行。

二、我国税收管理体制

税收管理体制是在各级国家机构之间划分税权的制度。税权的划分有纵向划分和横向划分。纵向划分是指税权在中央与地方国家机构之间的划分；横向划分是指税权在同级立法、司法、行政等国家机构之间的划分。

我国的税收管理体制是税收制度的重要组成部分，也是财政管理体制的重要内容。税权包括税收立法权，税收法律、法规的解释权，税种的开征或停征权、税目和税率的调整权、税收的加征和减免权等。如果按大类划分，可以简单地将税收管理权限划分为税收立法权和税收执法权两类。

（一）税收立法权的划分

税收立法权是制定、修改、解释或废止税收法律、法规、规章和规范性文件的权力。它包括两方面的内容：一是什么机关有税收立法权；二是各级机关的税收立法权是如何划分的。税收立法权的明确有利于保证国家税法的统一制定和贯彻执行，充分、准确地发挥各级有权机关管理税收的职能作用，防止各种越权自定章法、随意减免税收现象的发生。税收立法权的划分可按以下方式进行：

按照税种类型的不同来划分，如按流转税类、所得税类、地方税类来划分。有关特定税收领域的税收立法权通常全部给予特定一级政府。

根据税种的基本要素来划分。任何税种的结构都由几个要素构成：纳税人、征税对象、税基、税率、税目、纳税环节等。在理论上，可以将税种的某一要素，如税基和税率的立法权授予某级政府，但在实践中，这种做法并不多见。

根据税收执法的级次来划分。立法权可以给予某级政府，行政上的执行权给予另一级政府。这是一种传统的划分方法，能适用于任何类型的立法权。根据这种模式，有关纳税主体、税基和税率的基本法规的立法权放在中央政府，更具体的税收实施规定的立法权给予较低级政府，需要指定某级政府制定不同级次的法律。我国的税收立法权的划分就属于此种类型。

我国税收立法权划分的现状：一是中央税、中央与地方共享税以及全国统一实行的地方税的立法权集中在中央，以保证中央政令统一，维护全国统一市场和企业平等竞争。二是依法赋予地方适当的地方税收立法权。我国地域辽阔，地区间经济发展水平很不平衡，经济资源包括税源都存在较大差异，这种状况给全国统一制定税收法律带来一定的难度。

具体地说，我国税收立法权划分的层次如下：

1. 全国性税种的立法权，包括全部中央税、中央与地方共享税和在全国范围内征收的地方税税法的制定、公布和税种的开征、停征权，属于全国人民代表大会及其常务委员会。

2. 经全国人大及其常委会授权，全国性税种可先由国务院以“条例”或“暂行条例”的形式发布施行，经过一段时间后，再行修订并通过立法程序，由全国人大及其常委会正式立法。

3. 经全国人大及其常委会授权，国务院有制定税法实施细则、增减税目和调整税率的权力。

4. 经全国人大及其常委会授权，国务院有税法的解释权；经国务院授权，国家税务主管部门（财政部和国家税务总局）有税收条例的解释权和制定税收条例实施细则的权力。

5. 省级人民代表大会及其常务委员会有根据本地区经济发展的具体情况和实际需要，在不违背国家统一税法、不影响中央的财政收入、不妨碍我国统一市场的前提下，开征全国性税种以外的地方税种的税收立法权。税法的公布，税种的开征、停征，由省级人民代表大会及其常务委员会统一规定，所立税法在公布实施前须报全国人大常委会备案。

6. 经省级人民代表大会及其常务委员会授权，省级人民政府有本地区地方税法的解释权和制定税法实施细则、调整税目和税率的权力，也可在上述规定的前提下，制定一些税收征收办法，还可以在全国性地方税条例规定的幅度内，确定本地区适用的税率或税额。上述权力除税法解释权外，在行使后和发布实施前须报国务院备案。

地区性地方税收的立法权应只限于省级立法机关或经省级立法机关授权的同级政府，不能层层下放。所立税法可在全省（自治区、直辖市）范围内执行，也可只在部分地区执行。

（二）税收执法权的划分

根据国务院《关于实行财政分税制有关问题的通知》等有关规定，我国税收执法管理权限的划分大致如下：

1. 根据国务院关于实行分税制财政管理体制的决定，按税种划分中央和地方的收入。将维护国家权益、实施宏观调控所必需的税种划为中央税；将同国民经济发展直接相关的主要税种划为中央与地方共享税；将适合地方征管的税种划为地方税，并充实地方税税种，增加地方税收收入。同时，根据按收入归属划分税收管理权限的原则，对中央税，其税收管理权由国务院及其税务主管部门（财政部和国家税务总局）掌握，由中央税务机构负责征收；对地方税，其管理权由地方人民政府及其税务主管部门掌握，由税务机构负责征收；对中央与地方共享税，其管理权限按中央和地方政府各自的收入归属划分，由中央税务机构负责征收，共享税中地方分享的部分由中央税务机构直接划入地方金库。

2. 地方自行立法的地区性税种，其管理权由省级人民政府及其税务主管部门掌握。

3. 根据《国务院关于取消集市交易税、牲畜交易税、烧油特别税、奖金税、工资调节税和将屠宰税、筵席税下放给地方管理的通知》的有关规定，省级人民政府可以根据本地区经济发展的实际情况，自行决定继续征收或者停止征收屠宰税和筵席税。继续征收的地区，省级人民政府可以根据《中华人民共和国屠宰税暂行条例》和《中华人民共和国筵席税暂行条例》的规定，制定具体征收办法，并报国务院备案。

4. 属于地方税收的管理权限，在省级及其以下地区如何划分，由省级人民代表大会或省级人民政府决定。

5. 除少数民族自治区和经济特区外，各地均不得擅自停征全国性的地方税种。

6. 经全国人大及其常委会和国务院的批准，民族自治地方可以拥有某些特殊的税收管理权，如全国性地方税种某些税目、税率的调整权以及一般地方税收管理权以外的其他一些管理权等。

7. 经全国人大及其常委会和国务院批准，经济特区也可以在享有一般地方税收管理权之外，拥有一些特殊的税收管理权。

8. 上述地方（包括少数民族自治地区和经济特区）的税收管理权的行使，必须以不影响国家宏观调控和中央财政收入为前提。

9. 涉外税收必须执行国家的统一税法，涉外税收政策的调整权集中在全国人大常委会和国务院，各地一律不得自行制定涉外税收的优惠措施。

10. 根据国务院的有关规定，为了更好地体现公平税负、促进竞争的原则，保护社会主义统一市场的正常发育，在税法规定之外，一律不得减税、免税，也不得采取先征后返的形式变相减免税。

（三）税务机构设置与税收征收管理

按照1994年分税制财政管理体制的要求，我国税务机构设置是在中央政府设立国家税务总局，作为税务管理工作的最高职能机构。省级及省级以下的税务机构分设为国家税务局（简称国税局）和地方税务局（简称地税局）两个系统，国家税务局主要负责中央税与中央地方共享税的征收管理，地方税务局主要负责地方税的征收管理。

根据党的十九届三中全会审议通过的《深化党和国家机构改革方

案》，将省级和省级以下国税地税机构合并，具体承担所辖区域内各项税收、非税收入征管等职责，实行以国家税务总局为主与省（自治区、直辖市）政府双重领导管理体制。2018 年 6 月 15 日，全国 36 个省级新税务机构统一挂牌。

为提高社会保险资金征管效率，将基本养老保险费、基本医疗保险费、失业保险费等各项社会保险费交由税务部门统一征收。

国税地税机构合并后我国税收分别由税务机关和海关负责征收管理。

海关负责征收和管理的项目有关税、船舶吨税。此外，海关负责代征进口环节的增值税、消费税。

（四）中央政府与地方政府税收收入划分

根据国务院关于实行分税制财政管理体制的规定，我国的税收收入分为中央政府固定收入、地方政府固定收入和中央政府与地方政府共享收入。具体划分如下：

1. 中央政府固定收入包括消费税（含进口环节海关代征的部分）、车辆购置税、关税、海关代征的进口环节增值税等。

2. 地方政府固定收入包括城镇土地使用税、耕地占用税、土地增值税、房产税、车船税、契税、烟叶税、环境保护税。

3. 中央政府与地方政府共享收入包括以下几部分：

（1）增值税（不含进口环节由海关代征的部分）：中央政府分享 75%，地方政府分享 25%。为进一步完善分税制财政体制，落实全面推开“营改增”试点后调整中央与地方增值税收入划分过渡方案，国务院决定，从 2016 年起，调整中央对地方原体制增值税返还办法，由 1994 年实行分税制财政体制改革时确定的增值税返还，改为以 2015 年为基数实行定额返还，对增值税增长或下降地区不再实行增量返还或扣减。返还基数的具体数额，由财政部核定。

（2）企业所得税：中国铁路总公司、各银行总行及海洋石油企业缴纳的部分归中央政府，其余部分中央与地方政府按比例分享。从 2004 年起，中央与地方所得税收入分享比例继续按中央分享 60%、地方分享 40% 执行。

（3）个人所得税：除储蓄存款利息所得的个人所得税外，其余部分的分享比例与企业所得税相同。

（4）资源税：海洋石油企业缴纳的部分归中央政府，其余部分归地方政府。按照现行财政管理体制，自 2017 年 7 月 1 日起，纳入改革的矿产资源税收入全部为地方财政收入，水资源税仍按水资源费中央与地方 1∶9 的分成比例不变（试点省、市、区）。资源税改革实施后，相关部门履行正常工作职责所需经费，由中央和地方财政统筹安排和保障。

（5）城市维护建设税：中国铁路总公司、各银行总行、各保险总公司集中缴纳的部分归中央政府，其余部分归地方政府。

（6）印花税：证券交易的印花税自 2016 年 1 月起全部归中央政府。

此外，自 2009 年 1 月 1 日起，新增的成品油消费税为中央收入。与其相对应，增加的增值税、城市维护建设税和教育费附加收入具有专项用途，不作为经常性财政收入，不计入对地方“两税”（增值税和消费税）返还，不计入现有与支出挂钩项目的测算基数。

（五）税务机关职权

从整体上讲，税务机关的权力就是依法行政、征收税款。税收执法权是国家行政权力的基本组成部分，可概括为以下几个方面：

1. 征税权。它是税务机关最基本的权力，主要表现为：有权要求纳税人依法办理税务登记、设置账簿、合法使用记账凭证和发票，依法申报纳税；有权获得与纳税有关的资料；有权依照法律、行政法规的规定或授权审批减税、免税、延期纳税等。

2. 税法解释权。这是指有关税务机关按照税法的规定，在一定范围内对某些税法做出相应解释的权力。税法解释是保证税法灵活性、准确性、有效性的需要。

3. 估税权。这是指在某些特定情况下，纳税人的税基难以准确核定，税务机关可以按照一定的方法估算其税基，或直接估算其税额的权力。《税收征管法》赋予税务机关的估税权包括三种情况：一是纳税人未设立账簿的，或账目混乱、有关资料残缺不全，难以查账的；二是纳税人发生了纳税义务，但是未按规定的期限办理纳税申报，经税务机关责令限期申报，逾期仍不申报的；三是纳税人在与关联企业之间的业务往来中，纳税人为达到避税目的，不按照独立企业之间的业务往来收取或支付价款、费用，而减少其应纳税收入或所得额的。发生上述三种情况，税务机关即可行使估税权。

4. 委托代征权。这是指税务机关根据税法的授权，委托没有税收管理权的机关或单位代征某些税款的权力，被委托的单位或机关只有在承诺代征后，才产生一定范围内的征税权。《税收征管法实施细则》规定，税务机关根据国家有关规定可以委托有关单位代征少数零星分散的税收，并发给委托代征证书。受托单位按照代征证书的要求，以税务机关的名义依法征收税款。

5. 税收保全权。这是指税务机关依法在规定的纳税期之前采取限制纳税人转移或处理商品、货物或其他财产的权力。我国税法规定，当没有营业执照的纳税人拒不纳税，或从事生产经营的纳税人有逃税嫌疑，且在纳税期前限定的缴纳税款期限内有明显转移、隐匿应税商品、货物及其他财产的迹象，不能提供纳税担保的，以及个人欠税欲离境时，税务机关可依法行使税收保全权。

6. 强制执行权。这是指税务机关对不履行纳税义务的单位和个人，依法采取强制性措施收缴税款的权力。从某种意义上说，强制执行是税收保全的继续，没有强制执行，税收执法的保障就不够充分和权威。

7. 税收检查权。这是指税务机关为确定纳税人的税基，预防税收违法犯罪，依法对纳税人的账簿、纳税资料、生产经营场所等进行检查的权力。例如，检查纳税人及相关人员的账簿、收入凭证、银行账户及有关纳税资料；检查纳税人、扣缴义务人等纳税主体的生产经营场所和货场，并以录音、记录、录像、照相、复制等形式取证；检查纳税人在车站、码头、机场、邮局留下的有关单据、凭证和有关资料等。

8. 税款追征权。这是指对纳税人或扣缴义务人因各种原因未缴或少缴的税款，税务机关在法定期限内予以追回的权力。我国税法关于税款追缴时效的规定有：一般情况下追缴期为 3 年；未缴或少缴的税款超过 10 万元的，追缴期限为 10 年；因偷税或骗税少缴的税款，税务机关有权无限期追缴。

9. 行政处罚权。这是指税务机关对纳税人的违法行为依照法定标准予以制裁的权力。行政处罚权是税务机关的一项重要权力，是实施税法最有力的保障。罚款是实施税务行政处罚的基本形式。

10. 行政裁量权。任何法律，无论如何严密，都不可能将每一个行政行为的每一个细节都予以规定，所以在立法时，都必须给行政机关一个可以自由裁量的余地，以便能灵活地处理新的行政关系，也即具有一定裁量性。

税务行政裁量是税务机关依照法律、法规规定的幅度，或者在法律、法规规定的原则范围内，依照法律、法规的目的和精神，以及公共利益的要求，对具体事件或特定人所作的处理或制裁决定。

在税收法律关系中，没有无义务的权利，也没有无权利的义务，权利和义务存在着对立统一的关系。税务机关的权利和义务也是对立统一的。税务机关的义务主要包括：

第一，依法办理税务登记、开具完税凭证的义务。

第二，依法征收税款，不得违法开征、停征、多征或少征税款；征收的税款及时、足额地上缴国库，不得截留或坐支；依法办理减免税，对多征税款应及时返还。

第三，保密义务。税务机关进行税务检查时，有为被检查人保守秘密的义务；对检举违反税收法律、行政法规行为的检举人，税务机关应为其保密。

第四，在实施税收保全过程中的义务。税务机关实施税收保全措施不当，或者纳税人在期限内已缴纳税款，应立即解除税收保全措施；税务机关扣押商品、货物或其他财产时，必须开付收据；查封商品、货物或其他财产时，必须开付清单。

第五，审理复议的义务。对于纳税人申请复议的事项，凡符合法定复议受理条件的，税务机关都有义务受理，并在规定的期限内做出复议决定。

第六，在税务行政案件中承担举证责任的义务。税务机关作为被告，有义务提供做出具体行政行为的证据和所依据的规范性文件。

练习题

一、单项选择题

1. 在税收分配活动中，税法的调整对象是（　　）。

A. 税收分配关系　　B. 经济利益关系

C. 税收权利义务关系　　D. 税收征纳关系

2. 以下关于税法特点的表述，正确的是（　　）。

A. 税法的特点和其他法律的特点具有一致性，这是因为它们均属于法的范畴

B. 税法的特点是税收上升为法律后的形式特征，应与税收同属于经济范畴的特点相一致

C. 从立法过程看，税法属于制定法

D. 税法属于侵权法规，公民素质提高后的纳税习惯是存在的

3. 从法理学的角度来看，下列不属于税法基本原则的是（　　）。

A. 税收法律主义　　B. 税收公平主义

C. 实质课税　　D. 法律优位原则

4. 关于税收公平主义的陈述，下列选项正确的是（　　）。

A. 法律上的税收公平和经济上的税收公平在思想上是一致的

B. 经济上的税收公平对纳税人具有约束力

C. 经济上的税收公平主要从税收负担带来的经济后果上考虑，法律上的税收公平主义则不但考虑经济后果，还要考虑立法、执法、司法各个方面

D. 纳税人只能要求程序上的税收公平

5. 对 2000 年 12 月 31 日以前在中国境内购置各类汽车使用的单位和个人，不能按 2001 年 1 月 1 日开始实施的《中华人民共和国车辆购置税暂行条例》征税。这样处理，符合税法适用原则中的（　　）。

A. 法律优位原则　　B. 特别法优于普通法原则

C. 程序优于实体原则　　D. 法律不溯及既往原则

6. 关于税法与其他部门法关系的陈述，正确的是（　　）。

A. 我国税法和宪法缺少必要的衔接，所以在制定税法时可以不依据宪法

B. 民法和税法均属于公法的范畴

C. 税法就是行政法律部门

D. 从长远看，应当修改宪法，增设直接与税收有关的条款和制定税收基本法来加强两者的关系

7. 下列关于税收法律关系的表述中，不正确的是（　　）。

A. 税收法律关系的主体一方是国家

B. 税收法律关系中权利与义务不具有对等性

C. 税收法律关系的成立不以征纳双方意思表示一致为要件

D. 征税权虽是国家法律授予的，但是可以放弃或转让

8. 假定王某 3 月份取得收入 5 800 元，若起征点为 2 000 元，采用超额累进税率：应税收入 2 000 元以下的，适用税率为 5%；应税收入 2 000~5 000 元的，适用税率为 10%；应税收入 5 000~10 000 元的，适用税率为 15%。则王某应纳税额为（　　）元。

A.525　　　　B.520

C.545　　　　D.570

9. 下列税种中，征税对象与计税依据一致的是（　　）。

A. 印花税　　　　B. 车船税

C. 消费税　　　　D. 企业所得税

10. 减免税是对某些纳税人的鼓励或照顾措施，通过直接缩小计税依据的方式实现的减税免税是（　　）。

A. 法定式减免　　　　B. 税基式减免

C. 税额式减免　　　　D. 税率式减免

11. 某乡镇财政所自行决定，凡购买该所开设商店的商品可以根据购买数额的多少减免农业特产税。这种做法违背了（　　）。

A. 程序优于实体原则　　　　B. 税收公平主义原则

C. 税收法律主义原则　　　　D. 法律优位原则

12. 纳税人必须在缴纳有争议的税款后，税务行政复议机关才能受理纳税人的复议申请。这体现了税法适用原则中的（　　）。

A. 新法优于旧法原则　　　　B. 特别法优于普通法原则

C. 程序优于实体原则　　　　D. 实体从旧、程序从新原则

13. 税收法规是国家最高行政机关、地方立法机关根据其职权或国家最高权力机关的授权，依据宪法和税收法律，通过一定法律程序制定的规范性税收文件。下列属于税收法规的是（　　）。

A. 个人所得税法　　　　B. 增值税暂行条例

C. 税务行政复议规则　　　　D. 税务代理试行办法

14. 下列职权中，不属于税务机关的是（　　）。

A. 税务管理权　　　　B. 税收行政立法权

C. 代位权和撤销权　　　　　　　　D. 税收法律立法权

15. 纳税人的义务不包括（　　）。

A. 对税务机关的决定进行陈述和申辩

B. 依法办理税务登记

C. 依法进行账簿、凭证管理

D. 办理纳税申报，按时纳税

16. 我国现行税法体系属于（　　）。

A. 宪法、税收基本法、单行税法

B. 宪法、单行税法

C. 宪法、税收法典

D. 宪法、税收法典、单行税法

17. 下列税法解释中，不能作为法庭判案的直接依据的是（　　）。

A. 立法的事前解释　　　　　　　　B. 立法的事后解释

C. 行政解释　　　　　　　　　　　D. 司法解释

18. 税收具有强制性、无偿性、固定性的特征，其核心是（　　）。

A. 强制性　　　　　　　　　　　　B. 固定性

C. 确定性　　　　　　　　　　　　D. 无偿性

19. 税收法律体系的核心是（　　）。

A. 征税主体　　　　　　　　　　　B. 税收法律关系的对象

C. 纳税主体　　　　　　　　　　　D. 税收法律关系的内容

20. 计税基数是相对数时，超倍累进税率实际上是（　　）。

A. 超额累进税率　　　　　　　　　B. 超率累进税率

C. 全额累进税率　　　　　　　　　D. 边际税率

21. 定额税率的一个重要特点是（　　）。

A. 与征税对象的数量无关

B. 不受征税对象价值量变化的影响

C. 与征税对象数额成正比

D. 分税目确定便于发挥调节作用

22. 在比例税率条件下，边际税率与平均税率的关系是（　　）。

A. 边际税率大于平均税率　　　　　B. 边际税率等于平均税率

C. 边际税率小于平均税率　　　　　D. 边际税率略高于平均税率

23. 税法原则是构成税收法律规范的基本要素之一。下列税法原则中，能够确保国家课税权的实现，不因争议的发生而影响税款的及时、足额入库的是（　　）。

A. 程序优于实体原则　　B. 特别法优于普通法原则

C. 实质课税原则　　D. 法律优位原则

24. 税收法律关系产生的标志主要是指（　　）。

A. 纳税人进行税务登记　　B. 纳税人应税行为发生

C. 征税行为发生　　D. 纳税人按规定期限申报纳税

25. 税法的特点体现在许多方面，从法律性质来看，税法属于（　　）。

A. 义务性法规　　B. 授权性法规

C. 习惯法　　D. 制定法

26. 边际税率是指（　　）。

A. 税法直接规定的税率

B. 全部税率与全部收入之比

C. 实际缴纳税额占征税对象实际数额的比例

D. 再增加一些收入时，增加的这部分收入所缴纳的税额占增加的收入的比例

27. 纳税人计税价格明显偏低，税务机关有权重新估定计税价格，其根据是税法的（　　）。

A. 实质课税原则　　B. 依法稽征原则

C. 税收法律主义原则　　D. 税收公平主义原则

28. 下列税法创制程序中，属于税收法规创制程序的是（　　）。

A. 法律案提出—法律案审议—法律案通过—法律案公布

B. 立项—起草—审查—决定和公布

C. 立项—起草—审议—决定和公布

D. 立项—审议—决定—公布

29. 税收法律关系的消灭是指这一法律关系的终止，下列不属于税收法律关系消灭原因的是（　　）。

A. 税法的废止　　B. 纳税人履行纳税义务

C. 因不可抗力造成的破坏　　D. 纳税义务的免除

30. 下列关于税收法律关系的表述中，正确的是（　　）。

A. 税收法律关系的主体只能是国家

B. 税收法律关系中权利与义务具有对等性

C. 税收法律关系的成立不以征纳双方意思表示一致为要件

D. 征税权虽是国家法律授予的，但是可以放弃或转让

31.（　　）是调整国家与国际社会协调相关税收过程中所产生的国家涉外税收征纳关系和国家间税收分配关系的法律规范的总称。

A. 涉外税收　　B. 国际税法

C. 税收实体法　　D. 税收基本法

32. 国际税法的调整对象是国家与涉外纳税人之间的涉外税收征纳关系和国家相互之间的（　　）。

A. 权利与义务关系　　B. 税收分配关系

C. 税收管辖关系　　D. 税收协调关系

33. 税收实体法具有（　　）的特点。

A. 规范性与统一性　　B. 程序性与稳定性

C. 统一性与固定性　　D. 对应性与排他性

二、多项选择题

1. 关于税法的时间效力的陈述，下列选项正确的是（　　）。

A. 税法的时间效力是指税法何时生效的问题

B. 对于重要税法的个别条款的修订，目前大多采用自通过发布之日起生效的方式

C. 税法的失效方式中，很少采用的是直接宣布废止

D. 税法的失效方式中，最常见的方式是新税法代替旧税法

E. 我国及许多国家的税法均坚持不溯及既往原则

2. 税法与民法的关系的陈述中，下列陈述正确的是（　　）。

A. 税法大量借用了民法的概念和规则

B. 税法调整的手段具有综合性；民法的调整手段较单一，主要是以民事手段为主

C. 民事纠纷和税收纠纷均可以适用调解原则

D. 民事纠纷和税收纠纷均可以适用相同的诉讼程序解决

E. 税法调整手段更多的是行政处罚和刑罚手段

3. 关于税务规章的陈述，下列正确的是（　　）。

A. 国家税务总局可以根据法律，国务院的税务行政法规、决定、命令等制定税务规章

B. 国家税务总局可以根据需要，针对国务院没有规定的事项制定税务规章

C. 国家税务总局在执行法律过程中可以针对法律没有规定的事项制定规章

D. 国家税务总局制定税务规章时，涉及两个以上部门的，一般提请国务院制定行政法规

E. 对于不符合规定的税务规章，国务院可以依法改变或撤销

4. 下列关于税务规章、税务行政规范的陈述，正确的是（　　）。

A. 税务规章和其他部门规章就同一事项规定不一致的，由国务院裁决

B. 税务规章和地方政府规章就同一事项规定不一致的，由全国人大裁决

C. 税务规章和地方法规就同一事项规定不一致的，应当提请全国人大裁决

D. 税务行政规范属于税务立法，和税务规章具有同等效力

E. 税务行政规范多表现为行政解释

5. 征税对象构成了税收实体法诸要素中的基础性要素，主要因为（　　）。

A. 课税依据是各税种划分的最主要标志

B. 征税对象明确了各税种的征税范围

C. 征税对象规定计算各种应征税款的依据

D. 税制要素中的其他要素一般都是以征税对象为基础确定的

E. 征税对象是一种税区别于另一种税的最主要标志

6. 税率的划分有基本形式和其他形式，下列属于基本形式的是（　　）。

A. 比例税率　　B. 累进税率

C. 定额税率　　D. 名义税率

E. 实际税率

7. 下列关于国际税法的陈述，正确的是（　　）。

A. 国际税法的效力高于国内税法
B. 国际税法的重要渊源是国际税收协定
C. 国际税收协定的典型形式是经合范本和联合国范本
D. 国际税法是国际法的组成部分，各国必须承认和遵守
E. 任何人、国家和国际组织都必须尊重他国的税收主权
8. 以下关于税率的表述中，正确的是（　　）。
A. 税率是个总的概念，实际中可分为定额税率和比例税率两种形式
B. 在具体运用上，比例税率可以分为产品比例税率、行业比例税率、地区比例税率、幅度比例税率
C. 零税率是以零表示的税率，是免税的一种方式
D. 负税率是政府利用税收形式对所得额低于特定标准的家庭或个人给予补贴的比例
E. 名义税率和实际税率是分析纳税人负担时的常用概念
9. 引起税收法律关系消灭的原因包括（　　）。
A. 税务机关组织结构变化
B. 纳税人履行了纳税义务
C. 纳税义务超过追征期限
D. 纳税人的纳税义务被依法免除
E. 税务机关搬迁
10. 下列税收文件中属于税收法律的是（　　）。
A. 企业所得税法
B. 行政处罚法
C. 税收征管法
D. 个人所得税法
11. 税收法律主义的具体原则有（　　）。
A. 实质课税原则
B. 课税要素明确原则
C. 依法稽征原则
D. 课税要素法定原则
12. 下列税种中，征税对象与计税依据不一致的是（　　）。
A. 企业所得税
B. 耕地占用税
C. 车船税
D. 个人所得税
13. 税收征纳关系中的纳税主体是指（　　）。
A. 负税人
B. 纳税义务人

C. 纳税担保人　　　　　　　　D. 扣缴义务人

14. 我国税法明确规定纳税人的权利有（　　）。

A. 依法提起税务行政复议和税务行政诉讼的权利

B. 对税务机关做出的决定有异议的可暂不执行的权利

C. 要求税务机关为其保守商业秘密的权利

D. 请求税务机关进行“事前裁定”的权利

15. 在累进税率条件下，边际税率与平均税率的关系表现在（　　）。

A. 边际税率与平均税率呈反方向变化

B. 边际税率往往大于平均税率

C. 边际税率的提高会带动平均税率的上升

D. 边际税率的升降直接影响到平均税率的高低

16. 下列税种中，使用定额税率的有（　　）。

A. 城镇土地使用税　　　　　　B. 土地增值税

C. 车船税　　　　　　　　　　D. 矿产品的资源税

17. 从法理学的角度来看，税法的基本原则包括（　　）。

A. 税收法律主义　　　　　　　B. 税收公平主义

C. 实质课税　　　　　　　　　D. 税收合作信赖主义

18. 税收的法定解释，主要包括（　　）。

A. 立法解释　　　　　　　　　B. 行政解释

C. 司法解释　　　　　　　　　D. 执法解释

19. 按照税法效力的不同，可以将税法分为（　　）。

A. 税收规章　　　　　　　　　B. 税收制度

C. 税收法规　　　　　　　　　D. 税收法律

20. 关于税收法律关系的性质，可分成（　　）。

A. 权力关系说　　　　　　　　B. 义务关系说

C. 债务关系说　　　　　　　　D. 强制关系说

21. 税收法律关系中的财产转移具有以下特点（　　）。

A. 无偿　　　　　　　　　　　B. 连续

C. 让渡　　　　　　　　　　　D. 单向

22. 税收法律关系的构成要素是（　　）。

A. 主体　　　　　　　　　　　B. 对象

C. 客体　　　　　　　　　　　　D. 内容

23. 税收法律关系消灭的原因主要有（　　）。

A. 履行纳税义务　　　　　　　　B. 税法废止

C. 纳税义务免除　　　　　　　　D. 纳税主体消灭

24. 征税对象构成了税收实体法诸要素中的基础性要素，主要因为（　　）。

A. 征税对象是各税种划分的最主要标志

B. 征税对象明确了各税种的征税范围

C. 征税对象是国家据以征税的主要依据

D. 税制要素中的其他要素一般都是以征税对象为基础确定的

25. 按照税率的累进依据的性质，累进税率可分为（　　）。

A. 额累　　　　　　　　　　　　B. 平均税率

C. 率累　　　　　　　　　　　　D. 边际税率

26. 一般来说，全额累进税率有如下特点（　　）。

A. 计算简便　　　　　　　　　　B. 负担不公平

C. 负担合理　　　　　　　　　　D. 计算复杂

27. 超额累进税率具备以下几个特点（　　）。

A. 计算较复杂　　　　　　　　　B. 税负透明度差

C. 税负不合理　　　　　　　　　D. 有利于增产增收

28. 减税、免税的形式有（　　）。

A. 税基式减免　　　　　　　　　B. 税额式减免

C. 法律性减免　　　　　　　　　D. 税率式减免

29. 我国现行税法中的纳税期限主要有以下几种形式（　　）。

A. 按期纳税　　　　　　　　　　B. 按次纳税

C. 按月纳税　　　　　　　　　　D. 按率计征，分期预缴

30. 关于税收实体法要素中有关征税对象的表述，下列说法正确的有（　　）。

A. 征税对象是国家据以征税的依据

B. 税目是一种税区别于另一种税的最主要标志

C. 从实物形态分析，征税对象与计税依据是一致的

D. 从个人所得税来看，征税对象与税源是一致的

31. 关于税率及其形式，下列表述正确的有（　　）。

A. 在超率累进税率下，边际税率等于平均税率

B. 在通常情况下，实际税率低于名义税率

C. 零税率是以零表示的税率，是免税的一种方式

D. 定额税率不受征税对象价值量变化的影响

32. 税基式减免是指通过直接缩小计税依据的方式实现减免税的一种形式，具体包括（　　）。

A. 起征点　　B. 免征额

C. 跨期结转　　D. 核定减免率

E. 项目扣除

33. 税法解释通常指税法的法定解释，下列有关税法解释的表述中不正确的有（　　）。

A. 税收司法解释的主体是最高人民法院或最高人民检察院

B. 税法行政解释与被解释的税法具有同等效力

C. 按解释权限划分，限制或扩大解释是税法解释的主要形式

D. 行政解释是指有关行政机关对相应税收法规做出的解释

34. 税法适用原则是指税务机关或司法机关运用税收法律规范解决具体问题所必须遵循的准则，具体包括（　　）。

A. 法律优位原则　　B. 税收法定主义原则

C. 法律不溯及既往原则　　D. 程序优于实体原则

35. 税法解释要遵循法律解释的具体原则，包括（　　）。

A. 主义解释原则　　B. 立法目的原则

C. 合法、合理性原则　　D. 适当性原则

E. 权责一致原则

36. 税法与民法的关系虽然密切，但毕竟分属不同法律部门，两者的区别还是比较明显的，主要表现在（　　）。

A. 两者调整的对象不同

B. 两者法律关系上的差异是由同等法律主体地位决定的

C. 两者的调整程序和手段不同

D. 税收法律关系中的争议不适用调解原则

37. 税法与行政法的关系主要表现为税法具有行政法的一般特征，

但又与一般行政法有所不同，差异性主要表现在（　　）。

A. 税法具有经济分配的性质，而一般行政法不具备

B. 税法单方面体现国家意志，而一般行政法单方面体现政府意志

C. 税法是一种义务性法规，而一般行政法大多为授权性法规

D. 税法需要双方意思表示一致，而一般行政法不需要双方意思表示一致

38. 税法与经济法的关系非常密切，但也有较大的区别，主要表现在（　　）。

A. 经济法调整的是经济管理关系，而税法的调整对象涉及较多行政管理事项

B. 税法属于义务性法规，经济法基本上属于授权性法规

C. 税法解决争议的程序适用行政诉讼法，而经济法适用协商等程序

D. 经济法是调整各种纵向经济关系的，而税法是调整各种横向经济关系的

39. 关于税法与刑法的关系，下列表述正确的是（　　）。

A. 税收犯罪的司法调查程序与刑事犯罪的司法调查程序不一致

B. 税法属于义务性法规，刑法属于禁止性法规

C. 税收法律责任的追究形式是多重的，刑事法律责任的追究形式是固定的

D. 关于偷税、骗取出口退税等的界定，刑法与税法是完全相同的

第二章

增值税法

第一节　增值税的基本要素

一、增值税类型和计税原理

增值税法是调整增值税征纳关系的法律规范的总称。我国现行增值税法主要是2017年11月19日国务院令第691号公布的《中华人民共和国增值税暂行条例》（简称《增值税暂行条例》）和2016年3月财政部、国家税务总局发布的《关于全面推开营业税改征增值税试点的通知》以及2008年12月财政部、国家税务总局令第50号《增值税暂行条例实施细则》。

增值税是世界上普遍适用的一个税种。它始于1954年的法国，20世纪60年代为西欧各国纷纷采纳，70年代在拉丁美洲风靡一时并波及一部分亚洲国家，80年代以来其实施范围已遍布世界各大洲。

我国从1979年开始在部分城市试行生产型增值税，到1994年已全面实行；2009年实行了增值税的全面“转型”，增值税由过去的生产型增值税转变为消费型增值税。2012年1月1日起，率先在上海实施了交通运输业和部分现代服务业“营改增”试点，2016年5月1日起，全面实施“营改增”。目前，增值税已成为中国流转税类的第一大税，该项税收收入占全部税收收入的比重高达40%左右。

从理论上讲，增值税是对商品生产、商品流通、劳务服务中各个环节的增值额或商品附加值征收的一种流转税。

增值额是企业在生产经营过程中新创造的那部分价值，即货物或劳务价值中V+M部分，在我国相当于净产值或国民收入部分。在现实经济生活中，对增值额这一概念可以从以下两个方面来理解：从一个生产经营单位来看，增值额是指该单位销售货物或提供劳务的收入额扣除为生产经营这种货物（包括劳务，下同）而外购的那部分货物价款后的余额。从一项货物来看，增值额是该货物经历的生产和流通的各个环节所创造的增值额之和，也就是该项货物的最终销售价值。

增值税具有以下特点：

第一，不重复征税，具有中性税收的特征。这是因为增值税只对货物或劳务销售额中没有征过税的那部分增值额征税，对销售额中属于转移过来的、以前环节已征过税的那部分销售额则不再征税，从而有效排除了重复征税因素。此外，增值税税率档次少，一些国家只采取一档税率，即使采取两档或三档税率，绝大部分货物也都按一个统一的基本税率征税。这不仅使得绝大部分货物的税负是一样的，而且同一货物在经历所有生产和流通环节时的整体税负也是一样的。

第二，逐环节征税，逐环节扣税，最终消费者是全部税款的承担者。增值税保留了传统营业税按流转额全值计税和道道征税的特点，同时还实行税款抵扣制度，即在逐环节征税的同时，还实行逐环节扣税。在这里，各环节的经营者作为纳税人，只是把从买方收取的税款转交给政府，而经营者实际上并没有承担增值税税款。这样，随着各环节交易活动的进行，经营者在出售货物的同时也出售了该货物所承担的增值税税款，直到货物卖给最终消费者，货物在以前环节已纳的税款连同本环节的税款也一同转给了最终消费者。可见，增值税税负具有逐环节向前推移的特点，作为纳税人的生产经营者并不是增值税的真正负担者，只有最终消费者才是全部税款的负担者。

第三，税基广阔，具有征收的普遍性和连续性。无论是从横向看还是从纵向看，增值税都有着广阔的税基。从生产经营的横向关系看，无论工业、商业还是劳务、服务活动，只要有增值收入就要纳税；从生产经营的纵向关系看，每一货物无论经过多少生产经营环节，都要按各环节上发生的增值额逐次征税。

（一）增值税的类型

实行增值税的国家，据以征税的增值额都是法定增值额，并非理论上的增值额。所谓法定增值额，是指各国政府根据各自的国情、政策要求，在增值税制度中人为确定的增值额。法定增值额可以等于理论增值额，也可以大于或小于理论增值额。造成法定增值额与理论增值额不一致的原因，主要是各国在规定扣除范围时，对外购固定资产的处理办法不同。一般来说，在确定征税的增值额时，对外购流动资产价款都允许从货物总价值中扣除，但有些国家不允许扣除。在允许扣除的国家中，扣除情况也不一样。

增值税按对外购固定资产处理方式的不同，可划分为生产型增值税、收入型增值税和消费型增值税。

1. 生产型增值税

生产型增值税是指计算增值税时，不允许扣除任何外购固定资产的价款，作为课税基数的法定增值额除包括纳税人新创造价值外，还包括当期计入成本的外购固定资产价款部分，即法定增值额相当于当期工资、利息、租金、利润等理论增值额和折旧额之和。从整个国民经济来看，这一课税基数大体相当于国民生产总值统计口径，故称为生产型增值税。此种类型的增值税的法定增值额大于理论增值额，对固定资产存在重复征税，而且越是资本有机构成高的行业，重复征税就越严重。这种类型的增值税虽然不利于鼓励投资，却可以保证财政收入。

2. 收入型增值税

收入型增值税是指计算增值税时，对外购固定资产价款只允许扣除当期计入产品价值的折旧费部分，作为课税基数的法定增值额相当于当期工资、利息、租金和利润等各增值项目之和。从整个国民经济来看，这一课税基数相当于国民收入部分，故称为收入型增值税。此种类型的增值税，其法定增值额与理论增值额一致，从理论上讲是一种标准的增值税，但由于外购固定资产价款是以计提折旧的方式分期转入产品价值的，且转入部分没有合法的外购凭证，故给凭发票扣税的计算方法带来困难，从而影响了这种方法的广泛采用。

3. 消费型增值税

消费型增值税是指计算增值税时，允许将当期购入的固定资产价款一次全部扣除，作为课税基数的法定增值额相当于纳税人当期的全部销售额扣除外购的全部生产资料价款后的余额。从整个国民经济来看，这一课税基数仅限于消费资料价值的部分，故称为消费型增值税。此种类型的增值税在购进固定资产的当期因扣除额大大增加，会减少财政收入。但这种方法最宜规范凭发票扣税的计算方法，因为凭固定资产的外购发票可以一次将其已纳税款全部扣除，既便于操作，也便于管理，所以是三种类型中最先进、最能体现增值税优越性的一种。

增值税类型的选择主要考虑两个方面的影响因素：一是商品课税的模式。原商品课税不仅对消费资料征税，同时也对生产资料征税，这样的国家一般采用生产型或收入型增值税；原商品课税仅对某些消费品征税，这样的国家一般采用消费型增值税。二是投资的政策。实行鼓励投资政策的国家就采用消费型增值税；实行限制投资政策的国家就采用生产型或收入型增值税。

1994 年税制改革时，我国采用的是生产型增值税，这一方面是出于财政收入的考虑，另一方面则是为了抑制投资膨胀。随着我国社会主义市场经济体制的逐步完善和经济全球化的纵深发展，推进增值税转型改革的必要性日益突出。

增值税转型改革的核心是在企业计算应缴增值税时，允许扣除购进设备所含的增值税。我国增值税转型（即将生产型增值税转为消费型增值税）改革试点始于 2004 年。根据国务院的部署，自 2004 年 7 月 1 日起，增值税转型改革试点先后在东北三省、中部六省 26 个老工业基地城市、内蒙古自治区东部五个盟市和四川汶川地震受灾严重地区等部分地区的部分行业进行。自 2009 年 1 月 1 日起，我国在全国所有地区、所有行业推行消费型增值税。

目前，只有极少数发展中国家实行生产型增值税，极少数拉丁美洲国家实行收入型增值税，90%以上的国家开征的都是消费型增值税。相比较而言，生产型增值税的税基最大，消费型增值税的税基最小、纳税人的税负最小。

（二）增值税的计税原理

增值税的计税原理是通过增值税的计税方法体现出来的。增值税的计税方法是以每一生产经营环节上发生的货物、劳务或服务的销售额为计税依据，然后按规定税率计算出整体税负，同时通过税款抵扣方式将外购项目在以前环节已纳的税款扣除，从而完全避免了重复征税。该原理具体体现在以下三个方面：

1. 按全部销售额计算税款，但只对货物、劳务或服务价值中新增价值部分征税。

2. 实行税款抵扣制度，对以前环节已纳税款予以扣除。

3. 税款随着货物的销售逐环节转移，最终消费者是全部税款的承担者。但政府并不直接向消费者征税，而是在生产经营的各个环节分段征收，而各环节的纳税人并不承担增值税税款。

用公式表示为：

应纳税额=增值额×适用税率

=（销售额-进价）×适用税率

=销售额×适用税率-进价×适用税率

=销项税额-进项税额

二、征税范围

根据《增值税暂行条例》的规定，增值税是对在我国境内从事销售或者进口货物或者提供加工、修理修配劳务（销售“应税劳务”），销售服务（销售“应税服务”），销售不动产，无形资产的企业单位和个人，就其应税销售行为和进口货物课征的一种流转税。

判别是否征增值税的要件有：（1）发生了税法规定的应税销售行为；（2）应税销售行为发生在境内；（3）该行为是有偿的（以从受让方取得货币、货物或其他经济利益等代价为条件的销售或转让行为）；（4）销售服务、转让无形资产或不动产都是对他人而言的，不是自我服务。

在境内是指：（1）销售货物的起运地或者所在地在境内；（2）提供的应税劳务发生在境内；（3）服务（租赁不动产除外）或者无形资产（自然资源使用权除外）的销售方或者购买方在境内；（4）所销售或者租赁的不动产在境内；（5）所销售自然资源使用权的自然资源在境内；（6）财政部和国家税务总局规定的其他情形。

（一）基本范围

1. 销售（包括进口）货物

货物是指有形动产，包括电力、热力、气体在内。进口货物在报关进口时向海关缴纳进口环节增值税。

销售货物是指有偿转让货物所有权的行为，即以从受让方取得货币、货物或其他经济利益等代价为条件转让货物。

进口货物是指直接从境外进口货物，同时包括从境内保税工厂、保税仓库、保税区运往境内其他地区的货物。

2. 提供加工、修理修配劳务

加工是指受托加工货物，即委托方提供原料及主要材料，受托方按照委托方的要求制造货物并收取加工费的业务。

修理修配是指受托对损伤和丧失功能的货物进行修复，使其恢复原状和功能的业务。

单位或者个体工商户聘用的员工为本单位或者雇主提供加工、修理修配劳务，不包括在内。

3. 销售服务

销售服务，指提供交通运输服务、邮政服务、电信服务、建筑服务、金融服务、现代服务和生活服务。

（1）交通运输服务。这是指利用运输工具将货物或者旅客送达目的地，使其空间位置得到转移的业务活动，包括：

①陆路运输服务，指通过陆路（地上或者地下）运送货物或者旅客的运输业务活动，包括：

铁路运输服务，指通过铁路运送货物或者旅客的运输业务活动。

其他陆路运输服务，指铁路运输以外的陆路运输业务活动，包括公路运输、缆车运输、索道运输、地铁运输、城市轻轨运输等。出租车公司向使用本公司自有出租车的出租车司机收取的管理费用，按照陆路运输服务缴纳增值税。

②水路运输服务，指通过江、河、湖、川等天然、人工水道或者海洋航道运送货物或者旅客的运输业务活动，包括：

程租业务，指运输企业为租船人完成某一特定航次的运输任务并收取租赁费的业务。

期租业务，指运输企业将配备有操作人员的船舶承租给他人使用一定期限，承租期内听候承租方调遣，不论是否经营，均按天向承租方收取租赁费，发生的固定费用均由船东负担的业务。

③航空运输服务，指通过空中航线运送货物或者旅客的运输业务活动，包括：

湿租业务，指航空运输企业将配备有机组人员的飞机承租给他人使用一定期限，承租期内听候承租方调遣，不论是否经营，均按一定标准向承租方收取租赁费，发生的固定费用均由承租方承担的业务。

航天运输服务，指利用火箭等载体将卫星、空间探测器等空间飞行器发射到空间轨道的业务活动。

④管道运输服务，指通过管道设施输送气体、液体、固体物质的运输业务活动。

⑤自 2018 年 1 月 1 日起，纳税人已售票但客户逾期未消费取得的运输逾期票证收入，按照“交通运输服务”缴纳增值税。

此外，还有无运输工具承运业务。无运输工具承运业务是指经营者以承运人身份与托运人签订运输服务合同，收取运费并承担承运人责任，然后委托实际承运人完成运输服务的经营活动。

（2）邮政服务。这是指中国邮政集团公司及其所属邮政企业提供邮件寄递、邮政汇兑和机要通信等邮政基本服务的业务活动，包括：

①邮政普遍服务，指函件、包裹等邮件寄递，以及邮票发行、报刊发行和邮政汇兑等业务活动。函件，指信函、印刷品、邮资封片卡、无名址函件和邮政小包等。包裹，指按照封装上的名址递送给特定个人或者单位的独立封装的物品，其重量不超过 50 千克，任何一边的尺寸不超过 150 厘米，长、宽、高合计不超过 300 厘米。

②邮政特殊服务，指义务兵平常信函、机要通信、盲人读物和革命

烈士遗物的寄递等业务活动。

③其他邮政服务，指邮册等邮品销售、邮政代理等业务活动。

（3）电信服务。这是指利用有线、无线的电磁系统或者光电系统等各种通信网络资源，提供语音通话服务，传送、发射、接收或者应用图像、短信等电子数据和信息的业务活动，包括：

①基础电信服务，指利用固网、移动网、卫星、互联网，提供语音通话服务的业务活动，以及出租或者出售带宽、波长等网络元素的业务活动。

②增值电信服务，指利用固网、移动网、卫星、互联网、有线电视网络，提供短信和彩信服务、电子数据和信息的传输及应用服务、互联网接入服务等业务活动。

卫星电视信号落地转接服务属于增值电信服务。

（4）建筑服务。这是指各类建筑物、构筑物及其附属设施的建造、修缮、装饰，线路、管道、设备、设施等的安装以及其他工程作业的业务活动，包括：

①工程服务，指新建、改建各种建筑物、构筑物的工程作业，包括与建筑物相连的各种设备或者支柱、操作平台的安装或者装设工程作业，以及各种窑炉和金属结构工程作业。

②安装服务，指生产设备、动力设备、起重设备、运输设备、传动设备、医疗实验设备以及其他各种设备、设施的装配、安置工程作业，包括与被安装设备相连的工作台、梯子、栏杆的装设工程作业，以及被安装设备的绝缘、防腐、保温、油漆等工程作业。

固定电话、有线电视、宽带、水、电、燃气、暖气等经营者向用户收取的安装费、初装费、开户费、扩容费以及类似收费，按照安装服务缴纳增值税。

③修缮服务，指对建筑物、构筑物进行修补、加固、养护、改善，使之恢复原来的使用价值或者延长其使用期限的工程作业。

④装饰服务，指对建筑物、构筑物进行修饰装修，使之美观或者具有特定用途的工程作业。

⑤其他建筑服务，指上列工程作业之外的各种工程作业服务，如钻井（打井）、拆除建筑物或者构筑物、平整土地、园林绿化、疏浚（不

包括航道疏浚）、建筑物平移、搭脚手架、爆破、矿山穿孔、表面附着物（包括岩层、土层、沙层等）剥离和清理等工程作业。

（5）金融服务。这是指经营金融保险的业务活动，包括：

①贷款服务，指将资金贷与他人使用而取得利息收入的业务活动。各种占用、拆借资金取得的收入，包括金融商品持有期间（含到期）利息（保本收益、报酬、资金占用费、补偿金等）收入、信用卡透支利息收入、买入返售金融商品利息收入、融资融券收取的利息收入，以及融资性售后回租、押汇、罚息、票据贴现、转贷等业务取得的利息及利息性质的收入，或者以货币资金投资收取的固定利润或者保底利润，均按照贷款服务缴纳增值税。

②直接收费金融服务，指为货币资金融通及其他金融业务提供相关服务并且收取费用的业务活动，包括提供货币兑换、账户管理、电子银行、信用卡、信用证、财务担保、资产管理、信托管理、基金管理、金融交易场所（平台）管理、资金结算、资金清算、金融支付等服务。

③金融商品转让，指转让外汇、有价证券、非货物期货和其他金融商品所有权的业务活动。其他金融商品转让包括基金、信托、理财产品等各类资产管理产品和各种金融衍生品的转让。

④保险服务，指投保人根据合同约定，向保险人支付保险费，保险人对于合同约定的可能发生的事故因其发生所造成的财产损失承担赔偿保险金责任，或者当被保险人死亡、伤残、疾病或者达到合同约定的年龄、期限等条件时承担给付保险金责任的商业保险行为，包括人身保险服务和财产保险服务。

（6）现代服务。这是指围绕制造业、文化产业、现代物流产业等提供技术性、知识性服务的业务活动，包括：

①研发和技术服务，包括：

研发服务，指就新技术、新产品、新工艺或者新材料及其系统进行研究与试验开发的业务活动，也称技术开发服务。

合同能源管理服务，指节能服务公司与用能单位以契约形式约定节能目标，节能服务公司提供必要的服务，用能单位以节能效果支付节能服务公司投入及其合理报酬的业务活动。

工程勘察勘探服务，指在采矿、工程施工前后，对地形、地质构造、地下资源蕴藏情况进行实地调查的业务活动。

专业技术服务，指气象服务、地震服务、海洋服务、测绘服务、城市规划、环境与生态监测服务等专项技术服务。

②信息技术服务，指利用计算机、通信网络等技术对信息进行生产、收集、处理、加工、存储、运输、检索和利用，并提供信息服务的业务活动，包括：

软件服务，指提供软件开发服务、软件维护服务、软件测试服务的业务活动。

电路设计及测试服务，指提供集成电路和电子电路产品设计、测试及相关技术支持服务的业务活动。

信息系统服务，指提供信息系统集成、网络管理、网站内容维护、桌面管理与维护、信息系统应用、基础信息技术管理平台整合、信息技术基础设施管理、数据中心、托管中心、信息安全服务、在线杀毒、虚拟主机等业务活动，包括网站对非自有的网络游戏提供的网络运营服务。

业务流程管理服务，指依托信息技术提供的人力资源管理、财务经济管理、审计管理、税务管理、物流信息管理、经营信息管理和呼叫中心等服务的活动。

信息系统增值服务，指利用信息系统资源为用户附加提供的信息技术服务，包括数据处理、分析和整合、数据库管理、数据备份、数据存储、容灾服务、电子商务平台等。

③文化创意服务，包括：

设计服务，指把计划、规划、设想通过文字、语言、图画、声音、视觉等形式传递出来的业务活动，包括工业设计、内部管理设计、业务运作设计、供应链设计、造型设计、服装设计、环境设计、平面设计、包装设计、动漫设计、网游设计、展示设计、网站设计、机械设计、工程设计、广告设计、创意策划、文印晒图等。

知识产权服务，是指处理知识产权事务的业务活动，包括对专利、商标、著作权、软件、集成电路布图设计的登记、鉴定、评估、认证、检索服务。

广告服务，指利用图书、报纸、杂志、广播、电视、电影、幻灯、路牌、招贴、橱窗、霓虹灯、灯箱、互联网等各种形式为客户的商品、经营服务项目、文体节目或者通告、声明等委托事项进行宣传和提供相关服务的业务活动，包括广告代理和广告的发布、播映、宣传、展示等。

会议展览服务，指为商品流通、促销、展示、经贸洽谈、民间交流、企业沟通、国际往来等举办或者组织安排的各类展览和会议的业务活动。

④物流辅助服务，包括：

航空服务，又包括航空地面服务和通用航空服务。航空地面服务，指航空公司、飞机场、民航管理局、航站等向在境内航行或者在境内机场停留的境内外飞机或者其他飞行器提供的导航等劳务性地面服务的业务活动，包括旅客安全检查服务、停机坪管理服务、机场候机厅管理服务、飞机清洗消毒服务、空中飞行管理服务、飞机起降服务、飞行通讯服务、地面信号服务、飞机安全服务、飞机跑道管理服务、空中交通管理服务等。通用航空服务，指为专业工作提供飞行服务的业务活动，包括航空摄影、航空培训、航空测量、航空勘探、航空护林、航空吊挂播撒、航空降雨、航空气象探测、航空海洋监测、航空科学实验等。

港口码头服务，指港务船舶调度服务、船舶通讯服务、航道管理服务、航道疏浚服务、灯塔管理服务、航标管理服务、船舶引航服务、理货服务、系解缆服务、停泊和移泊服务、海上船舶溢油清除服务、水上交通管理服务、船只专业清洗消毒检测服务和防止船只漏油服务等为船只提供服务的业务活动。港口设施经营人收取的港口设施保安费按照港口码头服务缴纳增值税。

货运客运场站服务，指货运客运场站提供货物配载服务、运输组织服务、中转换乘服务、车辆调度服务、票务服务、货物打包整理、铁路线路使用服务、加挂铁路客车服务、铁路行包专列发送服务、铁路到达和中转服务、铁路车辆编解服务、车辆挂运服务、铁路接触网服务、铁路机车牵引服务等业务活动。

打捞救助服务，指提供船舶人员救助、船舶财产救助、水上救助和沉船沉物打捞服务的业务活动。

装卸搬运服务，指使用装卸搬运工具或者人力、畜力将货物在运输工具之间、装卸现场之间或者运输工具与装卸现场之间进行装卸和搬运的业务活动。

仓储服务，指利用仓库、货场或者其他场所代客贮放、保管货物的业务活动。

收派服务，指接受寄件人委托，在承诺的时限内完成函件和包裹的收件、分拣、派送服务的业务活动。

⑤租赁服务，包括：

融资租赁服务，指具有融资性质和所有权转移特点的租赁活动。出租人根据承租人所要求的规格、型号、性能等条件购入有形动产或者不动产租赁给承租人，合同期内租赁物所有权属于出租人，承租人只拥有使用权，合同期满付清租金后，承租人有权按照残值购入租赁物，以拥有其所有权。不论出租人是否将租赁物销售给承租人，均属于融资租赁。按照标的物的不同，融资租赁服务可分为有形动产融资租赁服务和不动产融资租赁服务。

经营租赁服务，指在约定时间内将有形动产或者不动产转让他人使用且租赁物所有权不变更的业务活动。按照标的物的不同，经营租赁服务可分为有形动产经营租赁服务和不动产经营租赁服务。将建筑物、构筑物等不动产或者飞机、车辆等有形动产的广告位出租给其他单位或者个人用于发布广告，按照经营租赁服务缴纳增值税。车辆停放服务、道路通行服务（包括过路费、过桥费、过闸费等）等按照不动产经营租赁服务缴纳增值税。水路运输的光租业务、航空运输的干租业务，属于经营租赁。

⑥鉴证咨询服务，包括：

认证服务，指具有专业资质的单位利用检测、检验、计量等技术，证明产品、服务、管理体系符合相关技术规范、相关技术规范的强制性要求或者标准的业务活动。

鉴证服务，指具有专业资质的单位受托对相关事项进行鉴证，发表具有证明力的意见的业务活动，包括会计鉴证、税务鉴证、法律鉴证、职业技能鉴定、工程造价鉴证、工程监理、资产评估、环境评估、房地产土地评估、建筑图纸审核、医疗事故鉴定等。

咨询服务，指提供信息、建议、策划、顾问等服务的活动，包括金融、软件、技术、财务、税收、法律、内部管理、业务运作、流程管理、健康等方面的咨询。翻译服务和市场调查服务按照咨询服务缴纳增值税。

⑦广播影视服务，包括：

广播影视节目（作品）制作服务，指进行专题（特别节目）、专栏、综艺、体育、动画片、广播剧、电视剧、电影等广播影视节目和作品制作的服务。具体包括与广播影视节目和作品相关的策划、采编、拍摄、录音、音视频文字图片素材制作、场景布置，后期的剪辑、翻译（编译）、字幕制作，片头、片尾、片花制作，特效制作、影片修复、编目和确权等业务活动。

广播影视节目（作品）发行服务，指以分账、买断、委托等方式，向影院、电台、电视台、网站等单位和个人发行广播影视节目（作品）以及转让体育赛事等活动的报道及播映权的业务活动。

广播影视节目（作品）播映服务，指在影院、剧院、录像厅及其他场所播映广播影视节目（作品），以及通过电台、电视台、卫星通信、互联网、有线电视等无线或者有线装置播映广播影视节目（作品）的业务活动。

⑧商务辅助服务，包括：

企业管理服务，指提供总部管理、投资与资产管理、市场管理、物业管理、日常综合管理等服务的业务活动。

经纪代理服务，指各类经纪、中介、代理服务，包括金融代理、知识产权代理、货物运输代理、代理报关、法律代理、房地产中介、职业中介、婚姻中介、代理记账、拍卖等。

人力资源服务，指提供公共就业、劳务派遣、人才委托招聘、劳动力外包等服务的业务活动。

安全保护服务，指提供保护人身安全和财产安全，维护社会治安等的业务活动，包括场所住宅保安、特种保安、安全系统监控以及其他安保服务。

⑨其他现代服务，是指除研发和技术服务、信息技术服务、文化创意服务、物流辅助服务、租赁服务、鉴证咨询服务、广播影视服务和商务辅助服务以外的现代服务。

纳税人为客户办理退票而向客户收取的退票费、手续费等收入，按照“其他现代服务”缴纳增值税。

一般纳税人销售电梯的同时提供安装服务，其安装服务可以按照甲供工程选择适用简易计税方法计税。纳税人对安装运行后的电梯提供的维护保养服务，按照“其他现代服务”缴纳增值税。

（7）生活服务。这是指为满足城乡居民日常生活需求提供的各类服务活动，包括：

①文化体育服务，包括：

文化服务，指为满足社会公众文化生活需求提供的各种服务，包括文艺创作、文艺表演、文化比赛，图书馆的图书和资料借阅，档案馆的档案管理，文物及非物质遗产保护，组织举办宗教活动、科技活动、文化活动，提供游览场所。

体育服务，指组织举办体育比赛、体育表演、体育活动，以及提供体育训练、体育指导、体育管理的业务活动。

②教育医疗服务，包括：

教育服务，指提供学历教育服务、非学历教育服务、教育辅助服务的业务活动。学历教育服务，指根据教育行政管理部门确定或者认可的招生和教学计划组织教学，并颁发相应学历证书的业务活动，包括初等教育、初级中等教育、高级中等教育、高等教育等。非学历教育服务，包括学前教育、各类培训、演讲、讲座、报告会等。教育辅助服务，包括教育测评、考试、招生等服务。

医疗服务，指提供医学检查、诊断、治疗、康复、预防、保健、接生、计划生育、防疫服务等方面的服务，以及与这些服务有关的提供药品、医用材料器具、救护车、病房住宿和伙食的业务。

③旅游娱乐服务，包括：

旅游服务，指根据旅游者的要求，组织安排交通、游览、住宿、餐饮、购物、文娱、商务等服务的业务活动。

娱乐服务，指为娱乐活动同时提供场所和服务的业务。具体包括歌厅、舞厅、夜总会、酒吧、台球、高尔夫球、保龄球、游艺（包括射击、狩猎、跑马、游戏机、蹦极、卡丁车、热气球、动力伞、射箭、飞镖）。

④餐饮住宿服务，包括：

餐饮服务，指通过同时提供饮食和饮食场所的方式为消费者提供饮食消费服务的业务活动。

住宿服务，指提供住宿场所及配套服务等的活动，包括宾馆、旅馆、旅社、度假村和其他经营性住宿场所提供的住宿服务。

⑤居民日常服务，指主要为满足居民个人及其家庭日常生活需求提供的服务，包括市容市政管理、家政、婚庆、养老、殡葬、照料和护理、救助救济、美容美发、按摩、桑拿、氧吧、足疗、沐浴、洗染、摄影扩印等服务。

⑥其他生活服务，指除文化体育服务、教育医疗服务、旅游娱乐服务、餐饮住宿服务和居民日常服务之外的生活服务。

纳税人提供植物养护服务，按照“其他生活服务”缴纳增值税。

4. 销售无形资产

销售无形资产指转让无形资产所有权或者使用权的业务活动。无形资产是指不具实物形态，但能带来经济利益的资产，包括技术、商标、著作权、商誉、自然资源使用权和其他权益性无形资产。

技术，包括专利技术和非专利技术。

自然资源使用权，包括土地使用权、海域使用权、探矿权、采矿权、取水权和其他自然资源使用权。

其他权益性无形资产，包括基础设施资产经营权、公共事业特许权、配额、经营权（包括特许经营权、连锁经营权、其他经营权）、经销权、分销权、代理权、会员权、席位权、网络游戏虚拟道具、域名、名称权、肖像权、冠名权、转会费等。

5. 销售不动产

销售不动产指转让不动产所有权的业务活动。

不动产是指不能移动或者移动后会引起性质、形状改变的财产，包括建筑物、构筑物等。

建筑物，包括住宅、商业营业用房、办公楼等可供居住、工作或者进行其他活动的建造物。

构筑物，包括道路、桥梁、隧道、水坝等建造物。

转让建筑物有限产权或者永久使用权的，转让在建的建筑物或者构筑物所有权的，以及在转让建筑物或者构筑物时一并转让其所占土地的使用权的，按照销售不动产缴纳增值税。

（二）不征增值税的项目

销售服务、无形资产或者不动产，是指有偿提供服务、有偿转让无形资产或者不动产，但属于下列非经营活动的情形除外：

1. 行政单位收取的同时满足以下条件的政府性基金或者行政事业性收费：

（1）由国务院或者财政部批准设立的政府性基金，由国务院或者省级人民政府及其财政、价格主管部门批准设立的行政事业性收费。

（2）收取时开具省级以上（含省级）财政部门监（印）制的财政票据。

（3）所收款项全额上缴财政。

2. 单位或者个体工商户聘用的员工为本单位或者雇主提供取得工资的服务。

3. 单位或者个体工商户为聘用的员工提供服务。

4. 根据国家指令无偿提供的铁路运输服务、航空运输服务。

5. 存款利息。

6. 被保险人获得的保险赔付。

7. 房地产主管部门或者其指定机构、公积金管理中心、开发企业以及物业管理单位代收的住宅专项维修资金。

8. 纳税人取得的中央财政补贴。

9. 增值税纳税人收取的会员费收入。

10. 各燃油电厂从政府财政专户取得的发电补贴不属于增值税规定的价外费用，不计入应税销售额，不征收增值税。

11. 财政部和国家税务总局规定的其他情形。

（三）属于征税范围的特殊项目

1. 执法部门和单位按规定程序取得的罚没物品的拍卖收入、变卖收入以及按收兑或收购价所取得的收入作为罚没收入如数上缴财政，不予征税。对经营单位购入拍卖物品再销售的，照章征收增值税。国家指定销售单位将罚没物品纳入正常销售渠道销售的，应照章征收增值税。专管机关或专营企业经营的罚没物品中属于应征增值税的货物，应照章征收增值税。

2. 融资性售后回租业务中，承租方出售资产的行为不属于增值税的征税范围，不征收增值税。

3. 药品生产企业销售自产创新药的销售额，为向购买方收取的全部价款和价外费用。其提供给患者后续免费使用的相同创新药，不属于增值税视同销售范围。

4. 经批准允许从事二手车经销业务的纳税人，收购二手车时将其办理过户登记到自己名下，销售时再将该二手车过户登记到买家名下的行为，按照“销售货物”征收增值税。

5. 纳税人在资产重组过程中，通过合并、分立、出售、置换等方式，将全部或者部分实物资产以及与其相关联的债权、负债和劳动力一并转让给其他单位和个人，不属于增值税的征税范围，其中涉及的货物转让，不征收增值税。

（四）属于征税范围的特殊行为

1. 视同发生销售行为

单位或者个体工商户的下列行为，视同发生应税销售行为：

（1）将货物交付其他单位或者个人代销（代销中的委托方）。

（2）销售代销货物（代销中的受托方）。

（3）设有两个以上机构并实行统一核算的纳税人，将货物从一个机构移送其他机构用于销售，但相关机构设在同一县（市）的除外。

用于销售，是指受货机构发生以下情形之一的经营行为：一是向购货方开具发票；二是向购货方收取货款。

受货机构的货物移送行为有上述两项之一的，应当向所在地税务机关缴纳增值税；未发生上述两项情形的，则应由总机构统一缴纳增值税。

如果受货机构只就部分货物向购买方开具发票或收取货款，则应当区别不同情况计算，并分别向总机构所在地或分支机构所在地缴纳税款。

（4）将自产或者委托加工的货物用于非增值税应税项目。

（5）将自产、委托加工的货物用于集体福利或者个人消费。

（6）将自产、委托加工或者购进的货物作为投资，提供给其他单位或者个体工商户。

（7）将自产、委托加工或者购进的货物分配给股东或者投资者。

（8）将自产、委托加工或者购进的货物无偿赠送其他单位或者个人。

（9）单位或者个体工商户向其他单位或者个人无偿提供服务或单位或者个人向其他单位或者个人无偿转让无形资产或者不动产，但用于公益事业或者以社会公众为对象的除外。

（10）财政部、国家税务总局规定的其他情形。

2. 混合销售行为

一项销售行为如果既涉及服务又涉及货物，为混合销售。从事货物的生产、批发或者零售的单位和个体工商户（包括以从事货物的生产、批发或者零售为主，并兼营销售服务的单位和个体工商户在内）的混合销售行为，按照销售货物缴纳增值税；其他单位和个体工商户的混合销售行为，按照销售服务缴纳增值税。

界定“混合销售”行为成立的行为标准有两点：一是其销售行为必须是一项；二是该项行为必须即涉及服务又涉及货物。其中，货物是指增值税法规定的有形动产，包括电力、热力和气体；服务是指属于改征范围的交通运输服务、建筑服务、金融保险服务、邮政服务、电信服务、现代服务、生活服务等。

在确定混合销售是否成立时，其行为标准中的上述两点必须同时存在。如果一项销售行为只涉及销售服务，不涉及货物，这种行为就不是混合销售行为；反之，如果涉及销售服务和涉及货物的行为不是存在于一项销售行为之中，这种行为也不是混合销售行为。

三、纳税人

（一）一般规定

在我国境内发生增值税应税销售行为的单位和个人，为增值税的纳税人。

1. 单位。单位指企业、行政单位、事业单位、军事单位、社会团体及其他单位。

2. 个人。个人指个体工商户和其他个人。

3. 承租人或承包人。单位以承包、承租、挂靠方式经营的，承包人、承租人、挂靠人（以下统称承包人）以发包人、出租人、被挂靠人（以下统称发包人）名义对外经营并由发包人承担相关法律责任的，以该发包人为纳税人；否则，以承包人为纳税人。

采用承包、承租、挂靠经营方式时，区分以下两种情况界定纳税人：

（1）同时满足以下两个条件的，以发包人为纳税人：①以发包人名义对外经营；②由发包人承担相关法律责任。

（2）不同时满足上述两个条件的，以承包人为纳税人。

4. 资管产品运营过程中发生的增值税应税销售行为，以资管产品管理人为增值税纳税人。

5. 境外的单位和个人在境内提供应税劳务和应税服务，在境内未设立经营机构的，以其境内代理人为扣缴义务人；在境内没有代理人的，以购买方为扣缴义务人。

（二）一般纳税人和小规模纳税人

增值税实行凭专用发票抵扣税款的制度，客观上要求纳税人具备健全的会计核算制度和能力。为简化增值税的计算和征收，减少税收征管漏洞，增值税按会计核算水平和经营规模分为一般纳税人和小规模纳税人。

1. 小规模纳税人，指年应税销售额在规定标准以下，并且会计核算不健全，不能按规定报送有关税务资料的增值税纳税人。

自 2018 年 5 月 1 日起，增值税小规模纳税人标准为年应征增值税销售额 500 万元及以下。①

年应税销售额是指纳税人在连续不超过 12 个月或四个季度的经营期内累计应征增值税的销售额，包括纳税申报销售额、稽查查补销售额、纳税评估调整销售额。其中，纳税申报销售额是指纳税人自行申报的全部应征增值税销售额，包括免税销售额和税务机关代开发票销售额。稽查查补销售额和纳税评估调整销售额计入查补税款申报当月（或当季）的销售额，不计入税款所属期销售额。

年应税销售额超过小规模纳税人规定标准的其他个人，按小规模纳税人纳税。

---

① 之前，小规模纳税人的标准为：（1）生产企业（含加工、修理修配企业），年应税销售额在 50 万元以下（含本数）；（2）纳税人提供应税服务，年销售额在 500 万元以下；（3）其他企业（流通企业），年应税销售额在 80 万元以下。

非企业性单位可以选择按小规模纳税人纳税。

2. 一般纳税人，指会计核算健全且年应税销售额超过财政部、国家税务总局规定的小规模纳税人标准的增值税纳税人。

会计核算健全，是指能够按照国家统一会计制度的规定设置账簿，根据合法、有效凭证核算。

一般纳税人资格认定的权限在其机构所在地的县（市、区）税务局或者同级别的税务分局。

纳税人兼有销售货物、提供加工修理修配劳务（称应税货物及劳务）和销售服务、无形资产、不动产（称应税行为）的，应税货物及劳务销售额与应税行为销售额分别计算，分别适用增值税一般纳税人登记标准。其中有一项销售额超过规定标准，就应当按照规定办理增值税一般纳税人登记相关手续。

年应税销售额未超过规定标准的纳税人，会计核算健全、能够提供准确税务资料的，可以向主管税务机关办理一般纳税人登记。

纳税人登记为一般纳税人后，不得转为小规模纳税人，国家税务总局另有规定的除外。

下列纳税人不办理一般纳税人登记：（1）按照政策规定，选择按照小规模纳税人纳税的；（2）年应税销售额超过规定标准的其他个人。

小规模纳税人标准提高后，已登记为增值税一般纳税人的单位和个人，在 2018 年 12 月 31 日前，可转登记为小规模纳税人或选择继续作为一般纳税人。需要强调的是，只有 2018 年 5 月 1 日以前就已经登记的一般纳税人才可以转登记为小规模纳税人（简称转登记纳税人）。

转登记纳税人自转登记日的下期起，按照简易计税方法计算缴纳增值税；转登记日当期仍按照一般纳税人的有关规定计算缴纳增值税，其尚未申报抵扣的进项税额以及转登记日当期的期末留抵税额，记入“应交税费——待抵扣进项税额”科目核算。

转登记后应税销售额超过 500 万元标准的，应办理一般纳税人登记。转登记后再次登记为一般纳税人的，不得再转为小规模纳税人。

四、税率

现行增值税适用税率分为一般纳税人适用的税率，小规模纳税人和实行简易征税办法的纳税人适用的征收率，以及出口货物（劳务）适用的零税率。

增值税税率是一般纳税人计算货物或应税劳务和应税服务税额的尺度，而增值税征收率是小规模纳税人计算其应纳税额的尺度。两者实质的区别在于：增值税税率计算的税额反映货物或应税劳务和应税服务的整体税款，而不是本环节的实际税款；增值税征收率计算的税额反映本环节的实际税款。

1. 税率

增值税的税率适用于增值税一般纳税人。自 2018 年 5 月 1 日起，纳税人发生增值税应税销售行为或者进口货物，原适用 17% 和 11% 税率的，税率分别调整为 16%、10%。调整后，增值税一般纳税人适用税率为 16%、10%、6% 和 0 共 4 档，见表 2-1。

表 2-1 **增值税适用税率表**

税　率		适用范围
基本税率	16%	（1）销售或进口货物（除低税率适用范围外）。 （2）加工、修理修配劳务。 （3）有形动产租赁服务
低税率	10%	（1）销售或者进口下列货物： ①农产品（粮食）、食用植物油、鲜奶； ②自来水、暖气、冷气、热水、煤气、石油液化气、天然气、沼气、居民用煤炭制品； ③图书、报纸、杂志； ④饲料、化肥、农药、农机、农膜； ⑤二甲醚、食用盐； ⑥国务院规定的其他货物。 （2）音像制品、电子出版物。 （3）交通运输服务（包括陆路、水路、航空、管道运输）。 （4）邮政服务（包括邮政普遍服务、邮政特殊服务和其他邮政服务）。 （5）基础电信服务。 （6）建筑服务，包括： ①工程服务； ②安装服务； ③修缮服务； ④装饰服务； ⑤其他建筑服务。 （7）销售不动产。 （8）不动产租赁服务。 （9）转让土地使用权

续表

税率		适用范围
低税率	6%	（1）电信增值服务。 （2）金融服务，包括： ①贷款服务； ②直接收费金融服务； ③金融商品转让服务。 （3）保险服务。 （4）生活服务，包括： ①文化体育服务； ②教育医疗服务； ③旅游娱乐服务； ④餐饮住宿服务； ⑤居民日常服务； ⑥其他生活服务。 （5）现代服务，包括： ①研发和技术服务； ②信息技术服务； ③文化创意服务； ④物流辅助服务； ⑤签证咨询服务； ⑥广播影视服务； ⑦商务辅助服务； ⑧其他现代服务
零税率	0	（1）出口货物（国务院另有规定的除外）。 （2）在境内载运旅客或者货物出境。 （3）在境外载运旅客或者货物入境。 （4）在境外载运旅客或者货物。 （5）航天运输服务。 （6）向境外单位提供的完全在境外消费的研发服务、设计服务、软件服务、合同能源管理服务、信息系统服务、业务流程管理服务离岸服务外包业务或电路设计及测试服务。 （7）向境外单位提供的完全在境外消费的广播影视节目（作品）的制作和发行服务。 （8）向境外单位提供的完全在境外消费的转让技术。 （9）财政部和国家税务总局规定的其他服务

注：①自 2018 年 5 月 1 日起，对进口抗癌药品，减按 3% 征收进口环节增值税。②自 2018 年 5 月 1 日起，增值税一般纳税人生产销售和批发、零售抗癌药品，可选择按照简易办法依照 3% 征收率计算缴纳增值税。

2. 征收率

增值税的征收率仅适用于小规模纳税人和特定一般纳税人，有3%和5%两档。

一般情况下，小规模纳税人和特定一般纳税人适用的征收率为3%；当其发生特定应税行为时，才适用5%的征收率（见表2-2）。

表2-2 **增值税适用征收率表**

情　形	应税行为	征收率
一般情况下	小规模纳税人（含特定一般纳税人）发生增值税应税行为	3%
特殊行为	（1）小规模纳税人转让其取得的不动产； （2）个人转让其购买的住房； （3）房地产开发企业中的一般纳税人，销售自行开发的房地产老项目，选择适用简易计税方法的； （4）房地产开发企业中的小规模纳税人，销售自行开发的房地产项目； （5）一般纳税人出租其2016年4月30日前取得的不动产，选择适用简易计税方法的； （6）单位和个体工商户出租不动产（个体工商户出租住房减按1.5%计算应纳税额）； （7）其他个人出租不动产（出租住房减按1.5%计算应纳税额）； （8）一般纳税人转让其2016年4月30日前取得的不动产，选择适用简易计税方法计税的	5%

此外，征收率的特殊政策规定如下：

（1）适用3%征收率的某些一般纳税人和小规模纳税人可以减按2%计征增值税。

①一般纳税人销售自己使用过的属于《增值税暂行条例》规定不得抵扣且未抵扣进项税额的固定资产，按简易办法依照3%征收率减按2%征收增值税。计算公式为：

应纳税额=含税售价÷（1+3%）×2%

一般纳税人销售自己使用过的不得抵扣且未抵扣进项税额的固定资

产，适用简易办法依照3%征收率减按2%征收增值税政策的，可以放弃减税，按照简易办法依照3%征收率缴纳增值税，并可以开具增值税专用发票

已使用过的固定资产，指纳税人根据财务会计制度已经计提折旧的固定资产。

②小规模纳税人（除其他个人外）销售自己使用过的固定资产，减按2%征收率征收增值税。

③纳税人销售旧货，按简易办法依照3%征收率减按2%征收增值税。

所称旧货，指进入二次流通的具有部分使用价值的货物（含旧汽车、旧摩托车和旧游艇），但不包括自己使用过的物品。

（2）提供物业管理服务的纳税人，向服务接受方收取的自来水水费，以扣除其对外支付的自来水水费后的余额为销售额，按照简易计税方法依3%征收率计算缴纳增值税。

（3）小规模纳税人提供劳务派遣服务，可以按照财政部、国家税务总局《关于全面推开营业税改征增值税试点的通知》（财税〔2016〕36号）的有关规定，以取得的全部价款和价外费用为销售额，按照简易计税方法依3%征收率计算缴纳增值税；也可以选择差额纳税，以取得的全部价款和价外费用，扣除代用工单位支付给劳务派遣员工的工资、福利和为其办理社会保险及住房公积金后的余额为销售额，按照简易计税方法依5%征收率计算缴纳增值税。

（4）非企业性单位中的一般纳税人提供的研发和技术服务、信息技术服务、鉴证咨询服务，以及销售技术、著作权等无形资产，可以选择简易计税方法按照3%征收率计算缴纳增值税。

需要注意的是：

第一，不仅小规模纳税人使用增值税的征收率，增值税一般纳税人在一些特殊情况下也使用征收率。

第二，小规模纳税人使用的征收率一般涉及两种情况：3%（减按2%）和5%。

第三，采用征收率计算的税额，不能称为销项税额。对于小规模纳税人来说，就是应纳税额；对于一般纳税人来说，是其应纳税额的组成

部分。

3. 兼营行为的税率选择

纳税人发生应税销售行为适用不同税率或者征收率的，应当分别核算适用不同税率或者征收率的销售额；未分别核算销售额的，按照以下方法适用税率或者征收率：

（1）兼有不同税率的应税销售行为，从高适用税率。

（2）兼有不同征收率的应税销售行为，从高适用征收率。

（3）兼有不同税率和征收率的应税销售行为，从高适用税率。

（4）纳税人销售活动板房、机器设备、钢结构件等自产货物的同时提供建筑、安装服务，不属于混合销售，应分别核算货物和建筑服务的销售额，分别适用不同的税率或者征收率。

第二节　增值税的计算

一、增值税的计税方法

增值税的计税方法包括一般计税方法、简易计税方法和扣缴计税方法。

1. 一般计税方法

一般纳税人发生应税销售行为适用一般计税方法（当期购进扣税法）计税。计算公式为：

当期应纳增值税税额=当期销项税额-当期进项税额

2. 简易计税方法

小规模纳税人销售货物或者提供应税劳务和应税服务适用简易计税方法计税。计算公式为：

当期应纳增值税税额=当期销售额（不含增值税）×征收率

一般纳税人发生特定增值税应税行为，可以选择适用简易计税方法计税；一经选择，36个月内不得变更。

3. 扣缴计税方法

境外的单位或者个人在境内提供应税劳务，在境内未设有经营机构的，扣缴义务人按照下列公式计算应扣缴税额：

应扣缴税额=接受方支付的价款÷（1+税率）×税率

二、一般计税方法应纳税额的计算

我国采用的一般计税方法是间接计算法，即先按当期销售额和适用税率计算出销项税额，然后对当期购进项目向对方支付税款进行抵扣，从而间接计算出对当期增值额部分的应纳税额。

增值税一般纳税人（除适用简易计税办法外）发生增值税应税销售行为的应纳税额等于当期销项税额抵扣当期进项税额后的余额。计算公式为：

当期应纳税额=当期销项税额-当期进项税额

=当期销售额×适用税率-当期进项税额

公式中的应纳税额是纳税人实际应缴纳的增值税税额，即纳税人当期销项税额抵扣进项税额后的余额。

结果为正数时，是纳税人当期应纳税额；结果为负数时，也就是当期销项税额小于当期进项税额而不足抵扣时，其不足部分可以结转至下期继续抵扣。计算公式为：

当期应纳税额=当期销项税额-当期进项税额-上期留抵税额

增值税一般纳税人当期应纳税额的多少取决于当期销项税额和当期进项税额。而当期销项税额的确定关键在于确定当期销售额。税法对当期进项税额的确定做了一些具体规定，在分别确定了销项税额和进项税额的情况下，就不难计算出应纳税额。

（一）销项税额的确认与计算

销项税额是指纳税人发生应税行为按照销售额和增值税税率计算并收取的增值税税额。计算公式为：

销项税额=销售额×税率

这包括两方面含义：一是销项税额是通过计算得出来的，对于销货方来讲，在没有依法抵扣进项税额前，销项税额不是其应纳税额，而是销售货物或应税劳务和应税服务的整体税负；二是销售额是不含增值税的，是从购买方收取的，体现了价外税的性质。

1. 销售额的确定

（1）一般情况下的销售额。销售额是指纳税人销售货物或者应税劳务和应税服务向购买方收取的全部价款和价外费用，但财政部和国家税务总局另有规定的除外。

价外费用是指价外收取的各种性质的收费，但不包括以下项目：

①受托加工应征消费税的消费品所代收代缴的消费税。

②同时符合以下条件的代垫运费：承运部门的运费发票开具给购买方，并且由纳税人将该项发票转交给购买方。

③同时符合以下条件代为收取的政府性基金或者行政事业性收费：第一，由国务院或者财政部批准设立的政府性基金，由国务院或者省级人民政府及其财政、价格主管部门批准设立的行政事业性收费；第二，收取时开具省级以上财政部门印制的财政票据；第三，所收款项全额上缴财政。

④销售货物的同时代办保险等而向购买方收取的保险费，以及向购买方收取的代购买方缴纳的车辆购置税、车辆牌照费。

⑤由于消费税属于价内税，凡征收消费税的货物在计征增值税时应税销售额应包括消费税税金。

价外费用（含逾期包装物押金）无论其会计制度如何核算，均应并入销售额计算，因其一般是含增值税的，要价税分离。

纳税人兼营免税、减税项目的，应当分别核算免税、减税项目的销售额；未分别核算的，不得免税、减税。

纳税人按照人民币以外的货币结算销售额的，应当折合成人民币计算，折合率可以选择销售额发生的当天或者当月 1 日的人民币汇率中间价。纳税人应当在事先确定采用何种折合率，确定后 12 个月内不得变更。

（2）销售额的价税分离。增值税属于价外税，即计算增值税的计税依据中不含增值税税额。一般纳税人销售货物、提供应税劳务或者销售服务、转让无形资产或不动产，采用销售额和销项税额合并定价的，应将含税销售额换算为不含税销售额。计算公式为：

销售额=含税销售额÷（1+税率）

（3）对视同销售货物行为的销售额的确定。

纳税人发生应税销售行为的情形，价格明显偏低并无正当理由的，或者发生应税销售行为而无销售额的，由主管税务机关按照下列顺序核定销售额：

①按纳税人最近时期发生同类应税销售行为的平均价格确定。

②按其他纳税人最近时期发生同类应税销售行为的平均价格确定。

③按组成计税价格确定。计算公式为：

组成计税价格=成本×（1+成本利润率）

属于应征消费税的货物，其组成计税价格中应加上消费税税额。计算公式为：

组成计税价格=成本×（1+成本利润率）+消费税

=成本×（1+成本利润率）÷（1-消费税税率）

公式中的成本是指：销售自产货物的为实际生产成本，销售外购货物的为实际采购成本。公式中的成本利润率由国家税务总局确定。

（4）特殊销售方式下的销售额的确认。

①折扣销售、销售折扣和销售折让。折扣销售亦称商业折扣，价款和折扣额在同一张发票上分别注明的，以折扣后的价款为销售额；未在同一张发票上分别注明的，以价款为销售额，不得扣减折扣额。销售折扣亦称现金折扣，不得从销售额中减除。销售折让可从销售额中减除折让额。

必须指出的是，折扣仅限于价格折扣，对于实物折扣多付出的实物，不按照折扣销售处理，应按视同销售计算增值税。

②采取以旧换新方式销售。以旧换新是指纳税人在销售自己的货物时，有偿收回旧货物的行为。纳税人采取以旧换新方式销售货物的（金银首饰除外），应按新货物的同期销售价格确定销售额，不得扣减旧货物的收购价格。对金银首饰以旧换新业务，按销售方实际收取的不含增值税的全部价款计征增值税。

③采取还本销售方式销售。还本销售是指纳税人在销售后，到一定期限由销售方一次或分次退还给购货方部分或全部价款。这种方式实际上是一种筹资行为。税法规定，采取还本销售货物，其销售额就是货物的销售价格，不得从销售额中减除还本支出。

④采取以物易物方式销售。以物易物是一种较为特殊的购销活动，

是指购销双方不是以货币结算，而是以同等价款的货物、劳务、服务、无形资产、不动产相互结算，实现货物购销的一种方式。以物易物双方都应作购销处理，以各自发生的应税销售行为核算销售额并计算销项税额，以各自收到的货物、劳务、服务、无形资产、不动产按规定核算购进金额并计算进项税额。在以物易物活动中，应分别开具合法的票据，收到的货物、劳务、服务、无形资产、不动产不能取得相应的增值税专用发票或其他合法票据的，不能抵扣进项税额。

⑤包装物押金。销售货物而出租、出借包装物收取的押金，单独记账核算的，不并入销售额征税。但对因逾期（按合同约定实际逾期或以一年为期限）未收回包装物不再退还的押金，应换算为不含税价按所包装货物的适用税率计算销项税额。对于酒类（啤酒、黄酒除外）包装物押金，收到就做销售处理。

必须注意的是，包装物押金不应混同于包装物租金，包装物租金在销货时应作为价外费用并入销售额计算销项税额。

⑥直销企业的税务处理。直销企业通过直销员向消费者销售货物，直接向消费者收取货款，直销企业的销售额为其向消费者收取的全部价款和价外费用。直销员将货物销售给消费者时，应按照现行规定缴纳增值税。

⑦贷款服务的销售额。贷款服务，以提供贷款服务取得的全部利息及利息性质的收入为销售额。银行提供贷款服务按期计收利息的，结息日当日计收的全部利息收入，均应计入结息日所属期的销售额，按照现行规定计算缴纳增值税。

2018 年 1 月 1 日至 2019 年 12 月 31 日，纳税人为农户、小型企业、微型企业及个体工商户借款、发行债券提供融资担保取得的担保费收入，以及为上述融资担保（即原担保）提供再担保取得的再担保费收入，免征增值税。再担保合同对应多个原担保合同的，原担保合同应全部适用免征增值税政策；否则，再担保合同应按规定缴纳增值税。

自 2018 年 1 月 1 日起，资管产品管理人运营资管产品提供的贷款服务，以 2018 年 1 月 1 日起产生的利息及利息性质的收入为销售额。

⑧直接收费金融服务的销售额。直接收费金融服务，以提供直接收费金融服务收取的手续费、佣金、酬金、管理费、服务费、经手费、开

户费、过户费、结算费、转托管费等各类费用为销售额。

（5）按差额确定销售额。

①金融商品转让的销售额。金融商品转让，按照卖出价扣除买入价后的余额为销售额。转让金融商品出现的正负差，按盈亏相抵后的余额为销售额。若相抵后出现负差，可结转下一纳税期与下期转让金融商品销售额相抵，但年末时仍出现负差的，不得转入下一个会计年度（先含税减出差额，再价税分离算销项税额）。

经营金融保险业务的机构发放贷款后，自结息日起 90 天内发生的应收未收利息按现行规定缴纳增值税，自结息日起 90 天后发生的应收未收利息暂不缴纳增值税，待实际收到利息时按规定缴纳增值税。

②经纪代理服务的销售额。经纪代理服务，以取得的全部价款和价外费用，扣除向委托方收取并代为支付的政府性基金或者行政事业性收费后的余额为销售额。向委托方收取的政府性基金或者行政事业性收费，不得开具增值税专用发票。

③融资租赁和融资性售后回租业务的销售额。

第一，经中国人民银行、银监会或者商务部批准从事融资租赁业务的试点纳税人，提供融资租赁服务，以取得的全部价款和价外费用，扣二息（借款利息、债券利息）一税（车购税）后的余额为销售额。

第二，经中国人民银行、银监会或者商务部批准从事融资租赁业务的试点纳税人，提供融资性售后回租服务，以取得的全部价款和价外费用（不含本金），扣除对外支付的借款利息（包括外汇借款和人民币借款利息）、发行债券利息后的余额为销售额。

融资性售后回租，是指承租方以融资为目的，将资产出售给从事融资租赁业务的企业后，又将该资产租回的业务活动。承租方先将资产销售取得资金，再支付资金将已售资产租回使用，其实质属于融资行为。它与一般融资租赁的增值税计税规则存在差异。

第三，试点纳税人根据 2016 年 4 月 30 日前签订的有形动产融资性售后回租合同，在合同到期前提供的有形动产融资性售后回租服务，可继续按照有形动产融资租赁服务缴纳增值税。

④航空运输企业的销售额，不包括代收的机场建设费和代售其他航空运输企业客票而代收转付的价款。

自2018年1月1日起，航空运输销售代理企业提供境外航段机票代理服务，以取得的全部价款和价外费用，扣除向客户收取并支付给其他单位或者个人的境外航段机票结算款和相关费用后的余额为销售额。其中，支付给境内单位或者个人的款项，以发票或行程单为合法有效凭证；支付给境外单位或者个人的款项，以签收单据为合法有效凭证。税务机关对签收单据有疑义的，可以要求其提供境外公证机构的确认证明。

⑤一般纳税人提供客运场站服务，以其取得的全部价款和价外费用扣除支付给承运方运费后的余额为销售额。

⑥纳税人提供旅游服务，可以选择以取得的全部价款和价外费用，扣除向旅游服务购买方收取并支付给其他单位或者个人的住宿费、餐饮费、交通费、签证费、门票费和支付给其他接团旅游企业的旅游费用后的余额为销售额。

⑦中国移动通信集团公司、中国联合网络通信集团有限公司、中国电信集团公司及其成员单位通过手机短信公益特服号为公益性机构接受捐款服务，以其取得的全部价款和价外费用，扣除支付给公益性机构捐款后的余额为销售额。

⑧一般纳税人提供知识产权代理服务、货物运输代理服务和代理报关服务，以其取得的全部价款和价外费用，扣除向委托方收取并代为支付的政府性基金或行政事业性收费后的余额为销售额。向委托方收取并代为支付的政府性基金或行政事业性收费，不得开具增值税专用发票。

⑨一般纳税人提供国际货物运输代理服务，以其取得的全部价款和价外费用扣除支付给国际运输企业的国际运输费后的余额为销售额。

⑩纳税人提供建筑服务适用简易计税方法的，以其取得的全部价款和价外费用扣除支付的分包款后的余额为销售额。

此外，房地产开发企业中的一般纳税人销售其开发的房地产项目(选择简易计税方法的房地产老项目除外)，以其取得的全部价款和价外费用，扣除受让土地时向政府部门支付的土地价款后的余额为销售额。

向政府部门支付的土地价款包括土地受让人向政府部门支付的土地、拆迁补偿费、土地前期开发费用和土地出让收益等。

对纳税人转让不动产缴纳增值税差额扣除的规定如下：

纳税人转让不动产，按照有关规定差额缴纳增值税的，如因丢失等原因无法提供取得不动产时的发票，可向税务机关提供其他能证明契税计税金额的完税凭证等资料，进行差额扣除。

纳税人以契税计税金额进行差额扣除的，按照下列公式计算增值税应纳税额：

如果在 2016 年 4 月 30 日及以前缴纳契税的，则：

$$\text{增值税应纳税额}=\left[\text{全部交易价格（含增值税）}-\text{契税计税金额（含营业税）}\right]\div(1+5\%)\times 5\%$$

如果在 2016 年 5 月 1 日及以后缴纳契税的，则：

$$\text{增值税应纳税额}=\left[\text{全部交易价格（含增值税）}\div(1+5\%)-\text{契税计税金额（不含增值税）}\right]\times 5\%$$

纳税人同时保留取得不动产时的发票和其他能证明契税计税金额的完税凭证等资料的，应当凭发票进行差额扣除。

2. 销项税额的计算

当期销项税额=当期销售额或组成计税价格×税率

所谓当期，是指销售实现的时间在本期。纳税人在什么时间计算销项税额，《增值税暂行条例》及其实施细则都做了严格规定，具体体现在增值税纳税义务发生时间和纳税期限的规定上。

纳税人适用一般计税方法的，因销售折让、中止或者退回而退还给购买方的增值税税额，应当从当期的销项税额中扣减。

一般纳税人发生应税销售行为，开具增值税专用发票后，发生退回或者折让、开票有误等情形，应按规定开具红字增值税专用发票。未按规定开具红字增值税专用发票的，不得扣减销项税额或者销售额。

（二）进项税额的确定

进项税额是纳税人购进货物、加工修理修配劳务、服务、无形资产或者不动产所支付或负担的增值税税额，它是与销项税额相对应的另一个概念。在开具增值税专用发票的情况下，销售方收取的销项税额就是购买方支付的进项税额。

进项税额有三方面的含义：第一，必须是增值税一般纳税人，才涉及进项税额的抵扣问题；第二，产生进项税额的行为包括购进货物、加工修理修配劳务、服务、无形资产或者不动产；第三，支付或者负担的进项税额是指支付给销货方或者购买方自己负担的增值税税额。

每一个增值税一般纳税人都会有收取的销项税额和支付的进项税额，一般纳税人当期应纳增值税税额采用购进抵扣法计算，即以当期的销项税额扣除当期进项税额，其余额为应纳增值税税额。进项税额作为可抵扣部分，对于纳税人实际缴纳多少增值税产生了举足轻重的作用。

不是纳税人支付的所有进项税额都可以从销项税额中抵扣，税法对哪些进项税额可以抵扣、哪些进项税额不能抵扣做出了严格的规定。

1. 准予从销项税额中抵扣的进项税额

准予从销项税额中抵扣的进项税额，限于下列增值税扣税凭证上注明的增值税税额和按规定扣除率计算的进项税额：

（1）从销售方取得的增值税专用发票（含机动车销售统一发票）上注明的增值税税额。

（2）从海关取得的海关进口增值税专用缴款书上注明的增值税税额。

（3）自境外单位或者个人购进劳务、服务、无形资产或者不动产，从税务机关或者扣缴义务人取得的代扣代缴税款的完税凭证上注明的增值税税额。

（4）自 2018 年 5 月 1 日起，纳税人购进农产品，从按照简易计税方法依照 3% 征收率计算缴纳增值税的小规模纳税人取得增值税专用发票的，以增值税专用发票上注明的金额和 10% 的扣除率计算进项税额；取得（开具）农产品销售发票或收购发票的，以农产品销售发票或收购发票上注明的农产品买价和 10% 的扣除率计算进项税额。纳税人购进用于生产销售或委托加工 16% 税率货物的农产品，则按照 12% 的扣除率计算进项税额[①]。购进农产品进项税额的计算公式为：

进项税额=买价×扣除率

买价是指纳税人购进农产品在农产品收购发票或者销售发票上注明的价款和按照规定缴纳的烟叶税。

对烟叶税纳税人按规定缴纳的烟叶税，准予并入烟叶产品的买价计算增值税的进项税额，并在计算缴纳增值税时予以抵扣。购进烟叶准予

① 2018 年 4 月 30 日（含）前，适用的扣除率为 13%。

抵扣的增值税进项税额，按照《中华人民共和国烟叶税法》规定的收购烟叶实际支付的价款总额和烟叶税及法定扣除率计算。

$$\text{烟叶税应纳税额}=\text{收购烟叶实际支付的价款总额}\times\text{税率（20\%）}$$

$$\text{准予抵扣的进项税额}=（\text{收购烟叶实际支付的价款总额}+\text{烟叶税应纳税额}）\times\text{扣除率}$$

纳税人购进农产品既用于生产销售或委托受托加工 16% 税率货物又用于生产销售其他货物服务的，应当分别核算用于生产销售或委托受托加工 16% 税率货物和其他货物服务的农产品进项税额。未分别核算的，统一以增值税专用发票或海关进口增值税专用缴款书上注明的增值税税额为进项税额，或以农产品收购发票或销售发票上注明的农产品买价和 10% 的扣除率计算进项税额。

纳税人从批发、零售环节购进适用免征增值税政策的蔬菜、部分鲜活肉蛋而取得的普通发票，不得作为计算抵扣进项税额的凭证。

（5）增值税一般纳税人在资产重组过程中，将全部资产、负债和劳动力一并转让给其他增值税一般纳税人，并按程序办理注销税务登记的，其在办理注销登记前尚未抵扣的进项税额可结转至新纳税人处继续抵扣。

（6）不动产进项税额分期抵扣办法：

①增值税一般纳税人 2016 年 5 月 1 日后取得并在会计制度上按固定资产核算的不动产（包括以直接购买、接受捐赠、接受投资入股以及抵债等各种形式取得的不动产），以及 2016 年 5 月 1 日后发生的不动产在建工程（包括新建、改建、扩建、修缮、装饰不动产），其进项税额应自取得之日起分 2 年从销项税额中抵扣，第一年抵扣比例为 60%，第二年抵扣比例为 40%。

房地产开发企业自行开发的房地产项目、融资租入的不动产，以及在施工现场修建的临时建筑物、构筑物，其进项税额不适用分 2 年抵扣的规定。

②纳税人 2016 年 5 月 1 日后购进货物和设计服务、建筑服务，用于新建不动产，或者用于改建、扩建、修缮、装饰不动产并增加不动产原值（指取得不动产时的购置原价或作价）超过 50% 的，其进项税额适用分 2 年从销项税额中抵扣的规定。

分2年从销项税额中抵扣的购进货物，指构成不动产实体的材料和设备，包括建筑装饰材料和给排水、采暖、卫生、通风、照明、通讯、煤气、消防、中央空调、电梯、电气、智能化楼宇设备及配套设施。

③纳税人按照规定从销项税额中抵扣进项税额，应取得2016年5月1日后开具的合法有效的增值税扣税凭证。60%的部分于取得扣税凭证的当期从销项税额中抵扣；40%的部分为待抵扣进项税额，于取得扣税凭证的当月起第13个月从销项税额中抵扣。

购进时已全额抵扣进项税额的货物和服务，转用于不动产在建工程的，其已抵扣进项税额的40%部分，应于转用的当期从进项税额中扣减，计入待抵扣进项税额，并于转用的当月起第13个月从销项税额中抵扣。

④纳税人销售其取得的不动产或者不动产在建工程时，尚未抵扣完毕的待抵扣进项税额，允许于销售的当期从销项税额中抵扣。

⑤已抵扣进项税额的不动产，发生非正常损失，或者改变用途，专用于简易计税方法计税项目、免征增值税项目、集体福利或者个人消费的，按照下列公式计算不得抵扣的进项税额：

不得抵扣的进项税额=（已抵扣进项税额+待抵扣进项税额）×不动产净值率

不动产净值率=（不动产净值÷不动产原值）×100%

不得抵扣的进项税额小于或等于该不动产已抵扣进项税额的，应于该不动产改变用途的当期，将不得抵扣的进项税额从进项税额中扣减。

不得抵扣的进项税额大于该不动产已抵扣进项税额的，应于该不动产改变用途的当期，将已抵扣进项税额从进项税额中扣减，并从该不动产待抵扣进项税额中扣减不得抵扣进项税额与已抵扣进项税额的差额。

⑥不动产在建工程发生非正常损失的，其所耗用的购进货物、设计服务和建筑服务已抵扣的进项税额应于当期全部转出；其待抵扣进项税额不得抵扣。

按照规定不得抵扣进项税额的不动产，发生用途改变，用于允许抵扣进项税额项目的，按照下列公式在改变用途的次月计算可抵扣进项税额：

可抵扣进项税额=增值税扣税凭证注明或计算的进项税额×不动产净值率

依照规定计算的可抵扣进项税额，应取得2016年5月1日后开具的合法有效的增值税扣税凭证。

按照规定计算的可抵扣进项税额，60% 的部分于改变用途的次月从销项税额中抵扣；40% 的部分为待抵扣进项税额，于改变用途的次月起第 13 个月从销项税额中抵扣。

⑦纳税人注销税务登记时，其尚未抵扣完毕的待抵扣进项税额于注销清算的当期从销项税额中抵扣。

待抵扣进项税额记入“应交税金——待抵扣进项税额”科目核算，并于可抵扣当期转入“应交税金——应交增值税（进项税额）”科目。

（7）收费公路通行费增值税抵扣规定：

通行费，是指有关单位依法或者依规设立并收取的过路、过桥和过闸费用。

自 2018 年 1 月 1 日起，纳税人支付的道路通行费，按照收费公路通行费增值税电子普通发票上注明的增值税税额抵扣进项税额。

2018 年 1 月 1 日至 6 月 30 日，纳税人支付的高速公路通行费，如暂未能取得收费公路通行费增值税电子普通发票，可凭取得的通行费发票（不含财政票据）上注明的收费金额按照下列公式计算可抵扣的进项税额：

$$\text{高速公路通行费可抵扣进项税额}=\text{高速公路通行费发票上注明的金额}\div(1+3\%)\times 3\%$$

2018 年 1 月 1 日至 12 月 31 日，纳税人支付的一级、二级公路通行费，如暂未能取得收费公路通行费增值税电子普通发票，可凭取得的通行费发票上注明的收费金额按照下列公式计算可抵扣进项税额：

$$\text{一级、二级公路通行费可抵扣进项税额}=\text{一级、二级公路通行费发票上注明的金额}\div(1+5\%)\times 5\%$$

纳税人支付的桥、闸通行费，暂凭取得的通行费发票上注明的收费金额按照下列公式计算可抵扣的进项税额：

$$\text{桥、闸通行费可抵扣进项税额}=\text{桥、闸通行费发票上注明的金额}\div(1+5\%)\times 5\%$$

（8）原增值税一般纳税人自用的应征消费税的摩托车、汽车、游艇，其进项税额准予从销项税额中抵扣。

原增值税一般纳税人从境外单位或者个人购进服务、无形资产或者不动产，按照规定应当扣缴增值税的，准予从销项税额中抵扣进项税额为税务机关或者扣缴义务人取得的解缴税款的完税凭证上注明的增值税税额。

纳税人凭完税凭证抵扣进项税额的，应当具备书面合同、付款证明和境外单位的对账单或者发票。资料不全的，其进项税额不得从销项税额中抵扣。

（9）自 2018 年 1 月 1 日起，纳税人租入固定资产、不动产，既用于一般计税方法计税项目，又用于简易计税方法计税项目、免征增值税项目、集体福利或者个人消费的，其进项税额准予从销项税额中全额抵扣。

（10）增值税一般纳税人取得的增值税扣税凭证稽核比对结果相符但未按规定期限申报抵扣，属于发生真实交易且符合规定的客观原因的，经主管税务机关审核，允许纳税人继续申报抵扣其进项税额。

2. 不得从销项税额中抵扣的进项税额

增值税不可抵扣进项税额的政策主要针对两个方面：一是增值税链条的中断；二是涉税凭证不规范。纳税人购进货物、劳务、服务、无形资产、不动产，取得的增值税扣税凭证不符合法律、行政法规或国务院税务主管部门有关规定的，其进项税额不得从销项税额中抵扣。

（1）用于简易计税方法计税项目、免征增值税项目、集体福利或者个人消费（包括纳税人的交际应酬费）的购进货物、劳务、服务、无形资产和不动产。

将外购的货物用于集体福利或者个人消费不属于视同销售，不计算销项税额。其中涉及的固定资产、无形资产、不动产，仅指专用于上述项目的固定资产、无形资产、不动产（其他权益性无形资产除外）。但发生兼用于不允许抵扣项目情况的，该进项税额准予全部抵扣。

（2）非正常损失的在产品、产成品所耗用的购进货物（不包括固定资产）和交通运输服务。

（3）非正常损失的不动产，以及该不动产所耗用的购进货物、设计服务和建筑服务。

（4）非正常损失的不动产在建工程所耗用的购进货物、设计服务和建筑服务。纳税人新建、改建、扩建、修缮、装饰不动产，均属于不动产在建工程。非正常损失，指因管理不善造成被盗、丢失、霉烂变质的损失，以及因违反法律、法规造成货物或不动产被依法没收、销毁、拆除的情形。

已抵扣进项税额的不动产，发生非正常损失，或者改变用途，转用于简易计税方法计税项目、免征增值税项目、集体福利或者个人消费的，按照下列公式计算不得抵扣的进项税额：

$$\text{不得抵扣的进项税额}=(\text{已抵扣进项税额}+\text{待抵扣进项税额})\times\text{不动产净值率}$$

$$\text{不动产净值率}=(\text{不动产净值}\div\text{不动产原值})\times 100\%$$

（5）一般纳税人购进的旅客运输服务、餐饮服务、居民日常服务和娱乐服务的进项税额不得从销项税额中抵扣。

（6）纳税人接受贷款服务向贷款方支付与该笔贷款直接相关的投融资顾问费、手续费、咨询费等费用，其进项税不得从销项税额中抵扣。

（7）适用一般计税方法的纳税人，兼营简易计税方法计税项目、免征增值税项目而无法划分不得抵扣的进项税额，按照下列公式计算不得抵扣的进项税额：

$$\text{不得抵扣的进项税额}=\text{当期无法划分的全部进项税额}\times(\text{当期简易计税方法计税项目销售额}+\text{免征增值税项目销售额})\div\text{当期全部销售额}$$

（8）一般纳税人已抵扣进项税额的固定资产、无形资产或者不动产，发生按规定不得抵扣进项税额情形的，按照下列公式计算不得抵扣的进项税额：

$$\text{不得抵扣的进项税额}=\text{固定资产、无形资产或者不动产净值}\times\text{适用税率}$$

（9）增值税一般纳税人取得的增值税专用发票以及海关进口增值税专用缴款书，未在规定期限内到税务机关办理认证（按规定不用认证的纳税人除外）或者申报抵扣的，不得作为合法的增值税扣税凭证，不得计算进项税额抵扣。

3. 增值税专用发票进项税额抵扣时间限定

现行税法对增值税扣税凭证规定了认证抵扣期限。纳税人应按时合法取得增值税扣税凭证，并在规定的时间内认证抵扣或勾选确认抵扣。

关于进项税额的抵扣时间，总的原则是：进项税额的抵扣不得提前。

（1）自 2017 年 7 月 1 日起，增值税一般纳税人取得的 2017 年 7 月

1 日及以后开具的增值税专用发票和机动车销售统一发票，应自开具之日起 360 日内认证或登录增值税发票选择确认平台进行确认，并在规定的纳税申报期内，向主管税务机关申报抵扣进项税额。

（2）增值税一般纳税人取得的 2017 年 7 月 1 日及以后开具的海关进口增值税专用缴款书，应自开具之日起 360 日内向主管国税机关报送“海关完税凭证抵扣清单”，申请稽核比对相符后，方能抵扣。

4. 进项税额不足抵扣与进项税额转出

增值税实行当期购进扣税法，可能导致当期购进货物、劳务、服务、无形资产、不动产支付的增值税税额大于当期销售货物、劳务、服务、无形资产、不动产收到的增值税税额，即当期进项税额大于当期销项税额。这就出现了进项税额不足抵扣，当期进项税额不足抵扣的部分可结转下期继续抵扣。

（1）已抵扣进项税的货物、劳务、服务、无形资产、不动产后改变用途或用于不得抵扣进项税额项目时，必须作进项税转出处理。也就是说，将该项购进的货物、劳务、服务、无形资产、不动产的进项税额从当期进项税额中扣减；无法确定当期进项税额的，按当期实际成本计算应扣减的进项税额。

从当期发生的进项税额中扣减，指已抵扣进项税额的购进货物、劳务、服务、无形资产、不动产是在哪一个时期改变用途的，就从这个发生期内纳税人的进项税额中扣减而无须追溯到原抵扣时期。

按当期实际成本计算应扣减的进项税额，指扣减进项税额的计算依据不是按该货物、劳务、服务、无形资产、不动产的原进价，而是按其发生改变的当期的实际成本，按征税时适用的税率计算应扣减的进项税额。

（2）纳税人适用一般计税方法的，因销售折让、中止或者退回而收回的增值税税额，应当从当期的进项税额中扣减。

（3）对商业企业向供货方收取的与商品销售量、销售额挂钩（如以一定比例、金额、数量计算）的各种返还收入，均应按照平销返利行为的有关规定冲减当期增值税进项税额。计算公式为：

$$\text{当期应冲减进项税额}=\text{当期取得的返还资金}\div(1+\text{所购货物适用增值税税率})\times\text{所购货物适用增值税税率}$$

商业企业向供货方收取的各种返还收入，一律不得开具增值税专用发票。

（三）一般纳税人应纳税额的计算

一般纳税人应纳税额的计算公式为：

应纳税额=当期销项税额-当期进项税额

如果计算结果为正数，为当期应纳增值税；如果计算结果为负数，则形成留抵税额待下期抵扣。计算公式为：

应纳税额=当期销项税额-当期进项税额-上期留抵税额

【例 2-1】某食品加工厂（增值税一般纳税人）2018 年 8 月发生下列业务：

（1）向农民收购大麦 10 吨，收购凭证上注明价款 20 000 元，验收后送另一食品加工厂（增值税一般纳税人）加工膨化食品，支付加工费价税合计 696 元，取得增值税专用发票；

（2）从县城某工具厂（小规模一般纳税人）购入小工具一批，取得税务机关代开的增值税专用发票，支付价税合计 3 605 元；

（3）将以前月份购入的 10 吨玉米渣对外销售 9 吨，取得不含税销售额 21 000 元，将 1 吨玉米渣无偿赠送给客户；

（4）生产夹心饼干销售，开具的增值税专用发票上注明销售额 100 000 元；

（5）上月向农民收购的小米因保管不善霉烂，账面成本 4 000 元（含运费 400 元）；

（6）转让 2011 年 3 月购入的小型生产设备一台，从购买方取得发票 8 000 元（含税），发生清理费支出 400 元。

假定上述需要认证的发票均已通过认证并允许在当月抵扣。

要求：（1）计算该食品加工厂当期可以抵扣的进项税额；

（2）计算该食品加工厂当期的增值税销项税额；

（3）计算该食品加工厂当期应缴纳的增值税税额。

解：（1）计算该食品加工厂当期可抵扣的进项税额：

收购大麦可以抵扣的进项税额=20 000×12%=2 400（元）

加工费可以抵扣的进项税额=696÷（1+16%）×16%=96（元）

购买工具可以抵扣的进项税额=3 605÷（1+3%）×3%=105（元）

小米因管理不善霉烂作进项税额转出时，注意将农产品账面成本还原成计算进项税额时的基数。

进项税额转出=（4 000-400）÷（1-10%）×10%+400×10%=440（元）

当期可以抵扣的进项税额=2 400+96+105-440=2 161（元）

（2）计算该食品加工厂当期的增值税销项税额：

销售玉米渣的销项税额=21 000×10%=2 100（元）

无偿赠送给客户的玉米渣视同销售的销项税额=21 000÷9×10%=233.33（元）

销售夹心饼干的销项税额=100 000×16%=16 000（元）

因设备是在增值税转型后购入，转让时应计算销项税额：

销项税额=8 000÷（1+16%）×16%=1 103.44（元）

当期销项税额合计=2 100+233.33+16 000+1 103.44=19 436.77（元）

（3）计算该食品加工厂当期应纳增值税税额：

当期应纳增值税税额=19 436.77-2 161=17 275.77（元）

【例 2-2】A 公司是棉布生产企业，2018 年 9 月自农民手中购进价值 100 万元的棉花，其中价值 80 万元的棉花用于生产棉布，棉布全部于当月销售，不含税售价 120 万元，适用税率 16%。此外，价值 20 万元的棉花以 30 万元的价格销售给 B 公司。

要求：在分别核算进项税额或者未分别核算的情况下，试计算 A 公司 9 月应纳的增值税。

解：（1）如果棉布和棉花的进项税额分别核算：

①进项税额=80×12%+20×10%=11.6（万元）

②销项税额=120×16%+30×10%=22.2（万元）

③应纳税额=22.2-11.6=10.6（万元）

（2）如果棉布和棉花的进项税额不分别核算：

①进项税额=100×10%=10（万元）

②销项税额=120×16%+30×10%=22.2（万元）

③应纳税额=22.2-10=12.2（万元）

不分别核算比分别核算少抵扣 1.6 万元进项税额，多缴纳 1.6 万元增值税。

（四）纳税人转让不动产增值税的处理（不适用于房地产开发企业销售自行开发的房地产项目）

纳税人转让其取得的不动产，包括以直接购买、接受捐赠、接受投资入股、自建以及抵债等各种形式取得的不动产。

1. 一般纳税人转让其取得的不动产，按照以下规定缴纳增值税：

（1）一般纳税人转让其2016年4月30日前取得（不含自建）的不动产，可以选择适用简易计税方法计税，以取得的全部价款和价外费用扣除不动产购置原价或者取得不动产时的作价后的余额为销售额，按照5%的征收率计算应纳税额，并向不动产所在地主管税务机关预缴税款。

（2）一般纳税人转让其2016年4月30日前自建的不动产，可以选择适用简易计税方法计税，以取得的全部价款和价外费用为销售额，按照5%的征收率计算应纳税额，并向不动产所在地主管税务机关预缴税款。

（3）一般纳税人转让其2016年4月30日前取得（不含自建）的不动产，选择适用一般计税方法计税的，以取得的全部价款和价外费用为销售额计算应纳税额。纳税人应以取得的全部价款和价外费用扣除不动产购置原价或者取得不动产时的作价后的余额，按照5%的预征率向不动产所在地主管税务机关预缴税款。

（4）一般纳税人转让其2016年4月30日前自建的不动产，选择适用一般计税方法计税的，以取得的全部价款和价外费用为销售额计算应纳税额。纳税人应以取得的全部价款和价外费用，按照5%的预征率向不动产所在地主管税务机关预缴税款

（5）一般纳税人转让其2016年5月1日后取得（不含自建）的不动产，适用一般计税方法，以取得的全部价款和价外费用为销售额计算应纳税额。纳税人应以取得的全部价款和价外费用扣除不动产购置原价或者取得不动产时的作价后的余额，按照5%的预征率向不动产所在地主管税务机关预缴税款。

（6）一般纳税人转让其2016年5月1日后自建的不动产，适用一般计税方法，以取得的全部价款和价外费用为销售额计算应纳税额。纳税人应以取得的全部价款和价外费用，按照5%的预征率向不动产所在地主管税务机关预缴税款。

2. 小规模纳税人转让其取得的不动产，除个人转让其购买的住房外，按照以下规定缴纳增值税：

（1）小规模纳税人转让其取得（不含自建）的不动产，以取得的全部价款和价外费用扣除不动产购置原价或者取得不动产时的作价后的余额为销售额，按照5%的征收率计算应纳税额。

（2）小规模纳税人转让其自建的不动产，以取得的全部价款和价外费用为销售额，按照5%的征收率计算应纳税额。

除其他个人之外的小规模纳税人，应按规定的计税方法向不动产所在地主管税务机关预缴税款；其他个人按照规定的计税方法向不动产所在地主管税务机关申报纳税。

小规模纳税人转让其取得的不动产，不能自行开具增值税发票的，可向不动产所在地主管税务机关申请代开。

3. 个人转让其购买的住房，按照以下规定缴纳增值税：

（1）个人转让其购买的住房，按照有关规定全额缴纳增值税的，以取得的全部价款和价外费用为销售额，按照5%的征收率计算应纳税额。

（2）个人转让其购买的住房，按照有关规定差额缴纳增值税的，以取得的全部价款和价外费用扣除购买住房价款后的余额为销售额，按照5%的征收率计算应纳税额。

个体工商户应按规定的计税方法向住房所在地主管税务机关预缴税款，其他个人应按规定的计税方法向住房所在地主管税务机关申报纳税。

4. 其他个人以外的纳税人转让其取得的不动产，区分以下情形计算应向不动产所在地主管税务机关预缴的税款：

（1）以转让不动产取得的全部价款和价外费用作为预缴税款计算依据的，计算公式为：

应预缴税款=全部价款和价外费用÷（1+5%）×5%

（2）以转让不动产取得的全部价款和价外费用扣除不动产购置原价或者取得不动产时的作价后的余额作为预缴税款计算依据的，计算公式为：

$$\text{应预缴税款}=\left(\text{全部价款和价外费用}-\text{不动产购置原价或者取得不动产时的作价}\right)\div(1+5\%)\times5\%$$

5. 其他个人转让其取得的不动产，按照其他个人以外的纳税人转让其取得的不动产规定的计算方法计算应纳税额并向不动产所在地主管税务机关申报纳税。

纳税人转让其取得的不动产，向不动产所在地主管税务机关预缴的增值税税款，可以在当期增值税应纳税额中抵减；抵减不完的，结转下期继续抵减。

纳税人以预缴税款抵减应纳税额，应以完税凭证作为合法有效凭证。

纳税人向其他个人转让其取得的不动产，不得开具或申请代开增值税专用发票。

纳税人转让不动产，按规定应向不动产所在地主管税务机关预缴税款而自应当预缴之月起超过 6 个月没有预缴税款的，由机构所在地主管税务机关按照《税收征管法》及相关规定进行处理。

（五）纳税人提供不动产经营租赁服务增值税的处理（不适用于纳税人提供道路通行服务）

1. 一般纳税人以经营租赁方式出租其取得的不动产（简称出租不动产），按照以下规定缴纳增值税：

（1）一般纳税人出租其 2016 年 4 月 30 日前取得的不动产，可以选择适用简易计税方法，按照 5% 的征收率计算应纳税额，并向不动产所在地主管税务机关预缴税款（除个人出租住房外）。计算公式为：

应预缴税款=含税销售额÷（1+5%）×5%

（2）一般纳税人出租其 2016 年 5 月 1 日后取得的不动产（含一般纳税人出租其 2016 年 4 月 30 日前取得的不动产），适用一般计税方法计税，按照以下公式计算应纳税额，并向不动产所在地主管税务机关预缴税款：

应预缴税款=含税销售额÷（1+10%）×3%

2. 小规模纳税人出租不动产，按照以下规定缴纳增值税：

（1）单位和个体工商户出租不动产（不含个体工商户出租住房），按照 5% 的征收率计算应纳税额。计算公式为：

应纳税款=含税销售额÷（1+5%）×5%

个体工商户出租住房，按照 5% 的征收率减按 1.5% 计算应纳税额。计算公式为：

应预缴税款=含税销售额÷（1+5%）×1.5%

（2）其他个人出租不动产（不含住房），按照5%的征收率计算应纳税额，并向不动产所在地主管税务机关申报纳税。计算公式为：

应纳税款=含税销售额÷（1+5%）×5%

其他个人出租住房，按照5%的征收率减按1.5%计算应纳税额，并向不动产所在地主管税务机关申报纳税。计算公式为：

应纳税款=含税销售额÷（1+5%）×1.5%

单位和个体工商户出租不动产，向不动产所在地主管税务机关预缴的增值税税款，可以在当期增值税应纳税额中抵减；抵减不完的，结转下期继续抵减。

纳税人以预缴税款抵减应纳税额，应以完税凭证作为合法有效凭证。

小规模纳税人中的单位和个体工商户出租不动产，不能自行开具增值税发票的，可向不动产所在地主管税务机关申请代开增值税发票。

其他个人出租不动产，可向不动产所在地主管税务机关申请代开增值税发票。

纳税人向其他个人出租不动产，不得开具或申请代开增值税专用发票。

纳税人出租不动产，按规定应向不动产所在地主管税务机关预缴税款而自应当预缴之月起超过6个月没有预缴税款的，由机构所在地主管税务机关按照《税收征管法》及相关规定进行处理。

（六）纳税人跨县（市、区）提供建筑服务增值税的处理（不适用于其他个人跨县（市、区）提供建筑服务，在建筑服务发生地申报纳税）

跨县（市、区）提供建筑服务，是指单位和个体工商户（简称纳税人）在其机构所在地以外的县（市、区）提供建筑服务。

1. 一般纳税人跨县（市、区）提供建筑服务，按以下规定预缴税款：

（1）一般纳税人跨县（市、区）提供建筑服务，适用一般计税方法计税的，以取得的全部价款和价外费用扣除支付的分包款后的余额，按照2%的预征率计算应预缴税款。计算公式为：

应预缴税款=（全部价款和价外费用-支付的分包款）÷（1+10%）×2%

（2）一般纳税人跨县（市、区）提供建筑服务，选择适用简易计税方法计税的，以取得的全部价款和价外费用扣除支付的分包款后的余额，按照3%的征收率计算应预缴税款。计算公式为：

应预缴税款=（全部价款和价外费用-支付的分包款）÷（1+3%）×3%

纳税人取得的全部价款和价外费用扣除支付的分包款后的余额为负数的，可结转下次预缴税款时继续扣除。

2. 小规模纳税人跨县（市、区）提供建筑服务，按以下规定计算应预缴税款：

小规模纳税人跨县（市、区）提供建筑服务，以取得的全部价款和价外费用扣除支付的分包款后的余额，按照3%的征收率计算应预缴税款。计算公式为：

应预缴税款=（全部价款和价外费用-支付的分包款）÷（1+3%）×3%

纳税人取得的全部价款和价外费用扣除支付的分包款后的余额为负数的，可结转下次预缴税款时继续扣除。

纳税人应按照工程项目分别计算应预缴税款，分别预缴。

（七）房地产开发企业不动产经营租赁服务增值税的处理

1. 房地产开发企业中的一般纳税人，出租自行开发的房地产老项目，可以选择适用简易计税方法，按照5%的征收率计算应纳税额。纳税人出租自行开发的房地产老项目与其机构所在地不在同一县（市）的，在不动产所在地预缴税款后，向机构所在地主管税务机关进行纳税申报。

房地产开发企业中的一般纳税人，出租其2016年5月1日后自行开发的与机构所在地不在同一县（市）的房地产项目，应按照3%预征率在不动产所在地预缴税款后，向机构所在地主管税务机关进行纳税申报。

2. 房地产开发企业中的小规模纳税人，出租自行开发的房地产项目，按照5%的征收率计算应纳税额。纳税人出租自行开发的房地产项目与其机构所在地不在同一县（市）的，在不动产所在地预缴税款后，向机构所在地主管税务机关进行纳税申报。

（八）房地产开发企业（一般纳税人）销售自行开发的房地产项目增值税的处理

房地产开发企业自行开发，是指在依法取得土地使用权的土地上进行基础设施和房屋建设。

房地产开发企业以接盘等形式购入未完工的房地产项目继续开发后，以自己的名义立项销售的，视同销售自行开发的房地产项目。

1. 房地产开发企业中的一般纳税人销售自行开发的房地产项目，适用一般计税方法计税，按照取得的全部价款和价外费用，扣除当期销售房地产项目对应的土地价款后的余额计算销售额。计算公式为：

$$销售额=（全部价款和价外费用-当期允许扣除的土地价款）\div（1+10\%）$$

$$\frac{当期允许扣除}{的土地价款}=\left(\frac{当期销售房地产}{项目建筑面积}\div\frac{房地产项目}{可供销售建筑面积}\right)\times\frac{支付的}{土地价款}$$

当期销售房地产项目建筑面积，是指当期进行纳税申报的增值税销售额对应的建筑面积。

房地产项目可供销售建筑面积，是指房地产项目可以出售的总建筑面积，不包括销售房地产项目时未单独作价结算的配套公共设施的建筑面积。

支付的土地价款，是指向政府、土地管理部门或受政府委托收取土地价款的单位直接支付的土地价款。

在计算销售额时从全部价款和价外费用中扣除土地价款，应当取得省级以上（含省级）财政部门监（印）制的财政票据。

一般纳税人应建立台账登记土地价款的扣除情况，扣除的土地价款不得超过纳税人实际支付的土地价款。

2. 一般纳税人销售自行开发的房地产老项目，可以选择适用简易计税方法按照 5% 的征收率计税。一经选择简易计税方法计税，36 个月内不得变更为一般计税方法计税。

一般纳税人销售自行开发的房地产老项目适用简易计税方法计税的，以取得的全部价款和价外费用为销售额，不得扣除对应的土地价款。

3. 一般纳税人采取预收款方式销售自行开发的房地产项目，应在收到预收款时按照 3% 的预征率预缴增值税。计算公式为：

应预缴税款=预收款÷（1+适用税率或征收率）×3%

适用一般计税方法计税的，按照10%的适用税率计算；适用简易计税方法计税的，按照5%的征收率计算。

4. 一般纳税人销售自行开发的房地产项目，兼有一般计税方法计税、简易计税方法计税、免征增值税的房地产项目而无法划分不得抵扣的进项税额的，应以“建筑工程施工许可证”注明的“建设规模”为依据进行划分。计算公式为：

$$\text{不得抵扣的进项税额}=\text{当期无法划分的全部进项税额}\times(\text{简易计税、免税房地产项目建设规模}\div\text{房地产项目总建设规模})$$

5. 一般纳税人销售自行开发的房地产项目适用一般计税方法计税的，应按照规定的纳税义务发生时间，以当期销售额和10%的适用税率计算当期应纳税额，抵减已预缴税款后，向主管税务机关申报纳税。未抵减完的预缴税款可以结转下期继续抵减。

一般纳税人销售自行开发的房地产项目适用简易计税方法计税的，应按照规定的纳税义务发生时间，以当期销售额和5%的征收率计算当期应纳税额，抵减已预缴税款后，向主管税务机关申报纳税。未抵减完的预缴税款可以结转下期继续抵减。

6. 一般纳税人销售自行开发的房地产项目，自行开具增值税发票。

一般纳税人销售自行开发的房地产项目，其2016年4月30日前收取并已向主管税务机关申报缴纳营业税的预收款，未开具营业税发票的，可以开具增值税普通发票，不得开具增值税专用发票。

一般纳税人向其他个人销售自行开发的房地产项目，不得开具增值税专用发票。

（九）金融机构开展个人实物黄金交易业务增值税的处理

1. 对于金融机构从事的实物黄金交易业务，实行金融机构各省级分行和直属一级分行所属地市级分行、支行按照规定的预征率预缴增值税，由省级分行和直属一级分行统一清算缴纳的办法。

（1）发生实物黄金交易行为的分理处、储蓄所等应按月计算实物黄金的销售数量、金额，上报其上级支行。

（2）各支行、分理处、储蓄所应依法向机构所在地主管税务机关申请办理税务登记。各支行应按月汇总所属分理处、储蓄所上报的实物黄金销售额和本支行的实物黄金销售额，按照规定的预征率计算增值税预征税额，向主管税务机关申报缴纳增值税。计算公式为：

预征税额=销售额×预征率

（3）各省级分行和直属一级分行应向机构所在地主管税务机关申请办理税务登记，申请认定增值税一般纳税人资格，按月汇总所属地市分行或支行上报的实物黄金销售额和进项税额，按照一般纳税人计算增值税应纳税额，根据已预征税额计算应补税额，向主管税务机关申报缴纳。计算公式为：

应纳税额=销项税额-进项税额

应补税额=应纳税额-预征税额

当期进项税额大于销项税额的，其留抵税额结转下期抵扣；预征税额大于应纳税额的，在下期增值税应纳税额中抵减。

（4）从事实物黄金交易业务的各级金融机构取得的进项税额，应当按照现行规定划分不可抵扣的进项税额，作进项税额转出处理。

（5）预征率由各省级分行和直属一级分行所在地省级税务机关确定。

2. 金融机构所属分行、支行、分理处、储蓄所等销售实物黄金时，应当向购买方开具国家税务总局统一监制的普通发票，不得开具银行自制的金融专业发票。普通发票领购事宜由各分行、支行办理。

3. 金融机构从事经其行业主管部门允许的贵金属交易业务，可比照销售个人实物黄金，实行统一清算缴纳的办法；已认定为增值税一般纳税人的金融机构，可根据《增值税专用发票使用规定》及相关规定领购、使用增值税专用发票。

三、简易计税方法应纳税额的计算

（一）计税方法

小规模纳税人一律采用简易计税方法。

一般纳税人发生某些特定的应税销售行为可选择适用简易计税方法，但不得抵扣进项税额。这主要包括以下情况：

1. 县级及县级以下小型水力发电单位生产的电力。小型水力发电单位，是指各类投资主体建设的装机容量为 5 万千瓦以下（含 5 万千瓦）

的小型水力发电单位。

2. 自产建筑用和生产建筑材料所用的砂、土、石料。

3. 以自己采掘的砂、土、石料或其他矿物连续生产的砖、瓦、石灰（不含黏土实心砖、瓦）。

4. 用微生物、微生物代谢产物、动物毒素、人或动物的血液或组织制成的生物制品。

5. 自产的自来水、自来水公司销售的自来水。

6. 自产的商品混凝土（仅限于以水泥为原料生产的水泥混凝土）。

7. 寄售商店代销寄售物品（包括居民个人寄售的物品在内）。

8. 典当业销售死当物品。

9. 单采血浆站销售供应非临床用血。

10. 药品经营企业销售生物制品。

11. 公共交通运输服务。

公共交通运输服务，包括轮客渡、公交客运、地铁、城市轻轨、出租车、长途客运、班车。

班车，指按固定路线、固定时间运营并在固定站点停靠的运送旅客的陆路运输服务。

12. 经认定的动漫企业为开发动漫产品提供的动漫脚本编撰、形象设计、背景设计、动画设计、分镜、动画制作、摄制、描线、上色、画面合成、配音、配乐、音效合成、剪辑、字幕制作、压缩转码（面向网络动漫、手机动漫格式适配）服务，以及在境内转让动漫版权（包括动漫品牌、形象或者内容的授权及再授权）。

13. 电影放映服务、仓储服务、装卸搬运服务、收派服务和文化体育服务。

14. 以纳入“营改增”试点之日前取得的有形动产为标的物提供的经营租赁服务。

15. 在纳入“营改增”试点之日前签订的尚未执行完毕的有形动产租赁合同。

17. 一般纳税人以清包工方式提供的建筑服务，可以选择适用简易计税方法计税。

18. 一般纳税人为甲供工程提供的建筑服务，可以选择适用简易计税方法计税。

19. 一般纳税人为建筑工程老项目提供的建筑服务，可以选择适用简易计税方法计税。

20. 一般纳税人销售其 2016 年 4 月 30 日前取得（不含自建）的不动产，可以选择适用简易计税方法。

21. 一般纳税人销售其 2016 年 4 月 30 日前自建的不动产，可以选择适用简易计税方法。

纳税人发生应税销售行为适用简易计税方法的，应按照销售额和征收率计算应纳增值税税额，不得抵扣进项税额。计算公式为：

应纳税额=销售额×征收率

简易计税方法的销售额不包括其应纳税额，纳税人采用销售额和应纳税额合并定价方法的，按照下列公式计算销售额：

销售额=含税销售额÷（1+征收率）

纳税人适用简易计税方法计税的，因销售折让、中止或者退回而退还给购买方的销售额，应当从当期销售额中扣减。扣减当期销售额后仍有余额造成多缴的税款，可以从以后的应纳税额中扣减。

【例 2-3】某会计代理公司为小规模纳税人，2018 年 7—9 月份取得会计代理收入 5 万元、会计咨询收入 2 万元。当月购进办公用品支付价款 1.03 万元，并取得增值税普通发票。

要求：计算该公司当期应纳增值税税额。

解：应纳增值税税额=（5+2）÷（1+3%）×3%=0.2（万元）

（二）资管产品增值税的处理

资管产品运营过程中发生的增值税应税行为，以资管产品管理人为增值税纳税人，按照现行规定缴纳增值税。

资管产品包括银行理财产品、资金信托（包括集合资金信托、单一资金信托）、财产权信托、公开募集证券投资基金、特定客户资产管理计划、集合资产管理计划、定向资产管理计划、私募投资基金、债权投资计划、股权投资计划、股债结合型投资计划、资产支持计划、组合类保险资产管理产品、养老保障管理产品。

资管产品管理人是指银行、信托公司、公募基金管理公司及其子公司、证券公司及其子公司、期货公司及其子公司、私募基金管理人、保险资产管理公司、专业保险资产管理机构、养老保险公司。

资管产品暂适用简易计税方法，按照 3% 的征收率缴纳增值税。

资管产品运营业务与管理人其他业务需分别核算、单独计税。

提供贷款服务，以 2018 年 1 月 1 日起产生的利息及利息性质的收入为销售额。

转让 2017 年 12 月 31 日前取得的股票（不包括限售股）、债券、基金、非货物期货，可以选择按照实际买入价计算销售额，或者以 2017 年最后一个交易日的股票收盘价（2017 年最后一个交易日处于停牌期间的股票，为停牌前最后一个交易日收盘价）、债券估值（中债金融估值中心有限公司或中证指数有限公司提供的债券估值）、基金份额净值、非货物期货结算价格作为买入价计算销售额。

对资管产品在 2017 年 7 月 1 日前运营过程中发生的增值税应税行为，未缴纳增值税的，不再缴纳；已缴纳增值税的，已纳税额从资管产品管理人以后月份的增值税应纳税额中抵减。

四、进口货物应纳增值税的计算

凡是申报进入我国海关境内的货物，均应缴纳进口环节增值税（除特殊规定外）。从其他国家或地区进口“跨境电子商务零售进口商品清单”范围内的商品适用于跨境电子商务零售进口增值税税收政策。

进口货物的收货人（承受人）或办理报关手续的单位和个人，为进口货物增值税的纳税人。

无论是一般纳税人还是小规模纳税人进口货物，均按组成计税价格和规定的税率计算应纳增值税税额，不得抵扣任何税额（指在计算进口环节应纳增值税税额时，不得抵扣发生在我国境外的各种税金）。

在一般贸易下，进口货物以海关审定的成交价格为基础的到岸价格作为完税价格。所谓成交价格，是指一般贸易项下进口货物的买方为购买该项货物向卖方实际支付或应当支付的价格；到岸价格是货价加上货物运抵我国关境输入地点起卸前的包装费、运费、保险费和其他劳务费等费用的一种价格。组成计税价格的计算公式为：

组成计税价格=关税完税价格+关税税额

=关税完税价格×（1+关税税率）

属于征收消费税的进口货物，还需在组成计税价格中加上消费税税额。计算公式为：

组成计税价格=关税完税价格+关税税额+消费税税额

或　　　　　=关税完税价格×（1+关税税率）÷（1-消费税税率）

应纳税额=组成计税价格×税率

组成计税价格中包括已纳关税税额。

跨境电子商务零售进口商品按照货物征收关税和进口环节增值税、消费税，以实际交易价格（包括货物零售价格、运费和保险费）作为完税价格。其进口环节增值税、消费税暂按法定应纳税额的70%征收。超过单次限值、累加后超过个人年度限值的单次交易，以及完税价格超过2 000元限值的单个不可分割商品，均按照一般贸易方式全额征税。

纳税人进口货物取得的合法海关完税凭证是计算增值税进项税额的唯一依据，其价格差额部分以及从境外供应商处取得的退还或返还的资金，不作进项税额转出处理。

进口货物的增值税由海关代征。个人携带或者邮寄进境自用物品的增值税连同关税一并计征，具体办法由国务院关税税则委员会会同有关部门制定。

进口货物的增值税，纳税义务发生时间为报关进口当天，纳税地点为进口货物报关地海关，纳税期限为海关填发税款缴款书之日起15日内。

【例2-4】某市综合商贸公司为增值税一般纳税人，2018年11月进口实木地板一批，支付国外买价300万元（关税税率为20%），支付购货佣金6万元；办理海关相关手续后，海关放行；支付运抵我国海关地前的运输费用20万元、装卸费用和保险费用10万元，支付海关地再运往商贸公司的运输费用8万元，取得运费发票。实木地板消费税税率为5%。

要求：计算该公司进口环节应缴纳的关税、消费税、增值税。

解：关税=（300+20+10）×20%=66（万元）

组成计税价格=（300+20+10+66）÷（1-5%）=416.84

进口增值税=416.84×16%=66.69（万元）

进口消费税=416.84×5%=20.84（万元）

第三节　出口货物、劳务和跨境应税行为增值税退（免）税的计算

一、出口货物、劳务和跨境应税行为退（免）增值税基本政策

我国的出口货物、劳务和跨境应税行为退（免）增值税是指在国际贸易业务中，对报关出口的货物、劳务和跨境应税行为退还或免征其在国内各生产和流转环节按税法规定已缴纳的增值税和消费税或免征应缴纳的增值税，即对应征收增值税的出口货物、劳务和跨境应税行为实行零税率（国务院另有规定除外）。其目的是使本国出口商品以不含税的价格或成本进入国际市场，避免国际双重征税和税负不平，增强本国产品的出口竞争能力。

我国出口货物、劳务和跨境应税行为的零税率，从税法上理解有两层含义：一是对本道环节生产或销售货物、劳务和跨境应税行为的增值部分免征增值税；二是对出口货物、劳务和跨境应税行为前道环节所含的进项税额进行退付。

目前，我国出口货物、劳务和跨境应税行为退（免）增值税的基本政策分为以下三种形式：

1. 出口免税并退税（又免又退），分为“免、抵、退”税和“免、退”税两种。

出口免税是指对货物、劳务和跨境应税行为在出口环节免征增值税，这是把货物、劳务和跨境应税行为出口环节与出口前的销售环节都视为同样的征税环节。

出口退税是指对货物、劳务和跨境应税行为在出口前实际承担的税收负担，按规定的退税率计算后予以退还。

2. 出口货物免税不退税（只免不退）。

出口货物不退税是指适用该政策的出口货物、劳务和跨境应税行为因在前一道生产销售环节或进口环节是免税的，出口时该货物的价格中本身就不含税，也无须退税，即适用免税政策。

3. 出口不免税也不退税（不免不退）。

出口不免税是指对国家限制或禁止出口的某些货物的出口环节视同内销环节，照常征税；出口不退税是指对这些货物、劳务和跨境应税行为出口不退还出口前其所负担的税款。简而言之，出口不免税也不退税适用征税政策。

二、出口退（免）税的税种范围

根据《增值税暂行条例》和《中华人民共和国消费税暂行条例》（以下简称《消费税暂行条例》）的规定，出口货物、劳务和跨境应税行为退（免）税的税种仅限增值税和消费税。

三、出口货物、劳务和跨境应税行为增值税退（免）税政策适用范围

（一）适用增值税退（免）税政策的出口货物、劳务和跨境应税行为（又免又退）

对下列出口货物、劳务和跨境应税行为实行免征和退还增值税（除特殊规定外）：

1. 出口企业出口货物。

出口企业是指依法办理了工商、税务、对外贸易经营者备案登记，自营或委托出口货物的单位或个体工商户，以及依法办理工商登记、税务登记但未办理对外贸易经营者备案登记，委托出口货物的生产企业。

出口货物是指向海关报关后实际离境并销售给境外单位或个人的货物，分为自营出口货物和委托出口货物两类。

企业出口给外商的新造集装箱，交付到境内指定堆场，并取得出口货物报关单（出口退税专用），同时符合其他出口退（免）税规定的，准予按照现行规定办理出口退（免）税。

2. 出口企业或其他单位视同出口货物。出口企业或其他单位视同出口的货物具体是指：

（1）出口企业对外援助、对外承包、境外投资的出口货物。

（2）出口企业经海关报关进入国家批准的出口加工区、保税物流园区、保税港区、综合保税区等特殊区域并销售给特殊区域内单位或境外单位、个人的货物。

（3）免税品经营企业销售的货物。

（4）出口企业或其他单位销售给用于国际金融组织或外国政府贷款国际招标建设项目的中标机电产品。

（5）出口企业或其他单位销售给特殊区域内生产企业生产耗用且不向海关报关而输入特殊区域的水（包括蒸汽）、电力、燃气（简称输入特殊区域的水电气）。

（6）出口企业或其他单位销售给国际运输企业用于国际运输工具上的货物，如外轮供应公司、远洋运输供应公司销售给外轮、远洋国轮的货物，国内航空供应公司生产销售给国内和国外航空公司国际航班的航空食品。

3. 生产企业视同出口自产货物。

生产企业视同出口自产货物必须满足以下条件：

（1）持续经营以来从未发生骗取出口退税、虚开增值税专用发票或农产品收购发票、接受虚开增值税专用发票（善意取得的除外）行为且同时具备相应条件的生产企业出口的外购货物，可视同自产货物适用增值税退（免）税政策。

（2）持续经营以来从未发生骗取出口退税、虚开增值税专用发票或农产品收购发票、接受虚开增值税专用发票（善意取得的除外）行为但不能同时符合（1）规定条件的生产企业，出口的外购货物符合相应条件之一的，可视同自产货物申报适用退（免）税政策。

4. 出口企业对外提供加工、修理修配劳务。对外提供加工、修理修配劳务是指对进境复出口货物或从事国际运输的运输工具进行的加工、修理修配。

5. 融资租赁货物出口。融资租赁企业、金融租赁公司及其设立的项目子公司，以融资租赁方式租赁给境外承租人且租赁期限在5年（含）以上，并向海关报关后实际离境的货物。

融资租赁出口货物的范围包括飞机、飞机发动机、铁道机车、铁道客车车厢、船舶及其他货物（具体应符合《增值税暂行条例实施细则》有关“固定资产”的规定。）。

（二）适用增值税免税政策的出口货物、劳务和跨境应税行为（出口免税但不退税，即只免不退）

对符合条件的出口货物、劳务和跨境应税行为，实行免征增值税政策（除另有规定外）。

1. 出口企业或其他单位出口规定的货物，具体是指：

（1）增值税小规模纳税人出口的货物。

（2）避孕药品和用具、古旧图书。

（3）软件产品，其具体范围是指海关税则号前四位为“9803”的货物。

（4）含黄金、铂金成分的货物，钻石及其饰品。

（5）国家计划内出口的卷烟。

（6）非出口企业委托出口的货物。

（7）非列名生产企业出口的非视同自产货物。

（8）农业生产者自产农产品。

（9）油画、花生果仁、黑大豆等财政部和国家税务总局规定的出口免税的货物。

（10）外贸企业取得普通发票、废旧物资收购凭证、农产品收购发票、政府非税收入票据的货物。

（11）来料加工复出口的货物。

（12）特殊区域内的企业出口的特殊区域内的货物。

（13）以人民币现金作为结算方式的边境地区出口企业从所在省（自治区）的边境口岸出口到接壤国家的一般贸易和边境小额贸易出口货物。

（14）以旅游购物贸易方式报关出口的货物。

2. 出口企业或其他单位视同出口的下列货物、劳务：

（1）国家批准设立的免税店销售的免税货物（包括进口免税货物和已实现退（免）税的货物）。

（2）特殊区域内的企业为境外的单位或个人提供加工、修理修配劳务。

（3）同一特殊区域、不同特殊区域内的企业之间销售特殊区域内的货物。

3. 出口企业或其他单位未按规定申报或未补齐增值税退（免）税凭证的出口货物、劳务。

4. 境外单位和个人销售的跨境应税行为免征增值税，但适用零税率的除外。

5. 市场经营户自营或委托市场采购贸易经营者以市场采购贸易方式出口的货物，免征增值税。

6. 出口企业或其他单位未按规定进行单证备案（因出口货物的成交方式特性，企业没有有关备案单证的情况除外）的出口货物，不得申报退（免）税，适用免税政策。已申报退（免）税的，应用负数申报冲减原申报。

7. 出口企业申报退（免）税的出口货物，须在退（免）税申报期截止之日内收汇（跨境贸易人民币结算的为收取人民币，下同），并按《国家税务总局关于出口企业申报出口货物退（免）税提供收汇资料有关问题的公告》的规定提供收汇资料；未在退（免）税申报期截止之日内收汇的出口货物（除另有规定为），适用增值税免税政策。

对于适用增值税免税政策的出口货物、劳务，出口企业或其他单位可以依照现行增值税有关规定放弃免税，按规定缴纳增值税。

（三）适用增值税征税政策的出口货物、劳务和跨境应税行为（不免不退——征税）

适用增值税征税政策的出口货物、劳务和跨境应税行为，是指：

1. 出口企业出口或视同出口财政部和国家税务总局根据国务院决定明确取消出口退（免）税的货物（不包括来料加工复出口货物、中标机电产品、列名原材料、输入特殊区域的水电气、海洋工程结构物）。

2. 出口企业或其他单位销售给特殊区域内的生活消费用品和交通运输工具。

3. 出口企业或其他单位因骗取出口退税被税务机关停止办理增值税退（免）税期间出口的货物。

4. 出口企业或其他单位提供虚假备案单证的货物。

5. 出口企业或其他单位增值税退（免）税凭证有伪造或内容不实的货物。

6. 出口企业或其他单位未在国家税务总局规定的期限内申报免税核销以及经主管税务机关审核不予免税核销的出口卷烟。

7. 出口企业或其他单位有以下情形之一的出口货物、劳务：

（1）将空白的出口货物报关单、出口收汇核销单等退（免）税凭证交由除签有委托合同的货代公司、报关行，或由境外进口方指定的货代公司（提供合同约定或者其他相关证明）以外的其他单位或个人使用的。

（2）以自营名义出口，其出口业务实质上是由本企业及其投资的企业以外的单位或个人借该出口企业名义操作完成的。

（3）以自营名义出口，其出口的同一批货物既签订购货合同，又签订代理出口合同（或协议）的。

（4）出口货物在海关验放后，自己或委托货代承运人对该笔货物的海运提单或其他运输单据等的品名、规格等进行修改，造成出口货物报关单与海运提单或其他运输单据有关内容不符的。

（5）以自营名义出口，但不承担出口货物的质量、收款或退税风险之一的，即出口货物发生质量问题不承担购买方的索赔责任（合同中有约定质量责任承担者除外），不承担未按期收款导致不能核销的责任（合同中有约定收款责任承担者除外），不承担因申报出口退（免）税的资料、单证等出现问题造成不退税责任的。

（6）未实质参与出口经营活动、接受并从事由中间人介绍的其他出口业务，但仍以自营名义出口的。

简而言之，出口货物退（免）税的方式主要有“免、抵、退”税，“免、退”税，免税，出口货物也有按照规定征税不退税的情形，见表2-3。

表 2-3　**出口货物、劳务和跨境应税行为退（免）税的方式**

增值税处理	适用情况
“免、抵、退”税	生产企业
“免、退”税	不具有生产能力的外贸（综合服务）企业或其他企业
免税	规定的免税货物出口、增值税小规模纳税人出口自产货物、来料加工复出口、非出口企业委托出口货物、旅游购物贸易
征税	取消出口退税的货物、劳务，特殊销售对象，违规企业，无实质性出口

四、增值税退（免）税办法

适用增值税退（免）税政策的出口货物、劳务和应税行为，实行增值税“免、抵、退”税或“免、退”税办法。

（一）“免、抵、退”税办法

1. 适用于增值税一般计税方法的生产企业出口自产货物与视同自产货物、对外提供加工修理修配劳务，以及列名的 74 家生产企业出口非自产货物，免征增值税，相应的进项税额抵减应纳增值税税额（不包括适用增值税即征即退、先征后退政策的应纳增值税税额），未抵减完的部分予以退还。

2. 跨境应税行为适用增值税零税率的服务和无形资产。

3. 境内的单位和个人提供适用零税率的应税服务或者无形资产，如果属于适用一般计税方法的，生产企业实行“免、抵、退”税办法；外贸（综合服务）企业直接将服务或自行研发的无形资产出口，视同生产企业连同其出口货物统一实行“免、抵、退”税办法。

境内的单位和个人提供适用零税率应税服务的，可以放弃适用零税率，选择免税或按规定缴纳增值税。放弃适用零税率的，36 个月内不得再申请适用零税率。

（二）“免、退”税办法

1. 适用于不具有生产能力的外贸（综合服务）企业或其他单位出口货物、劳务，免征增值税，相应的进项税额予以退还。

2. 适用一般计税方法的外贸（综合服务）企业外购服务或者无形资产出口。

3. 外贸（综合服务）企业外购研发服务和设计服务免征增值税，其对应的外购应税服务的进项税额予以退还。

增值税出口“退（免）税”办法的适用情况详见表 2-4。

五、出口退税率

出口货物的退税率是出口货物的实际退税额与退税计税依据的比例。国家鼓励出口的货物，退税率就高一些；国家限制出口的货物，退税率就低一些。出口退税率是个动态指标，随对外贸易政策的调整而变化。

表 2-4　　增值税出口“退（免）税”办法的适用情况

退（免）税办法	适用企业和情况		基本政策规定
	企业	具体情况	
免、抵、退税	生产企业	（1）出口自产货物和视同自产货物及对外提供加工修理修配劳务； （2）列名生产企业出口非自产货物	免征增值税，相应的进项税额抵减应纳增值税税额（不包括适用增值税即征即退、先征后退政策的应纳增值税税额），未抵减完的部分予以退还
免、退税	外贸（综合服务）企业或其他单位	不具有生产能力的出口企业（以下称外贸企业）或其他单位出口货物、劳务	免征增值税，相应的进项税额予以退还

现行出口货物的出口退税率有 16%、15%、13%、11%、9%、5% 和 3% 等若干档，跨境服务的退税率为 10% 和 0。

自 2018 年 5 月 1 日起，原适用 17% 税率且出口退税率为 17% 的出口货物，出口退税率调整至 16%。原适用 11% 税率且出口退税率为 11% 的出口货物、跨境应税行为，出口退税率调整至 10%。

外贸企业 2018 年 7 月 31 日前出口原适用 17% 税率且出口退税率为 17% 的出口货物，销售原适用 11% 税率且出口退税率为 11% 的出口货物、跨境应税行为，购进时已按调整前税率征收增值税的，执行调整前的出口退税率；购进时已按调整后税率征收增值税的，执行调整后的出口退税率。

生产企业 2018 年 7 月 31 日前出口原适用 17% 税率且出口退税率为 17% 的出口货物，销售原适用 11% 税率且出口退税率为 11% 的出口货物、跨境应税行为，执行调整前的出口退税率。

调整出口货物退税率的执行时间及出口货物的时间，以出口货物报关单上注明的出口日期为准；调整跨境应税行为退税率的执行时间及销售跨境应税行为的时间，以出口发票的开具日期为准。

具体可从以下三方面理解增值税出口退税率：

1. 除财政部和国家税务总局根据国务院决定而明确的增值税出口退税率外，出口货物的退税率为其适用税率。

2. 退税率的特殊规定：

（1）外贸企业购进按简易办法征税的出口货物、从小规模纳税人购进的出口货物，其退税率分别为简易办法实际执行的征收率、小规模纳税人征收率。该出口货物取得增值税专用发票的，退税率按照增值税专用发票上的税率和出口货物退税率孰低的原则确定。

（2）出口企业委托加工、修理修配货物，其加工、修理修配费用的退税率，为出口货物的退税率。

（3）中标机电产品、出口企业向海关报关进入特殊区域销售给特殊区域内生产企业生产耗用的列名原材料、输入特殊区域的水电气，其退税率为适用税率。如果国家调整列名原材料的退税率，列名原材料应当自调整之日起按调整后的退税率执行。

3. 适用不同退税率的货物、劳务及应税服务，应分开报关、核算并申报退（免）税；否则，从低适用退税率。

六、增值税退（免）税的计税依据

出口货物、劳务的增值税退（免）税的计税依据，按出口货物、劳务的出口发票（外销发票），其他普通发票或购进出口货物、劳务的增值税专用发票，海关进口增值税专用缴款书确定，见表 2-5。

七、增值税“免、抵、退”税和“免、退”税的计算

（一）增值税“免、抵、退”税办法的计算

“免、抵、退”税办法适用生产企业出口自产货物和视同自产货物及对外提供加工、修理修配劳务，以及列名生产企业出口非自产货物。

“免”税是指生产企业出口的自产（含视同自产）货物和应税劳务等免征本企业生产销售环节增值税；

“抵”税是指生产企业出口自产货物、应税劳务等所耗用的原材料、零部件、燃料、动力等所含应予退还的进项税额，抵减内销货物的应纳税额；

“退”税是指生产企业出口自产货物、应税劳务等在当月内应抵减的进项税额大于内销应纳税额时，对未抵减完的部分予以退税。

表 2-5　　**增值税退（免）税的计税依据**

出口企业	出口行为	退（免）税计税依据
1. 生产企业	①出口货物劳务（进料加工复出口货物除外）	出口货物、劳务的实际离岸价（FOB）。实际离岸价应以出口发票上的离岸价为准；如果出口发票不能反映实际离岸价，主管税务机关有权予以核定
	②进料加工复出口货物	按出口货物人民币离岸价扣除出口货物耗用的保税进口料件金额的余额确定
	③国内购进无进项税额且不计提进项税额的免税原材料加工后出口的货物	按出口货物的离岸价扣除出口货物所含的国内购进免税原材料的金额后确定
	④中标机电产品	销售机电产品的普通发票注明的金额
	⑤向海上石油天然气开采企业销售的自产海洋工程结构物	销售海洋工程结构物的普通发票注明的金额
	⑥输入特殊区域的水电气	作为购买方的特殊区域内生产企业购进水（包括蒸汽）、电力、燃气的增值税专用发票注明的金额
2. 外贸（综合服务）企业	①出口货物（委托加工、修理修配货物除外）	购进出口货物的增值税专用发票注明的金额或海关进口增值税专用缴款书注明的完税价格
	②出口委托加工、修理修配货物	加工、修理修配费用增值税专用发票注明的金额。外贸企业应将加工、修理修配使用的原材料（进料加工海关保税进口料件除外）作价销售给受托加工、修理修配的生产企业，受托加工、修理修配的生产企业应将原材料成本并入加工、修理修配费用开具发票
	③中标机电产品	购进货物的增值税专用发票注明的金额或海关进口增值税专用缴款书注明的完税价格

续表

出口企业	出口行为	退（免）税计税依据
3. 出口企业	出口进项税额未计算抵扣的已使用过的设备（指根据财务会计制度已经计提折旧的固定资产）	退（免）税计税依据=增值税专用发票上的金额或海关进口增值税专用缴款书注明的完税价格×已使用过的设备固定资产净值÷已使用过的设备原值 已使用过的设备固定资产净值=已使用过的设备原值-已使用过的设备已提累计折旧
4. 免税品经营企业	销售的货物	购进货物的增值税专用发票注明的金额或海关进口增值税专用缴款书注明的完税价格
5. 跨境应税行为	1.实行“免、抵、退”税办法的： (1) 以铁路运输方式载运旅客的，为按照铁路合作组织清算规则清算后的实际运输收入。 (2) 以铁路运输方式载运货物的，为按照铁路运输进款清算办法，对“发站”或“到站（局）”名称包含“境”字的货票上注明的运输费用以及直接相关的国际联运杂费清算后的实际运输收入。 (3) 以航空运输方式载运货物或旅客的，如果国际运输或港澳台运输各航段由多个承运人承运，为中国航空结算有限责任公司清算后的实际收入；如果国际运输或港澳台运输各航段由一个承运人承运，为提供航空运输服务取得的收入。 (4) 其他实行“免、抵、退”税办法的增值税零税率应税行为，为提供增值税零税率应税行为取得的收入。 2.实行“免、退”税办法的退（免）税计税依据为购进应税服务的增值税专用发票或解缴税款的中华人民共和国税收缴款凭证上注明的金额	
备注	1.增值税退（免）税的计税依据，对于生产企业而言，一般是扣减所含保税和免税金额之后的离岸价；对于外贸企业而言，一般是购进货物增值税专用发票注明的金额或海关进口增值税专用缴款书注明的完税价格。 2.实行退（免）税办法的服务和无形资产，主管税务机关如果认定出口价格偏高，有权按照核定的出口价格计算退（免）税；核定的出口价格低于外贸企业购进价格的，低于部分对应的进项税额不予退税，转入成本	

在计算“免、抵、退”税时，考虑到退税率低于征税率，需要计算不予“免、抵、退”税的金额，从进项税中剔除出去，转入出口产品的销售成本中。“免、抵、退”税计算实际上涉及免、剔、抵、退四个步骤。

免：就是出口货物免征增值税。

剔：就是作进项税额转出的过程，把退税率低于征税率而需要剔除的增值税转入外销的成本。

抵：用出口应退税额抵减内销应纳税额，让企业用内销少缴税的方式得到出口退税的实惠。“抵”之后企业应纳税额可能出现的情况是：结果为正数或结果为负数。

退：在企业计算出当期应纳税额小于0时，才涉及出口退税，即内销的应纳税额已经全部被出口应退税额冲抵掉了，而出口应退税额还没有被抵完。

1.生产企业出口货物、劳务、服务和无形资产的“免、抵、退”税，依下列公式计算：

（1）当期不得免征和抵扣税额抵减额=当期免税购进原材料价格×（出口货物适用税率-出口货物退税率）

出口货物离岸价以出口发票计算的离岸价为准。实际离岸价应以出口发票上的离岸价为准；如果出口发票不能反映实际离岸价，主管税务机关有权予以核定。

（2）当期不得免征和抵扣税额=出口货物离岸价×外汇人民币折合率×（出口货物征税率-出口货物退税率）-“免、抵、退”税不得免征和抵扣税额抵减额

（3）当期应纳税额=当期销项税额-（当期进项税额-当期不得免征和抵扣税额）-上期留抵税额

当期应纳税额>0时，为应纳税额，没有退税。

只有当期应纳税额<0时，为期末留抵税额，须计算“免、抵、退”税额。

（4）当期“免、抵、退”税额抵减额=当期免税购进原材料价格×出口货物退税率

（5）当期“免、抵、退”税额=当期出口货物离岸价×外汇人民币折合率×出口货物退税率-当期“免、抵、退”税额抵减额

（6）如果当期期末留抵税额≤当期“免、抵、退”税额，则：

当期应退税额=当期期末留抵税额

当期免抵税额=当期“免、抵、退”税额-当期应退税额

如果当期期末留抵税额>当期“免、抵、退”税额，则：

当期应退税额=当期“免、抵、退”税额

当期免抵税额=当期“免、抵、退”税额-当期应退税额=0

结转下期留抵税额=当期应纳税额-当期应退税额

需要注意的是：

第一，退税率低于适用税率的，相应计算出的差额部分的税款计入出口货物劳务成本。

第二，出口企业既有适用增值税“免、抵、退”税项目，也有增值税即征即退、先征后退项目的，增值税即征即退和先征后退项目不参与出口项目“免、抵、退”税计算。出口企业应分别核算增值税“免、抵、退”税项目和增值税即征即退、先征后退项目，并分别申请享受增值税即征即退、先征后退和“免、抵、退”税政策。

用于增值税即征即退或者先征后退项目的进项税额无法划分的，按照下列公式计算：

无法划分进项税额中用于增值税即征即退或者先征后退项目的部分=当月无法划分的全部进项税额×当月增值税即征即退或者先征后退项目销售额÷当月全部销售额、营业额合计

第三，当期免税购进原材料价格包括当期国内购进的无进项税额且不计提进项税额的免税原材料的价格和当期进料加工保税进口料件的价格。其中，当期进料加工保税进口料件的价格为进料加工出口货物耗用的保税进口料件金额。

进料加工出口货物耗用的保税进口料件金额=进料加工出口货物人民币离岸价×进料加工计划分配率

计算不得免征和抵扣税额时，应按当期全部出口货物的销售额扣除当期全部进料加工出口货物耗用的保税进口料件金额后的余额乘以征退税率之差。

进料加工出口货物收齐有关凭证申报“免、抵、退”税时，以收齐凭证的进料加工出口货物人民币离岸价扣除其耗用的保税进口料件金额后的余额计算“免、抵、退”税额。

第四，当期期末留抵税额为当期增值税纳税申报表中的“期末留抵税额”。

【例 2-5】某自营出口生产企业是增值税一般纳税人，出口货物的征税率为 16%，退税率为 13%。2018 年 8 月有关经营业务包括：购进原材料一批，取得增值税专用发票注明的价款为 200 万元，外购货物准予抵扣进项税额 32 万元已通过认证；当月进料加工免税进口料件的组成计税价格为 100 万元；上期期末留抵税款 6 万元；本月内销货物不含税销售额 100 万元，收款 116 万元存入银行；本月出口货物销售额折合人民币 200 万元。

要求：计算该企业本期“免、抵、退”税额，应退税额和免抵税额。

解：（1）当期“免、抵、退”税不得免征和抵扣税额抵减额

=免税进口料件的组成计税价格×（出口货物征税率-出口货物退税率）

=100×（16%-13%）=3（万元）

（2）当期“免、抵、退”税不得免征和抵扣税额

=当期出口货物离岸价×外汇人民币折合率×（出口货物征税率-出口货物退税率）-当期“免、抵、退”税不得免征和抵扣税额抵减额

=200×（16%-13%）-3=3（万元）

（3）当期应纳税额=100×16%-（32-3）-6=-19（万元）

（4）当期“免、抵、退”税抵减额=免税购进原材料×材料出口货物退税率=100×13%=13（万元）

（5）当期“免、抵、退”税额=200×13%-13=13（万元）

（6）∵当期期末留抵税额 19 万元>当期“免、抵、退”税额 13 万元

∴当期应退税额=当期“免、抵、退”税额=13（万元）

当期免抵税额=当期“免、抵、退”税额-当期应退税额=13-13=0

结转下期留抵税额=当期应纳税额-当期应退税额=19-13=6（万元）

【例 2-6】某自营出口生产企业（增值税一般纳税人）出口货物的征税率为 16%，退税率为 13%。2018 年 10 月购进原材料一批，取得增值税专用发票注明的价款为 200 万元，外购货物准予抵扣进项税额 32 万元已通过认证；上期期末留抵税额 3 万元；当月内销货物销售额 100 万元，销项税额 16 万元；当月出口货物销售折合人民币 200 万元。

要求：计算该企业本期“免、抵、退”税额，应退税额和免抵

税额。

解：当期“免、抵、退”税不得免征和抵扣税额=200×（16%−13%）=6（万元）

当期应纳税额=100×16%−（32−6）−3=−13（万元）

当期“免、抵、退”税额=200×13%=26（万元）

∵当期期末留抵税额 13 万元<当期“免、抵、退”税额 26 万元

∴当期应退税额=当期期末留抵税额=13（万元）

当期免抵税额=当期“免、抵、退”税额−当期应退税额=26−13=13（万元）

【例 2-7】某自营出口生产企业（增值税一般纳税人）出口货物的征税率为 16%，退税率为 13%。2018 年 10 月购进原材料一批，取得增值税专用发票注明的价款为 400 万元，外购货物准予抵扣进项税额 64 万元已通过认证；上期期末留抵税额 3 万元；当月内销货物销售额 100 万元，销项税额 16 万元；本月出口货物销售折合人民币 200 万元。

要求：计算该企业本期“免、抵、退”税额，应退税额和免抵税额。

解：当期“免、抵、退”税不得免征和抵扣税额=200×（16%−13%）=6（万元）

当期应纳税额=100×16%−（64−6）−3=−45（万元）

当期“免、抵、退”税额=200×13%=26（万元）

∵当期期末留抵税额 45 万元>当期“免、抵、退”税额 26 万元

∴当期应退税额=当期“免、抵、退”税额=26（万元）

当期免抵税额=当期“免、抵、退”税额−当期应退税额=26−26=0

结转下期留抵税额=当期应纳税额−当期应退税额=45−26=19（万元）

2. 零税率应税行为增值税退（免）税的计算

零税率应税行为“免、抵、退”税的计算公式如下：

（1）当期“免、抵、退”税额的计算：

当期零税率应税行为“免、抵、退”税额=当期零税率应税行为“免、抵、退”税计税依据×外汇人民币折合率×零税率应税行为增值税退税率

（2）当期应退税额和当期免抵税额的计算：

①当期期末留抵税额≤当期“免、抵、退”税额时：

当期应退税额=当期期末留抵税额

当期免抵税额=当期“免、抵、退”税额−当期应退税额

②当期期末留抵税额>当期“免、抵、退”税额时：

当期应退税额=当期“免、抵、退”税额

当期免抵税额=0

实行“免、抵、退”税办法的零税率应税服务提供者如同时有货物、劳务（劳务指对外加工、修理修配劳务）出口的，可结合现行出口货物“免、抵、退”税计算公式一并计算。税务机关在审批时，按照出口货物、劳务、零税率应税服务“免、抵、退”税额比例划分出口货物、劳务、零税率应税服务的退税额和免抵税额。

【例 2-8】某国际运输公司（增值税一般纳税人）实行“免、抵、退”税办法，2018 年 10 月提供国际运输服务，取得收入 60 万元；假定企业纳税申报期末留抵税额为 15 万元。

要求：计算该企业当月应退税额（退税率 10%）。

解：

$$\text{当期零税率应税行为“免、抵、退”税额}=\text{当期零税率应税行为“免、抵、退”税计税依据}\times\text{外汇人民币折合率}\times\text{零税率应税行为增值税退税率}$$

$$=60\times10\%=6\text{（万元）}$$

∵当期期末留抵税额 15 万元>当期“免、抵、退”税额 6 万元

∴当期应退税额=当期“免、抵、退”税额=6（万元）

当期免抵税额=当期“免、抵、退”税额−当期应退税额

=6−6=0

（二）“免、退”税办法的计算

外贸（综合服务）企业出口货物、劳务增值税实行免征增值税，相应的进项税额予以退还的政策，即出口“免、退”税。出口货物属于应税消费品的还应退还购进出口货物前一环节已征的消费税，即出口退税。

按照政策分类，外贸（综合服务）企业一般贸易出口“免、退”税分为委托加工、修理修配货物以外的货物和委托加工、修理修配货物出口两种形式。一是外购货物出口，以出口货物增值税专用发票的计税金额和海关进口增值税专用缴款书注明的完税价格为依据，申报出口“免、退”税。二是委托加工出口，外贸企业将加工、修理修配使用的原材料（进料加工海关保税进口料件除外）作价销售给受托加工、修理修配的生产企业，受托加工、修理修配的生产企业应将原材料成本并入加工、修理修配费用开具发票，并以此作为计税依据申报出口“免、退”税。

生产企业代办退税的出口货物，应先按出口货物离岸价和增值税适用税率计算销项税额并按规定申报缴纳增值税，同时向外贸（综合服务）企业开具备注栏内注明“代办退税专用”的增值税专用发票（不得作为综合服务企业的增值税扣税凭证）。

外贸（综合服务）企业向其主管税务机关申报代办退税，应退税额按代办退税专用发票上注明的“金额”和出口货物适用的出口退税率计算。计算公式为：

应退税额=代办退税专用发票上注明的“金额”×出口货物适用的出口退税率

1. 外贸（综合服务企业）出口委托加工、修理修配货物以外的货物：

增值税应退税额=增值税退（免）税计税依据×出口货物退税率

2. 外贸（综合服务）企业出口委托加工、修理修配货物：

增值税应退税额=委托加工、修理修配的增值税退(免)税计税依据×出口货物退税率

3. 外贸（综合服务）企业兼营的零税率应税服务增值税“免、退”税，依下列公式计算：

外贸(综合服务)企业兼营的零税率应税服务应退税额=外贸(综合服务)企业兼营的零税率应税服务“免、退”税计税依据×零税率应税服务增值税退税率

【例 2-9】某外贸（综合服务）企业 2018 年 6 月购进及出口情况如下：

（1）第一次购进电风扇 500 台，单价 150 元/台；第二次购进电风扇 200 台，单价 148 元/台（均已取得增值税专用发票）。

（2）将两次外购的电风扇 700 台报关出口，离岸单价 20 美元/台，此笔出口已收汇并做销售处理。假定美元与人民币比价为 1∶6.4，退税率为 15%。

要求：计算该笔出口业务应退增值税税额。

解：应退税额=（500×150+200×148）×15%=15 690（元）

【例 2-10】某进出口公司 2018 年 6 月购进牛仔布委托加工成服装出口，取得牛仔布增值税发票一张，注明计税金额 10 000 元；取得服装加工费计税金额 2 000 元，受托方将原料成本并入加工、修理修配费

用并开具了增值税专用发票。

要求：计算该企业应退税额（假设退税率为16%）。

解：应退税额=10 000×16%+2 000×16%=1 920（元）

（三）融资租赁出口货物退税的计算

融资租赁出租方将融资租赁出口货物租赁给境外承租方、将融资租赁海洋工程结构物租赁给海上石油天然气开采企业，向融资租赁出租方退还其购进租赁货物所含增值税，其计算公式为：

$$\text{增值税应退税额}=\frac{\text{购进融资租赁货物的增值税专用发票注明的金额}}{\text{或海关进口增值税专用缴款书注明的完税价格}}\times\frac{\text{融资租赁货物适用}}{\text{的增值税退税率}}$$

融资租赁出口货物适用的增值税退税率，按照统一的出口货物适用退税率执行。从增值税一般纳税人购进的按简易办法征税的融资租赁货物和从小规模纳税人购进的融资租赁货物，其适用的增值税退税率，按照购进货物适用的征收率和退税率孰低的原则确定。

【例2-11】2018年9月某融资租赁公司根据合同规定，将1台设备以融资租赁方式出租给境外的甲企业使用。融资租赁公司购进该设备的增值税专用发票上注明的金额为100万元人民币。假设增值税出口退税率为16%。

要求：计算该企业当期应退的增值税税额。

解：应退的增值税税额=100×16%=16（万元）

如果融资租赁出口货物、融资租赁海洋工程结构物（简称融资租赁货物）属于消费税应税消费品，向融资租赁出租方退还前一环节已征的消费税。

$$\text{应退消费税税额}=\frac{\text{购进融资租赁货物税收(出口货物专用)缴款书或}}{\text{海关进口消费税专用缴款书注明的消费税税额}}$$

（四）境外旅客购物离境退税政策

离境退税政策是指对境外游客在离境口岸离境时，对其在退税商店购买的退税物品退还增值税的政策。

境外旅客是指在我国境内连续居住不超过183天的外国人和港澳台同胞。

退税物品是指由境外旅客本人在退税商店购买且符合退税条件的个人物品，但不包括下列物品：

（1）“中华人民共和国禁止、限制进出境物品表”所列的禁止、限制出境物品；

（2）退税商店销售的适用增值税免税政策的物品；

（3）财政部、海关总署、国家税务总局规定的其他物品。

境外旅客申请退税，应当同时符合以下条件：

（1）同一境外旅客同一日在同一退税商店购买的退税物品金额达到500元人民币；

（2）退税物品尚未启用或消费；

（3）离境日距退税物品购买日不超过90天；

（4）所购退税物品由境外旅客本人随身携带或随行李托运出境。

退税物品的退税率为11%。应退增值税税额的计算公式为：

应退增值税税额=退税物品销售发票含增值税金额×退税率

（五）外国驻华使（领）馆及其馆员在华购买货物和服务增值税退税政策

根据《外国驻华使（领）馆及其馆员在华购买货物和服务增值税退税管理办法》（国家税务总局公告2016年第58号），外国驻华使（领）馆及其馆员（简称享受退税的单位和人员）包括外国驻华使（领）馆的外交代表（领事官员）及行政技术人员，但中国公民或在中国永久居留的人员除外。

实行增值税退税政策的货物与服务范围，包括按规定征收增值税、属于合理自用范围内的生活办公类货物和服务（含修理修配劳务）。工业用机器设备、金融服务以及财政部和国家税务总局规定的其他货物和服务，不属于生活办公类货物和服务。

下列情形不适用增值税退税政策：

（1）购买非合理自用范围内的生活办公类货物和服务；

（2）购买货物单张发票含增值税销售金额不足800元人民币（自来水、电、燃气、暖气、汽油、柴油除外），购买服务单张发票含增值税销售金额不足300元人民币；

（3）个人购买除车辆外的货物和服务，除车辆和房租外，每人每年申报退税的含增值税销售金额超过18万元人民币的部分；

（4）增值税免税货物和服务。

申报退税的应退税额，为增值税发票上注明的税额。

使（领）馆及其馆员购买电力、暖气、汽油、柴油，发票上未注明税额的，增值税应退税额按不含税销售额和适用的增值税税率计算。

$$\text{增值税应退税额}=\text{发票金额（含增值税）}\div(1+\text{增值税适用税率})\times\text{增值税适用税率}$$

享受退税的单位和人员，应按季度向外交部礼宾司报送退税凭证和资料申报退税，报税时间为每年的1月、4月、7月、10月。本年度购买的货物和服务（以发票开具日期为准），最迟申报不得迟于次年1月。

外交部礼宾司受理使（领）馆退税申报后，在10个工作日内，对享受退税的单位和人员的范围进行确认，对申报时限及其他内容进行审核、签章，将各使（领）馆申报资料一并转送北京市税务局办理退税，并履行交接手续。

八、出口货物、劳务和跨境应税行为退（免）税管理

为进一步简化出口退（免）税手续，优化出口退（免）税服务，持续加快退税进度，支持外贸出口，目前对出口退（免）税企业（简称出口企业）进行分类管理，分为一类、二类、三类、四类。

自2018年5月1日起，出口退（免）税申报有关规定如下：

1. 出口企业或其他单位办理出口退（免）税备案手续时，应按规定向主管税务机关填报修改后的出口退（免）税备案表。

2. 出口企业和其他单位申报出口退（免）税时，不再进行退（免）税预申报。主管税务机关确认申报凭证的内容与对应的管理部门电子信息无误后方可受理出口退（免）税申报。

3. 实行“免、抵、退”税办法的出口企业或其他单位在申报办理出口退（免）税时，不再报送当期增值税纳税申报表。

4. 出口企业按规定申请开具代理进口货物证明时，不再提供进口货物报关单（加工贸易专用）。

5. 外贸企业购进货物需分批申报退（免）税的以及生产企业购进非自产应税消费品需分批申报消费税退税的，出口企业不再向主管税务机关填报出口退税进货分批申报单，由主管税务机关通过出口税收管理系统对进货凭证进行核对。

6. 出口企业或其他单位在出口退（免）税申报期限截止之日前，申报出口退（免）税的出口报关单、代理出口货物证明、委托出口货物证明、增值税进货凭证仍没有电子信息或凭证的内容与电子信息比对不符的，应在出口退（免）税申报期限截止之日前，向主管税务机关报送出口退（免）税凭证无相关电子信息申报表。相关退（免）税申报凭证及资料留存企业备查，不再报送。

7. 出口企业或其他单位出口货物、劳务，发生增值税跨境应税行为，由于特定原因未收齐单证，无法在规定期限内申报的，应在出口退（免）税申报期限截止之日前，向负责管理出口退（免）税的主管税务机关报送出口退（免）税延期申报申请表及相关举证资料，提出延期申报申请。主管税务机关自受理企业申请之日起 20 个工作日内完成核准，并将结果告知出口企业或其他单位。

8. 出口企业申报退（免）税的出口货物，应按规定在出口退（免）税申报截止之日前收汇，未按规定收汇的出口货物适用增值税免税政策。对有特定情形的出口企业，在申报出口退（免）税时，须按规定提供收汇资料。

9. 生产企业应于每年 4 月 20 日前，按以下规定向主管税务机关申请办理上年度海关已核销的进料加工手册（账册）项下的进料加工业务核销手续。4 月 20 日前未进行核销的，对该企业的出口退（免）税业务，主管税务机关暂不办理，在其进行核销后再办理。

第四节　增值税的申报与缴纳

一、减免税

增值税的免税、减税项目由国务院规定，任何地区、部门均不得规定免税、减税项目。

（一）《增值税暂行条例》规定的免税项目

1. 农业生产者（包括从事农业生产的单位和个人）销售的自产农产品。

2. 避孕药品和用具。

3. 古旧图书（指向社会收购的古书和旧书）。

4. 直接用于科学研究、科学试验和教学的进口仪器、设备。

5. 外国政府、国际组织无偿援助的进口物资和设备。

6. 由残疾人组织直接进口供残疾人专用的物品。

7. 销售自己使用过的物品（指其他个人自己使用过的物品）。

纳税人兼营免税、减税项目的，应当分别核算免税、减税项目的销售额；未分别核算销售额的，不得免税、减税。

纳税人销售货物或者应税劳务和应税服务适用免税规定的，可以放弃免税，依照规定缴纳增值税。放弃免税后，36 个月内不得再申请免税。

（二）“营改增”规定的免税项目

1. 托儿所、幼儿园提供的保育和教育服务。

2. 养老机构提供的养老服务。

3. 残疾人福利机构提供的育养服务。

4. 婚姻介绍服务。

5. 殡葬服务。

6. 残疾人员本人为社会提供的服务。

7. 医疗机构提供的医疗服务。

8. 从事学历教育的学校提供的教育服务，包括符合规定的从事学历教育的民办学校，但不包括职业培训机构等国家不承认学历的教育机构。学校以各种名义收取的赞助费、择校费等，不属于免征增值税的范围。

9. 学生勤工俭学提供的服务。

10. 农业机耕、排灌、病虫害防治、植物保护、农牧保险以及相关技术培训业务，家禽、牲畜、水生动物的配种和疾病防治。

11. 纪念馆、博物馆、文化馆、文物保护单位管理机构、美术馆、展览馆、书画院、图书馆在自己的场所提供文化体育服务取得的第一道门票收入。

12. 寺院、宫观、清真寺和教堂举办文化、宗教活动的门票收入。

13. 行政单位之外的其他单位收取的符合规定的政府性基金和行政

事业性收费。

14. 个人转让著作权。

15. 个人销售自建自用住房。

16.2018 年 12 月 31 日前，公共租赁住房经营管理单位出租公共租赁住房。

17. 台湾航运公司、航空公司从事海峡两岸海上直航、空中直航业务在大陆取得的运输收入。

18. 纳税人提供的直接或者间接国际货物运输代理服务。

19. 以下利息收入：

（1）2016 年 12 月 31 日前，金融机构农户小额贷款。

（2）国家助学贷款。

（3）国债、地方政府债。

（4）中国人民银行对金融机构的贷款。

（5）住房公积金管理中心用住房公积金在指定的委托银行发放的个人住房贷款。

（6）外汇管理部门在从事国家外汇储备经营过程中，委托金融机构发放的外汇贷款。

（7）统借统还业务中，企业集团或企业集团中的核心企业以及集团所属财务公司按不高于支付给金融机构的借款利率水平或者支付的债券票面利率水平，向企业集团或者集团内下属单位收取的利息。

20. 被撤销金融机构以货物、不动产、无形资产、有价证券、票据等财产清偿债务。

21. 保险公司开办的一年期以上人身保险产品取得的保费收入。

22. 符合条件的金融商品转让收入。

23. 金融同业往来利息收入。

24. 符合条件的担保机构从事中小企业信用担保或者再担保业务取得的收入（不含信用评级、咨询、培训等收入）3 年内免征增值税。

25. 国家商品储备管理单位及其直属企业承担商品储备任务，从中央或者地方财政取得的利息补贴收入和价差补贴收入。

26. 纳税人提供技术转让、技术开发和与之相关的技术咨询、技术服务。

27. 符合条件的合同能源管理服务。

28.2017 年 12 月 31 日前，科普单位的门票收入，以及县级及以上党政部门和科协开展科普活动的门票收入。

29. 政府举办的从事学历教育的高等、中等和初等学校（不含下属单位），举办进修班、培训班取得的全部归该学校所有的收入。

30. 政府举办的职业学校设立的主要为在校学生提供实习场所，并由学校出资自办、由学校负责经营管理、经营收入归学校所有的企业，从事“销售服务、无形资产或者不动产注释”中现代服务（不含融资租赁服务、广告服务和其他现代服务）、生活服务（不含文化体育服务、其他生活服务和桑拿、氧吧）业务活动取得的收入。

31. 家政服务企业由员工制家政服务员提供家政服务取得的收入。

32. 福利彩票、体育彩票的发行收入。

33. 军队空余房产租赁收入。

34. 为了配合国家住房制度改革，企业、行政事业单位按房改成本价、标准价出售住房取得的收入。

35. 将土地使用权转让给农业生产者用于农业生产取得的收入。

36. 涉及家庭财产分割的个人无偿转让不动产、土地使用权取得的收入。

37. 土地所有者出让土地使用权和土地使用者将土地使用权归还给土地所有者取得的收入。

38. 县级以上地方人民政府或自然资源行政主管部门出让、转让或收回自然资源使用权（不含土地使用权）取得的收入。

39. 随军家属就业取得的收入。

40. 军队转业干部就业取得的收入。

（三）增值税即征即退

1. 增值税一般纳税人销售其自行开发生产的软件产品，按法定税率征收增值税后，对其增值税实际税负超过 3% 的部分实行即征即退政策。

2. 一般纳税人提供管道运输服务，对其增值税实际税负超过 3% 的部分实行增值税即征即退政策。

3. 经中国人民银行、银监会或者商务部批准从事融资租赁业务的试点纳税人中的一般纳税人，提供有形动产融资租赁服务和有形动产融资性售后回租服务，对其增值税实际税负超过3%的部分实行增值税即征即退政策。

增值税实际税负是指纳税人当期提供应税服务实际缴纳的增值税税额占纳税人当期提供应税服务取得的全部价款和价外费用的比例。

4. 对外销售的电力产品按照增值税适用税率征收增值税，电力产品的增值税税收负担超过8%的部分实行增值税即征即退的政策。

5. 自2018年1月1日起至2020年12月31日，对下列出版物在出版环节执行增值税100%先征后退的政策：

（1）中国共产党和各民主党派的各级组织的机关报纸和机关期刊，各级人大、政协、政府、工会、共青团、妇联、残联、科协的机关报纸和机关期刊，新华社的机关报纸和机关期刊，军事部门的机关报纸和机关期刊。

（2）专为少年儿童出版发行的报纸和期刊、中小学的学生课本。

（3）专为老年人出版发行的报纸和期刊。

（4）少数民族文字出版物。

（5）盲文图书和盲文期刊。

（6）经批准在内蒙古、广西、西藏、宁夏、新疆五个自治区内注册的出版单位出版的出版物。

6. 自2018年1月1日起至2020年12月31日，免征图书批发、零售环节增值税。

7. 自2018年1月1日起至2020年12月31日，对科普单位的门票收入，以及县级及以上党政部门和科协开展科普活动的门票收入免征增值税。

（四）财政部、国家税务总局规定的其他减免税

1. 粮食和食用植物油。

对承担粮食收储任务的国有粮食购销企业销售粮食、大豆免征增值税。其他粮食企业，除经营军队用粮、救灾救济粮、水库移民口粮之外一律征收增值税。

对销售食用植物油业务，除政府储备食用植物油的销售继续免征增值税外，一律照章征收增值税。对粮油加工业务，一律照章征收增

值税。

2. 农业生产资料，包括农膜、批发和零售的种子、种苗、化肥、农药、农机、有机肥、滴灌带和滴灌管产品免征增值税。

3. 资源综合利用产品。

（1）对销售下列自产货物实行免征增值税政策：①再生水；②以废旧轮胎为全部生产原料生产的胶粉；③翻新轮胎；④生产原料中掺兑废渣比例不低于 30% 的特定建材产品。

（2）对污水处理劳务免征增值税。

（3）对销售自产的综合利用生物柴油实行增值税先征后退政策。

4. 制种企业在下列生产经营模式下生产销售种子：

（1）利用自有土地或承租土地，雇佣农户或雇工进行种子繁育，再经烘干、脱粒、风筛等深加工后销售种子免征增值税。

（2）提供亲本种子委托农户繁育并从农户手中收回，再经烘干、脱粒、风筛等深加工后销售种子免征增值税。

（3）2016 年 1 月 1 日至 2020 年 12 月 31 日，继续对进口种子（苗）、种畜（禽）、鱼种（苗）和种用野生动植物种源（种子种源）免征进口环节增值税。

5. 回收再销售畜禽免征增值税。采取“公司+农户”经营模式从事畜禽饲养，即公司与农户签订委托养殖合同，向农户提供畜禽苗、饲料、兽药及疫苗等（所有权属于公司），农户饲养畜禽苗至成品后交付公司回收，公司将回收的成品畜禽用于销售。

6. 对从事农产品批发、零售的纳税人销售的部分鲜活肉蛋产品免征增值税（不包括规定的国家珍贵、濒危野生动物及其鲜活肉类、蛋类产品）。

7. 纳税人销售自产人工合成牛胚胎免征增值税。

8. 对从事蔬菜批发、零售的纳税人销售的蔬菜免征增值税。

9. 对边销茶生产企业销售自产的边销茶及经销企业销售的边销茶免征增值税（边销茶指以黑毛茶、老青茶、红茶末、绿茶为主要原料，经过发酵、蒸制、加压或者压碎、炒制，专门销往边疆少数民族地区的紧压茶、方包茶（马茶））。

（五）其他有关减免税的规定

1. 纳税人兼营免税、减税项目的，应当分别核算免税、减税项目的销售额；未分别核算销售额的，不得免税、减税。

2. 纳税人销售货物或者应税劳务和应税服务适用免税规定的，可以放弃免税，依照规定缴纳增值税。放弃免税后，36个月内不得再申请免税。

3. 纳税人发生应税行为同时适用免税和零税率规定的，纳税人可以选择适用免税或者零税率。

4. 安置残疾人单位既符合促进残疾人就业增值税优惠政策条件，又符合其他增值税优惠政策条件的，可同时享受多项增值税优惠政策，但年度申请退还增值税总额不得超过本年度内应纳增值税总额。

5. 纳税人既有增值税即征即退、先征后退项目，也有出口等其他增值税应税项目的，增值税即征即退和先征后退项目不参与出口项目“免、抵、退”税计算。纳税人应分别核算增值税即征即退、先征后退项目和出口等其他增值税应税项目，分别申请享受增值税即征即退、先征后退和“免、抵、退”税政策。

二、起征点

个人发生应税行为的销售额未达到增值税起征点的，免征增值税；达到起征点的，全额计算缴纳增值税。

增值税起征点仅适用于个人，包括个体工商户和其他个人，但不适用于认定为一般纳税人的个体工商户。

对增值税小规模纳税人中月销售额未达到2万元的企业或非企业性单位，免征增值税。

增值税起征点幅度如下：

（1）按期纳税的，为月销售额5 000~20 000元（含本数）。

（2）按次纳税的，为每次（日）销售额300~500元（含本数）。

起征点的调整由财政部和国家税务总局规定。省、自治区、直辖市财政厅（局）和税务局应当在规定的幅度内，根据实际情况确定本地区适用的起征点，并报财政部和国家税务总局备案。

三、纳税义务发生时间

1. 增值税纳税义务发生时间为纳税人发生应税行为并收讫销售款或者取得索取销售款凭据的当天；先开具发票的，为开具发票的当天。

收讫销售款，是指纳税人应税销售行为过程中或者完成后收到的款项。

取得索取销售款凭据的当天，是指书面合同确定的付款日期；未签订书面合同或者书面合同未确定付款日期的，为应税销售行为完成的当天或者不动产权属变更的当天。

2. 根据销售结算方式的不同，具体规定如下：

（1）采取直接收款方式销售货物，不论货物是否发出，均为收到销售款或者取得索取销售款凭据的当天。对于纳税人生产经营活动中采取直接收款方式销售货物，已将货物移送对方并暂估销售收入入账，但既未取得销售款或取得索取销售款凭据也未开具销售发票的，其增值税纳税义务发生时间为取得销售款或者取得索取销售款凭据的当天；先开具发票的，为开具发票的当天。

（2）采取托收承付和委托银行收款方式销售货物，为发出货物并办妥托收手续的当天。

（3）采取赊销和分期收款方式销售货物，为书面合同约定的收款日期当天；无书面合同或者书面合同没有约定收款日期的，为货物发出的当天。

（4）采取预收货款方式销售货物，为货物发出的当天，但生产销售工期超过 12 个月的大型机械设备、船舶、飞机等货物，为收到预收款或者书面合同约定的收款日期的当天。

（5）委托其他纳税人代销货物，为收到代销单位的代销清单或者收到全部或者部分货款的当天；未收到代销清单及货款的，为发出代销货物满 180 天的当天。

（6）销售应税劳务，为提供劳务同时收讫销售款或者取得索取销售款凭据的当天。

（7）纳税人发生视同销售行为，货物为移送的当天；服务、无形资产转让为完成的当天或者不动产权属变更的当天。

3. 纳税人提供建筑服务、租赁服务采取预收款方式的，其纳税义务发生时间为收到预收款的当天。

4. 纳税人从事金融商品转让的，其纳税义务发生时间为金融商品所有权转移的当天。

5. 增值税扣缴义务发生时间为纳税人增值税纳税义务发生的当天。

6. 进口货物，为报关进口的当天。

自 2018 年 5 月 1 日起，增值税纳税申报将进行表表比对、票表比对、表税比对、当期申报的应纳税款与当期的实际入库税款比对。

四、纳税期限

增值税的纳税期限分别为 1 日、3 日、5 日、10 日、15 日、1 个月或者 1 个季度。纳税人的具体纳税期限由主管税务机关根据纳税人应纳税额的大小分别核定。

以 1 个季度为纳税期限的规定适用于小规模纳税人、银行、财务公司、信托投资公司、信用社，以及财政部和国家税务总局规定的其他纳税人。

不能按照固定期限纳税的，可以按次纳税。

纳税人以 1 个月或者 1 个季度为 1 个纳税期的，自期满之日起 15 日内申报纳税；以 1 日、3 日、5 日、10 日或者 15 日为 1 个纳税期的，自期满之日起 5 日内预缴税款，于次月 1 日起 15 日内申报纳税并结清上月应纳税款。

扣缴义务人解缴税款的期限，依照上述规定执行。

五、纳税地点

1. 固定业户应当向其机构所在地或者居住地主管税务机关申报纳税。总机构和分支机构不在同一县（市）的，应当分别向各自所在地的主管税务机关申报纳税；经财政部和国家税务总局或者其授权的财政和税务机关批准，可以由总机构汇总向总机构所在地的主管税务机关申报纳税。

2. 非固定业户应当向应税行为发生地主管税务机关申报纳税；未申报纳税的，由其机构所在地或者居住地主管税务机关补征税款。

3. 其他个人提供建筑服务、销售或者租赁不动产、转让自然资源使用权，应向建筑服务发生地、不动产所在地、自然资源所在地主管税务机关申报纳税。

4. 扣缴义务人应当向其机构所在地或者居住地主管税务机关申报缴纳扣缴的税款。

六、增值税专用发票的使用及管理

增值税专用发票（简称专用发票）是增值税一般纳税人发生应税销售行为开具的发票，是购买方支付增值税税额并可按照增值税有关规定据以抵扣增值税进项税额的凭证。

一般纳税人应通过增值税防伪税控系统使用专用发票。使用，包括领购、开具、缴销、认证纸质专用发票及其相应的数据电文。

（一）增值税专用发票联次

增值税专用发票由基本联次或者基本联次附加其他联次构成，基本联次为三联。其中，第一联为记账联，是销售方核算销售收入和增值税销项税额的记账凭证；第二联为抵扣联，是购买方报送主管税务机关认证和留存备查的凭证；第三联为发票联，是购买方核算采购成本和增值税进项税额的记账凭证。其他联次用途，由纳税人自行确定。

（二）增值税专用发票的领购

一般纳税人凭发票领购簿、IC 卡和经办人员身份证明通过防伪税控系统领购、开具、缴销、认证纸质专用发票及其相应的数据电文。

一般纳税人有下列情形之一的，不得领购、开具增值税专用发票：

1. 会计核算不健全，不能向税务机关准确提供增值税销项税额、进项税额、应纳税额数据及其他有关增值税税务资料的。上列其他有关增值税税务资料的内容，由省、自治区、直辖市和计划单列市税务局确定。

2. 有《税收征管法》规定的税收违法行为，拒不接受税务机关处理的。

3. 有下列行为之一，经税务机关责令限期改正而仍未改正的：

（1）虚开增值税专用发票；

（2）私自印制增值税专用发票；

（3）向税务机关以外的单位和个人买取增值税专用发票；

（4）借用他人增值税专用发票；

（5）未按《增值税专用发票使用规定》第 11 条开具增值税专用发票；

（6）未按规定保管增值税专用发票和专用设备；

（7）未按规定申请办理防伪税控系统变更发行；

（8）未按规定接受税务机关检查。

有上述情形的，如已领取增值税专用发票，主管税务机关应暂扣其结存的增值税专用发票和税控专用设备。

（三）增值税专用发票的开具

一般纳税人发生应税销售行为，应使用增值税发票管理系统开具增值税专用发票、增值税普通发票、机动车销售统一发票、增值税电子普通发票。

销售方开具增值税发票时，发票内容应按照实际销售情况如实开具，不得根据购买方要求填开与实际交易不符的内容。销售方开具发票时，通过销售平台系统与增值税发票税控系统后台对接，导入相关信息开票的，系统导入的开票数据内容应与实际交易相符；如不相符，应及时修改完善销售平台系统。

自 2017 年 7 月 1 日起，购买方为企业的，索取增值税普通发票时，应向销售方提供纳税人识别号或统一社会信用代码；销售方为其开具增值税普通发票时，应在“购买方纳税人识别号”栏填写购买方的纳税人识别号或统一社会信用代码。不符合规定的发票不得作为税收凭证。

具体开具范围如下：

1. 一般纳税人发生应税销售行为，应向购买方开具增值税专用发票。

2. 商业企业一般纳税人零售的烟、酒、食品、服装、鞋帽（不包括劳保专用部分）、化妆品等消费品不得开具专用发票。

3. 增值税小规模纳税人需要开具增值税专用发票的，可向主管税务机关申请代开。

4. 销售免税货物不得开具专用发票，法律、法规及国家税务总局另有规定的除外。

5. 纳税人发生应税销售行为，应当向索取增值税专用发票的购买方开具增值税专用发票，并在增值税专用发票上分别注明销售额和销项税额。属于下列情形之一的，不得开具增值税专用发票：

（1）应税销售行为的购买方为消费者个人的；

（2）发生应税销售行为适用免税规定的。

6. 自 2016 年 8 月 1 日起，全国范围内月销售额超过 3 万元（或季销售额超过 9 万元）的住宿业小规模纳税人提供住宿服务、销售货物或发生其他应税行为，需要开具增值税专用发票的，可以通过增值税发票管理新系统自行开具，主管税务机关不再为其代开。

住宿业小规模纳税人销售其取得的不动产，需要开具增值税专用发票的，仍须向税务机关申请代开。

7. 自 2018 年 1 月 1 日起，纳税人通过增值税发票管理新系统开具增值税发票（包括增值税专用发票、增值税普通发票、增值税电子普通发票）时，商品和服务税收分类编码对应的简称会自动显示并打印在发票票面“货物或应税劳务、服务名称”或“项目”栏次中。

8. 自 2018 年 2 月 1 日起，月销售额超过 3 万元（或季销售额超过 9 万元）的工业以及信息传输、软件和信息技术服务业增值税小规模纳税人发生增值税应税行为，需要开具增值税专用发票的，可以通过增值税发票管理新系统自行开具。

9. 自 2018 年 3 月 1 日起，货物运输业小规模纳税人在境内提供公路或内河货物运输服务，需要开具增值税专用发票的，可在税务登记地、货物起运地、货物到达地或运输业务承揽地（含互联网物流平台所在地）中任何一地，就近向税务机关（简称代开单位）申请代开增值税专用发票。

自 2018 年 3 月 1 日起，所有成品油发票均须通过增值税发票管理新系统中成品油发票开具模块开具。

10. 自 2018 年 4 月 1 日起，二手车交易市场、二手车经销企业、经纪机构和拍卖企业应当通过增值税发票管理新系统开具二手车销售统一发票。

（四）开具增值税专用发票后发生退货或开票有误的处理

1. 增值税一般纳税人开具增值税专用发票后，发生销货退回、开票有误、应税服务中止等情形但不符合发票作废条件，或者因销货部分退回及发生销售折让，需要开具红字专用发票的，按以下方法处理：

（1）购买方取得专用发票已用于申报抵扣的，购买方可在增值税发票管理新系统中填开并上传“开具红字增值税专用发票信息表”（简称“信息表”），在填开“信息表”时不填写相对应的蓝字专用发票信息，应暂依“信息表”所列增值税税额从当期进项税额中转出，待取得销售方开具的红字专用发票后，与“信息表”一并作为记账凭证。

购买方取得专用发票未用于申报抵扣但发票联或抵扣联无法退回的，购买方填开“信息表”时应填写相对应的蓝字专用发票信息。

销售方开具专用发票尚未交付购买方，以及购买方未用于申报抵扣并将发票联及抵扣联退回的，销售方可在增值税发票管理新系统中填开并上传“信息表”。销售方填开“信息表”时应填写相对应的蓝字专用发票信息。

（2）主管税务机关通过网络接收纳税人上传的“信息表”，系统自动校验通过后，生成带有“红字发票信息表编号”的“信息表”，并将信息同步至纳税人端系统中。

（3）销售方凭税务机关系统校验通过的“信息表”开具红字专用发票，在增值税发票管理新系统中以销项负数开具。红字专用发票应与“信息表”一一对应。

（4）纳税人也可凭“信息表”电子信息或纸质资料到税务机关对“信息表”内容进行系统校验。

2. 税务机关为小规模纳税人代开专用发票，需要开具红字专用发票的，按照一般纳税人开具红字专用发票的方法处理。

3. 纳税人需要开具红字增值税普通发票的，可以在所对应的蓝字发票金额范围内开具多份红字发票。红字机动车销售统一发票需与原蓝字机动车销售统一发票一一对应。

4. 按照《国家税务总局关于纳税人认定或登记为一般纳税人前进项税额抵扣问题的公告》（国家税务总局公告 2015 年第 59 号）的规定，需要开具红字专用发票的，按照其规定执行。

（五）增值税专用发票不得抵扣进项税额的规定

1. 有下列情形之一的，不得作为增值税进项税额的抵扣凭证，税务机关退还原件，购买方可要求销售方重新开具专用发票：

（1）无法认证。这是指专用发票所列密文或者明文不能辨认，无法产生认证结果。

（2）纳税人识别号认证不符。这是指专用发票所列购买方纳税人识别号有误。

（3）专用发票代码、号码认证不符。这是指专用发票所列密文解译后与明文的代码或者号码不一致。

2. 有下列情形之一的，暂不得作为增值税进项税额的抵扣凭证，税务机关扣留原件，查明原因，分别情况进行处理：

（1）重复认证。这是指已经认证相符的同一张专用发票再次认证。

（2）密文有误。这是指专用发票所列密文无法解译。

（3）认证不符。这是指纳税人识别号有误，或者专用发票所列密文解译后与明文不一致。

（4）列为失控专用发票。这是指认证时的专用发票已被登记为失控专用发票。

3. 对丢失已开具增值税专用发票的发票联和抵扣联的处理。

（1）一般纳税人丢失已开具专用发票的发票联和抵扣联，如果丢失前已认证相符，购买方凭销售方提供的相应专用发票记账联复印件及销售方所在地主管税务机关出具的“丢失增值税专用发票已报税证明单”，经购买方主管税务机关审核同意后，可作为增值税进项税额的抵扣凭证。

如果丢失前未认证，购买方凭销售方提供的相应专用发票记账联复印件到主管税务机关进行认证，认证相符的凭该专用发票记账联复印件及销售方所在地主管税务机关出具的“丢失增值税专用发票已报税证明单”，可作为增值税进项税额的抵扣凭证。

（2）一般纳税人丢失已开具专用发票的抵扣联，如果丢失前已认证相符，可使用专用发票发票联复印件留存备查；如果丢失前未认证，可使用专用发票发票联到主管税务机关认证，专用发票发票联复印件留存备查。

（3）一般纳税人丢失已开具专用发票的发票联，可将专用发票抵扣联作为记账凭证，专用发票抵扣联复印件留存备查。

(4) 专用发票抵扣联无法认证的，可使用专用发票发票联到主管税务机关认证，专用发票发票联复印件留存备查。

（六）增值税专用发票的管理

1. 对代开、虚开增值税专用发票的处理。

代开发票是指为与自己没有发生直接购销关系的他人开具发票的行为。虚开发票是指在没有任何购销事实的前提下，为他人、自己或让他人为自己，或介绍他人开具发票的行为。代开、虚开发票的行为都是严重的违法行为。对代开、虚开增值税专用发票的，一律按票面所列货物的适用税率全额征补税款，并按《税收征管法》的规定按偷税给予处罚。纳税人所取得的代开、虚开的增值税专用发票，不得作为增值税合法抵扣凭证抵扣进项税额。代开、虚开发票构成犯罪的，按全国人大常委会发布的《关于惩治虚开、伪造和非法出售增值税专用发票的犯罪的决定》处以刑罚。对外开具增值税专用发票同时符合以下情形的，不属于对外虚开增值税专用发票：

（1）纳税人向受票方纳税人销售了货物，或者提供了增值税应税劳务、应税服务；

（2）纳税人向受票方纳税人收取了所销售货物、所提供应税劳务或者应税服务的款项，或者取得了索取销售款项的凭据；

（3）纳税人按规定向受票方纳税人开具的增值税专用发票相关内容，与所销售货物、所提供应税劳务或者应税服务相符，且该增值税专用发票是纳税人合法取得并以自己名义开具的。

受票方纳税人取得的符合上述情形的增值税专用发票，可以作为增值税扣税凭证抵扣进项税额。

2. 纳税人善意取得虚开增值税专用发票的处理。

纳税人善意取得虚开的增值税专用发票是指购货方与销售方存在真实交易，且购货方不知取得的增值税专用发票是以非法手段获得的。

纳税人善意取得虚开的增值税专用发票，如能重新取得合法、有效的专用发票，准许其抵扣进项税额；如不能重新取得合法、有效的专用发票，不准其抵扣进项税额或追缴其已抵扣的进项税款。

纳税人善意取得虚开的增值税专用发票被依法追缴已抵扣税款的，不属于《税收征管法》第 32 条“纳税人未按照规定期限缴纳税款”的情形，不适用该条“税务机关除责令限期缴纳外，从滞纳税款之日起，按日加收滞纳税款5‱的滞纳金”的规定。

纳税人虚开增值税专用发票，未就其虚开金额申报并缴纳增值税的，应按照其虚开金额补缴增值税；已就其虚开金额申报并缴纳增值税的，不再按照其虚开金额补缴增值税。税务机关对纳税人虚开增值税专用发票的行为，应按《税收征管法》及《中华人民共和国发票管理办法》的有关规定给予处罚。纳税人取得虚开的增值税专用发票，不得作为增值税合法、有效的扣税凭证抵扣进项税额。

3. 税控系统增值税专用发票的管理。

增值税税控系统是指国家税务总局组织开发的、运用数字密码和电子存储技术、强化增值税发票管理、实现对增值税纳税人税源监控的增值税管理系统。

增值税税控系统实行最高开票限额管理。最高开票限额是指单份专用发票或货运专票开具的销售额合计数不得达到的上限额度。最高开票限额由一般纳税人申请，区县税务机关依法审批。一般纳税人申请最高开票限额时，需填报“增值税专用发票最高开票限额申请单”。主管税务机关受理纳税人的申请以后，根据需要进行实地查验。实地查验的范围和方法由各省税务机关确定。税务机关应根据纳税人的实际生产经营和销售情况进行审批，保证纳税人生产经营的正常需要。

4. 税务机关代开增值税专用发票管理。

已办理税务登记的小规模纳税人（包括个体经营者）以及国家税务总局确定的其他可以代开增值税专用发票的纳税人发生增值税应税行为，需要开具增值税专用发票的，纳税人可以向主管税务机关申请为其开具增值税专用发票或货物运输业增值税专用发票。

住宿业小规模纳税人（2016年11月4日起）提供住宿服务，鉴证咨询业小规模纳税人（2017年3月1日起）提供认证服务、鉴证服务、咨询服务，建筑业小规模纳税人（2017年6月1日起）提供建筑服务，以及销售货物或发生其他增值税应税行为，需要开具增值税专用发票的，通过增值税发票管理新系统自行开具，主管税务机关不再为其代开。但其销售其取得的不动产，需要开具增值税专用发票的，仍须向税务机关申请代开。

练习题

一、单项选择题

1. 按照《增值税暂行条例》的规定，小规模纳税人适用的法定征收率是（　　）。

A.4%　　B.6%

C.3%　　D.2%

2. 我国增值税实行全面“转型”指的是（　　）。

A. 由过去的生产型转为收入型

B. 由过去的收入型转为消费型

C. 由过去的生产型转为消费型

D. 由过去的消费型转为生产型

3. 下列各项中，既是增值税法定税率，又是增值税进项税额扣除率的是（　　）。

A.7%　　B.10%

C.13%　　D.17%

4.A 公司采取分期收款方式向 B 公司销售货物。双方于 2018 年 3 月 18 日签订了一份买卖合同，合同约定 B 公司于 4 月 28 日、5 月 28 日分别向 A 公司付款 50 万元。A 公司在 4 月 10 日就收到 B 公司的预付货款，并全额开具了增值税发票；A 公司于 5 月 30 日发出货物。按《增值税暂行条例》及其实施细则的规定，A 公司增值税纳税义务发生时间应当为（　　）。

A.3 月 18 日　　B.4 月 10 日

C.4 月 28 日　　D.5 月 30 日

5. 下列项目中，属于有形动产租赁的是（　　）。

A. 房屋出租业务　　B. 远洋运输程租业务

C. 远洋运输光租业务　　D. 航空运输湿租业务

6. 下列境内单位提供增值税适用零税率应税服务项目中，属于实行免征增值税办法的是（　　）。

A. 适用简易计税方法的出口货物

B. 适用增值税一般计税方法的生产企业出口货物

C. 适用增值税一般计税方法的外贸企业外购研发服务和设计服务出口

D. 适用增值税一般计税方法的外贸企业自己开发的研发服务和设计服务出口

7. 下列项目中，属于增值税征税范围的是（　　）。

A. 股票交易

B. 典当业中的活当业务

C. 纳税人提供软件开发服务

D. 纳税人在资产重组过程中，通过合并方式将实物资产转让给其他单位和个人

8. 某外贸企业 2018 年 5 月从小规模纳税人购进出口货物，该小规模纳税人增值税征收率为 3%，实际执行的征收率为 2%。该外贸企业在购进出口货物时取得了增值税专用发票，注明的税率为 6%。则该外贸企业适用的退税率为（　　）。

A.3%　　B.2%

C.6%　　D.17%

9. 下列项目中，符合新认定为一般纳税人的小型商贸批发企业实行纳税辅导期管理的期限是（　　）。

A.6 个月　　B.3 个月

C.1 个月　　D.180 天

10. 根据增值税的计税原理，增值税对同一商品而言，无论流转环节的多与少，只要增值额相同，税负就相同，不会影响商品的生产结构、组织结构和产品结构。这一特点体现了增值税特点中的（　　）。

A. 保持税收中性

B. 普遍征收

C. 税收负担由商品的最终消费者承担

D. 实行价外税制度

11. 下列各项中，适用增值税出口退税“免、退”税办法的是（　　）。

A. 收购货物出口的外贸企业

B. 受托代理出口货物的外贸企业

C. 自营出口自产货物的生产企业

D. 委托出口自产货物的生产企业

12. 增值税一般纳税人申请抵扣的防伪税控系统开具的增值税专用发票，必须到税务机关认证；否则，不予抵扣进项税额。其认证最长期限是自开具增值税专用发票之日起的（　　）日内。

A.360　　B.90

C.60　　D.30

13. 下列项目中，符合进口货物纳税期限规定的是（　　）。

A. 自海关填发海关进口增值税专用缴款书之日起 5 日内

B. 自海关填发海关进口增值税专用缴款书之日起 10 日内

C. 自海关填发海关进口增值税专用缴款书之日起 15 日内

D. 自海关填发海关进口增值税专用缴款书之日起 30 日内

14. 下列属于增值税视同销售行为，应计算缴纳增值税的是（　　）。

A. 某生产企业将外购钢材用于扩建仓库

B. 某电器厂委托商店代销小电器

C. 某 KTV 购进一批饮料销售给客户

D. 某餐饮企业购进服装用于集体福利

15. 下列项目中，属于视同提供应税服务的是（　　）。

A. 向希望工程小学无偿提供电影播映服务

B. 向甲企业无偿提供交通运输服务

C. 向举办减灾募捐活动的单位无偿提供交通运输服务

D. 向红十字会无偿提供交通运输服务

二、多项选择题

1. 下列项目中，属于增值税法中非营业活动的有（　　）。

A. 非企业性单位按照法律和行政法规的规定，为履行国家行政管理和公共服务职能收取政府性基金或者行政事业性收费的活动

B. 单位聘用的员工为本单位或者雇主提供应税服务

C. 个体工商户为员工提供应税服务

D. 个体工商户聘用的员工为本单位或者雇主提供应税服务

2. 下列项目中，属于在中国境内提供应税服务的有（　　）。

A. 境外单位向境内单位提供完全在境外消费的应税服务

B. 境内单位向境外单位提供完全在境内消费的应税服务

C. 境外单位向境内单位出租完全在境外使用的有形动产

D. 境内单位向境外单位出租完全在境内使用的有形动产

3. 下列项目中，属于可以选择按照小规模纳税人缴纳增值税的有（　　）。

A. 旅店业纳税人销售非现场消费的食品

B. 饮食业纳税人销售非现场消费的食品

C. 年应税销售额超过小规模纳税人标准的其他个人

D. 社会团体发生销售货物的行为

4. 下列项目中，适用6%增值税税率的有（　　）。

A. 有形动产租赁　　B. 文化创意服务

C. 装卸搬运服务　　D. 基础电信服务

5. 下列项目中，属于允许抵扣进项税额的有（　　）。

A. 一般纳税人接受的交通运输服务取得的增值税专用发票上注明的进项税额

B. 一般纳税人购置小汽车取得的增值税专用发票上注明的进项税额

C. 一般纳税人接受境外单位的应税服务取得的解缴税款的税收缴款凭证上注明的增值税税额

D. 一般纳税人购进货物或者接受应税劳务用于应税服务项目发生的进项税额

6. 下列项目中，符合零税率增值税退（免）税计税依据的是（　　）。

A. 以铁路运输方式载运旅客的，为按照铁路合作组织清算规则清算后的实际运输收入

B. 以铁路运输方式载运货物的，为按照铁路合作组织清算规则清算后的实际运输收入

C. 实行"免、退"税办法的退（免）税计税依据为购进应税服务的增值税专用发票或解缴税款的税收缴款凭证上注明的金额

D. 生产企业进料加工复出口货物增值税退（免）税的计税依据，按出口货物的离岸价扣除出口货物所含的海关保税进口料件的金额后确定

7. 除适用增值税零税率的以外，境内单位和个人提供的下列应税服

务免征增值税的有（　　）。

A. 会议展览地点在境外的会议展览服务

B. 存储地点在境外的仓储服务

C. 为出口货物提供的邮政业服务和收派服务

D. 标的物在境外使用的有形动产租赁服务

8. 在计算增值税销项税额时，（　　）可以不计入销售额。

A. 销售折扣部分

B. 折扣销售部分

C. 代销商品超过 180 天仍未收到代销清单及货款的

D. 销售折让部分

9. 下列关于增值税优惠政策的表述中，正确的有（　　）。

A. 纳税人兼营免税、减税项目的，应当分别核算免税、减税项目的销售额；未分别核算销售额的，不得免税、减税

B. 纳税人兼营免税、减税项目的，应当分别核算免税、减税项目的销售额；未分别核算销售额的，可以按照各自的比重分别核算免税、减税项目的销售额

C. 纳税人提供应税服务同时适用免税和零税率规定的，优先适用零税率

D. 纳税人提供应税服务同时适用免税和零税率规定的，优先适用免税政策

10. 下列项目中，符合增值税纳税义务发生时间规定的有（　　）。

A. 有形动产出租的为收到预收款的当天

B. 视同销售的应税服务为服务完成的当天

C. 采取预收货款方式销售货物的为货物发出的当天

D. 采取托收承付方式销售货物的为发出货物并办妥托收手续的当天

11. 下列项目中，属于不得开具增值税专用发票的有（　　）。

A. 向消费者个人提供的应税服务

B. 适用免征增值税规定的应税服务

C. 商业企业一般纳税人零售的烟、酒等消费品

D. 小规模纳税人提供的应税服务

12. 下列项目中，不须办理一般纳税人资格认定的有（　　）。

A. 个体工商户

B. 自然人

C. 选择按照小规模纳税人纳税的不经常发生应税行为的企业

D. 选择按照小规模纳税人纳税的非企业性单位

13. 下列项目中，属于不包括在价外费用中的代垫运费的条件有（　　）。

A. 承运部门将运输发票开具给购买方

B. 承运部门将运输发票开具给供货方

C. 纳税人将运输发票转交给购买方

D. 纳税人将运输发票自用

14. 下列项目中，属于可以退免税的出口货物一般应具备的条件有（　　）。

A. 必须是增值税、消费税征税范围的货物

B. 必须是离境的货物

C. 必须是在财务上作销售处理的货物

D. 必须是出口收汇并已核销的货物

15. 下列项目中，属于非正常损失的购进货物有（　　）。

A. 因管理不善造成被盗　　B. 因管理不善造成丢失

C. 因管理不善造成霉烂变质　　D. 自然灾害造成的损失

三、判断题

1.《增值税暂行条例》所说的货物是指有形资产，不包括固定资产和流动资产。（　　）

2. 增值税的征收率仅适用于小规模纳税人，不适用于一般纳税人。（　　）

3. 按照增值税税法的有关规定，销售折扣可以从销售额中减除。（　　）

4. 增值税一般纳税人购进用于对外捐赠的货物，取得法定扣税凭证的，可以抵扣增值税进项税额。（　　）

5. 避孕药品和用具、古旧图书，内销免税，出口不免税。（　　）

6. 一般纳税人购买或销售免税货物所发生的运输费用，可以根据运

输部门开具的运费结算单据所列运费金额，依照7%的扣除率计算进项税额抵扣。 ( )

7.纳税人采取以旧换新方式销售金银首饰的，在计算缴纳增值税时，不得从新货物销售额中减除收购旧货物的款项。 ( )

8.某商贸公司进口残疾人专用物品，可以按规定享受减免进口增值税。 ( )

9.金银首饰的委托加工，增值税纳税人是受托方。 ( )

10.视同销售货物也应征收增值税，这一规定的主要目的是平衡各类经营方式的税收负担。 ( )

四、计算题

1.2018年9月10日，甲企业根据合同向乙公司发货200箱，每箱不含税售价1 000元。双方协商含税运费2 000元由乙公司承担，但承运部门（一般纳税人）将增值税专用发票开具给甲企业。当天甲企业办妥托收手续，要求乙企业支付款项共计118 000元。

要求：计算甲企业该笔业务应纳的增值税。

2.某进出口公司2018年10月进口化妆品一批，经海关审定的货价为180万元。另外，运抵我国关境内输入地点起卸前的包装费8万元，运输费10万元，保险费2万元。化妆品关税税率为20%，消费税税率为15%，增值税税率为16%。计算结果的金额单位用万元表示。

要求：(1) 计算该批进口化妆品应缴纳的关税。

(2) 计算该批进口化妆品应缴纳的消费税。

(3) 计算该批进口化妆品应缴纳的增值税。

3.某小规模纳税人电器修理部2018年10—12月取得修理收入24 000元；当期清理转让一台使用过3年的修理机械，普通发票注明金额3 000元；转让一批自用过的包装物，普通发票注明金额1 000元；外购一台税控收款机，普通发票注明金额2 800元。

要求：计算当期应纳的增值税。

4.某自营出口生产企业（增值税一般纳税人）出口货物的征税率为16%，退税率为13%。2018年12月购进原材料一批，取得的增值税专用发票注明的价款400万元，外购货物准予抵扣进项税额64万元。上期期末留抵税额6万元。当月内销货物销售额200万元，销项税额32

万元；本月出口货物销售折合人民币 400 万元。

要求：计算该企业本期“免、抵、退”税额，应退税额和免抵税额。

5. 某交通运输企业为增值税一般纳税人，具备提供国际运输服务的条件和资质。12 月该企业承接境内运输业务，收取运费价税合计 444 万元；当月购进柴油并取得增值税专用发票，注明价款 400 万元、税款 64 万元；当月购进两辆货车用于货物运输，取得增值税专用发票，注明价款 60 万元、税款 9.6 万元；当月对外承接将货物由境内载运出境的业务，收取价款 70 万美元。该企业退税率为 11%，汇率为 1∶6.30。

要求：计算该企业本期“免、抵、退”税额，应退税额和免抵税额。

第三章

消费税法

第一节　消费税的基本要素

消费税法是调整消费税征纳关系的法律规范的总称。我国现行消费税法主要是2008年11月5日国务院第34次常务会议修订通过的《中华人民共和国消费税暂行条例》（以下简称《消费税暂行条例》）及同年12月15日财政部、国家税务总局颁布的《消费税暂行条例实施细则》，自2009年1月1日起执行。

消费税是一个古老的税种，其雏形最早产生于古罗马帝国时期。当时，由于农业、手工业的发展，以及城市的兴起与商业的繁荣，盐税、酒税等产品税相继开征，这就是消费税的原型。我国早在唐代就对鱼、茶、燃料等征收过消费税。发展至今，消费税已成为世界各国普遍征收的税种。

我国现行消费税是1994年税制改革新设置的一个税种，与过去相同或类似的税种相比，不论在外延上还是在内涵上都有很大的区别。

首先，征税范围具有选择性，且范围不断扩大。根据征税范围的宽窄，可将消费税分为有限型、中间型和延伸型。有限型消费税的征税对象主要是传统消费品，税目一般在 10~15 种，如英国仅对酒精、烟草等征收消费税；中间型消费税的征税范围较宽，除包括有限型消费税的征税范围外，还包括奢侈消费品及一些服务行业，世界上有 30% 左右的国家采用这种形式；延伸型消费税接近无选择的消费税，除了包括上述两类的征税范围外，还将生产、生活资料列为消费税的征税对象，如韩国、意大利等。从实践来看，许多国家消费税的征税范围逐步由有限型向中间型延伸。

其次，税率档次多，且不统一。对基本消费品规定低税率，对非生活必需品、奢侈品、危害人们身体健康以及违反社会公德的商品规定高税率；对国内生产销售的消费品规定较低的税率，对进口的同类消费品规定较高的税率；对供不应求的消费品规定较高的税率，对供过于求的消费品规定较低的税率。

再次，征收环节单一。消费税是一种单环节征税的商品税。世界各国的消费税都选择在生产或销售的某一环节课税，而不是对每个环节都征税。

最后，税负具有转嫁性。我国现行的消费税是价内税，纳税人在生产、销售、进口等环节缴纳的消费税是商品价格的重要组成部分。商品出售时，包含在商品价格中的税款也转嫁给购买者，消费者为税负的最终归宿。

一、征税范围与环节

（一）消费税的征收范围

我国消费税的征收范围包括烟、酒、成品油、小汽车、摩托车、高档化妆品、贵重首饰和珠宝玉石、鞭炮和焰火、高尔夫球及球具、高档手表、游艇、木制一次性筷子、实木地板、电池和涂料 15 个税目[①]。按照性质不同来划分，可分为 4 种类型：

第一类是过度消费会对人类健康、社会秩序和生态环境等方面造成

① 2014 年 12 月 1 日起，取消汽车轮胎税目；自 2016 年 10 月 1 日起，取消对普通美容、修饰类化妆品征收消费税，将“化妆品”税目名称更名为“高档化妆品”，适用税率调整为 15%。

危害的特殊消费品，如烟、酒、鞭炮和焰火等。通过对这类消费品征税，可以体现“寓禁于征”的政策。

第二类是奢侈品和非生活必需品，如贵重首饰和珠宝玉石、高档化妆品、游艇、高档手表、高尔夫球及球具等。对这类消费品征税，可以调节高收入者的消费支出。

第三类是资源类消费品，如成品油、木制一次性筷子、实木地板等。对这类消费品征税，可以抑制消费，节约资源。

第四类是其他消费品，如小汽车、摩托车等。这些消费品既属于高档消费品，也属于资源消耗品。

1. 烟

凡是以烟叶为原料加工生产的产品，不论使用何种辅料，均属于本税目的征收范围。本税目下设卷烟（包括进口卷烟、白包卷烟、手工卷烟和未经国务院批准纳入计划的企业及个人生产的卷烟）、雪茄烟、烟丝 3 个子目。

自 2009 年 5 月 1 日起，纳税人批发销售的所有牌号规格的卷烟，在卷烟批发环节加征一道从价计征的消费税，适用税率为 5%，计税依据为批发卷烟的销售额。

2. 酒

本税目下设白酒、黄酒、啤酒、其他酒 4 个子目。

我国已经出台了调味品分类国家标准，按照该标准，调味料酒属于调味品，不属于配置酒和泡制酒，对调味料酒不再征收消费税。

（1）啤酒分为甲类啤酒和乙类啤酒。饮食业、商业、娱乐业举办的啤酒屋（啤酒坊）利用啤酒生产设备生产的啤酒应当征收消费税。果啤属于啤酒税目。

（2）葡萄酒按照“其他酒”征收消费税。

3. 高档化妆品

本税目征收范围包括高档美容、修饰类化妆品，高档护肤类化妆品和成套化妆品，即指生产（进口）环节销售（完税）价格（不含增值税）在 10 元/毫升（克）或 15 元/片（张）及以上的美容、修饰类化妆品和护肤类化妆品。

美容、修饰类化妆品是指香水、香水精、香粉、口红、指甲油、胭脂、眉笔、唇笔、蓝眼油、眼睫毛以及成套化妆品，不包括舞台、戏剧、影视演员化妆用的上妆油、卸装油、油彩。

4. 贵重首饰及珠宝玉石

本税目征收范围包括以金、银、白金、宝石、珍珠、钻石、翡翠、珊瑚、玛瑙等高贵稀有物质以及其他金属、人造宝石等制作的各种纯金银首饰及镶嵌首饰和经采掘、打磨、加工的各种珠宝玉石。

对出国人员免税商店销售的金银首饰征收消费税。

5. 鞭炮、焰火

本税目征收范围包括各种鞭炮、焰火，通常分为13类，即喷花类、旋转类、旋转升空类、火箭类、吐珠类、线香类、小礼花类、烟雾类、造型玩具类、爆竹类、摩擦炮类、组合烟花类、礼花弹类。

体育上用的发令纸、鞭炮药引线，不按本税目征收。

6. 高尔夫球及球具

本税目征收范围包括高尔夫球、高尔夫球杆、高尔夫球包（袋）。高尔夫球杆的杆头、杆身和握把属于本税目的征收范围。

7. 高档手表

高档手表是指销售价格（不含增值税）每只在10 000元（含）以上的各类手表。

8. 游艇

本税目征收范围包括艇身长度大于8米（含）小于90米（含），内置发动机，可以在水上移动，一般为私人或团体购置，主要用于水上运动和休闲娱乐等非牟利活动的各类机动艇。

9. 木制一次性筷子

本税目征收范围包括各种规格的木制一次性筷子。未经打磨、倒角的木制一次性筷子属于本税目征税范围。

10. 实木地板

本税目征收范围包括各类规格的实木地板、实木指接地板、实木复合地板，以及用于装饰墙壁、天棚的侧端面为榫、槽的实木装饰板。未经涂饰的素板属于本税目征税范围。

11. 成品油

本税目包括汽油、柴油、石脑油、溶剂油、航空煤油、润滑油、燃料油7个子目。

（1）用原油或其他原料加工生产的用于内燃机、机械加工过程的润滑产品均属于润滑油征税范围。

润滑脂是润滑产品，生产、加工润滑脂应当征收消费税。

（2）变压器油、导热类油等绝缘油类产品不属于润滑油，不征收消费税。

（3）航空煤油暂缓征收消费税。

（4）取消车用含铅汽油消费税，汽油税目不再划分二级子目，统一按照无铅汽油税率征收消费税。

12. 摩托车

本税目征收范围包括轻便摩托车和三轮摩托车，取消气缸容量250毫升（不含）以下的小排量摩托车消费税。

13. 小汽车

本税目征收范围包括含驾驶员座位在内最多不超过9个座位（含）的，在设计和技术特性上用于载运乘客和货物的各类乘用车；以及含驾驶员座位在内的座位数在10~23座（含23座）的，在设计和技术特性上用于载运乘客和货物的各类中轻型商用客车。

14. 电池

电池包括原电池、蓄电池、燃料电池、太阳能电池和其他电池。

15. 涂料

涂料是指涂于物体表面，能形成具有保护、装饰或特殊性能的固态涂膜的一类液体或固体材料的总称。对施工状态下挥发性有机物含量低于420克/升（含）的涂料免征消费税。

（二）征税环节

消费税的征税环节是指应税消费品从生产到消费的流转过程中，应当在哪个环节发生纳税义务。我国现行消费税实行价内税，采用一次课征制，即只征一道税，一般在应税消费品的生产、委托加工或进口环节缴纳。

1. 生产环节。纳税人生产的应税消费品，由生产者于销售时纳税。自产自用的应税消费品，用于连续生产应税消费品的，不纳税；用于其他方面的，于移送使用时纳税。

2. 委托加工环节。委托加工的应税消费品，除受托方为个人外，由受托方在向委托方交货时代收代缴税款。委托个人加工的应税消费品，由委托方收回后缴纳消费税。委托加工收回的应税消费品用于连续生产应税消费品的，允许在计税时扣除其在委托加工环节缴纳的消费税税款；委托加工收回的应税消费品直接出售的，不再征收消费税。

3. 进口环节。进口应税消费品由进口报关者于报关进口时纳税。

4. 零售环节。金银首饰、钻石及钻石饰品消费税由生产环节征收改为零售环节征收。

5. 批发环节。自 2009 年 5 月 1 日起，纳税人批发销售的所有牌号规格的卷烟，在卷烟批发环节加征一道从价计征的消费税。

二、纳税人

在中国境内生产、委托加工和进口应税消费品的单位和个人，以及国务院确定的销售应税消费品的其他单位和个人为消费税的纳税人。这具体包括：

1. 生产销售（包括自用）应税消费品的，以生产销售的单位和个人为纳税人，由生产者直接纳税。

2. 委托加工应税消费品的，除受托方为个人外，由受托方在向委托方交货时代收代缴税款。委托个人加工应税消费品的，由委托方收回后缴纳消费税。

3. 进口应税消费品的，以进口的单位和个人为纳税人，由海关代征。个人携带或者邮寄进境的应税消费品的消费税，连同关税一并计征。

4. 在我国境内从事卷烟批发业务的单位和个人。

此外，金银首饰、钻石及钻石饰品消费税的纳税人，为在我国境内从事商业零售金银首饰、钻石及钻石饰品的单位和个人。消费者个人携带、邮寄进境的金银首饰，以消费者个人为纳税人。经营单位进口的金银首饰，在进口时不缴纳消费税，待其在国内零售时再纳税。

三、税率

消费税采用比例税率、定额税率和复合税率三种税率。消费税税率设计的原则主要有：一要体现国家产业政策和消费政策；二要正确引导消费方向，有效抑制超前消费倾向，调节供求关系；三要适应消费者的经济支付能力和心理承受能力；四要有一定的财政意义。

纳税人生产两种以上不同税率应税消费品的，应该分别核算不同税率应税消费品的销售额或销售数量，分别适用不同税率纳税；未分别核算的，按最高税率计征。纳税人若将应税消费品与非应税消费品以及适用税率不同的应税消费品组成成套消费品出售的，应根据组合产制品的销售金额，按应税消费品的最高税率计征。消费税税目税率表见表3-1。

表3-1 **消费税税目税率表**

税　目	税率（税额）
一、烟	
1.卷烟批发环节	
（1）每标准条（200支）对外调拨价在70元以上的（含）	11%+0.005元/支
	56%+150元/标准箱
（2）每标准条（200支）对外调拨价在70元以下的	或56%+0.003/支
	36%+150元/标准箱
2.雪茄烟	或36%+0.003/支
3.烟丝	36%
	30%
二、酒	
1.白酒	20%+0.5元/500克（或500毫升）
2.黄酒	240元/吨
3.啤酒	250元/吨
（1）每吨出厂价格（含包装物及包装物押金）在3 000元（不含增值税）以上的（含）	
（2）每吨出厂价格在3 000元（不含增值税）以下的	220元/吨
（3）娱乐和饮食业自制的啤酒	250元/吨
4.其他酒	10%
三、高档化妆品	15%
四、贵重首饰及珠宝玉石	
1.金银首饰、铂金首饰、钻石及钻石饰品	5%
2.其他贵重首饰及珠宝玉石	10%
五、鞭炮、焰火	15%

续表

税目		税率（税额）
六、成品油		
1.汽油		1.12元/升
2.柴油		0.94元/升
3.航空煤油		0.8元/升
4.石脑油		1元/升
5.溶剂油		1元/升
6.润滑油		1元/升
7.燃料油		0.8元/升
七、摩托车	气缸容量为250毫升	3%
	气缸容量250毫升以上	10%
八、小汽车		
1.乘用车		
（1）气缸容量（排气量）在1.0升（含）以下的		1%
（2）气缸容量（排气量）在1.0升以上至1.5升（含）的		3%
（3）气缸容量（排气量）在1.5升以上至2.0升（含）的		5%
（4）气缸容量（排气量）在2.0升以上至2.5升（含）的		9%
（5）气缸容量（排气量）在2.5升以上至3.0升（含）的		12%
（6）气缸容量（排气量）在3.0升以上至4.0升（含）的		25%
（7）气缸容量（排气量）在4.0升以上的		40%
2.中轻型商用客车		5%
3.超豪华小汽车		10%
九、高尔夫球及球具		10%
十、高档手表		20%
十一、游艇		10%
十二、木制一次性筷子		5%
十三、实木地板		5%
十四、电池		4%
十五、涂料		4%

注：（1）卷烟在生产销售过程中，定额税率为每标准箱（50 000 支）150 元，而进口卷烟消费税定额税率为每标准条 0.6 元。消费税适用比例税率视销售价格而定，销售价格≥50 元，比例税率为 45%；销售价格 < 50 元，比例税率为 30%。

（2）对我国驻外使领馆工作人员、外国驻华机构及人员、非居民常住人员、政府间协议规定等应税（消费税）进口自用，且完税价格在 130 万元及以上的超豪华小汽车消费税，按照生产（进口）环节税率和零售环节税率（10%）加总计算，由海关代征。

第二节　消费税的计算

消费税实行从价定率、从量定额，或者从价定率和从量定额混合计算方法。黄酒、啤酒、成品油这三种应税消费品从量定额计算，卷烟和白酒混合计算，其他应税消费品从价定率计算。

一、从价定率计算方法

实行从价定率计征的应税消费品，其消费税税基和增值税税基是一致的，都是以含消费税（价内税）而不含增值税（价外税）的销售额作为计税依据。

（一）销售额的确定

销售额是指纳税人销售应税消费品向购买方收取的全部价款和价外费用。

销售是指有偿转让应税消费品所有权的行为，即以从受让方取得货币、货物、劳务或其他经济利益为条件转让应税消费品所有权的行为。

价外费用是指价外向购买方收取的手续费、补贴、基金、集资费、返还利润、奖励费、违约金、滞纳金、延期付款利息、赔偿金、代收款项、代垫款项、包装费、包装物租金、储备费、优质费、运输装卸费以及其他各种性质的价外收费。下列项目不包括在内：

1. 同时符合以下条件的代垫运输费用：（1）承运部门的运输费用发票开具给购买方的；（2）纳税人将该项发票转交给购买方的。

2. 同时符合以下条件代为收取的政府性基金或者行政事业性收费：（1）由国务院或者财政部批准设立的政府性基金，由国务院或者省级人民政府及其财政、价格主管部门批准设立的行政事业性收费；（2）收取时开具省级以上财政部门印制的财政票据；（3）所收款项全额上缴财政。

其他价外费用，无论是否属于纳税人的收入，均应并入销售额计算征税。

（二）含税销售额的换算

应税消费品在缴纳消费税的同时还要缴纳增值税。如果纳税人应税消费品的销售额中未扣除增值税税款或者因不得开具增值税专用发票而发生价款和增值税税款合并收取，在计算消费税时，应当换算为不含增值税税款的销售额。其换算公式为：

应税消费品的销售额=含增值税的销售额÷（1+增值税税率或者征收率）

（三）应税消费品连同包装物销售计税的规定

应税消费品连同包装物销售的，无论包装物是否单独计价以及在会计上如何核算，均应并入应税消费品的销售额中缴纳消费税。如果包装物不作价随同产品销售，而是收取押金，此项押金则不应并入应税消费品的销售额中征税。但对因逾期未收回的包装物不再退还的和已收取1年以上的押金，应并入应税消费品的销售额，按照应税消费品的适用税率缴纳消费税。

对既作价随同应税消费品销售，又另外收取押金的包装物的押金，凡纳税人在规定的期限内没有退还的，均应并入应税消费品的销售额，按照应税消费品的适用税率缴纳消费税。

包装物押金一般为含税收入，在将包装物押金并入销售额征税时，应将这部分押金换算为不含增值税的收入。

（四）销售额的其他规定

1. 纳税人销售的应税消费品，以外汇结算销售额的，其销售额的人民币折合率可以选择销售额发生的当天或者当月1日的国家外汇牌价(原则上为中间价)。纳税人应在事先确定采用何种折合率，确定后1年内不得变更。

2. 纳税人通过自设非独立核算门市部销售的自产应税消费品，应当按照门市部对外销售数量或者销售额计算征收消费税。

3. 纳税人用于换取生产资料和消费资料、投资入股和抵偿债务等方面的应税消费品，应当以纳税人同类应税消费品的最高销售价格作为计税依据，计算征收消费税。

4. 纳税人将自产的应税消费品与外购或自产的非应税消费品组成套装销售的，以套装产品的销售额（不含增值税）为计税依据。

（五）应纳税额的计算

从价计征消费税按应税消费品的销售额和适用税率计算征收。计算公式为：

应纳税额=销售额×适用税率

纳税人销售的应税消费品，如因质量等原因由购买者退回，经机构所在地或者居住地主管税务机关审核批准后，可退还已缴纳的消费税税款。

【例 3-1】甲企业为高尔夫球及球具生产厂家，是增值税一般纳税人，2018 年 10 月发生以下业务：

（1）购进一批 PU 材料，增值税专用发票注明价款 10 万元、增值税 1.6 万元，委托乙企业将其加工成 100 个高尔夫球包，支付加工费 2 万元、增值税 0.32 万元；乙企业当月销售同类球包不含税销售价格为 0.25 万元/个。

（2）将委托加工收回的球包批发给代理商，收到不含税价款 28 万元。

（3）购进一批碳素材料、钛合金，增值税专用发票注明价款 150 万元、增值税 24 万元，委托丙企业将其加工成高尔夫球杆，支付加工费 30 万元、增值税 4.8 万元。

（4）委托加工收回的高尔夫球杆的 80% 当月已经销售，收到不含税价款 300 万元，尚有 20% 留存仓库。

（5）主管税务机关在 11 月初对甲企业进行税务检查时发现，乙企业已经履行了代收代缴消费税义务，丙企业未履行代收代缴消费税义务。

高尔夫球及球具消费税税率为 10%，以上取得的增值税专用发票均已通过主管税务机关认证。

要求：回答下列问题，如有计算，每问需要计算出合计数：

（1）计算乙企业应代收代缴的消费税。

（2）计算甲企业批发球包应缴的消费税。

（3）计算甲企业销售高尔夫球杆应缴的消费税。

（4）计算甲企业留存仓库的高尔夫球杆应缴的消费税。

（5）计算甲企业当月应缴的增值税。

解：（1）乙企业应代收代缴的消费税=0.25×100×10%=2.5（万元）

（2）委托加工收回的高尔夫球包已经在委托加工环节缴纳了消费税，甲企业批发球包不用再缴纳消费税。

（3）甲企业销售高尔夫球杆应缴的消费税=300×10%=30（万元）

（4）甲企业留存仓库的高尔夫球杆应缴纳的消费税=（150＋30）÷（1－10%）×10%×20%

=4（万元）

（5）进项税额=1.6＋0.32＋24＋4.8=30.72（万元）

销项税额=28×16%＋300×16%=52.48（万元）

应纳增值税=52.48−30.72=21.76（万元）

丙企业未代收代缴消费税，主管税务机关应处以丙企业应代收代缴消费税50%以上3倍以下的罚款。

二、从量定额计征消费税的计算方法

实行从量定额计征的应税消费品，计税依据为应税消费品的销售数量。

（一）应税数量的确定

销售数量是指应税消费品的数量，具体为：

1. 销售应税消费品的，为应税消费品的销售数量；
2. 自产自用应税消费品的，为应税消费品的移送使用数量；
3. 委托加工应税消费品的，为纳税人收回的应税消费品数量；
4. 进口应税消费品的，为海关核定的应税消费品进口征税数量。

（二）计量单位的换算标准

黄酒、啤酒以吨为税额单位，成品油以升为税额单位。实行从量定额计征办法计算应纳税额的应税消费品，计量单位的换算标准如下：

黄酒：1吨=962升

啤酒：1吨=988升

汽油：1吨=1 388升

柴油：1吨=1 176升

航空煤油：1吨=1 246升

石脑油：1吨=1 385升

溶剂油：1吨=1 282升

燃料油：1吨=1 015升

（三）应纳税额的计算

从量计征消费税以应税消费品的销售数量乘以适用的单位税额计算

征收。计算公式为：

应纳税额=销售数量×定额税率

【例 3-2】某啤酒厂销售 A 型啤酒 20 吨给副食品公司，开具税控专用发票收取价款 58 000 元，收取包装物押金 3 000 元；销售 B 型啤酒 10 吨给宾馆，开具普通发票收取价款 32 760 元，收取包装物押金 1 500 元。

要求：计算该啤酒厂应缴纳的消费税。

解：A 型啤酒的单位售价=（58 000+3 000÷1.16）÷20=3 029.31（元/吨）

每吨出厂价格在 3 000 元以上的啤酒适用的消费税定额税率是 250 元/吨。

A 型啤酒应纳消费税税额=20×250=5 000（元）

B 型啤酒的单位售价=（32 760+1 500）÷1.16÷10=2 953.45（元/吨）

每吨出厂价格在 3 000 元以下的啤酒适用的消费税定额税率是 220 元/吨。

B 型啤酒应纳消费税税额=10×220=2 200（元）

该啤酒厂应缴纳的消费税=5 000+2 200=7 200（元）

三、从价定率和从量定额混合计算方法

现行消费税的征税范围中，只有卷烟、白酒采用既从价又从量的混合计征办法计算消费税。计算公式为：

应纳税额=销售额×比例税率+销售数量×定额税率

【例 3-3】某酒厂为增值税一般纳税人，主要生产粮食啤酒和白酒。2018 年 11 月“主营业务收入”账户反映销售粮食白酒 60 000 斤，取得不含税销售额 105 000 元；销售啤酒 150 吨，每吨不含税售价 2 900 元。在“其他业务收入”账户反映收取粮食白酒品牌使用费 4 640 元，“其他应付款”账户反映本月销售粮食白酒收取包装物押金 9 280 元、销售啤酒收取包装物押金 1 160 元。白酒单位税额 0.5 元每斤，比例税率 20%；啤酒单位税额 220 元每吨。

要求：计算该酒厂当月应纳的消费税。

解：（1）粮食白酒品牌使用费、包装物租金，属于价外费用，应并入白酒的销售额计算消费税；粮食白酒的包装物押金收取时即并入销售额征收消费税，无论是否退还。

本月粮食白酒应缴纳消费税=60 000×0.5+［105 000+（4 640+9 280）÷（1+16%）］×20%

=53 400（元）

（2）啤酒消费税从量征收，其包装物租金、包装物押金与消费税计税依据没有关系。

本月啤酒应缴纳消费税=150×220=33 000（元）

（3）该酒厂当月应纳消费税税额＝53 400＋33 000＝86 400（元）

四、自产自用、用于连续生产应税消费品应纳消费税的计算

自产自用的应税消费品，是指纳税人生产应税消费品后，不是用于直接对外销售，而是用于自己连续生产应税消费品，或用于其他方面。

纳税人自产自用的应税消费品，用于连续生产应税消费品的，不纳税；用于其他方面的，于移送使用时纳税。

用于连续生产应税消费品，是指纳税人将自产自用的应税消费品作为直接材料生产最终应税消费品，自产自用应税消费品构成最终应税消费品的实体。例如，卷烟厂生产烟丝，再用生产的烟丝生产卷烟。

用于其他方面，是指纳税人将自产自用应税消费品用于生产非应税消费品、在建工程、管理部门、非生产机构、提供劳务、馈赠、赞助、集资、广告、样品、职工福利、奖励等方面。例如，生产企业将自产石脑油用于本企业连续生产汽油等应税消费品的，不缴纳消费税；用于连续生产乙烯等非应税消费品或其他方面的，于移送使用时缴纳消费税。

纳税人自产自用应税消费品，按照纳税人生产同类消费品的销售价格计算纳税；没有同类消费品销售价格的，按照组成计税价格计算纳税。

实行从价定率计算纳税的组成计税价格的计算公式为：

组成计税价格=（成本+利润）÷（1−消费税税率）

=成本×（1+成本利润率）÷（1−消费税税率）

实行混合计算纳税的组成计税价格计算公式为：

组成计税价格=（成本+利润+自产自用数量×定额税率）÷（1−消费税税率）

公式中的成本是指应税消费品的产品生产成本，利润是指根据应税消费品的全国平均成本利润率计算的利润。

应税消费品全国平均成本利润率由国家税务总局确定，具体规定如下：甲类卷烟为10%；乙类卷烟为5%；雪茄烟为5%；烟丝为5%；粮食白酒为10%；薯类白酒为5%；其他酒为5%；高档化妆品为5%；鞭

炮、焰火为5%；贵重首饰及珠宝玉石为6%；摩托车为6%；高尔夫球及球具为10%；高档手表为20%；游艇为10%；木制一次性筷子为5%；实木地板为5%；乘用车为8%；中轻型商用客车为5%。

【例3-4】2018年11月，某化妆品厂将一批自产高档护肤类化妆品用于集体福利，生产成本35 000元；将新研制的香水用于广告样品，生产成本20 000元，成本利润率5%，消费税税率15%。上述货物已全部发出，均无同类产品售价。

要求：计算该厂上述业务应纳的消费税。

解：将自产应税消费品用于其他方面的，于移送使用时纳税；计税价格若没有同类消费品的销售价格，按照组成计税价格确定。

该厂上述业务应纳消费税=（35 000+20 000）×（1+5%）÷（1-15%）×15%

=10 191.17（元）

五、委托加工应税消费品应纳消费税的计算

委托加工应税消费品，是指由委托方提供原料和主要材料，受托方只收取加工费和代垫部分辅助材料加工的应税消费品。对于由受托方提供原材料生产的应税消费品，或者受托方先将原材料卖给委托方，然后再接受加工的应税消费品，以及由受托方以委托方名义购进原材料生产的应税消费品，不论在财务上是否作销售处理，都不得作为委托加工应税消费品，而应当按照销售自制应税消费品缴纳消费税。

委托加工应税消费品，除受托方为个人外，由受托方在向委托方交货时代收代缴税款。委托个人加工应税消费品，由委托方收回后缴纳消费税。

委托加工应税消费品，按照受托方同类消费品的销售价格计算纳税；没有同类消费品销售价格的，按照组成计税价格计算纳税。

实行从价定率计算纳税的组成计税价格计算公式为：

组成计税价格=（材料成本+加工费）÷（1-消费税税率）

实行混合计算纳税的组成计税价格计算公式为：

组成计税价格=（材料成本+加工费+委托加工数量×定额税率）÷（1-消费税税率）

公式中的材料成本，是指委托方所提供加工材料的实际成本。委托加工应税消费品的纳税人必须在委托加工合同中如实注明（或者以其他

方式提供）材料成本；凡未提供材料成本的，受托方主管税务机关有权核定其材料成本。

加工费，是指受托方加工应税消费品向委托方所收取的全部费用（包括代垫辅助材料的实际成本）。

委托加工的应税消费品直接出售的，不再缴纳消费税。

【例 3-5】某烟花厂受托加工一批烟花，委托方提供原材料成本 30 000 元，该厂收取加工费 10 000 元、代垫辅助材料款 5 000 元，没有同类烟花销售价格。

要求：计算该厂应代收代缴的消费税（以上款项均不含增值税）。

解：该厂应代收代缴消费税=（30 000+10 000+5 000）÷（1-15%）×15%

=7 941.18（元）

六、外购或委托加工应税消费品已纳税款扣除的计算办法

消费税实行"一物一税，税不重征"原则。用于生产的应税消费品为已税消费品的，应当从生产的应税消费品的应纳税额中扣除其已纳消费税。例如，外购已税烟丝生产卷烟，烟丝支付了 30% 的消费税，把它生产成卷烟，对卷烟整体征税时，如果不扣除烟丝已交的消费税，那么对卷烟整体征税，对烟丝就征了两次。

1. 准予从应纳税额中扣除已纳消费税的应税消费品范围为：

（1）以外购或委托加工收回的已税烟丝为原料生产的卷烟；

（2）以外购或委托加工收回的已税化妆品为原料生产的化妆品；

（3）以外购或委托加工收回的已税珠宝玉石为原料生产的贵重首饰及珠宝玉石；

（4）以外购或委托加工收回的已税鞭炮、焰火为原料生产的鞭炮、焰火；

（5）以外购或委托加工收回的已税摩托车连续生产的摩托车（如用外购两轮摩托车改装成三轮摩托车）；

（6）以外购或委托加工收回的已税杆头、杆身和握把为原料生产的高尔夫球杆；

（7）以外购或委托加工收回的已税木制一次性筷子为原料生产的木制一次性筷子；

（8）以外购或委托加工收回的已税实木地板为原料生产的实木地板；

（9）以外购或委托加工收回的已税汽油、柴油、石脑油、燃料油、润滑油用于连续生产应税成品油；

（10）以外购或委托加工收回的汽油、柴油用于连续生产甲醇汽油、生物柴油。

$$\text{当期准予扣除的外购应税消费品已纳税款}=\text{当期准予扣除的外购应税消费品买价}\times\text{外购应税消费品适用税率}$$

$$\text{当期准予扣除的外购应税消费品买价}=\text{期初库存的外购应税消费品的买价}+\text{当期购进的应税消费品的买价}-\text{期末库存的外购应税消费品的买价}$$

$$\text{当期准予扣除的委托加工应税消费品已纳税款}=\text{期初库存的委托加工应税消费品已纳税款}+\text{当期收回的委托加工应税消费品已纳税款}-\text{期末库存的委托加工应税消费品已纳税款}$$

自 2012 年 9 月 1 日起，委托方将收回的应税消费品，以不高于受托方的计税价格出售的，为直接出售，不再缴纳消费税；委托方以高于受托方的计税价格出售的，不属于直接出售，需按照规定申报缴纳消费税，在计税时准予扣除受托方已代收代缴的消费税。

增值税有进项税额抵扣问题，消费税也存在已纳消费税抵扣问题，但二者的扣除环节不同。进项税额是购进扣税法，购进时取得增值税专用发票或取得合法凭证可以计算抵税的，可以在当期抵扣；而消费税是领用扣税法。

2. 在处理准予按规定抵扣应税消费品已纳税款时，应把握以下几个原则：

（1）外购已税消费品的买价是指购货发票上注明的销售额（不包括增值税税款）。

（2）纳税人用外购或委托加工收回的已税珠宝玉石生产的改在零售环节征收消费税的金银首饰，在计税时一律不得扣除外购或委托加工收回的珠宝玉石的已纳消费税税款。

（3）对自己不生产应税消费品而只是购进后再销售应税消费品的工业企业，其销售的化妆品、护肤护发品、鞭炮和焰火以及珠宝玉石，凡不能构成最终消费品进入市场而需进一步生产加工的，应当缴纳消费税，同时允许扣除上述外购应税消费品的已纳税款。

（4）允许扣除已纳税款的应税消费品只限于从工业企业购进的应税消费品和进口环节已缴纳消费税的应税消费品，对从境内商业企业购进的应税消费品的已纳税款一般不得扣除（符合抵扣条件的除外）。

（5）对当期投入生产的原材料可抵扣的已纳消费税大于当期应纳消费税情形的，在目前消费税纳税申报表未增加上期留抵消费税填报栏目的情况下，采用按当期应纳消费税的数额申报抵扣、不足抵扣部分结转下一期申报抵扣的方式处理。

（6）对用外购或委托加工收回的已税汽油生产的乙醇汽油免税。用自产汽油生产的乙醇汽油，按照生产乙醇汽油所耗用的汽油数量申报纳税。

（7）卷烟消费税在生产和批发两个环节缴纳后，批发企业在计算纳税时不得扣除已含的生产环节的消费税税款。

（8）自 2018 年 3 月 1 日起，外购、进口和委托加工收回的汽油、柴油、石脑油、燃料油、润滑油用于连续生产应税成品油的，应凭通过增值税发票选择确认平台确认的成品油专用发票、海关进口消费税专用缴款书，以及税收缴款书（代扣代收专用），按规定计算扣除已纳消费税税款，其他凭证不得作为消费税扣除凭证。

【例 3-6】甲卷烟厂购进一批烟叶，委托乙卷烟厂为其加工一批烟丝。该批烟叶的成本为 30 万元，乙卷烟厂收取加工费 5 万元，乙卷烟厂无同类烟丝售价。甲卷烟厂提货时，乙卷烟厂代收代缴了消费税。该批烟丝收回后，甲卷烟厂将其中的 80% 以 45 万元对外销售。以上价格均不含税，烟丝消费税税率为 30%。

要求：计算该烟厂应纳的消费税。

解：委托加工环节组成计税价格=（30+5）÷（1-30%）=50（万元）

甲卷烟厂应纳的消费税=45×30%-50×30%×0.8=1.5（万元）

七、进口应税消费品应纳消费税的计算

（一）进口应税消费品（卷烟除外）应纳消费税的计算

进口应税消费品于报关进口时缴纳消费税，由海关代征。个人携带或者邮寄进境的应税消费品的消费税，连同关税一并计征。进口应税消费品，按照组成计税价格计算纳税。

实行从价定率计算纳税的组成计税价格计算公式为：

组成计税价格=（关税完税价格+关税）÷（1-消费税比例税率）

实行混合计算纳税的组成计税价格计算公式为：

$$\text{组成计税价格}=\left(\text{关税完税价格}+\text{关税}+\text{进口数量}\times\text{消费税定额税率}\right)\div\left(1-\text{消费税比例税率}\right)$$

公式中的关税完税价格，是指海关核定的关税计税价格。

应税消费品的计税价格的核定权限规定如下：

（1）卷烟、白酒和小汽车的计税价格由国家税务总局核定，送财政部备案；

（2）其他应税消费品的计税价格由省、自治区和直辖市税务局核定；

（3）进口应税消费品的计税价格由海关核定。

（二）进口卷烟应纳消费税的计算

进口卷烟比较特殊，原来的成本比我国低，价格也低，对国内市场有冲击，因此，在计税上采用了特殊办法，不同于国内生产的卷烟。国内生产卷烟的价格不包括定额消费税在内，但是进口卷烟的计税价格是包括定额消费税的。所以，海关在代征进口环节消费税的时候，有两个步骤：第一是确定适用税率；第二是计算应纳税额。

1. 确定适用税率。

（1）$$\text{每标准条进口卷烟(200支)消费税适用比例税率的价格}=\left(\text{关税完税价格}+\text{关税}+\text{消费税定额税}\right)\div\left(1-\text{消费税税率}\right)$$

其中，消费税定额税率为每标准条（200 支）0.6 元，消费税税率固定为 30%。

（2）每标准条进口卷烟（200 支）消费税适用比例税率的价格≥70 元人民币的，适用比例税率为 56%；每标准条进口卷烟（200 支）消费税适用比例税率的价格<70 元人民币的，适用比例税率为 36%。

2. 确定进口卷烟消费税组成计税价格。

$$\text{进口卷烟消费税组成计税价格}=\left(\text{关税完税价格}+\text{关税}+\text{消费税定额税}\right)\div\left(1-\text{进口卷烟消费税适用比例税率}\right)$$

3. 计算进口卷烟应纳消费税税额：

$$\text{应纳消费税税额}=\text{进口卷烟消费税组成计税价格}\times\text{进口卷烟消费税适用比例税率}+\text{消费税定额税}$$

消费税定额税=海关核定的进口卷烟数量×消费税定额税率

【例 3-7】某市卷烟生产企业为增值税一般纳税人，2018 年 9 月有关经营业务如下：

（1）2 日向烟叶生产者收购烟叶一批，收购凭证上注明的价款为 500 万元，向烟叶生产者支付了国家规定的价外补贴；支付运输费用 10 万元，取得运输公司开具的运输发票，烟叶当期验收入库。

（2）3 日领用自产烟丝一批，生产 A 牌卷烟 600 标准箱。

（3）5 日从国外进口 B 牌卷烟 400 标准箱，支付境外成交价折合人民币 260 万元、到达我国海关前的运输费用 10 万元、保险费用 5 万元。

（4）16 日销售 A 牌卷烟 300 标准箱，每箱不含税售价 1.35 万元，款项收讫；将 10 标准箱 A 牌卷烟作为福利发给本企业职工。

（5）25 日销售进口 B 牌卷烟 380 标准箱，取得不含税销售收入 720 万元。

（6）27 日购进税控收款机一批，取得的增值税专用发票注明价款 10 万元、增值税 1.6 万元；外购防伪税控通用设备，取得的增值税专用发票注明价款 1 万元、增值税 0.16 万元。

（7）30 日盘点，发现由于管理不善，库存的外购已税烟丝 15 万元（含运输费用 0.9 万元）霉烂变质。

卷烟的进口关税税率为 20%，相关票据已通过主管税务机关认证。

要求：计算回答问题，每问需计算出合计数：

（1）外购烟叶可以抵扣的进项税额；

（2）进口卷烟应缴纳的关税；

（3）进口卷烟应缴纳的消费税；

（4）进口卷烟应缴纳的增值税；

（5）直接销售和视同销售卷烟的增值税销项税额；

（6）购进税控收款机和防伪税控通用设备可抵扣的进项税额；

（7）损失烟丝应转出的进项税额；

（8）企业当月国内销售应缴纳的增值税；

（9）企业当月国内销售应缴纳的消费税。

解：（1）外购烟叶可以抵扣的进项税额=［（500+10）×（1+20%）］×12%+10×10%

=74.44（万元）

（2）进口卷烟应缴纳的关税=（260+10+5）×20%=55（万元）

（3）计算进口卷烟每标准条的价格以确定适用税率：

每条价格=（275+55+150×0.04）÷（1−30%）÷（250×400）=0.0048（万元）

48 元<70 元，适用税率为 36%。

进口卷烟应缴纳的消费税=（275+55+150×0.04）÷（1−36%）×36%+150×0.04

=195（万元）

（4）进口卷烟应缴纳的增值税=（275+55+150×0.04）÷（1−36%）×16%=84（万元）

（5）直接销售和视同销售卷烟的增值税销项税额=（300+10）×1.35×16%+720×16%

=182.16（万元）

（6）购进税控收款机和防伪税控通用设备可抵扣的进项税额=1.6+0.16=1.76（万元）

（7）损失烟丝应转出的进项税额=（15−0.90）×16%+0.90÷（1−10%）×10%

=2.356（万元）

（8）企业当月国内销售应缴纳的增值税=182.16−（74.44+84+1.76）+2.356

=24.316（万元）

（9）计算 A 牌卷烟每标准条的价格以确定适用税率：

A 牌卷烟单价=13 500÷250=54（元）

54 元<70 元，适用税率为 36%。

企业当月国内销售卷烟应缴纳的消费税=（300+10）×1.35×36%+（300+10）×0.015

=155.31（万元）

八、金银首饰应纳消费税的计算

改在零售环节计征消费税的金银首饰、钻石及钻石饰品以销售额为计税依据。应纳消费税税额的计算公式为：

应纳税额=应税销售额×适用税率

金银首饰消费品的计税依据为纳税人销售金银首饰时向购买方收取的不含增值税的全部价款和价外费用，具体规定如下：

1. 纳税人采用以旧换新（含翻新改制）方式销售的金银首饰，计税依据为实际收取的不含增值税的全部价款，包括增加或添加的材料价格以及收取的加工费。

2. 纳税人连同包装物一同销售的金银首饰，无论包装物是否单独计价，也无论会计上如何核算，均应并入金银首饰的销售额中计征消费税。

3. 用于馈赠、赞助、集资、广告、样品、职工福利、奖励等方面的金银首饰，计税依据为纳税人销售同类金银首饰的销售价格；没有同类金银首饰销售价格的，计税依据为组成计税价格。计算公式为：

$$组成计税价格=\frac{购进原价}{(或生产成本)}×（1+成本利润率）÷（1-金银首饰消费税税率）$$

公式中的购进原价是对商业企业而言的，生产成本是对生产企业而言的，成本利润率统一规定为6%。

4. 带料加工的金银首饰，计税依据为受托方同类金银首饰的销售价格；没有同类金银首饰销售价格的，计税依据为组成计税价格。计算公式为：

组成计税价格=（材料成本+加工费）÷（1-金银首饰消费税税率）

公式中的材料成本，是指委托方所提供加工材料的实际成本。委托方必须在委托加工合同上如实注明（或以其他方式提供）材料成本；凡未提供材料成本的，受托方所在地主管税务机关有权核定其材料成本。加工费，是指受托方加工金银首饰向委托方所收取的全部费用（包括代垫辅助材料的实际成本），但不包括收取的增值税。

5. 纳税人用已税珠宝玉石生产的金、银和金基、银基合金的镶嵌首饰，一律不得扣除购买或已纳的消费税税款。经营单位兼营生产、加工、批发、零售金银首饰业务的，应分别核算销售额；未分别核算或划分不清的，一律视同零售金银首饰征收消费税。

6. 对既销售金银首饰，又销售非金银首饰的生产、经营单位，应将两类商品划分清楚，分别核算销售额。凡划分不清楚或不能分别核算的，在生产环节销售的，一律从高适用税率征收消费税；在零售环节销售的，一律按金银首饰征收消费税。

7. 金银首饰与其他产品组成成套消费品销售的，应按销售额全额征收消费税。

【例3-8】某首饰商城为增值税一般纳税人，2018年11月发生以下业务：

（1）零售金银首饰与镀金首饰组成的套装礼盒，取得收入 29.25 万元，其中金银首饰收入 20 万元、镀金首饰收入 9.25 万元。

（2）采取以旧换新方式向消费者销售金项链 2 000 条，新项链每条零售价 0.25 万元，旧项链每条作价 0.22 万元，每条项链取得差价款 0.03 万元。

（3）为个人定制加工金银首饰，商城提供的原料含税金额 30.16 万元，取得个人支付的含税加工费收入 4.64 万元（商城无同类首饰价格）。

（4）用 300 条银基项链抵偿债务，该批项链账面成本为 39 万元，零售价为 69.6 万元。

（5）外购金银首饰一批，取得的普通发票上注明的价款为 400 万元；外购镀金首饰一批，取得经税务机关认可的增值税专用发票，注明价款 50 万元、增值税 8 万元。

金银首饰零售环节消费税税率 5%。

要求：计算下列问题，每问需计算出合计数：

（1）销售成套礼盒应缴纳的消费税；

（2）以旧换新销售金项链应缴纳的消费税；

（3）定制加工金银首饰应缴纳的消费税；

（4）用银基项链抵偿债务应缴纳的消费税；

（5）商城 5 月份应缴纳的增值税。

解：（1）销售成套礼盒应缴纳的消费税=29÷（1+16%）×5%=1.25（万元）

（2）“以旧换新”销售金项链应缴纳的消费税=2 000×0.03÷（1+16%）×5%

=2.59（万元）

（3）定制加工金银首饰应缴纳的消费税=（30.16+4.64）÷（1+16%）÷（1−5%）×5%

=1.58（万元）

（4）用银基项链抵偿债务应缴纳的消费税=69.6÷（1+16%）×5%=3（万元）

（5）应纳增值税=［29÷（1+16%）+2 000×0.03÷（1+16%）+（30.16+4.64）÷（1+16%）÷（1−5%）+69.6÷（1+16%）］×16%−8=18.68（万元）

九、卷烟批发环节征收消费税的规定

自2009年5月1日起，在卷烟批发环节加征一道从价税。

1.纳税义务人。在我国境内从事卷烟批发业务的单位和个人。

2.征税范围。纳税人批发销售的所有牌号规格的卷烟。

3.计税依据。纳税人批发卷烟的不含增值税的销售额。

纳税人应将卷烟销售额与其他商品销售额分开核算；未分开核算的，一并征收消费税。

纳税人销售给纳税人以外的单位和个人的卷烟于销售时纳税。纳税人之间销售的卷烟不缴纳消费税。

卷烟消费税在生产和批发两个环节征收后，批发企业在计算纳税时不得扣除已含的生产环节的消费税税款。

4.适用税率。自2015年5月10日起，卷烟批发环节从价税由5%提高至11%，并按0.005元/支加征从量税。

5.纳税义务发生时间。纳税人收讫销售款或取得索取销售款凭据的当天。

6.纳税地点。纳税地点为卷烟批发企业的机构所在地；总机构与分支机构不在同一地区的，由总机构申报纳税。

【例3-9】甲卷烟批发企业2018年11月发生以下业务：

（1）从卷烟厂购进A卷烟10标准箱，取得对方开具的增值税专用发票抵扣联，注明的价款为25万元；

（2）甲卷烟批发企业将国内采购的卷烟的40%销售给乙卷烟批发企业，开具了专用发票，取得销售收入15万元；

（3）甲卷烟批发企业将国内采购卷烟的另外60%销售给丙烟草专卖店，共计取得不含税销售额30万元。

要求：（1）A卷烟属于甲类卷烟还是乙类卷烟？

（2）甲卷烟批发企业将卷烟批发给乙、丙适用什么样的消费税政策？

（3）计算甲卷烟批发企业应纳的消费税。

（4）计算甲卷烟批发企业应纳的增值税。

解：（1）A卷烟每标准条价格=250 000÷10÷250=100（元）

A卷烟属于甲类卷烟。

（2）甲卷烟批发企业将卷烟批发给乙卷烟批发企业，属于纳税人之间销售卷烟，不征收批发环节的消费税；甲卷烟批发企业将卷烟批发给丙烟草专卖店，属于消费税法规定的纳税人销售给纳税人以外的单位和个人，应该在销售时缴纳批发环节的消费税。

（3）甲卷烟批发企业应纳的消费税=300 000×11%+（50 000×0.005）×6

=3.45（万元）

（4）甲卷烟批发企业应纳的增值税的计算：

当期应纳销项税额=（15+30）×16%=7.2（万元）

当期允许抵扣的进项税额=25×16%=4（万元）

当期应纳增值税=7.2−4=3.2（万元）

十、超豪华小汽车零售环节应纳消费税的计算

自2016年12月1日起，在生产（进口）环节按现行税率征收消费税的基础上，超豪华小汽车在零售环节加征一道消费税，税率为10%。

征收范围为每辆零售价格为130万元（不含增值税）及以上的乘用车和中轻型商用客车，即乘用车和中轻型商用客车子税目中的超豪华小汽车；以将超豪华小汽车销售给消费者的单位和个人为超豪华小汽车零售环节的纳税人。计算公式为：

应纳税额=零售环节销售额（不含增值税）×零售环节税率

国内汽车生产企业直接销售给消费者的超豪华小汽车，消费税税率按照生产环节税率和零售环节税率加总计算。消费税应纳税额的计算公式为：

应纳税额=销售额×（生产环节税率+零售环节税率）

第三节　出口应税消费品退（免）税

纳税人出口应税消费品与已纳增值税的出口货物一样，国家都给予退（免）税优惠。出口应税消费品同时涉及退（免）增值税和消费税，且退（免）消费税与出口货物退（免）增值税在退（免）税范围的限定、退（免）税办理程序、退（免）税审核及管理上都有许多一致的

地方。

一、出口应税消费品退（免）税政策

对纳税人出口应税消费品，免征消费税，国务院另有规定的除外。

出口应税消费品退（免）消费税在政策上分为三种情况：

（一）出口免税并退税

出口企业出口或视同出口适用增值税退（免）税的货物，免征消费税；如果属于购进出口的货物，退还前一环节对其已征的消费税。

有出口经营权的外贸企业购进应税消费品直接出口，以及外贸企业受其他外贸企业委托代理出口应税消费品，才可办理退税。外贸企业只有受其他外贸企业委托，代理出口应税消费品才可办理退税。外贸企业受其他企业（主要是非生产性的商贸企业）委托，代理出口应税消费品是不予退（免）税的。

（二）出口免税但不退税

出口企业出口或视同出口适用增值税免税政策的货物，免征消费税，但不退还其以前环节已征的消费税，且不允许在内销应税消费品应纳消费税税款中抵扣。

有出口经营权的生产性企业自营出口或生产企业委托外贸企业代理出口自产的应税消费品，依据其实际出口数量免征消费税，不予办理退还消费税。

（三）出口不免税也不退税

出口企业出口或视同出口适用增值税征税政策的货物，应按规定缴纳消费税，不退还其以前环节已征的消费税，且不允许在内销应税消费品应纳消费税税款中抵扣。

除生产企业、外贸企业外的其他企业（指一般商贸企业）委托外贸企业代理出口应税消费品，一律不予退（免）税。

二、出口退税率

计算出口应税消费品应退消费税的税率或单位税额，依据《消费税暂行条例》所附消费税税目税率（税额）表执行。这是退（免）消费税与退（免）增值税的一个重要区别。当出口的货物是应税消费品时，其退还增值税要按规定的退税率计算，而退还消费税则按该应税消费品所适用的消费税税率计算。

企业应将消费税税率不同的出口应税消费品分开核算和申报，凡划分不清适用税率的，一律从低适用税率计算应退消费税税额。

三、出口应税消费品退税的计算

出口应税消费品只有适用出口免税并退税政策时，才会涉及计算应退消费税的问题。生产企业直接出口应税消费品或委托外贸企业出口应税消费品，按规定直接予以免税的，可不计算应缴消费税。外贸企业出口应税消费品，按规定计算（退）消费税。

（一）消费税退税的计税依据

出口货物消费税应退税额的计税依据，按购进出口货物的消费税专用缴款书和海关进口消费税专用缴款书确定。

属于从价定率计征消费税的，为已征且未在内销应税消费品应纳税额中抵扣的购进出口货物金额；属于从量定额计征消费税的，为已征且未在内销应税消费品应纳税额中抵扣的购进出口货物数量；属于复合计征消费税的，按从价定率和从量定额的计税依据分别确定。

卷烟出口企业经主管税务机关批准，按国家批准的免税出口卷烟计划购进的卷烟免征增值税、消费税。

发生增值税、消费税不应退税或免税但已实际退税或免税的，出口企业和其他单位应当补缴已退或已免税款。

纳税人直接出口的应税消费品办理免税后，发生退关或国外退货，复进口时已予以免税的，可暂不办理补税，待其转为国内销售的当月申报缴纳消费税。

（二）消费税应退税额的计算

$$\text{应退税额}=\begin{matrix}\text{从价定率计征消费税}\\ \text{的退税计税依据}\end{matrix}\times\begin{matrix}\text{比例}\\ \text{税率}\end{matrix}+\begin{matrix}\text{从量定额计征消费税}\\ \text{的退税计税依据}\end{matrix}\times\text{定额税率}$$

【例 3-10】某化妆品厂为增值税一般纳税人，高档化妆品平均售价 0.12 万元/箱，成套化妆品 0.3 万元/套，均为不含税售价。12 月发生下列业务：

（1）购进业务：从国内购进生产用原材料，取得增值税专用发票，注明价款 500 万元、增值税 80 万元，支付购货运费 30 万元，运输途中发生合理损耗 2%；从国外进口一台检测设备，海关填发的增值税专用缴款书注明增值税 5.3 万元。

（2）产品、材料领用情况：在建的职工文体中心领用外购材料，购进成本 24.40 万元，其中包括运费 4.40 万元；生产车间领用外购原材料，购进成本 125 万元；下属宾馆领用为本厂企业宾馆特制的化妆品，生产成本 6 万元。

（3）销售业务：内销化妆品 1 700 箱，取得不含税销售额 200 万元；销售成套化妆品，取得不含税销售额 90 万元，发生销货运费 40 万元；出口化妆品，取得销售收入 500 万元；出口护发品，取得销售收入 140 万元。

假定化妆品和护发品的出口退税率为 13%；本月发生的运费均取得货运发票，取得的相关凭证符合税法规定，在本月认证抵扣；出口业务单据齐全并符合规定，在当月办理退税手续（化妆品成本利润率 5%，消费税税率 15%）。

要求：（1）计算 12 月该企业准予从销项税额中抵扣的进项税额；

（2）计算 12 月该企业的销项税额；

（3）计算 12 月该企业应缴（退）增值税。

解：该企业 12 月购进原材料在运输途中合理损耗的进项税额准予抵扣；在建工程领用外购货物应转出进项税额，购进货物和销售货物的运费可以计算抵扣进项税额。

（1）销售额计算销项税额，出口化妆品及护发品免税；所属宾馆领用自产的特制的化妆品视同销售。

（2）销项税额=［200+90+6×（1+5%）÷（1−15%）］×16%

=47.59（万元）

（3）应纳增值税=47.59−［88.62−（500+140）×（16%−15%）］

=−40.63（万元）

（4）“免、抵、退”税额=（500+140）×15%=96（万元）

应退增值税 40.63 万元。

【例 3−11】某酒业制造有限公司 2018 年 11 月 28 日委托某进出口公司向美国加利福尼亚州出口黄酒 400 吨，按规定实行先征后退方法。

要求：计算该公司应退消费税（黄酒单位税额为 240 元/吨）。

解：应退税额=400×240=96 000（元）

四、出口应税消费品办理退（免）税后的管理

适用增值税退（免）税或免税、消费税退（免）税或免税政策的出口企业或其他单位，应办理退（免）税认定。

经过认定的出口企业及其他单位，应在规定的增值税纳税申报期内向主管税务机关申报增值税退（免）税和免税、消费税退（免）税和免税。委托出口的货物，由委托方申报增值税退（免）税和免税、消费税退（免）税和免税。输入特殊区域的水电气，由作为购买方的特殊区域内生产企业申报退税。

出口企业或其他单位骗取国家出口退税款的，经省级以上税务机关批准，可以停止其退（免）税资格。

开展进料加工业务的出口企业若发生未经海关批准将海关保税进口料件作价销售给其他企业加工的，应按规定征收增值税、消费税。

卷烟出口企业经主管税务机关批准，按国家批准的免税出口卷烟计划购进的卷烟免征增值税、消费税。

发生增值税、消费税不应退税或免税但已实际退税或免税的，出口企业和其他单位应当补缴已退或已免税款。

第四节　消费税的申报与缴纳

一、减免税

1. 对子午线轮胎免征消费税。

2. 对航空煤油暂缓征收消费税。

3. 对用外购或委托加工收回的已税汽油生产的乙醇汽油免税。

4. 对符合生产原料中废弃的动物油和植物油用量所占比重不低于70%且生产的纯生物柴油符合国家《柴油机燃料调和用生物柴油（BD100）》标准的纯生物柴油免征消费税。

5. 生产企业自产石脑油、燃料油用于生产乙烯、芳烃类化工产品的，按实际耗用数量暂免征收消费税。

6. 军品以及军队系统所属企业出口军需工厂生产的应税产品在生产环节免征消费税，出口不再退税。

7. 对无汞原电池、金属氢化物镍蓄电池（又称氢镍蓄电池或镍氢蓄电池）、锂原电池、锂离子蓄电池、太阳能电池、燃料电池和全钒液流电池免征消费税。

二、纳税义务发生时间

1. 纳税人销售应税消费品的，按不同的销售结算方式分别为：

（1）采取赊销和分期收款结算方式的，为书面合同约定的收款日期的当天；书面合同没有约定收款日期或者无书面合同的，为发出应税消费品的当天。

（2）采取预收货款结算方式的，为发出应税消费品的当天。

（3）采取托收承付和委托银行收款方式的，为发出应税消费品并办妥托收手续的当天。

（4）采取其他结算方式的，为收讫销售款或者取得索取销售款凭据的当天。

2. 纳税人自产自用应税消费品的，为移送使用的当天。

3. 纳税人委托加工应税消费品的，为纳税人提货的当天。

4. 纳税人进口应税消费品的，为报关进口的当天。

三、纳税期限

消费税的纳税期限分别为 1 日、3 日、5 日、10 日、15 日、1 个月或者 1 个季度。纳税人的具体纳税期限，由主管税务机关根据纳税人应纳税额的大小分别核定；不能按照固定期限纳税的，可以按次纳税。

纳税人以 1 个月或者 1 个季度为 1 个纳税期的，自期满之日起 15 日内申报纳税；以 1 日、3 日、5 日、10 日或者 15 日为 1 个纳税期的，自期满之日起 5 日内预缴税款，于次月 1 日起 15 日内申报纳税并结清上月应纳税款。

纳税人进口应税消费品，应当自海关填发海关进口消费税专用缴款书之日起 15 日内缴纳税款。

四、纳税地点

1. 纳税人销售应税消费品以及自产自用应税消费品的纳税地点。

（1）纳税人销售应税消费品，以及自产自用应税消费品，除国务院财政、税务主管部门另有规定外，应当向纳税人机构所在地或者居住地的主管税务机关申报纳税。

（2）纳税人到外县（市）销售或者委托外县（市）代销自产应税消费品的，于应税消费品销售后，向机构所在地或者居住地主管税务机关申报纳税。

（3）纳税人的总机构与分支机构不在同一县（市）的，应当分别向各自机构所在地的主管税务机关申报纳税；经财政部、国家税务总局或者其授权的财政、税务机关批准，可以由总机构汇总向总机构所在地的主管税务机关申报纳税。

（4）卷烟批发环节加征的消费税纳税地点为卷烟批发企业的机构所在地，总机构与分支机构不在同一地区的，由总机构申报纳税。

2. 委托加工应税消费品的纳税地点。

（1）委托加工应税消费品，除受托方为个人外，由受托方向机构所在地或者居住地的主管税务机关解缴消费税税款。

（2）委托个人加工的应税消费品，由委托方向其机构所在地或者居住地主管税务机关申报纳税。

3. 进口应税消费品的纳税地点。进口应税消费品，由进口人或者其代理人向报关地海关申报纳税（改在零售环节征收消费税的金银首饰除外）。

4. 退关或国外退货的应税消费品的补税地点。

（1）出口的应税消费品办理退税后，发生退关，或者国外退货进口时予以免税的，报关出口者必须及时向其机构所在地或者居住地主管税务机关申报补缴已退的消费税税款。

（2）纳税人直接出口的应税消费品办理免税后，发生退关或者国外退货，进口时已予以免税的，经机构所在地或者居住地主管税务机关批准，可暂不办理补税，待其转为国内销售时，再申报补缴消费税。

练习题

一、单项选择题

1. 根据消费税法的有关规定，下列行为中应缴纳消费税的是（　　）。

A. 进口雪茄烟　　B. 零售粮食白酒

C. 零售化妆品　　D. 进口服装

2. 依据消费税法的有关规定，下列消费品中属于消费税征税范围的是（　　）。

A. 用中轻型商用客车底盘改装的商务车

B. 电动汽车

C. 护肤护发品

D. 高尔夫车

3. 下列单位经营的应税消费品，不需缴纳消费税的是（　　）。

A. 啤酒屋利用啤酒生产设备生产的啤酒

B. 商场销售高档手表

C. 出国人员免税商店销售金银首饰

D. 汽车制造厂公益性捐赠的自产小轿车

4. 依据消费税法的有关规定，下列货物中属于消费税征税范围的是（　　）。

A. 高尔夫球包　　B. 竹制筷子

C. 鞭炮药引线　　D. 电动汽车

5. 下列关于消费税的征收规定中，说法不正确的是（　　）。

A. 单位和个人进口货物属于消费税征税范围的，在进口环节一般也要缴纳消费税

B. 改在零售环节征收消费税的金银首饰仅限于金基、银基合金首饰以及金、银和金基、银基合金的镶嵌首饰

C. 卷烟消费税在生产和批发两个环节征收后，批发企业在计算纳税时可以扣除已含的生产环节的消费税税款

D. 消费税的征收环节包括生产销售、委托加工、批发销售、进口环节、零售环节

6. 下列各项中，应按当期生产领用数量计算准予扣除已纳消费税税

款的是（　　）。

A. 委托加工已税高档手表生产的高档手表

B. 委托加工收回的汽油用于连续生产应税成品油

C. 委托加工已税涂料生产的涂料

D. 委托加工已税珠宝玉石生产的金银镶嵌首饰

7. 下列各项中，属于消费税纳税义务人的是（　　）。

A. 进口金银首饰的外贸企业

B. 受托加工烟丝的工业企业

C. 生产护手霜销售的工业企业

D. 将自产卷烟用于抵债的卷烟厂

8. 下列各项，属于消费税征税范围的是（　　）。

A. 烟叶　　B. 医用酒精

C. 影视演员化妆用的上妆油　　D. 鞭炮药引线

9. 下列应税消费品中，适用从价定率和从量定额复合计征办法计算消费税应纳税额的是（　　）。

A. 雪茄烟　　B. 啤酒

C. 白酒　　D. 小汽车

10. 甲卷烟批发企业为增值税一般纳税人，2018 年 11 月销售给乙卷烟批发企业 A 牌卷烟 100 标准箱，开具的增值税专用发票上注明销售额 200 万元；对外零售 A 牌卷烟 20 标准箱，开具普通发票，取得零售额 58.5 万元。甲卷烟批发企业当月应缴纳消费税（　　）万元。

A.2.5　　B.12.5

C.113.5　　D.141.8

11. 委托个体经营者加工应税消费品，消费税的纳税义务人应当是（　　）。

A. 委托方　　B. 受托方

C. 委托方或受托方　　D. 销售方

12. 某高尔夫球具厂以外购已税杆头为原料生产高尔夫球杆，下列关于外购已税杆头已纳消费税税款的处理，正确的是（　　）。

A. 外购已税杆头已纳的消费税可以按购进入库数量在计算高尔夫球杆应纳消费税税款中扣除

B. 外购已税杆头已纳的消费税可以按生产领用数量在计算高尔夫球杆应纳消费税税款中扣除

C. 外购已税杆头已纳的消费税可以按高尔夫球杆的出厂销售数量在计算高尔夫球杆应纳消费税税款中扣除

D. 外购已税杆头已纳的消费税不可以在计算高尔夫球杆应纳消费税税款中扣除

13. 消费税纳税人以 1 个季度为一个纳税期限的，应当自期满之日起（　　）日内申报纳税。

A.7　　B.10

C.15　　D.30

14. 下列出口业务中，实行消费税免税并退税的是（　　）。

A. 有出口经营权的生产性企业自营出口的自产应税消费品

B. 有出口经营权的外贸企业购进应税消费品直接出口

C. 生产企业委托外贸企业代理出口自产的应税消费品

D. 外贸企业受非生产性商贸企业委托代理出口应税消费品

二、多项选择题

1. 下列贵重首饰中，在零售环节缴纳消费税的有（　　）。

A. 包金首饰　　B. 镀金首饰

C. 金基、银基合金首饰　　D. 钻石饰品

2. 下列关于金银首饰应纳消费税的说法中，不正确的有（　　）。

A. 既销售金银首饰，又销售非金银首饰的生产、经营单位，凡未分别核算销售额的，一律按照金银首饰征收消费税

B. 对出国人员免税商店销售的金银首饰免征消费税

C. 带料加工的金银首饰应按受托方销售同类金银首饰的销售价格确定计税依据征收消费税

D. 纳税人采用翻新改制方式销售的金银首饰，应按同类新金银首饰的销售价格确定计税依据征收消费税

3. 下列业务中，应当征收消费税的有（　　）。

A. 化妆品厂将自产的香水作为样品赠送给客户

B. 卷烟厂将自产的烟丝用于继续生产卷烟

C. 鞭炮厂将自产的鞭炮用于职工福利

D. 地板厂将自产的实木地板用于抵偿债务

4. 下列关于从量计征消费税销售数量确定方法的表述中，正确的有（　　）。

A. 销售应税消费品的，为应税消费品的销售数量

B. 自产自用应税消费品的，为应税消费品的生产数量

C. 委托加工应税消费品的，为纳税人收回的应税消费品数量

D. 进口应税消费品的，为海关核定的应税消费品进口征税数量

5. 纳税人将自产的应税消费品用于下列情形的，应当以纳税人同类应税消费品的最高销售价格作为计税依据计算消费税的有（　　）。

A. 用于换取生产资料

B. 用于抵偿债务

C. 用于投资入股

D. 用于换取消费资料

6. 下列关于消费税的表述，正确的有（　　）。

A. 纳税人兼营不同税率的应税消费品，未分别核算销售额、销售数量的，应由税务机关分别核定销售额、销售数量，按照各自适用的税率计征消费税

B. 纳税人兼营不同税率的应税消费品，未分别核算销售额、销售数量的，应从高适用税率征收消费税

C. 以外购已税燃料油为原料继续生产的应税消费品，应按生产领用数量计算准予扣除的外购燃料油已纳的消费税税款

D. 纳税人将不同税率的应税消费品组成成套消费品销售的，从高适用税率计征消费税

7. 根据消费税法的有关规定，下列说法中不正确的有（　　）。

A. 委托个体工商户加工的应税消费品，由委托方收回后在委托方所在地缴纳消费税

B. 计算委托加工环节应税消费品组成计税价格的加工费不包括代垫辅助材料的成本和增值税税款

C. 受托方没有按规定代收代缴消费税税款的，由受托方补缴税款和滞纳金

D. 委托加工的应税消费品，其消费税纳税义务发生时间为纳税人提货的当天

8. 下列关于消费税纳税义务发生时间的表述中，正确的有（　　）。

A. 纳税人进口的应税消费品，其纳税义务发生时间为报关进口的当天

B. 纳税人自产自用的应税消费品，其纳税义务发生时间为移送使用的当天

C. 纳税人采取分期收款结算方式销售的应税消费品，其纳税义务发生时间为销售合同规定的收款日期的当天

D. 纳税人采取托收承付方式销售的应税消费品，其纳税义务发生时间为取得销售款的当天

9. 下列外购商品中已缴纳的消费税，可以从本企业应纳消费税税额中扣除的有（　　）。

A. 进口已税烟丝生产的卷烟

B. 从工业企业购进已税珠宝玉石为原料生产的珠宝玉石

C. 进口已税溶剂油为原料生产的溶剂油

D. 从工业企业购进已税摩托车生产的摩托车

10. 根据委托加工应税消费品的规定，下列选项中不属于应当征收消费税的是（　　）。

A. 受托方负责采购委托方所需原材料的

B. 受托方提供原材料和全部辅助材料的

C. 受托方代垫原料和主要材料，委托方提供辅助材料的

D. 委托方提供原料和主要材料，受托方代垫部分辅助材料的

11. 下列有关消费税征税规定的表述，正确的有（　　）。

A. 商场零售化妆品时，其包装物无论是否分别核算，均应并入销售额中计征消费税

B. 收取啤酒包装物押金时间超过一年不再退还的，该押金应换算为不含税价计征消费税

C. 摩托车厂收取的逾期不再退还的摩托车包装物押金，应计算征收消费税

D. 按现行税法的规定，酒类生产企业白酒的包装物押金无论如何核算，均在收取当期计征消费税

12. 下列属于复合计征消费税的货物有（　　）。

A. 烟丝　　　　B. 卷烟

C. 啤酒　　　　　　　　　　D. 粮食白酒

13. 某化妆品生产企业在销售化妆品的同时，向购买方收取的以下款项中，属于价外费用的有（　　）。

A. 手续费

B. 返还利润

C. 承运部门的运输费用发票开具给购买方由销售方转交的运费

D. 违约金

14. 下列关于消费税纳税申报的陈述，正确的有（　　）。

A. 自产应税消费品于销售环节纳税

B. 委托加工应税消费品，由受托方办理代收代缴消费税申报

C. 委托加工应税消费品，委托方应向税务机关提供已由受托方代收代缴税款完税证明

D. 纳税人进口应税消费品，应当自海关填发进口消费税专用缴款书之日起10日内申报缴纳税款

15. 根据现行税法的规定，下列消费品的生产经营环节既征收增值税又征收消费税的有（　　）。

A. 批发环节销售的卷烟　　　　B. 零售环节销售的金基合金首饰

C. 批发环节销售的白酒　　　　D. 申报进口的高尔夫球具

三、判断题

1. 在现行消费税的征税范围中，除卷烟、白酒外，其他一律不得采用从价定率和从量定额相结合的混合计税方法。（　　）

2. 对委托加工应税消费品，当受托方没有代扣代缴消费税时，应在税务检查中要求受托方补缴税款并对受托方进行处罚。（　　）

3. 应税消费品征收消费税的，其税基含有增值税；应税消费品征收增值税的，其税基不含消费税。（　　）

4. 纳税人除委托个体经营者加工应税消费品一律于委托方收回后在委托方所在地缴纳消费税外，其余的委托加工应税消费品均由受托方在向委托方交货时代收代缴消费税。（　　）

5. 外贸企业只有受其他外贸企业委托，代理出口应税消费品才可办理消费税的退税。（　　）

6. 从其他工、商企业购进的已税消费品，用于继续生产应税消费品

销售的，在计征消费税时，生产耗用的外购应税消费品的已纳消费税税款准予扣除。（　）

7. 企业应将不同消费税税率的出口应税消费品分开核算和申报退税，凡划分不清适用税率的，一律从低适用税率计算应退消费税税额。（　）

8. 对饮食业、商业、娱乐业举办的啤酒屋（啤酒坊）利用啤酒生产设备生产的啤酒，应当征收消费税和增值税。（　）

9. 纳税人通过自设独立核算门市部销售的自产应税消费品，应当按照门市部对外销售额或者销售数量征收消费税。（　）

10. 出口应税消费品的消费税退税率为该应税消费品的消费税税率。（　）

四、计算题

1. 某烟草进出口公司 10 月从国外进口卷烟 80 000 条（每条 200 支），支付买价 2 000 000 元，支付到达我国海关前的运输费用 120 000 元、保险费用 80 000 元。关税完税价格 2 200 000 元。（假定进口卷烟关税税率为 20%。）

要求：计算进口卷烟消费税、增值税。

2. 某酒厂 12 月发生以下业务：

（1）以外购粮食白酒和自产糠麸白酒勾兑的散装白酒 1 吨并销售，取得不含税收入 3.8 万元，货款已收到。

（2）自制粮食白酒 5 吨，对外售出 4 吨，收到不含税销售额 20 万元（含包装费 3 万元），另收取包装物押金（单独核算）0.2 万元。

（3）以自制白酒 1 000 斤继续加工成药酒 1 200 斤，全部售出，普通发票上注明销售额 7.2 万元。

（4）从另一酒厂购入粮食白酒 800 斤（已纳消费税 0.4 万元），全部勾兑成低度白酒出售，数量 1 000 斤，取得不含税收入 2.5 万元。

（5）为厂庆活动特制白酒 2 000 千克，全部发放职工，无同类产品售价，成本为每千克 15 元。

白酒定额税率为 0.5 元 / 斤，比例税率为 20%；其他酒比例税率为 10%；粮食白酒的成本利润率为 10%。

要求：计算该酒厂本月应纳消费税。

3. 某化妆品生产企业为增值税一般纳税人，2018 年 10 月上旬从国外进口一批散装高档化妆品，关税完税价格 150 万元。本月内企业将进口的散装高档化妆品的 80% 生产加工为成套化妆品 7 800 件，对外批发销售 6 000 件，取得不含税销售额 290 万元；向消费者零售 800 件，取得含税销售额 51.48 万元。高档化妆品的进口关税税率 20%、消费税税率 15%。

要求：(1) 计算该企业在进口环节应缴纳的消费税、增值税。

(2) 计算该企业国内生产销售环节应缴纳的增值税、消费税。

4. 露露酒厂（一般纳税人）生产白酒、啤酒，12 月有以下业务：

(1) 销售自产白酒 30 吨，每吨售价 4 000 元（不含税）；负责送货，收取运输及装卸费 1 000 元，开具运输发票；另收取包装物押金 1 000 元。货物发出，款项已收到。

(2) 特制一批葡萄酒发给本厂职工，生产成本总额 40 000 元。

(3) 销售当月生产的啤酒 100 吨，每吨生产成本 1 580 元，出厂价 3 200 元（不含税），共取得销售收入 320 000 元，另收取包装物押金 3 000 元。

要求：计算该酒厂当月应纳的消费税税额。

第四章

关税法与船舶吨税法

第一节　关税的基本要素

一、关税的特点及分类

关税法是调整关税征纳关系的法律规范的总称。我国现行关税法主要包括《中华人民共和国海关法》（以下简称《海关法》）的有关规定，以及《中华人民共和国进出口关税条例》（以下简称《进出口关税条例》）和《中华人民共和国海关进出口税则》（以下简称《海关进出口税则》）。关税是海关对进出口国境（或关境）的货物、物品，就其流转额征收的一种税。

（一）关税的特点

1. 以进出国境或关境的货物和物品为征税对象。关税不同于因商品交换或提供劳务取得收入而课征的流转税，也不同于因取得所得或拥有财产而课征的所得税或财产税，而是对特定货物和物品途经海关通道进出口征税。

2. 关税由海关管理机构代表国家征收。关税的征收管理一般独立于其他国内税收，我国关税由专门负责进出口事务管理的海关总署及其所属机构具体管理和征收。

3. 关税具有涉外统一性，执行统一的对外经济政策。征收关税不单纯是为了满足政府财政的需要，更重要的是利用关税来贯彻执行统一的对外经济政策，实现国家的政治经济目标。关税税率可以调节进出口贸易。在出口方面，通过低税、免税和退税来鼓励商品出口；在进口方面，通过税率的高低、减免来调节商品的进口。

4. 实行复式税则。同一进口货物设置优惠税率和普通税率。优惠税率是一般的、正常的税率，适用于同我国签订了贸易条约或协定的国家；普通税率适用于同我国没有签订贸易条约或协定的国家。这种复式税则充分反映了关税具有维护国家主权、平等互利发展国际贸易往来和经济技术合作的特点。

（二）关税的分类

依据不同的标准，关税可以划分为不同的种类。

1. 按征税对象不同，可分为进口关税、出口关税和过境关税。

（1）进口关税，是指海关对进口货物和物品征收的关税。进口关税有正税和附加税之分。附加税亦称特别关税，是因某种特定的目的而对进口的货物和物品征收的关税，如反倾销税、反补贴税、报复关税等。附加税不是一个独立的税种，是从属于进口正税的。

①反倾销税，是针对实行商品倾销的进口商品而征收的一种进口附加税。

②反补贴税，是对于直接或间接接受奖金或补贴的进口货物和物品征收的一种进口附加税。

我国政府规定，任何国家或地区对其进口的原产于中华人民共和国的货物征收歧视性关税或者给予其他歧视性待遇的，我国海关对原产于该国家或地区的进口货物，可以征收特别关税。

（2）出口关税，是指海关对出口货物和物品征收的关税。发达国家一般都取消了出口关税，也有部分国家基于限制本国某些产品或自然资源输出等原因，对部分出口货物征收出口关税。

（3）过境关税，是对外国经过本国国境运往另一国的货物所征收的关税。目前，世界上大多数国家都不征收过境关税，我国也不征收。

2. 按征收的标准，可以分为从价税、从量税、复合税、滑准税。

（1）从价税，是一种最常用的关税计税标准。它以货物的价格或者价值为征税标准，以应征税额占货物价格或者价值的百分比为税率，价格越高则税额越高。目前，我国海关计征关税的标准主要是从价税。

（2）从量税，以货物的数量、重量、体积、容量等计量单位为计税标准，以每计量单位货物的应征税额为税率。我国目前对原油、啤酒和胶卷等进口商品征收从量税。

（3）复合税，又称混合税，即订立从价、从量两种税率，随着完税价格和进口数量而变化，征收时两种税率合并计征。它是对某种进口货物混合使用从价税和从量税的一种关税计征标准。我国目前仅对录像机、放像机、摄像机、数字照相机和摄录一体机等进口商品征收复合税。

（4）滑准税，是根据货物的不同价格适用不同税率的一类特殊的从价税。它是一种关税税率随进口货物价格由高至低而由低至高设置计征关税的方法。我国目前仅对进口新闻纸实行滑准税。

3. 按货物国别来源而区别对待的原则，可以分为最惠国关税、协定关税、特惠关税和普通关税。

（1）最惠国关税适用于原产于与我国共同适用最惠国待遇条款的WTO成员国或地区的进口货物，或原产于与我国签订了相互给予最惠国待遇条款的双边贸易协定的国家或地区的进口货物。

（2）协定关税适用于原产于我国参加的含有关税优惠条款的区域性贸易协定的有关缔约方的进口货物。

（3）特惠关税适用于原产于与我国签订了特殊优惠关税协定的国家或地区的进口货物。

（4）普通关税适用于原产于上述国家或地区以外的国家或地区的进口货物。

二、征税对象

关税征税对象仅限于准许进出境的货物或物品。货物是指贸易性的进出口商品；物品是指非贸易性的进出口商品，包括入境旅客随身携带的行李物品，个人邮递进境的物品，各种运输工具上的服务人员携带的进口物品、馈赠物品以及以其他方式进境的个人物品。关税在货物或物品进出关境的环节一次性征收。

三、纳税人

进口货物的收货人、出口货物的发货人、进出境物品的所有人，是关税的纳税人。进出口货物的收、发货人是依法取得对外贸易经营权，并从事进口或者出口货物业务的法人或者其他社会团体。进出境物品的所有人包括该物品的所有人和推定为所有人的人。一般情况下，对携带进境的物品，推定其携带人为所有人；对分离运输的行李，推定相应的进出境旅客为所有人。对以邮递方式进境的物品，推定其收件人为所有人；对以邮递或其他运输方式出境的物品，推定其寄件人或托运人为所有人。

四、进出口税则与税率

（一）进出口税则

关税的进出口税则是指一国政府制定并公布实施的进出口货物和物品应税的关税税率表。我国现行税则包括《进出口关税条例》《税率适用说明》《海关进出口税则》，以及进口商品从量税、复合税、滑准税税目税率表，进口商品关税配额税目税率表，进口商品税则暂定税率表，出口商品税则暂定税率表，非全税目信息技术产品税率表等。

税率表作为税则主体，包括税则商品分类目录和税率栏两大部分。税则商品分类目录是把种类繁多的商品加以综合，按照不同特点分门别类地简化成数量有限的商品类目，分别编号，按序排列，称为税则号列，并逐号列出该号中应列入的商品名称。商品分类的原则即归类规则，包括归类总规则和各类、章、目的具体注释。税率栏是按商品分类目录逐项定出的税率栏目。我国现行进口税则为四栏税率，出口税则为一栏税率。税则归类就是按照税则的规定，将每项具体进出口商品按其特性在税则中找出其最适合的某一个税号，即“对号入座”，以便确定其适用的税率，计算关税税负。税则归类错误会导致关税多征或少征，影响关税作用的发挥。

关税的税目和税率由《海关进出口税则》规定。《海关进出口税则》是根据世界海关组织（WCO）发布的《商品名称及编码协调制度》（以下简称《协调制度》）制定的。该制度是科学、系统的国际贸易商品分类体系，是国际上多个商品分类目录协调的产物，能满足与国际贸易有关的多方面的需要，如海关、统计、贸易、运输、生产等，是国际贸易商品分类的一种“标准语言”。它包括三个部分：归类总规则、进口税率表、出口税率表。其中，归类总规则是进出口货物分类的具有法律效力的原则和方法。

《协调制度》是国际上多个商品分类目录综合的产物，其最大特点就是适合与国际贸易有关的各方面的需要，是国际贸易商品分类的“标准语言”。加入《商品名称及编码协调制度公约》的成员均使用《协调制度》作为编制本国税则及统计目录的基础，即这些国家和地区的进出口税则及海关统计商品目录的前六位数都与《协调制度》相同。目前使用《协调制度》的国家和地区涵盖了国际贸易总量的98%。

我国于1992年正式加入《商品名称及编码协调制度公约》，现行的进出口税则及海关统计商品目录都是以《协调制度》为基础制定的。

为适应国际贸易形式的变化及科技的发展，世界海关组织每4~6年对《协调制度》进行一次全面修订，2017年版《协调制度》于2017年1月1日生效。它共有242组修订（其中9组为后续修订）。修订后，4位数品目删除3个，增加1个；6位数子目删除73个，增加235个；另有200个子目项下的商品范围和商品归类做了调整。

（二）关税税率

我国现行关税税率分为进口关税税率和出口关税税率两类。

1. 进口关税税率

加入WTO之前，我国进口税则设有两栏税率，即普通税率和优惠税率。对原产于与我国未订有关税互惠协议的国家或地区的进口货物，按照普通税率征税；对原产于与我国订有关税互惠协议的国家或地区的进口货物，按照优惠税率征税。

加入WTO之后，为履行我国在加入WTO关税减让谈判中承诺的有关义务，享有WTO成员应有的权利，自2002年1月1日起，我国进口税则设有最惠国税率、协定税率、特惠税率、普通税率、关税配额税率等税率。

此外，对进口货物在一定期限内可以实行暂定税率。不同税率的运用是以进口货物的原产地为标准的，确定进境货物原产地的主要原因之一是便于正确运用进口税则的各栏税率，对产自不同国家或地区的进口货物适用不同的关税税率。我国采用“全部产地生产标准”“实质性加工标准”两种国际通用的原产地标准。

全部产地生产标准是指进口货物“完全在一个国家（地区）内生产或制造”，生产或制造国即为该货物的原产地。

实质性加工标准是用于确定有两个或两个以上国家（地区）参与生产的产品的原产地标准，其基本含义是：经过几个国家（地区）加工、制造的进口货物，以最后一个对货物进行经济上可以视为实质性加工的国家（地区）作为有关货物的原产地。实质性加工是指产品加工后，在进出口税则中四位数税号一级的税则归类已经有了改变，或者加工增值部分所占新产品总值的比例已超过 30%。

此外，按照规定实行关税配额管理的进口货物，如对部分进口农产品和化肥产品实行关税配额制度。关税配额内的，适用较低的关税配额税率；关税配额外的，税率的适用按上述税率的形式的规定执行，适用较高的配额外税率。

根据经济发展的需要，我国对部分进口原材料、零部件、农药原药和中间体、乐器及生产设备实行暂定税率。适用最惠国税率的进口货物有暂定税率的，应当适用暂定税率；适用协定税率、特惠税率的进口货物有暂定税率的，应当从低适用税率；适用普通税率的进口货物，不适用暂定税率。进境物品税调整方案自 2016 年 4 月 15 日起实施。我国进境物品进口税率表见表 4-1。

2. 出口关税税率

我国出口税则为一栏税率，即出口税率。国家仅对少数资源性产品及易于竞相杀价、盲目出口、需要规范出口秩序的半制成品征收出口关税。现行税则对 100 余种商品计征出口关税，主要是鳗鱼苗、部分有色金属矿砂及精矿、生锑、磷、氟钽酸钾、苯、山羊板皮、部分铁合金、钢铁废碎料、铜和铝原料及制品、镍锭、锌锭、锑锭。对上述范围内的部分商品实行 0~25% 的暂定税率，此外，根据需要对其他 200 种商品

表 4-1 **我国进境物品进口税率表**

税号	物品名称	税率（%）
1	书报、刊物、教育用影视资料；计算机、视频摄录一体机、数字照相机等信息技术产品；食品、饮料；金银；家具；玩具、游戏品、节日或其他娱乐用品	15
2	运动用品（不含高尔夫球及球具）、钓鱼用品；纺织品及其制成品；电视摄像机及其他电器用具；自行车；税号1、3中未包含的其他商品	30
3	烟、酒；贵重首饰及珠宝玉石；高尔夫球及球具；高档手表；化妆品	60

注：税号3所列商品的具体范围与消费税征收范围一致。

征收暂定税率。与进口暂定税率一样，出口暂定税率优先适用于出口税则中规定的出口税率。我国真正征收出口关税的商品只有20种，税率也较低。

（三）税率的运用

《进出口关税条例》规定，进出口货物应当依照税则规定的归类原则归入合适的税号，并按照适用的税率征税。

1. 进出口货物，应当按照纳税义务人申报进口或者出口之日实施的税率征税。

2. 进口货物到达前，经海关核准先行申报的，应当按照装载此货物的运输工具申报进境之日实施的税率征税。

3. 进出口货物的补税和退税，适用该进出口货物原申报进口或者出口之日所实施的税率，但下列情况除外：

（1）按照特定减免税办法批准予以减免税的进口货物，后因情况改变经海关批准转让或出售或移作他用需予补税的，适用海关接受纳税人再次填写报关单申报办理纳税及有关手续之日实施的税率征税。

（2）加工贸易进口料件等属于保税性质的进口货物，如经批准转为内销，应按向海关申报转为内销之日实施的税率征税；如未经批准擅自转为内销，则按海关查获日期所实施的税率征税。

（3）暂时进口货物转为正式进口需予补税的，应按其申报正式进口之日实施的税率征税。

（4）分期支付租金的租赁进口货物，分期缴税时，适用海关接受纳税人再次填写报关单申报办理纳税及有关手续之日实施的税率征税。

（5）溢卸、误卸货物事后确定需征税时，应按原运输工具申报进口日期所实施的税率征税。如原进口日期无法查明，可按确定补税当天实施的税率征税。

（6）对由于税则归类的改变、完税价格的审定或其他工作差错而需补税的，应按原征税日期实施的税率征税。

（7）经批准缓税进口的货物以后缴税时，不论是分期还是一次缴清税款，都应按货物原进口之日实施的税率征税。

（8）查获的走私进口货物需补税时，应按查获日期实施的税率征税。

（四）进出口关税调整

经国务院批准，2018 年关税调整方案自 2018 年 1 月 1 日起实施。

1. 进口关税税率。

（1）最惠国税率。

①自 2018 年 1 月 1 日起对 948 项进口商品实施暂定税率，其中 27 项信息技术产品的暂定税率实施至 2018 年 6 月 30 日止。

②对《中华人民共和国加入世界贸易组织关税减让表修正案》附表所列信息技术产品的最惠国税率，自 2018 年 1 月 1 日至 2018 年 6 月 30 日继续实施第二次降税，自 2018 年 7 月 1 日起实施第三次降税。

③自 2018 年 7 月 1 日起，对碎米（税号 10064010、10064090）实施 10% 的最惠国税率。

（2）关税配额税率。继续对小麦等 8 类商品实施关税配额管理，税率不变。其中，对尿素、复合肥、磷酸氢铵 3 种化肥的配额税率继续实施 1% 的暂定税率。继续对配额外进口的一定数量棉花实施滑准税。

（3）协定税率。

①中国与格鲁吉亚自贸协定项下的部分产品开始实施协定税率。

②中国与东盟、巴基斯坦、韩国、冰岛、瑞士、哥斯达黎加、秘鲁、澳大利亚、新西兰的自贸协定，以及内地分别与香港和澳门更紧密经贸安排（CEPA）项下部分商品的协定税率进一步降低。

③中国与智利、新加坡的自贸协定，亚太贸易协定以及海峡两岸经济合作框架协议（ECFA）项下的商品继续实施协定税率，商品范围和税率水平均维持不变。

（4）特惠税率。对有关最不发达国家继续实施特惠税率，商品范围和税率水平维持不变。

2. 出口关税税率。统筹考虑产业发展和出口情况变化，取消钢材、绿泥石等产品的出口关税，适当降低三元复合肥、磷灰石、煤焦油、木片、硅铬铁、钢坯等产品的出口关税。对铬铁等 202 项出口商品征收出口关税或实行出口暂定税率。

3. 税则税目。根据国内需要对部分税则税目进行调整。经调整后，2018 年税则税目数共计 8 549 个。

4. 为进一步扩大改革开放，推动供给侧结构性改革，促进汽车产业转型升级，满足人民群众消费需求，自 2018 年 7 月 1 日起，降低汽车整车及零部件进口关税。将汽车整车税率为 25% 的 135 个税号和税率为 20% 的 4 个税号的税率降至 15%，将汽车零部件税率分别为 8%、10%、15%、20%、25% 的共 79 个税号的税率降至 6%。

第二节　关税的计算

一、计税依据

关税以进出口货物的完税价格为计税依据。关税的完税价格是指海关计征关税的价格，由海关以该货物的成交价格为基础审查确定。成交价格不能确定时，完税价格由海关依法估定。

（一）一般进口货物完税价格

进口货物以海关审定的以成交价格为基础的到岸价格为完税价格。实际成交价格是一般贸易项目下进口或者出口货物的买方为购买该货物向卖方实付或应付的价格。到岸价格是指货物在采购地的正常批发价格，加上国外已征的出口税和运抵我国输入地点起卸前的包装费、运费、保险费、手续费等一切费用。用公式表示为：

进口货物关税完税价格 = 货价 + 采购费用（包括货物运抵中国关境内输入地起卸前的运输、保险和其他劳务等费用）

进口货物的成交价格，因有不同的成交条件而有不同的价格形式，常用的价格条款有 FOB、CFR、CIF 三种。

FOB 是含义为“船上交货”的价格术语的简称，又称离岸价格。

CFR 是含义为“成本加运费”的价格术语的简称，又称离岸加运费价格。

CIF 是含义为“成本加运费、保险费”的价格术语的简称，习惯上又称到岸价格。

实付或应付价格调整规定如下：

1. 下列费用或者价值未包括在进口货物的实付或者应付价格中，应当计入完税价格：

（1）由买方负担的除购货佣金以外的佣金和经纪费。购货佣金是指买方为购买进口货物向自己的采购代理人支付的劳务费用。经纪费是指买方为购买进口货物向代表买卖双方利益的经纪人支付的劳务费用。

（2）由买方负担的与该货物视为一体的容器费用。

（3）由买方负担的包装材料和包装劳务费用。

（4）可以按照适当比例分摊的，由买方直接或间接免费提供或以低于成本价方式销售给卖方或有关方的货物或服务的价值。

（5）与该货物有关并作为卖方向我国销售该货物的一项条件，应当由买方直接或间接支付的特许权使用费。

（6）卖方直接或间接从买方对该货物进口后转售、处置或使用所得中获得的收益。

2. 下列费用，如能与该货物实付或者应付价格区分，不得计入完税价格：

（1）厂房、机械、设备等货物进口后的基建、安装、装配、维修和技术服务的费用。

（2）货物运抵境内输入地点之后的运输费用。

（3）进口关税及其他国内税。

3. 进口货物的价格不符合成交价格条件或者成交价格不能确定的，海关应当依下列顺序估定完税价格：

（1）相同货物成交价格方法；

（2）类似货物成交价格方法；

（3）倒扣价格方法；

（4）计算价格方法；

（5）以其他合理方法确定的价格为基础估定完税价格。

（二）特殊进口货物完税价格

1. 加工贸易进口料件及其制成品：

（1）进口时须征税的进料加工进口料件，以料件申报进口时的价格估定。

（2）内销进料加工进口料件或其制成品，以料件原进口时的价格估定。

（3）内销来料加工进口料件或其制成品，以料件申报内销时的价格估定。

（4）出口加工区内企业内销的制成品，以制成品申报内销时的价格估定。

（5）保税区内加工企业内销进口料件或其制成品，分别以料件或制成品申报内销时的价格估定（制成品中扣除境内采购料件价格）。

（6）加工贸易过程中产生的边角料，以申报内销时的价格估定。

2. 保税区或出口加工区销往区外、保税仓库出库内销的进口货物（不含加工贸易进口料件及其制成品），以海关审定的价格估定（含区内、库内发生的仓储、运输及相关费用）。

3. 运往境外修理的货物，规定期限内复运进境，以海关审定的境外修理费、料件费、复运进境运输及相关费用、保险费估定价格。

4. 运往境外加工的货物，以海关审定的境外加工费、料件费、复运进境运输及相关费用、保险费估定价格。

5. 暂时进境的货物，按一般进口货物估价办法估定价格。

6. 租赁方式进口货物：

（1）以租金方式支付的，以海关审定的租金估定价格；

（2）留购的租赁货物，以海关审定的留购价格估定价格；

（3）承租人一次缴纳税款，按一般进口货物估价办法估定价格。

7. 留购进口货样，以海关审定的留购价格估定。

8. 予以补税的减免税货物，原进口时价格扣除折旧，即原进口价格×［1-实际使用时间（月）÷（监管年限×12）］。

9. 其他方式进口货物，按一般进口货物估价办法估定价格。

（三）进口货物完税价格中运输及相关费用、保险费的计算

1. 以一般陆运、空运、海运方式进口的货物

在进口货物的运输及相关费用、保险费计算中，海运进口货物可计算至货物运抵境内的卸货口岸（包括内江、内河口岸）。陆运进口货物可计算至该货物境内的第一口岸；如果运输及相关费用、保险费支付至目的地口岸，则计算至目的地口岸。空运进口货物计算至该货物境内的第一口岸；如果该货物的目的地为境内的第一口岸外的其他口岸，则计算至目的地口岸。

陆运、空运、海运进口货物的运费、保险费应当按照实际支付的费用计算。如果进口货物的运费无法确定或未实际发生，应当按照该货物进口同期运输行业公布的运费率（额）计算运费，按照“货价+运费”两者总额的3‰计算保险费。

2. 以其他方式进口的货物

邮运的进口货物，应当以邮费作为运输及相关费用、保险费；以境外边境口岸价格条件成交的铁路或公路运输进口货物，应当按照货价的1%计算运输及相关费用、保险费；作为进口货物的自驾进口的运输工具，可以不另行计算运费。

（四）出口货物的完税价格

1. 以成交价格为基础的完税价格

出口货物的完税价格，以该货物向境外销售的成交价格为基础审查确定，并应包括货物运至我国境内输出地点装卸前的运输及相关费用、保险费，但不含出口关税和支付给境外能单独列明的佣金。

2. 出口货物海关估价方法

出口货物的成交价格不能确定时，完税价格由海关依次使用下列方法估定：

（1）同时或大约同时向同一国家或地区出口的相同货物的成交价格；

（2）同时或大约同时向同一国家或地区出口的类似货物的成交

价格；

（3）根据境内生产相同或类似货物的成本、利润和一般费用、境内发生的运输费用及相关费用、保险费计算所得的价格；

（4）按照合理方法估定的价格。

二、应纳关税的计算

（一）应纳进口关税的计算

1. 从价关税的计算公式

应纳关税税额=应税进口货物数量×单位完税价格×税率

=完税价格×税率

2. 从量关税的计算公式

应纳关税税额=应税进口货物数量×单位货物税额

3. 复合关税的计算公式

应纳关税税额=应税进口货物数量×单位货物税额+完税价格×税率

4. 滑准关税的计算公式

应纳关税税额=完税价格×滑准关税税率

【例 4-1】某商贸公司具有进出口经营权，2018 年 11 月相关经营业务如下：

（1）进口高档化妆品一批，支付国外买价 220 万元、境内复制权费 6 万元、购货佣金 4 万元；支付运抵我国海关地前的运输费用 20 万元、装卸费用和保险费用 11 万元；支付海关地再运往商贸公司的运输费用 8 万元、装卸费用和保险费用 3 万元；关税税率为 20%。

（2）将一台设备运往境外修理，出境时向海关报明价值 100 000 美元，支付境外修理费 4 000 美元、料件费 1 000 美元；支付复运进境的运输费 2 000 美元和保险费 500 美元。当期汇率 1∶6.20，关税税率为 7%。

（3）2016 年 11 月 1 日，经批准进口一台符合国家特定免征关税的科研设备用于研发项目，设备进口时经海关审定的完税价格折合人民币 800 万元（关税税率为 10%），海关规定的监管年限为 5 年；2018 年 11 月 1 日，该公司研发项目完成后，将已计提折旧 200 万元的免税设备出售给国内另一家企业。

要求：（1）计算业务（1）应缴纳的关税、消费税、增值税；

（2）计算业务（2）应缴纳的关税、增值税；

（3）计算业务（3）应补缴的关税。

解：（1）进口货物在境内的复制权费不得计入完税价格，购货佣金不计入完税价格，支付运抵我国海关地前的费用应计入完税价格。

关税=（220+20+11）×20%=50.20（万元）

进口高档化妆品组成计税价格=（220+20+11+50.20）÷（1−15%）

=354.35（万元）

进口高档化妆品的消费税=354.35×15%=53.15（万元）

进口高档化妆品的增值税=354.35×16%=56.70（万元）

（2）通过报明海关运往境外修理的设备复运进境，以海关审定的境外修理费和料件费估定完税价格。

完税价格=（4 000+1 000）×6.20=31 000（元）

应纳关税=31 000×7% =2 170（元）

应纳增值税=（31 000+2 170）×16%=5 307.2（元）

（3）完税价格=800×（1−2÷5）=480（万元）

应补缴关税=480×10%=48（万元）

（二）应纳出口关税的计算

我国出口关税有从价和从量征收两种计征标准。

1. 实行从价计征标准的出口关税的计算方法

（1）计算公式：

应征出口关税税额=完税价格×出口关税税率

完税价格=成交价格÷（1+出口关税税率）

（2）计算程序：

①按照归类原则确定税则归类，将应税货物归入恰当的税目税号；

②根据完税价格审定办法、规定，确定应税货物的完税价格；

③根据汇率使用原则和税率使用原则，将外币折算成人民币；

④按照计算公式正确计算应征出口关税税款。

【例 4−2】某外贸企业 2018 年 12 月从某钢铁厂购进钢铁废料 1 000 吨，直接报关离境出口。钢铁废料出厂价每吨 4 800 元，离岸价每吨 720 美元（汇率 1：6.20），假设出口关税税率为 10%。

要求：计算该批钢铁废料应缴的出口关税。

解：（1）完税价格=1 000×720×6.20÷（1+10%）=4 058 181.82（元）

（2）出口关税税额=4 058 181.82×10%=405 818.18（元）

2. 实行从量计征标准的出口关税的计算方法

（1）计算公式：

应征出口关税税额=货品数量×单位税额

（2）计算程序：

①按照归类原则确定税则归类，将应税货物归入恰当的税目税号；

②根据原产地规则和税率使用原则，确定应税货物所适用的税率；

③确定实际出口量；

④按照计算公式正确计算应征出口关税税款。

【例 4-3】某纺织品进出口集团公司从山东威海出口棉质女式大衣 2 000 件、毛制男式长裤 2 250 条，成交总价（FOB）分别为 6 000 美元、7 875 美元。

棉质女式大衣归入税目税号 6202.1290，税率为 4 元/件；毛制男式长裤归入税目税号 6203.4100，税率为 3 元/条。

要求：计算应征出口关税。

解：应征从量出口关税税额=2 000×4+2 250×3=14 750（元）

三、行李和邮递物品进口税

行李和邮递物品进口税是海关对入境旅客行李物品和个人邮递物品征收的进口税。由于其中包含了在进口环节由海关代征的增值税、消费税，因而也是对个人非贸易性入境物品征收的进口关税和进口工商税收的总称。

我国《关于入境旅客行李物品和个人邮递物品征收进口税办法》规定的应征税物品有：入境旅客行李物品中的应税行李物品、个人邮递物品中的应税自用物品、运输工具服务人员携带进口的应税自用物品、用其他方式进口的个人应税自用物品。目前，入境个人物品征税范围新增设了个人数字助理机（PDA）、MP3 播放机、MP4 播放机等新型电子产品。

进口应税个人自用汽车、摩托车及配件、附件所适用的征税办法不同于其他个人自用物品。对进口应税个人自用汽车、摩托车及配件、附件，应按《海关进出口税则》和其他有关税法的规定征税。

海关总署规定数额以内的个人自用进境物品，免征进口税。超过海关总署规定数额但仍在合理数量以内的个人自用进境物品，由进境物品的纳税义务人在进境物品放行前按照规定缴纳进口税。超过合理、自用数量的进境物品应当按照进口货物依法办理相关手续。

国务院关税税则委员会规定，按货物征税的进境物品，按照《进出口关税条例》第2章至第4章的规定征收关税。

携带应税行李物品、自用物品进境的旅客及运输工具服务人员，进境个人邮递物品的收件人，以其他方式进口个人自用物品的收件人，是进口税的纳税义务人。

海关按照进境物品进口税税率表及海关总署制定的中华人民共和国进境物品归类表、中华人民共和国进境物品完税价格表对进境物品进行归类，确定完税价格和适用税率。自2016年4月15日起，进口税的征税项目从原来四类调整为三类，实行15%、30%、60%三档比例税率，详见表4-1。

进口税实行从价计征，计税依据为完税价格。由于个人物品来自世界各地，数量零星，品种繁杂，同样物品的价格并不完全相同，甚至同一品种物品的价格在同一地区也有差异，因而海关一般参照国际市场平均零售价格确定完税价格。计算公式为：

进口税税额=完税价格×进口税税率

进境物品适用海关填发税款缴款书之日实施的税率和完税价格。

纳税义务人应当在海关放行应税个人自用物品之前缴纳税款。

进境物品放行后，海关发现少征或者漏征税款，自纳税义务人缴纳税款或者物品放行之日起1年内，向纳税义务人补征。因纳税义务人违反规定而造成的少征或者漏征税款，海关在3年以内可以追征。海关多征的税款，海关发现后应当立即退还；纳税义务人亦可要求海关退还，但应在缴纳税款之日起1年内申请退还，逾期不予办理。

【例4-4】某出国人员回国带入境内一台数码相机，完税价格折合人民币4 000元，进口税适用税率为15%。

要求：计算该回国人员应纳的关税。

解：应纳税额=4 000×15%=600（元）

第三节　关税的申报与缴纳

一、关税的减免税

关税减免分为法定减免、特定减免和临时减免。除法定减免外的其他减免税均由国务院决定。

（一）法定减免

法定减免是指根据《海关法》《进出口关税条例》《海关进出口税则》规定的减免，包括：

1. 关税税额在人民币 50 元以下的一票货物可以免税。

2. 无商业价值的广告品和货样可以免税。

3. 外国政府、国际组织无偿赠送的物资可以免税。

4. 进出境运输工具装载的途中必需的燃料、物料和饮食用品可以免税。

5. 经海关核准暂时进境或者暂时出境并在 6 个月内复运出境或者复运进境的货样、展览品、施工机械、工程车辆、工程船舶、供安装设备时使用的仪器和工具、电视或者电影摄制器械、盛装货物的容器以及剧团服装道具，在货物收发人向海关缴纳相当于税款的保证金或者提供担保后，准予暂时免纳关税。

6. 为境外厂商加工、装配成品和为制造外销产品而进口的原材料、辅料、零件、部件、配套件和包装物料，海关按照实际加工出口的成品数量免征进口关税；或者对进口料件先征进口关税，再按照实际加工出口的成品数量予以退税。

7. 因故退还的中国出口货物，经海关审查属实，可免予征收进口关税，但已征的出口关税不予退还。

8. 因故退还的境外进口货物，经海关审查属实，可免予征收出口关税，但已征的进口关税不予退还。

9. 有下列情形之一的进口货物，海关可以酌情减免关税：

（1）在境外运输途中或者起卸时，遭受损坏或者损失的；

（2）起卸后海关放行前，因不可抗力遭受损坏或者损失的；

（3）海关查验时已经破漏、损坏或者腐烂，经证明不是保管不慎造成的。

10. 补偿、更换的无代价抵偿货物进口可以免税，但有残损或质量问题的原进口货物如未退运国外，其进口的无代价抵偿货物应该征税。

11. 中华人民共和国缔结或者参加的国际条约规定减征、免征关税的货物、物品。

12. 法律规定减免征税的其他货物，按照规定予以减免关税。

（二）特定减免

特定减免是指在法定减免之外，为了适应经济发展的需要，由海关总署、财政部根据国务院的政策所规定的减免税，以及对某些情况经过特别批准实施的减免税，包括科教用品、残疾人专用品、扶贫慈善性捐赠物资、加工贸易产品、边境贸易进口物资、保税区进出口货物、出口加工区进出口货物、进口设备、特定行业或用途的减免税政策。

（三）临时减免

临时减免是指国务院运用一案一批原则，针对某个纳税人、某类商品、某个项目或某批货物的特殊情况，特别照顾，临时给予的减免。

二、申报与纳税期限

进口货物的纳税义务人应当自运输工具申报进境之日起 14 日内，出口货物的纳税义务人除海关特准的外，应当在货物运抵海关监管区后、装货 24 小时以前，向货物的进出境地海关申报。

纳税人应当在海关填发税款缴款书之日起 15 日内向指定银行缴纳税款。逾期缴纳税款的，海关应当自缴款期限届满之日起至缴清税款之日止，按日加收滞纳税款 5‰ 的滞纳金。如果纳税人自海关填发税款缴款书之日起 3 个月仍未缴纳税款，经海关关长批准，海关可以采取强制扣缴、变价抵缴等强制措施。

关税纳税义务人因不可抗力或在国家税收政策调整的情况下，不能按期纳税的，经海关总署批准，可以延期纳税，但最长不得超过 6 个月。

三、纳税地点

关税的缴纳地点，应根据纳税人申报及进出口货物的具体情况确定。

1. 关境地征收，即口岸征收。这是一种进出口货物在哪里通关，纳税人即在哪里纳税的常见方式。

2. 主管地征收，即集中征收。这是一种由纳税人所在地的海关（主管地海关）监管其通关，关税也在纳税人所在地缴纳的方式。该方式只适用于集装箱运输。

四、追征与退还

1. 关税补征，是因非纳税人违反海关规定造成少征或漏征关税，关税补征期为缴纳税款或货物放行之日起 1 年内。

2. 关税追征，是因纳税人违反海关规定造成少征或漏征关税，关税追征期为进出口货物完税之日或货物放行之日起 3 年内。

3. 如遇下列情况之一，可自缴纳税款之日起 1 年内，书面声明理由，连同原纳税收据向海关申请退税，逾期不予受理：

（1）因海关误征，多纳税款的。

（2）核准免验进口的货物，在完税后，发现有短缺情况，经审查认可的。

（3）已征出口关税的货物，因故未装运出口，申报退关，经海关查验属实的。对已征出口关税的出口货物和已征进口关税的进口货物，因货物品种或规格原因原状复运进境或出境的，才能退税；属于其他原因且不能以原状复运进境或出境的，不能退税。

第四节　船舶吨税法

船舶吨税法是调整船舶吨税征收与缴纳关系的法律规范的总称。现行船舶吨税的基本规范是 2017 年 12 月 27 日第十二届全国人民代表大会常务委员会第三十一次会议通过的《中华人民共和国船舶吨税法》（以下简称《船舶吨税法》），自 2018 年 7 月 1 日起施行。

一、征税范围

船舶吨税是对从境外港口进入我国境内港口的应税船舶征收的一种税。自境外港口进入境内港口的应税船舶，应当缴纳船舶吨税。

二、税率

船舶吨税设置了优惠税率和普通税率。

中华人民共和国籍的应税船舶，船籍国（地区）与我国签订含有相互给予船舶税费最惠国待遇条款的条约或者协定的应税船舶，适用优惠税率。

其他应税船舶，适用普通税率。

船舶吨税的税目、税率依照《船舶吨税法》所附的船舶吨税税目税率表执行，见表 4-2

表 4-2　　**船舶吨税税目税率表**

<table>
<tr><th rowspan="3">税　目
（按船舶净吨位划分）</th><th colspan="6">税　率（元/净吨）</th><th rowspan="3">备　注</th></tr>
<tr><th colspan="3">普通税率
（按执照期限划分）</th><th colspan="3">优惠税率
（按执照期限划分）</th></tr>
<tr><th>1年</th><th>90日</th><th>30日</th><th>1年</th><th>90日</th><th>30日</th></tr>
<tr><td>不超过 2 000 净吨</td><td>12.6</td><td>4.2</td><td>2.1</td><td>9.0</td><td>3.0</td><td>1.5</td><td rowspan="4">1. 拖船按照发动机功率每 1 千瓦折合净吨位 0.67 吨。
2. 无法提供净吨位证明文件的游艇，按照发动机功率每千瓦折合净吨位 0.05 吨。
3. 拖船和非机动驳船分别按相同净吨位船舶税率的 50% 计征税款</td></tr>
<tr><td>超过 2 000 净吨，但不超过 10 000 净吨</td><td>24.0</td><td>8.0</td><td>4.0</td><td>17.4</td><td>5.8</td><td>2.9</td></tr>
<tr><td>超过 10 000 净吨，但不超过 50 000 净吨</td><td>27.6</td><td>9.2</td><td>4.6</td><td>19.8</td><td>6.6</td><td>3.3</td></tr>
<tr><td>超过 50 000 净吨</td><td>31.8</td><td>10.6</td><td>5.3</td><td>22.8</td><td>7.6</td><td>3.8</td></tr>
</table>

三、应纳税额的计算

船舶吨税按照船舶净吨位和船舶吨税执照期限征收。应纳税额按照船舶净吨位乘以适用税率计算。计算公式为：

应纳税额=船舶净吨位×定额税率（元）

净吨位，是指由船籍国（地区）政府授权签发的船舶吨位证明书上标明的净吨位。应税船舶负责人在每次申报纳税时，可以按照船舶吨税税目税率表选择申领一种期限的船舶吨税执照。

应税船舶在进入港口办理入境手续时，应当向海关申报纳税领取船舶吨税执照，或者交验船舶吨税执照。应税船舶在离开港口办理出境手续时，应当交验船舶吨税执照。

应税船舶负责人申领船舶吨税执照时，应当向海关提供下列文件：

1. 船舶国籍证书或者海事部门签发的船舶国籍证书收存证明；

2. 船舶吨位证明。

【例 4-5】2018 年 9 月 20 日，B 国某运输公司一艘货轮驶入我国某港口，该货轮净吨位 30 000 吨，货轮负责人已向我国当地海关领取了船舶吨税执照，在港口停留期为 30 天。B 国与我国签订了相互给予船舶税费最惠国待遇条款。

要求：计算应缴纳的船舶吨税。

解：（1）根据船舶吨税的相关规定，该货轮应享受优惠税率，每净吨位为 3.3 元。

（2）应缴纳的船舶吨税=30 000×3.3=99 000（元）

四、税收优惠

（一）直接优惠

下列船舶免征船舶吨税：

1. 应纳税额在人民币 50 元以下的船舶；

2. 自境外以购买、受赠、继承等方式取得船舶所有权的初次进口到港的空载船舶；

3. 船舶吨税执照期满后 24 小时内不上下客货的船舶；

4. 非机动船舶（不包括非机动驳船）；

5. 捕捞、养殖渔船；

6. 避难、防疫隔离、修理、终止运营或者拆解，并不上下客货的船舶；

7. 军队、武装警察部队专用或者征用的船舶；

8. 依照法律规定应当予以免税的外国驻华使领馆、国际组织驻华代表机构及其有关人员的船舶；

9. 国务院规定的其他船舶。

上述 5～8 项优惠，应当提供海事部门、渔业船舶管理部门或者卫生检疫部门等部门、机构出具的具有法律效力的证明文件或者使用关系证明文件，申明免税理由。

（二）延期优惠

应税船舶在进入港口办理入境手续时，应当向海关申报纳税领取船舶吨税执照，或者交验船舶吨税执照。在船舶吨税执照期限内，应税船舶发生下列情形之一的，海关按照实际发生的天数批注延长船舶吨税执照期限：

1. 避难、防疫隔离、修理，并不上下客货。

2. 军队、武装警察部队征用。

3. 应税船舶因不可抗力在未设立海关地点停泊的，船舶负责人应当立即向附近海关报告，并在不可抗力原因消除后，向海关申报纳税。

上述船舶应当提供海事部门、渔业船舶管理部门或者卫生检疫部门等部门、机构出具的具有法律效力的证明文件或者使用关系证明文件，申明延长船舶吨税执照期限的依据和理由。

五、征收管理

1. 船舶吨税由海关负责征收。海关征收船舶吨税应制发缴款凭证。

2. 船舶吨税纳税义务发生时间为应税船舶进入港口的当日。

3. 应税船舶在船舶吨税执照期满后尚未离开港口的，应当申领新的船舶吨税执照，自上一次执照期满的次日起续缴船舶吨税。

4. 应税船舶负责人应当自海关填发船舶吨税缴款凭证之日起 15 日内向指定银行缴清税款。未按期缴清税款的，自滞纳税款之日起，按日加收滞纳税款 5‰ 的滞纳金。

5. 应税船舶到达港口前，经海关核准先行申报并办结出入境手续的，应税船舶负责人应当向海关提供与其依法履行船舶吨税缴纳义务相适应的担保；应税船舶到达港口后，依照规定向海关申报纳税。

练习题

一、单项选择题

1. 凡是我国允许进口或出口的（　　），在进出关境时，除国家另有规定外，都应依照《海关进出口税则》的规定征收进口关税和出口关税。

A. 各种货物　　B. 货物、物品

C. 货物、运输工具和人员　　D. 物品

2. 下列项目中，属于进口完税价格组成部分的有（　　）。

A. 进口人向境外采购代理人支付的佣金

B. 进口人向卖方支付的购货佣金

C. 进口设施的安装调试费用

D. 货物运抵境内输入地点起卸之后的运输费用

3. 关税纳税义务人因不可抗力或者在国家税收政策调整的情形下，不能按期缴纳税款的，经海关总署批准，可以延期缴纳税款，但最多不得超过（　　）个月。

A.3　　B.6

C.9　　D.12

4. 关税税率随进口商品价格由高到低而由低到高设置，这种计征关税的方法称为（　　）。

A. 从价税　　B. 从量税

C. 复合税　　D. 滑准税

5. 进口货物的保险费应计入进口完税价格中，但陆、空、邮运进口货物的保险费无法确定时，可按货价加运费之和的（　　）计算保险费。

A.1‰　　B.2‰

C.3%　　D.3‰

6. 在缴纳关税时，纳税义务人应当自海关填发税款缴款书之日起（　　）日内，向指定银行缴纳税款。

A.15　　B.20

C.25　　D.30

7. 下列各项中，符合关税有关对特殊进口货物完税价格规定的是（　　）。

A. 运往境外加工的货物，应以加工后进境时的到岸价格为完税价格

B. 准予暂时进口的施工机械，应当按照一般进口货物估价办法的规定估定完税价格

C. 转让进口的免税旧货物，以原入境的到岸价为完税价格

D. 留购的进口货样，以进口价格作为完税价格

8. 下列各项中，符合关税法定免税规定的是（　　）。

A. 残疾人专用品

B. 边境贸易进出口的基建物资和生产用车辆

C. 关税税款在人民币 100 元以下的一票货物

D. 经海关核准进口的无商业价值的广告品和货样

9. 以下项目中，计入进口货物关税完税价格的项目有（　　）。

A. 货物运抵境内输入地点之后的运输费用

B. 进口关税

C. 国内保险费

D. 卖方间接从买方对该货物进口后使用所得中获得的收益

10. 进口货物的完税价格，由海关以进出口货物的（　　）为基础审定完税价格。

A. 申报价格　　B. 到岸价格

C. 离岸价格　　D. 实际成交价格

二、多项选择题

1. 下列项目中，不计入进口货物完税价格的有（　　）。

A. 进口关税及其他国内税

B. 进口设备进口后的维修服务费用

C. 货物运抵我国境内输入地起卸后的运输装卸费

D. 进口货物在境内的复制权费

2. 下列各项中，属于关税法定纳税义务人的有（　　）。

A. 进口货物的收货人　　B. 进口货物的代理人

C. 出口货物的发货人　　D. 出口货物的代理人

3. 进口货物的到岸价格包括货价，加上货物运达我国输入地点起卸

前的有关费用，这些费用包括（　　）。

A. 包装费　　B. 运输费

C. 保险费　　D. 手续费

4. 下列未包含在进口货物价格中的项目，应计入关税完税价格的有（　　）。

A. 由买方负担的购货佣金

B. 由买方负担的包装材料和包装劳务费

C. 由买方负担的经纪费用

D. 由买方负担的与该货物视为一体的容器费用

5. 下列符合关于入境旅客行李物品和个人邮递物品征收进口税办法的有（　　）。

A. 个人物品行李的进口税包括关税和增值税、消费税

B. 进境物品进口税的纳税义务人不得委托他人代为办理纳税手续

C. 进口税从价计征

D. 进境物品适用海关填发税款缴款书之日的税率和完税价格

6. 进口关税计征方法包括（　　）。

A. 从价税　　B. 从量税

C. 复合税　　D. 反倾销税

7. 目前，我国既可以采用从价又可以采用从量计征方式的税种是（　　）。

A. 进口关税　　B. 进口环节增值税

C. 进口环节消费税　　D. 出口关税

8. 下列选项中，如能与该货物实付价格区分，不得列入进口关税完税价格的费用有（　　）。

A. 进口关税及其他国内税

B. 货物运抵境内输入地点之后的运输费用

C. 买方为购进货物向代表双方利益的经纪人支付的劳务费

D. 为在境内复制进口货物而支付的费用

9. 下列各项中，属于进口附加税的是（　　）。

A. 滑准税　　B. 反补贴税

C. 反倾销税　　D. 保障措施关税

10. 下列关于关税征税对象的说法中，正确的有（　　）。

A. 关税的征税对象是准许进出境的货物，但是不包括物品

B. 香港虽是我国的单独关境区，但是其完全适用我国海关法律、法规等

C. 飞机上的乘务人员携带进口的自用物品属于关税的征税对象

D. 个人邮寄的物品属于关税的征税对象

11. 下列关于船舶吨税的说法，正确的是（　　）。

A. 拖船和非机动驳船按相同净吨位船舶税率的50%计征税款

B. 船舶吨税设置一栏税率

C. 船舶吨税按照船舶净吨位和执照期限征收

D. 船舶吨税由海关负责征收

三、判断题

1. 我国目前对进出口货物试行从量关税、复合关税和滑准关税。（　　）

2. 出口货物应以海关审定的成交价格为基础的离岸价格为关税的完税价格。（　　）

3. 出口货物完税价格中不包括货物从内地口岸至最后出境口岸所支付的国内段运输费用，进口货物完税价格包括国内段运费。（　　）

4. 为了鼓励出口，我国只对进口货物或物品征收关税，不征出口关税。（　　）

5. 我国对少数进口商品计征关税时所采用的滑准税实质上是一种特殊的从价税。（　　）

6. 出口关税税率只有一栏普通税率。（　　）

7. 关税纳税人同海关就进口增值税、消费税发生纳税争议，可在缴纳税款后向税务机关申请复议。（　　）

8. 行李和邮递物品进口税简称行邮税，是海关对入境旅客行李物品和个人邮递物品征收的进口税。其中，包含了在进口环节征收的增值税、消费税。（　　）

9. 如果一国境内设有自由贸易区、自由港等，则该国的关境大于国境。（　　）

10. 关税完税价格并不一定等于纳税人向海关申报的价格，只有经

过海关审核并接受的申报价格才能作为完税价格。 (　　)

四、计算题

1. 上海某进出口公司从美国进口货物一批，货物以离岸价格成交，成交价格折合人民币 1 410 万元（包括单独计价并已经海关审查属实的向境外采购代理人支付的买方佣金 10 万元，但不包括向境外支付的软件费 50 万元、向卖方支付的佣金 15 万元），另支付货物运抵我国上海港的运费、保险费等 35 万元。假设该货物关税税率为 20%，增值税税率 16%，消费税税率 10%。

要求：分别计算该公司应纳的关税、消费税和增值税。

2. 某企业 2018 年 11 月将一台账面余值 55 万元的进口设备运往境外修理，当月在海关规定的期限内复运进境。经海关审定的境外修理费 4 万元、料件费 6 万元。假定该设备的进口关税税率为 30%。

要求：计算该企业应纳的关税。

3. 我国某公司 2018 年 11 月从国内甲港口出口一批锌锭到国外，成交价格 170 万元（不含出口关税），其中包括货物运抵甲港口装载前的运输费 10 万元、单独列明支付给境外的佣金 12 万元。甲港口到国外目的地港口之间的运输保险费 20 万元。锌锭出口关税税率为 20%。

要求：计算该公司出口锌锭应纳的出口关税。

4.2018 年 12 月 10 日，A 国某运输公司的一艘拖船驶入我国某港口，该拖船发动机功率为 44 776.12 千瓦，拖船负责人已向我国海关领取了船舶吨税执照，在港口停留期限为 30 天。A 国与我国签订了相互给予船舶税费最惠国待遇条款。已知船舶净吨位超过 10 000 净吨但不超过 50 000 净吨、执照期限为 30 日的普通税率为 4.6 元/净吨、优惠税率为 3.3 元/净吨。

要求：计算应缴纳的船舶吨税。

第五章

城市维护建设税法与教育费附加

第一节　城市维护建设税法

城市维护建设税法是调整城市维护建设税（以下简称城建税）征纳关系的法律规范的总称。它是国家对缴纳增值税、消费税（以下简称“两税”）的单位和个人征收的一种附加税。现行城建税的基本规范是 1985 年 2 月 8 日国务院发布并于同年 1 月 1 日实施的《中华人民共和国城市维护建设税暂行条例》（简称《城市维护建设税暂行条例》，2011 年 1 月 8 日根据国务院令第 588 号《国务院关于废止和修改部分行政法规的决定》对其进行了修订），以及 2010 年 10 月 18 日国务院发布的《关于统一内外资企业和个人城市维护建设税和教育费附加制度的通知》。

城建税是一种具有受益性质的行为税，具有以下特点：

第一，征税范围较广。城建税以缴纳的增值税和消费税税额为税基，意味着对所有纳税人都要征收城建税。它的征税范围比其他税种的征税范围都要广。

第二，属于一种附加税。城建税以增值税和消费税实际缴纳的税额为计税依据，随增值税和消费税同时附征。税法规定对纳税人减免增值税和消费税时，相应也减免了城建税，征管方法基本按照增值税和消费税的有关规定办理。

第三，根据城镇规模设计税率。城建税的负担水平不是依据纳税人获取的利润水平或经营特点，而是根据纳税人所在城镇的规模及资金需要设计的。城镇规模大的，税率高一些；反之，就低一些。

第四，税款专款专用。城建税所征税款要求保证用于城市的公用事业及公共设施的维护和建设。

一、纳税人

城建税的纳税人是指在征税范围内从事工商经营活动缴纳增值税、消费税的单位和个人，即负有缴纳“两税”义务的单位和个人。自 2010 年 12 月 1 日起，对外商投资企业、外国企业及外籍个人（统称外资企业）征收城建税。之前，城建税只对内资企业、单位和个人征收。

二、税率

城建税实行地区差别比例税率，按纳税人所在地的行政区划来设定适用税率，具体为：

1. 纳税人所在地在城市市区的，税率为 7%；

2. 纳税人所在地在县城、建制镇的，税率为 5%；

3. 纳税人所在地不在城市市区、县城、建制镇的，税率为 1%。

纳税人一般应按所在地适用的税率计算纳税，但对下列两种情况，可按缴纳“两税”所在地的适用税率就地缴纳城建税：

（1）由受托方代征、代扣“两税”的单位和个人，其代征代扣的城建税按受托方所在地适用税率；

（2）流动经营等无固定经营场所和纳税地点的单位和个人，在经营地缴纳“两税”的，其城建税的缴纳按经营地适用税率。

对铁道部应纳的城建税，税率统一为 5%。

三、应纳税额的计算

城建税以纳税人实际缴纳的增值税、消费税税额为计税依据。纳税人违反"两税"的有关规定而加收的滞纳金和罚款，不作为城建税的计税依据，但纳税人在被查补"两税"和被处以罚款时，应同时对其偷漏的城建税进行补税、征收滞纳金和罚款。

享受增值税期末留抵退税政策的集成电路企业，其退还的增值税期末留抵税额，应在城市维护建设税、教育费附加和地方教育附加的计税（征）依据中予以扣除。

城建税应纳税额的计算公式为：

应纳税额=实际缴纳的增值税和消费税税额×适用税率

【例 5-1】位于某市的甲地板厂 2018 年 11 月购进一批原材料，取得普通发票注明价款 800 000 元；当月委托位于县城的乙工厂加工成实木地板，取得的乙工厂开具的增值税专用发票上注明加工费 140 000 元、辅料费 10 000 元。乙工厂当月交付 50% 的实木地板，12 月交付剩余部分。

要求：计算乙工厂 11 月应代收代缴甲地板厂的城建税（实木地板消费税税率为 5%）。

解：应代收代缴城建税=（800 000+140 000+10 000）×50%÷（1-5%）×5%×5%

=1 250（元）

四、申报与缴纳

（一）减免税

城建税原则上不单独减免，但因城建税具有附加税性质，当主税发生减免时，城建税也相应减免。城建税的税收减免有以下几种情况：

1. 城建税按减免后实际缴纳"两税"税额计征，即随"两税"的减免而减免。

2. 对"两税"实行先征后返、先征后退、即征即退办法的，除另有规定外，对随"两税"附征的城建税和教育费附加，一律不予退（返）还。

3. 海关对进口产品代征"两税"的，不征收城建税；对出口产品退还“两税”的，不退还已缴纳的城建税。

4. 经国务院批准，为支持国家重大水利工程建设，对国家重大水利工程建设基金免征城建税和教育费附加。

（二）纳税地点

1. 纳税人直接缴纳“两税”的，在缴纳地缴纳城建税。

2. 代扣代缴的纳税地点。代征、代扣、代缴“两税”的企业单位，同时也要代征、代扣、代缴城建税。如果没有代扣城建税，应纳税单位或个人回到其所在地申报纳税。

3. “营改增”后，各银行缴纳的增值税均由取得业务收入的核算单位就地缴纳。县以上各级银行直接经营业务取得的收入，由各级银行分别在所在地纳税；县和设区的市，由县支行或区办事处在其所在地纳税，而不能分别按所属营业所的所在地计算纳税。

第二节　教育费附加

教育费附加是对缴纳“两税”的单位和个人征收的一种附加费。现行教育费附加的基本规范是《国务院关于修改〈征收教育费附加的暂行规定〉的决定》，自 2005 年 10 月 1 日起施行，以及 2010 年 10 月 18 日国务院发布的《关于统一内外资企业和个人城市维护建设税和教育费附加制度的通知》。2016 年 5 月 1 日我国全面实行“营改增”试点后，对教育费附加的有关规定也相应发生了变化。

教育费附加作为专项收入，由教育部门统筹安排使用。此外，一些地方政府为发展地方教育事业，还根据教育法的规定，开征了“地方教育附加费”。

一、纳费人

教育费附加的纳费人是指负有缴纳增值税和消费税义务的单位和个人。

二、征收率

教育费附加的征收率为 3%，地方教育附加征收率为 2%。

三、教育费附加的计算

教育费附加以纳税人实际缴纳的“两税”税额为计费依据。计算公式为：

应纳教育费附加=实际缴纳的增值税和消费税×3%

【例 5-2】某县城一家食品加工企业为增值税小规模纳税人，2018 年 7 月购进货物取得普通发票，销售额合计 5 万元；销售货物开具普通发票，销售额合计 72.1 万元；出租设备，取得收入 10.3 万元。

要求：计算当期应纳的城建税、教育费附加和地方教育附加。

解：应纳城建税=（72.1+10.3）÷（1+3%）×3%×5%=0.120（万元）

应纳教育费附加=（72.1+10.3）÷（1+3%）×3%×3%=0.072（万元）

应纳地方教育附加 =（72.1+10.3）÷（1+3%）×3%×2%=0.048（万元）

四、申报与缴纳

纳税人申报缴纳“两税”的同时，申报、缴纳教育费附加。

海关进口产品征收“两税”，不征收教育费附加。

教育费附加由税务机关负责征收。

练习题

一、单项选择题

1. 位于市区的某企业 2018 年 11 月缴纳增值税、消费税和关税 562 万元，其中关税 102 万元、进口环节缴纳的“两税”260 万元。该企业 11 月应缴纳的城建税为（　　）万元。

A.14.00　　B.18.20

C.32.20　　D.39.34

2. 单位或个人发生下列（　　）行为，在缴纳相关税费的同时，还应缴纳城建税。

A. 私营企业销售货物　　B. 某企业进口货物一批

C. 企业购置车辆　　D. 个人取得有奖发票中奖所得

3. 下列情况中，符合城建税有关规定的是（　　）。

A. 个体经营者不缴纳城建税

B. 流动经营的纳税人在经营地缴纳城建税

C. 流动经营的纳税人在居住地缴纳城建税

D. 城建税的减免只有省、市、自治区政府有权决定

4. 根据现行规定，关于城建税和教育费附加的减免规定，下列表述正确的是（　　）。

A. 对出口产品退还增值税、消费税的，可以同时退还已征的教育费附加

B. 对海关进口产品征收的增值税、消费税，应征收教育费附加

C. 对因减免税而需要进行增值税、消费税退库的，不可以同时退还已征的城建税

D. 对增值税、消费税实行先征后返、先征后退、即征即退办法的，除另有规定外，对随征的城建税，一律不予退（返）还

5. 下列项目中，不作为城建税计税依据的是（　　）。

A. 纳税人被认定为偷税少缴的增值税税款

B. 纳税人被认定为抗税少缴的消费税税款

C. 纳税人应纳的增值税

D. 对欠缴增值税加收的滞纳金

6.2018 年 11 月，某市区专营进出口业务的生产企业计算出口货物应退税额 20 万元，免抵税额 20 万元；当月进口货物向海关缴纳增值税 35 万元、消费税 25 万元。该企业当月应缴纳城建税及教育费附加（　　）万元。

A.5.6　　B.1.4

C.4.2　　D.2.0

7.2018 年 6 月，某市区专营进出口业务的生产企业计算出口货物应退税额 20 万元，免抵税额 20 万元；当月进口货物向海关缴纳增值税 35 万元、消费税 25 万元。该企业当月应缴纳城建税、教育费附加及地方教育附加（　　）万元。

A.5.6　　B.5.4

C.4.2　　D.2.4

8. 下列项目中，属于城建税计税依据的是（　　）。

A. 中外合资企业在华机构缴纳的企业所得税

B. 个体工商户拖欠增值税加收的滞纳金

C. 个人独资企业偷税被处的增值税罚款

D. 外资商场偷逃的增值税税金

9. 目前我国城建税的税率实行（　　）。

A. 纳税人所属行业差别比例税率

B. 纳税人所在地差别比例税率

C. 纳税人所属行业累进税率

D. 纳税人所在地统一累进税率

10. 地方教育附加的计征比例为（　　）。

A.1%　　　　B.2%

C.3%　　　　D.5%

二、多项选择题

1. 城建税和教育费附加的计算基数不包括下列（　　）项目。

A. 某生产企业出口货物确认的“免、抵、退”税额

B. 查补的增值税、消费税

C. 享受税收优惠而减免的增值税、消费税

D. 货物进口时征收的增值税、消费税

2. 下列行为中，需要缴纳城建税和教育费附加的有（　　）。

A. 政府机关出租房屋行为

B. 企业购买房屋行为

C. 油田开采天然原油并销售的行为

D. 企业产权整体转让行为

3. 下列情况中，不缴纳城建税的有（　　）。

A. 外商缴纳的增值税

B. 外商缴纳的消费税滞纳金

C. 某内资企业本月进口货物海关代征的增值税

D. 某服务性内资企业本年直接免征的增值税

4. 城建税适用的税率有（　　）。

A.7%　　　　B.5%

C.3%　　　　D.1%

5. 下列各项中，关于教育费附加的正确表述有（　　）。

A. 教育费附加征收率按照地区差别设定

B. 对海关进口的产品征收增值税、消费税，但不征收教育费附加

C. 出口产品退还增值税、消费税的，同时退还已征收的教育费附加

D. 外商投资企业和外国企业也要缴纳教育费附加

6. 下列各项中，属于城建税特点的有（　　）。

A. 税款专款专用，具有受益税性质

B. 实行从量定额征收

C. 征收范围广

D. 是一种附加税

7. 位于某市的卷烟生产企业委托设在某县城的烟丝加工厂加工一批烟丝。提货时，加工厂代收代缴消费税 1 600 元，其城建税和教育费附加按（　　）办法处理。

A. 在烟丝加工厂所在地缴纳城建税及教育费附加 160 元

B. 在烟丝加工厂所在地缴纳城建税 80 元

C. 在卷烟厂所在地缴纳教育费附加 48 元

D. 在卷烟厂所在地缴纳城建税及教育费附加 112 元

8. 下列各项中，属于城建税纳税义务人的有（　　）。

A. 国有企业　　B. 集体企业

C. 私营企业　　D. 外商投资企业

9. 下列说法中，符合城建税及教育费附加规定的是（　　）。

A. 纳税人缴纳增值税和消费税的地点，就是该纳税人缴纳教育费附加的地点

B. 由受托方代收代缴增值税和消费税的，代收代缴的城建税按受托方所在地适用税率执行

C. 海关对进口产品代征的增值税、消费税，不征收教育费附加

D. 纳税人因延迟缴纳而补缴增值税和消费税的，不需要补缴教育费附加

10. 下列关于教育费附加的说法中，正确的有（　　）。

A. 海关对进口产品代征消费税的，不代征教育费附加

B. 对于减免增值税、消费税而发生退税的，可以同时退还已征收的教育费附加

C. 出口产品退还增值税、消费税的，同时退还已征收的教育费附加

D. 流动经营无固定纳税地点的单位和个人，不缴纳教育费附加

三、判断题

1. 城建税的计税依据是纳税人实际缴纳的增值税和消费税税额之和。 (　　)

2. 由受托方代收代缴消费税的，代收代缴的城建税按委托方所在地的适用税率计算。 (　　)

3. 城建税的计税依据为纳税人实际缴纳的增值税、消费税税额和查补的增值税、消费税税额，以及对纳税人违反增值税、消费税法规而加收的滞纳金和罚款。 (　　)

4. 生产企业自营出口或委托外贸企业代理出口的自产货物在出口产品退还增值税、消费税时，一并退还已缴纳的城建税；有出口经营权的外贸企业收购后直接出口或委托其他外贸企业代理出口的货物在出口产品退还增值税、消费税时，不退还已缴纳的城建税。 (　　)

5. 某外贸企业进口一批小汽车，可按 1% 的最低档税率征收城建税。 (　　)

四、计算题

位于市区的某具有出口经营权的高尔夫球具厂，出口货物增值税实行“免、抵、退”税办法。2018 年 11 月期初增值税留抵税额为 3 800 元，当月还发生如下业务：

(1) 从境内购买原材料，取得的增值税专用发票上注明增值税 22 万元。

(2) 从境外购买原材料，关税完税价格为 80 万元，关税税率为 20%，海关已经代征进口环节增值税。

(3) 将自产的一批成本价为 60 万元的高尔夫球具移送下设的非独立核算门市部（位于本市），当月门市部将其中 70% 销售，取得价税合计 81.9 万元。

(4) 将一批成本价为 80 万元的高尔夫球具抵顶上月欠某原材料供应商的材料款。同类高尔夫球具平均不含税售价为 93.33 万元，最高不含税售价为 95 万元。

(5) 将自产的一批高尔夫球具销往美国，出口离岸价折合人民币 78 万元。

高尔夫球具适用的消费税税率为10%，成本利润率为10%。增值税出口退税率为13%，增值税征税率16%。企业取得的相关发票均经过税务机关认证并在当月抵扣。

要求：(1) 计算该高尔夫球具厂当月应缴纳或退还的增值税。

(2) 计算该高尔夫球具厂当月应缴纳的消费税。

(3) 计算该高尔夫球具厂当月应缴纳的城建税。

(4) 计算该高尔夫球具厂当月应缴纳的教育费附加。

第六章

资源税法与环境保护税法

第一节 资源税的基本要素

一、资源税的含义、特点及资源税改革

（一）资源税的含义

资源税法是调整资源税征收与缴纳关系的法律规范的总称。我国现行资源税的征收依据是 2011 年 9 月 21 日国务院第 173 次常务会议修订通过的《中华人民共和国资源税暂行条例》（以下简称《资源税暂行条例》）、财政部和国家税务总局修订通过的《中华人民共和国资源税暂行条例实施细则》（以下简称《资源税暂行条例实施细则》），以及《财政部、国家税务总局关于全面推进资源税改革的通知》（自 2016 年 7 月 1 日正式实施）。

资源是一个含义相当广泛的概念，包括自然资源和社会资源。资源

税是以各种自然资源为对象征收的一种税。自然资源是指天然存在的自然物质资源，一般包括土地资源、海洋资源、森林资源、草原资源、水力资源、生物资源、矿藏资源及阳光、空气等资源。目前我国开征的资源税以部分自然资源为征税对象，对在我国境内开采应税矿产品及生产盐的单位和个人征收。

（二）资源税的特点

我国现行资源税具有以下特点：

1. 对特定资源产品征税，征税范围小。资源税法采取列举方法，征税范围仅包括应税矿产品和盐，实质是一个矿产资源税制，范围仅限于采掘业。

2. 征税目的主要在于调节级差收入。资源税的立法目的主要在于调节资源开采企业因资源开采条件的差异所形成的级差收入，为资源开采企业之间开展公平竞争创造条件。

3. 实行从价计征和从量计征两种方式。

4. 资源税具有单一环节一次课征的特点，只在开采后出厂销售或移送自用环节纳税，其他批发、零售环节不再纳税。

（三）资源税改革

为深化财税制度改革，促进资源节约集约利用，加快生态文明建设，我国自 2016 年 7 月 1 日起全面推进资源税改革，主要内容包括：

1. 扩大资源税征收范围。

（1）开展水资源税改革试点工作。2016 年先在河北省开展试点，2017 年 12 月 1 日起试点扩展到北京、天津、山西、内蒙古、山东、河南、四川、陕西、宁夏等 9 个省（自治区、直辖市）。

（2）逐步将其他自然资源纳入征收范围。鉴于森林、草场、滩涂等资源在各地区的市场开发利用情况不尽相同，对其全面开征资源税条件尚不成熟，此次改革不在全国范围统一规定对森林、草场、滩涂等资源征税。

2. 实施矿产资源税从价计征改革。

3. 全面清理涉及矿产资源的收费基金。将全部资源品目矿产资源补偿费费率降为零，停止征收价格调节基金，取缔地方针对矿产资源违规设立的各种收费基金项目。

4. 合理确定资源税税率水平。

5. 加强矿产资源税收优惠政策管理，提高资源综合利用效率。

6. 关于收入分配体制及经费保障。

（1）按照现行财政管理体制，此次纳入改革的矿产资源税收入全部为地方财政收入。

（2）水资源税仍按水资源费中央与地方 1∶9 的分成比例不变。河北省在缴纳南水北调工程基金期间，水资源税收入全部留给该省。

（3）资源税改革实施后，相关部门履行正常工作职责所需经费，由中央和地方财政统筹安排和保障。

7. 关于实施时间。

（1）此次资源税从价计征改革及水资源税改革试点，自 2016 年 7 月 1 日起实施。

（2）已实施从价计征的原油、天然气、煤炭、稀土、钨、钼等 6 个资源品目资源税政策暂不调整，仍按原办法执行。

二、征税对象

资源税以应税矿产品和盐为征税对象。矿产品是指原矿和选矿产品，具体包括原油、煤炭、天然气、原矿、精矿（或原矿加工品）、金锭、氯化钠初级产品。资源税税目表见表 6-1。

表 6-1　**资源税税目表**

<table>
<tr><th colspan="3">征税范围</th><th>不征或暂不征收的项目</th></tr>
<tr><td colspan="3">原油（天然原油）</td><td>不包括人造石油</td></tr>
<tr><td colspan="3">天然气（专门开采或与原油同时开采的天然气）</td><td></td></tr>
<tr><td colspan="3">煤炭，包括原煤、未税原煤加工洗选煤</td><td>其他煤炭制品</td></tr>
<tr><td rowspan="2">金属矿</td><td>黑色金属矿</td><td rowspan="2">铁矿、金矿、铜矿等原矿或者精矿</td><td rowspan="3">对未列举的其他金属和非金属矿产品，由省级人民政府根据实际情况确定具体税目和适用税率</td></tr>
<tr><td>有色金属矿</td></tr>
<tr><td>非金属矿</td><td colspan="2">海盐、湖盐和井矿盐、提取地下卤水晒制的盐，包括固体盐和液体形态的初级产品；
石墨、煤层气、硅藻土等</td></tr>
</table>

对未列举名称的其他矿产品，省级人民政府可对本地区主要矿产品按矿种设定税目，对其余矿产品按类别设定税目，并按其销售的主要形

态（如原矿、精矿）确定征税对象。

为促进共伴生矿的综合利用，纳税人开采销售共伴生矿，共伴生矿与主矿产品销售额分开核算的，对共伴生矿暂不计征资源税；没有分开核算的，共伴生矿按主矿产品的税目和适用税率计征资源税。财政部、国家税务总局另有规定的，从其规定。

三、纳税人

资源税仅对在我国领域和管辖的其他海域开采矿产品或者生产盐的单位和个人征收，进口的矿产品和盐不征收资源税，对出口应税产品不免征或退还已纳资源税。

单位，是指企业、行政单位、事业单位、军事单位、社会团体及其他单位。

个人，是指个体工商户和其他个人。

其他单位和其他个人包括外商投资企业、外国企业及外籍人员。

自 2011 年 11 月 1 日起，中外合作开采陆上石油资源、海洋石油资源的中国企业和外国企业依法缴纳资源税，不再缴纳矿区使用费。

《资源税暂行条例》规定，为加强资源税的征管，收购未税矿产品的单位为资源税的扣缴义务人。收购未税矿产品的单位包括独立矿山、联合企业及其他收购未税矿产品的单位（包括个体工商户）。

独立矿山是指只有采矿或只有采矿和选矿、独立核算、自负盈亏的单位，其生产的原矿和精矿主要用于对外销售；联合企业是指采矿、选矿、冶炼（或加工）连续生产的企业或采矿、冶炼（或加工）连续生产的企业，其采矿单位一般是该企业的二级或二级以下核算单位；其他收购未税矿产品的单位是指自己并不生产应税矿产品，而从事矿产品原矿收购自用或卖给其他使用单位的矿产品收购单位。

四、税率

资源税主要采用比例税率，只对黏土、砂石和部分未列举名称的其他非金属矿产品实施从量计征，其他应税产品实施从价计征。独立矿山、联合企业收购未税矿产品，按照本单位应税产品税额、税率标准代扣代缴资源税。其他收购单位收购未税矿产品，按税务机关核定的应税产品税额、税率标准代扣代缴资源税。资源税税目税率表见表 6-2。

表 6-2 **资源税税目税率表**

序号	税目		征税对象	税率幅度
1	金属矿	铁矿	精矿	1%~6%
2		金矿	金锭	1%~4%
3		铜矿	精矿	2%~8%
4		铝土矿	原矿	3%~9%
5		铅锌矿	精矿	2%~6%
6		镍矿	精矿	2%~6%
7		锡矿	精矿	2%~6%
8		未列举名称的其他金属矿产品	原矿或精矿	税率不超过 20%
9	非金属矿	石墨	精矿	3%~10%
10		硅藻土	精矿	1%~6%
11		高岭土	原矿	1%~6%
12		萤石	精矿	1%~6%
13		石灰石	原矿	1%~6%
14		硫铁矿	精矿	1%~6%
15		磷矿	原矿	3%~8%
16		氯化钾	精矿	3%~8%
17		硫酸钾	精矿	6%~12%
18		井矿盐	氯化钠初级产品	1%~6%
19		湖盐	氯化钠初级产品	1%~6%
20		提取地下卤水晒制的盐	氯化钠初级产品	3%~15%
21		煤层（成）气	原矿	1%~2%
22		黏土、砂石	原矿	每吨或立方米 0.1~5 元
23		未列举名称的其他非金属矿产品	原矿或精矿	从量税率每吨或立方米不超过 30元，从价税率不超过 20%
24	海盐		氯化钠初级产品	1%~5%
25	原油			6%
26	天然气			6%
27	煤炭			2%~10%

注：（1）铝土矿包括耐火级矾土、研磨级矾土等高铝黏土。（2）氯化钠初级产品是指井矿盐、湖盐原盐、提取地下卤水晒制的盐和海盐原盐，包括固体和液体形态的初级产品。（3）海盐是指海水晒制的盐，不包括提取地下卤水晒制的盐。

第二节　资源税的计算

一、纳税环节

资源税在应税产品的销售或自用环节计算缴纳。以自采原矿加工精矿产品的，在原矿移送使用时不缴纳资源税，在精矿销售或自用时缴纳资源税。

纳税人以自采原矿加工金锭的，在金锭销售或自用时缴纳资源税。纳税人销售自采原矿或者自采原矿加工的金精矿、粗金，在原矿或者金精矿、粗金销售时缴纳资源税，在移送使用时不缴纳资源税。

二、计税依据

（一）从价定率征收的计税依据

1. 从价定率征收的计税依据为销售额，它是指纳税人销售应税产品向购买方收取的全部价款和价外费用，不包括增值税销项税额、运杂费用，以及符合条件的代为收取的政府性基金、行政事业性收费。

运杂费用是指应税产品从坑口或洗选（加工）地到车站、码头或购买方指定地点的运输费用、建设基金以及随运销产生的装卸、仓储、港杂费用。

运杂费用应取得合法有效凭据并与销售额分别核算，凡未取得合法有效凭据或不能与销售额分别核算的，应当一并计征资源税。

2. 原矿销售额与精矿销售额的换算或折算的确定。

为公平原矿与精矿之间的税负，对同一种应税产品，征税对象为精矿的，纳税人销售原矿时，应将原矿销售额换算为精矿销售额缴纳资源税；征税对象为原矿的，纳税人销售自采原矿加工的精矿时，应将精矿销售额折算为原矿销售额缴纳资源税。换算比或折算率原则上应通过原矿售价、精矿售价和选矿比计算，也可通过原矿销售额、加工环节平均成本和利润计算。

金矿以标准金锭为征税对象，纳税人销售金原矿、金精矿的，应比照上述规定将其销售额换算为金锭销售额缴纳资源税。

换算比或折算率应按简便可行、公平合理的原则，由省级财税部门确定，并报财政部、国家税务总局备案。

3. 特殊情形下销售额的确定：

（1）纳税人开采应税产品由其关联单位对外销售的，按其关联单位的销售额征收资源税。

（2）纳税人既有对外销售应税产品，又有将应税产品自用于除连续生产应税产品以外的其他方面的（包括用于非生产项目或生产非应税产品），则自用的这部分应税产品，按纳税人对外销售应税产品的平均价格计算销售额征收资源税。

（3）纳税人将其开采的应税产品直接出口的，按其离岸价格（不含增值税）计算销售额征收资源税。

（4）纳税人申报的应税产品销售额明显偏低并且无正当理由的、有视同销售应税产品行为而无销售额的，除财政部、国家税务总局另有规定外，按下列顺序确定销售额：

①按纳税人最近时期同类产品的平均销售价格确定；

②按其他纳税人最近时期同类产品的平均销售价格确定；

③按组成计税价格确定。

组成计税价格=成本×（1+成本利润率）÷（1–资源税税率）

公式中的成本是指应税产品的实际生产成本。成本利润率由省、自治区、直辖市税务机关确定。

（4）纳税人用已纳资源税的应税产品进一步加工应税产品销售的，不再缴纳资源税。纳税人以未税产品和已税产品混合销售或者混合加工为应税产品销售的，应当准确核算已税产品的购进金额，在计算加工后的应税产品销售额时，准予扣减已税产品的购进金额；未分别核算的，一并计算缴纳资源税。

纳税人在资源税纳税申报时，除财政部、国家税务总局另有规定外，应当将其应税和减免税项目分别计算和报送。

自 2017 年 10 月 1 日起，将液化天然气销售定价调整为 26.64 元/GJ，将管道天然气销售定价调整为 0.94 元/立方米。

（二）从量定额征收的计税依据

实行从量定额征收的以销售数量为计税依据。

1. 销售数量包括纳税人开采或者生产应税产品的实际销售数量和视同销售的自用数量。

2. 纳税人不能准确提供应税产品销售数量的，以应税产品的产量或者主管税务机关确定的折算比换算成的数量为计征资源税的销售数量。

3. 金属和非金属矿产品原矿，因无法准确掌握纳税人移送使用原矿数量的，可将其精矿按选矿比折算成原矿数量。

4. 纳税人以自产的液体盐加工固体盐，按固体盐税额征税，以加工的固体盐数量为课税数量。纳税人以外购的液体盐加工成固体盐，其加工固体盐所耗用液体盐的已纳税额准予抵扣。

三、应纳税额的计算

资源税的应纳税额按照从价定率或从量定额的办法，分别以应税产品的销售额乘以纳税人具体适用的比例税率或者以应税产品的销售数量乘以纳税人具体适用的定额税率计算。

1. 实行从价定率计征方式的计算公式为：

应纳税额=销售额×税率

2. 实行从量定额计征方式的计算公式为：

应纳税额=课税数量×单位税额

【例 6–1】某矿务局 2018 年 11 月开采原煤 24 000 吨，对外直接销售 20 000 吨，实现销售收入 920 万元；库存还有 4 000 吨（原煤适用税率 6%）。

要求：计算该矿务局当月应纳的资源税。

解：应纳税额 = 920×6% = 55.2（万元）

【例 6–2】某油田 11 月生产原油 5 000 吨，其中 3 000 吨用于外销，实现销售收入 1 500 万元；1 000 吨用于加热和修井，还有 1 000 吨待销售。在采油过程中还回收天然气 2 000 万立方米，对外销售实现销售收入 360 万元。该油田原油不含税售价为每吨 5 000 元，天然气不含税售价为每万立方米 1 800 元；原油适用税率为 6%，天然气适用税率为 6%。

要求：计算该油田当月应纳的资源税。

解：应纳税额 = 1 500×6% + 360×6% = 111.6（万元）

【例 6-3】某油田是增值税一般纳税人，2018 年 11 月生产原油 20 万吨、高凝油 3 万吨，伴采天然气 1 000 万立方米。当月用于生产过程加热使用原油 2 万吨，将其余的原油销售，取得销售额（不含增值税）180 万元；将伴采的天然气全部销售，取得销售额（不含增值税）50 万元。为邻省某油田进行油田基本建设，在劳务发生地预缴了 0.6 万元税款后实际取得款项 19.4 万元。当月购入生产用水电取得增值税专用发票标明增值税 9 万元；从小规模纳税人处外购办公用品，取得税务机关代开的增值税发票，税款 1 万元。当地原油、天然气资源税税率均为 6%。

要求：（1）计算该企业原油应纳的资源税；

（2）计算该企业高凝油应纳的资源税；

（3）计算该企业天然气应纳的资源税；

（4）计算该企业可抵扣的增值税进项税额；

（5）计算该企业应纳的增值税。

解：（1）开采原油过程中用于加热、修井的原油免征资源税。

该企业原油应纳的资源税=180×6%=10.8（万元）

（2）高凝油未销售不缴纳资源税。

（3）与开采石油伴采的天然气征税。

天然气应纳的资源税=50×6%=3（万元）

（4）该企业可抵扣的增值税进项税额=9+1=10（万元）

（5）该企业应纳的增值税=180×16%+50×10%+（19.4+0.6）÷（1+16%）×16%−10−0.6

=25.96（万元）

四、煤炭应纳税额的计算

1. 煤炭资源税应纳税额按照原煤或者洗选煤计税销售额乘以适用税率计算。

纳税人开采原煤直接对外销售的，以原煤销售额作为应税煤炭销售额计算缴纳资源税。

原煤应纳税额=原煤销售额×适用税率

纳税人将其开采的原煤加工为洗选煤销售的，以洗选煤销售额乘以折算率作为应税煤炭销售额计算缴纳资源税。

洗选煤应纳税额=洗选煤销售额×折算率×适用税率

（1）原煤计税销售额是指纳税人销售原煤向购买方收取的全部价款和价外费用，不包括收取的增值税销项税额以及从坑口到车站、码头或购买方指定地点的运输费用。

（2）洗选煤计税销售额按洗选煤销售额乘以折算率计算。洗选煤销售额是指纳税人销售洗选煤向购买方收取的全部价款和价外费用，包括洗选副产品的销售额，不包括收取的增值税销项税额以及从洗选煤厂到车站、码头或购买方指定地点的运输费用。

（3）在计算煤炭计税销售额时，纳税人原煤及洗选煤销售额中包含的运输费用、建设基金以及伴随运销产生的装卸、仓储、港杂等费用按规定扣减，扣减的凭据包括有关发票或者经主管税务机关审核的其他凭据。

（4）运输费用明显高于当地市场价格导致应税煤炭产品价格偏低，且无正当理由的，主管税务机关有权合理调整计税价格。

2. 洗选煤折算率由省、自治区、直辖市财税部门或其授权地市级财税部门根据煤炭资源区域分布、煤质煤种等情况确定，洗选煤折算率计算公式如下：

公式一：$\text{洗选煤折算率}=(\text{洗选煤平均销售额}-\text{洗选环节平均成本}-\text{洗选环节平均利润})\div\text{洗选煤平均销售额}\times100\%$

公式二：$\text{洗选煤折算率}=\text{原煤平均销售额}\div(\text{洗选煤平均销售额}\times\text{综合回收率})\times100\%$

洗选煤应纳税额=洗选煤销售额×折算率×适用税率

3. 特殊销售情形。

（1）纳税人销售应税煤炭的，在销售环节缴纳资源税。

（2）纳税人以自采原煤直接或者经洗选加工后连续生产焦炭、煤气、煤化工、电力及其他煤炭深加工产品的，视同销售，在原煤或者洗选煤移送环节缴纳资源税。

（3）纳税人煤炭开采地与洗选、核算地不在同一行政区域（县级以上）的，煤炭资源税在煤炭开采地缴纳。纳税人在本省、自治区、直辖市范围开采应税煤炭，其纳税地点需要调整的，由省、自治区、直辖市税务机关决定。

（4）纳税人申报的原煤或洗选煤销售价格明显偏低且无正当理由的，或者有视同销售应税煤炭行为而无销售价格的，主管税务机关应按下列顺序确定计税价格：

①按纳税人最近时期同类原煤或洗选煤的平均销售价格确定。

②按其他纳税人最近时期同类原煤或洗选煤的平均销售价格确定。

③按组成计税价格确定。

组成计税价格=成本×（1+成本利润率）÷（1-资源税税率）

公式中的成本利润率由省、自治区、直辖市税务机关按同类应税煤炭的平均成本利润率确定。

（5）纳税人与其关联企业之间的业务往来，应当按照独立企业之间的业务往来收取或支付价款、费用；不按照独立企业之间的业务往来收取或支付价款、费用，而减少其应纳税收入的，税务机关有权按照《税收征管法》及其实施细则的有关规定进行合理调整。

（6）纳税人将其开采的原煤自用于连续生产洗选煤的，在原煤移送使用环节不缴纳资源税；自用于其他方面的，视同销售原煤，计算缴纳资源税。

纳税人将其开采的原煤加工为洗选煤自用的，视同销售洗选煤，计算缴纳资源税。

4. 扣税额的计算。纳税人将自采原煤与外购原煤（包括煤矸石）进行混合后销售的，应当准确核算外购原煤的数量、单价及运费，在确认计税依据时可以扣减外购相应原煤的购进金额。

计税依据=当期混合原煤销售额-当期用于混售的外购原煤的购进金额

外购原煤的购进金额=外购原煤的购进数量×单价

纳税人将自采原煤连续加工的洗选煤与外购洗选煤进行混合后销售的，比照上述有关规定计算缴纳资源税。

纳税人以自采原煤和外购原煤混合加工洗选煤的，应当准确核算外购原煤的数量、单价及运费，在确认计税依据时可以扣减外购相应原煤的购进金额。

计税依据=当期洗选煤销售额×折算率-当期用于混洗混售的外购原煤的购进金额

外购原煤的购进金额=外购原煤的购进数量×单价

纳税人扣减当期外购原煤或者洗选煤购进金额的，应当以增值税专用发票、普通发票或者海关报关单作为扣减凭证。

第三节　资源税的申报与缴纳

一、减免税

1. 开采原油过程中用于加热、修井的原油免税。

2. 纳税人开采或者生产应税产品过程中，因意外事故或者自然灾害等原因遭受重大损失的，由省、自治区、直辖市人民政府酌情决定减税或者免税。

3. 铁矿石资源税减按 40% 征收。

4. 对鼓励利用的低品位矿、废石、尾矿、废渣、废水、废气等提取的矿产品，由省级人民政府根据实际情况确定是否给予减税或免税。

5. 油气减征资源税项目：

（1）油田范围内运输稠油过程中用于加热的原油、天然气，免征资源税；

（2）对稠油、高凝油和高含硫天然气资源税减征 40%；

（3）对三次采油、深水油气田资源税减征 30%；

（4）对低丰度油气田资源税暂减征 20%。

6. 煤炭减征资源税项目：

（1）对实际开采年限在 15 年以上的衰竭期矿山开采的矿产资源，资源税减征 30%；

（2）对依法在建筑物下、铁路下、水体下通过充填开采方式采出的矿产资源，资源税减征 50%。

二、纳税义务发生时间

资源税的纳税义务发生时间与增值税、消费税大致相同，不同之处在于资源税进口不征，所以没有进口环节纳税义务发生时间的规定。

1. 纳税人销售应税产品，其纳税义务发生时间是：

（1）纳税人采取分期收款结算方式的，为销售合同规定的收款日期的当天；

（2）纳税人采取预收货款结算方式的，为发出应税产品的当天；

（3）纳税人采取其他结算方式的，为收讫销售款或者取得索取销售款凭据的当天。

2. 纳税人自产自用应税产品的纳税义务发生时间，为移送使用应税产品的当天。

3. 扣缴义务人扣缴税款的纳税义务发生时间，为支付货款的当天。

三、纳税期限

资源税的纳税期限为 1 日、3 日、5 日、10 日、15 日或者 1 个月，由主管税务机关根据实际情况具体核定。不能按固定期限计算纳税的，可以按次计算纳税。

纳税人以 1 个月为一期纳税的，自期满之日起 10 日内申报纳税；以 1 日、3 日、5 日、10 日或者 15 日为一期纳税的，自期满之日起 5 日内预缴税款，于次月 1 日起 10 日内申报纳税并结清上月税款。

四、纳税地点

纳税人应当向矿产品的开采地或盐的生产地税务机关缴纳资源税。纳税人在本省、自治区、直辖市范围开采或者生产应税产品，其纳税地点需要调整的，由省级税务机关决定。

纳税人应纳的资源税属于跨省开采，其下属生产单位与核算单位不在同一省、自治区、直辖市的，其开采的矿产品一律在开采地纳税。

扣缴义务人代扣代缴的资源税，也应向收购地主管税务机关缴纳。

第四节　环境保护税法

环境保护税法是调整环境保护税征纳关系法律规范的总称。我国现行环境保护税的基本规范是 2016 年 12 月 25 日第十二届全国人民代表大会常务委员会第二十五次会议通过的《中华人民共和国环境保护税法》（以下简称《环境保护税法》）和 2017 年 12 月 30 日国务院公布的《中华人民共和国环境保护税法实施条例》，自 2018 年 1 月 1 日起施行。同时，不再征收排污费。

一、征税对象

环境保护税是对我国领域以及管辖的其他海域，直接向环境排放应税污染物的企业、事业单位和其他生产经营者征收的一种税。它由英国经济学家庇古最先提出，荷兰是征收环境保护税比较早的国家。我国环境保护税由排污费改革而来。

环境保护税针对应税污染物征税，是指《环境保护税法》所附环境保护税税目税额表、应税污染物和当量值表规定的大气污染物、水污染物、固体废物和噪声。

大气污染物是指向大气排放，导致大气污染的物质，包括二氧化硫、氮氧化物、粉尘等。

水污染物是指直接或者间接向水体排放，能导致水体污染的物质，包括重金属、悬浮物、动植物油等。

固体废物是指在生产、生活和其他活动中产生的丧失原有利用价值或者虽未丧失利用价值但被抛弃或者放弃的固态、半固态和置于容器中的气态的物品、物质以及法律和行政法规规定纳入固体废物管理的物品、物质，包括煤矸石、尾矿等。

噪声是指工业噪声，即在工业生产活动中使用固定的设备时产生的超过国家规定的环境噪声排放标准的、干扰周围生活环境的声音。

依法设立的城乡污水集中处理、生活垃圾集中处理场所超过国家和地方规定的排放标准向环境排放应税污染物的，应当缴纳环境保护税。

企业、事业单位和其他生产经营者贮存或者处置固体废物不符合国家和地方环境保护标准的，应当缴纳环境保护税。

有下列情形之一的，不属于直接向环境排放污染物，不缴纳相应污染物的环境保护税：

（1）企业、事业单位和其他生产经营者向依法设立的污水集中处理、生活垃圾集中处理场所排放应税污染物的；

（2）企业、事业单位和其他生产经营者在符合国家和地方环境保护标准的设施、场所贮存或者处置固体废物的。

对为社会公众提供生活污水处理服务的城乡污水集中处理场所，在达标排放的情况下给予免征环境保护税的优惠。但对服务工业园区企业的污水处理厂，需要缴纳环境保护税。

根据《环境保护税法》的规定，目前未将建筑施工噪声和交通噪声纳入征收范围。

二、纳税人

在我国领域和管辖的其他海域，直接向环境排放应税污染物的企业、事业单位和其他生产经营者为环境保护税的纳税人。

居民个人不属于税法规定的企业、事业单位和其他生产经营者，不缴纳环境保护税。

三、税率

环境保护税采用定额税率。应税大气污染物和水污染物的具体适用税额的确定和调整，由省、自治区、直辖市人民政府统筹考虑本地区环境承载能力、污染物排放现状和经济社会生态发展目标要求，在规定的税额幅度内提出，报同级人民代表大会常务委员会决定，并报全国人民代表大会常务委员会和国务院备案。环境保护税税目税额表见表6-3。

四、环境保护税的计算

环境保护税主要按照污染物排放量计征，但污染物排放量的计量较为复杂，大气、水、固体废物、噪声等计量标准不尽相同。

（一）计税依据确定的基本方法

1. 应税大气污染物、水污染物，按照污染物排放量折合的污染当量数确定。污染当量数，以该污染物的排放量除以该污染物的污染当量值计算。每种应税大气污染物、水污染物对应的污染当量值，依照税法所附应税污染物和当量值表执行。

污染当量是根据各种污染物或污染排放活动对环境的有害程度以及处理的技术经济性，衡量不同污染物对环境污染的一个综合性指标或计量单位。相同污染当量的不同污染物，其污染程度基本相当。

每一排放口或者没有排放口的应税大气污染物，按照污染当量数从大到小排序，对前三项污染物征税。

每一排放口的应税水污染物，按照应税污染物和当量值表，区分第一类水污染物和其他类水污染物，按照污染当量数从大到小排序，对第

表 6-3　　　　　　**环境保护税税目税额表**

<table>
<tr><th colspan="2">税　目</th><th>计税单位</th><th>税　额</th><th>备　注</th></tr>
<tr><td colspan="2">大气污染物</td><td>每污染当量</td><td>1.2~12元</td><td></td></tr>
<tr><td colspan="2">水污染物</td><td>每污染当量</td><td>1.4~14元</td><td></td></tr>
<tr><td rowspan="4">固体废物</td><td>煤矸石</td><td>每吨</td><td>5元</td><td rowspan="4"></td></tr>
<tr><td>尾矿</td><td>每吨</td><td>15元</td></tr>
<tr><td>危险废物</td><td>每吨</td><td>1 000元</td></tr>
<tr><td>冶炼渣、粉煤灰、炉渣、其他固体废物（含半固态、液态废物）</td><td>每吨</td><td>25元</td></tr>
<tr><td rowspan="6">噪声</td><td rowspan="6">工业噪声</td><td>超标1~3分贝</td><td>每月350元</td><td rowspan="6">1. 一个单位边界上有多处噪声超标，根据最高一处超标声级计算应纳税额；当沿边界长度超过100米有两处以上噪声超标，按照两个单位计算应纳税额。
2. 一个单位有不同地点作业场所的，应当分别计算应纳税额，合并计征。
3. 昼、夜均超标的环境噪声，昼、夜分别计算应纳税额，累计计征。
4. 声源一个月内超标不足15天的，减半计算应纳税额。
5. 夜间频繁突发和夜间偶然突发厂界超标噪声，按等效声级和峰值噪声两种指标中超标分贝值高的一项计算应纳税额</td></tr>
<tr><td>超标4~6分贝</td><td>每月700元</td></tr>
<tr><td>超标7~9分贝</td><td>每月1 400元</td></tr>
<tr><td>超标10~12分贝</td><td>每月2 800元</td></tr>
<tr><td>超标13~15分贝</td><td>每月5 600元</td></tr>
<tr><td>超标16分贝以上</td><td>每月11 200元</td></tr>
</table>

一类水污染物按照前五项征税，对其他类水污染物按照前三项征税。

省、自治区、直辖市人民政府根据本地区污染物减排的特殊需要，可以增加同一排放口征收环境保护税的应税污染物项目数，报同级人民代表大会常务委员会决定，并报全国人民代表大会常务委员会和国务院备案。

对于纳税人自行对污染物进行监测所获取的监测数据，符合国家有关规定和监测规范的，在计算环境保护税时视同监测机构出具的监测数据。

纳税人有下列情形之一的，以其当期应纳税大气污染物、水污染物的产生量作为污染物的排放量：

（1）未安装使用污染物自动监测设备或者未将污染物自动监测设备与环境保护主管部门的监控设备联网。

（2）损毁或擅自移动、改变污染物自动监测设备。

（3）篡改、伪造污染物监测数据。

（4）通过暗管、渗井、渗坑、灌注或者稀释排放以及不正常运行防治污染设施等方式违法排放应税污染物。

（5）进行虚假纳税申报。

2. 应税固体废物，按照固体废物的排放量确定。固体废物的排放量是指不符合国家和地方环境保护标准贮存或者处置的固体废物的数量。

$$\text{固体废物的排放量} = \text{当期应税固体废物的产生量} - \text{当期应税固体废物的贮存量、处置量、综合利用量的余额}$$

固体废物的贮存量、处置量是指在符合国家和地方环境保护标准的设施、场所贮存或者处置的固体废物数量；固体废物的综合利用量是指按照国务院发展改革、工业和信息化主管部门关于资源综合利用要求以及国家和地方环境保护标准进行综合利用的固体废物数量。

纳税人有下列情形之一的，以其当期应税固体废物的产生量作为固体废物的排放量：

（1）非法倾倒应税固体废物；

（2）进行虚假纳税申报。

3. 应税噪声，按照超过国家规定标准的分贝数确定。

工业噪声按超过国家规定标准的分贝数确定每月税额，超过国家规定标准的分贝数是指实际生产的工业噪声与国家规定的工业噪声排放标准限值之间的差值。

（二）应税大气污染物、水污染物、固体废物的排放量和噪声分贝数确定方法

应税大气污染物、水污染物、固体废物的排放量和噪声的分贝数，按照下列方法和顺序计算：

1. 纳税人安装使用符合国家规定和监测规范的污染物自动监测设备的，按照污染物自动监测数据计算；

2. 纳税人未安装使用污染物自动监测设备的，按照监测机构出具的符合国家有关规定和监测规范的监测数据计算；

3. 因排放污染物种类多等原因不具备监测条件的，按照国务院环境保护主管部门规定的排污系数、物料衡算方法计算；

4. 不能按照 1~3 项规定的方法计算的，按照省、自治区、直辖市人民政府环境保护主管部门规定的抽样测算的方法核定计算。

（三）应纳税额的计算

1. 应税大气污染物应纳税额的计算

应税大气污染物应纳税额为污染当量数乘以具体适用税额。计算公式为：

应税大气污染物应纳税额=污染当量数×适用税额

【例 6-4】某企业 2018 年 9 月向大气直接排放二氧化硫、氟化物各 1 000 千克，一氧化碳 200 千克，氯化氢 80 千克。假定该企业只有一个排放口，该省应税污染物的污染当量值分别为 0.95、0.87、16.70、10.75，大气污染物适用税额为每污染当量 1.2 元。

要求：计算该企业 9 月大气污染物应缴纳的环境保护税。

解：（1）计算各污染物的污染当量数：

二氧化硫污染当量数=1 000÷0.95=1 052.63（千克）

氟化物污染当量数=1 000÷0.87=1 149.43（千克）

一氧化碳污染当量数=200÷16.70=11.98（千克）

氯化氢污染当量数=80÷10.75=7.44（千克）

（2）按污染物的污染当量数排序：

氟化物（1 149.43）＞二氧化硫（1 052.63）＞一氧化碳（11.98）＞氯化氢（7.44）

该企业只有一个排放口，选取前三项污染物计税：氟化物、二氧化

硫、一氧化碳。

（3）计算应纳税额：

应纳税额=（1 149.43+1 052.63+11.98）×1.2=2 656.85（元）

2. 应税水污染物应纳税额的计算

应税水污染物应纳税额为污染当量数乘以具体适用税额。计算公式为：

应税水污染物应纳税额=污染当量数×适用税额

【例 6-5】某企业 2018 年 9 月向水体直接排放水污染物总汞、总镉、总铅、总银、总铬、总铍各 10 千克。假定该企业只有一个排放口，该省水污染物的污染当量值分别为 0.0005、0.005、0.025、0.02、0.04、0.01，水污染物适用税额为 1.4 元/污染当量。

要求：计算该企业 9 月水污染物应缴纳的环境保护税。

解：（1）计算水污染物的污染当量数：

总汞的污染当量数=10÷0.0005=20 000（千克）

总镉的污染当量数=10÷0.005=2 000（千克）

总铅的污染当量数=10÷0.025=400（千克）

总银的污染当量数=10÷0.02=500（千克）

总铬的污染当量数=10÷0.04=250（千克）

总铍的污染当量数=10÷0.01=1 000（千克）

（2）对水污染物污染当量数排序：

总汞（20 000）＞总镉（2 000）＞总铍（1 000）＞总银（500）＞总铅（400）＞总铬（250）

企业只有一个排放口，选取前五项污染物计税：总汞、总镉、总铍、总银、总铅。

（3）计算第一类水污染物应纳税额：

应纳税额=（20 000+2 000+1 000+500+400）×1.4=33 460（元）

3. 应税固体废物应纳税额的计算

应税固体废物应纳税额为固体废物排放量乘以具体适用税额。计算公式为：

应税固体废物应纳税额=固体废物排放量×适用税额

固体废物排放量为当期应税固体废物的产生量减去当期应税固体废物的贮存量、处置量、综合利用量的余额。

【例 6-6】某企业 2018 年 9 月产生尾矿 1 000 吨，其中综合利用的尾矿 300 吨（符合国家和地方环境保护标准），在符合国家和地方环境保护标准的设施贮存 200 吨。假定尾矿适用税额为 15 元/吨。

要求：计算该企业 9 月应税固体废物应纳的环境保护税。

解：应纳税额=（1 000-300-200）×15=7 500（元）

4. 应税噪声应纳税额的计算

应税噪声应纳税额为超过国家规定标准的分贝数乘以具体适用税额。计算公式为：

应税噪声的应纳税额=超过国家规定标准的分贝数×适用税额

【例 6-7】假设某工业企业只有一个生产场所，只在昼间生产，边界处声环境功能区类型为 1 类，生产时产生的噪声为 60 分贝。工业企业厂界环境噪声排放标准规定，1 类功能区昼间的噪声排放限值为 55 分贝。沿边界长度超 100 米只有一处噪声超标。该企业当月生产 21 天，生产的时候产生的噪声均为 55 分贝。

要求：计算该企业当月噪声污染应缴纳的环境保护税。

解：超标分贝数=60-55=5（分贝）

根据环境保护税税目税额表，该企业当月噪声污染应缴纳环境保护税 700 元。

五、申报与缴纳

（一）减免税

1. 暂免征税项目

（1）农业生产（不包括规模化养殖）排放应税污染物的；

（2）机动车、铁路机车、非道路移动机械、船舶和航空器等流动污染源排放应税污染物的；

（3）依法设立的城乡污水集中处理、生活垃圾集中处理场所排放相应应税污染物，不超过国家和地方规定的排放标准的；

（4）纳税人综合利用的固体废物，符合国家和地方环境保护标准的；

（5）国务院批准免税的其他情形。

2. 减征税额项目

（1）纳税人排放应税大气污染物或者水污染物的浓度值低于国家和

地方规定的污染物排放标准30%的，减按75%征收环境保护税。

（2）纳税人排放应税大气污染物或者水污染物的浓度值低于国家和地方规定的污染物排放标准50%的，减按50%征收环境保护税。

（二）纳税义务发生时间

环境保护税纳税义务发生时间为纳税人排放应税污染物的当日。

税务机关依法履行环境保护税纳税申报受理、涉税信息比对、组织税款入库等职责。

纳税人申报缴纳时，应当向税务机关报送所排放应税污染物的种类、数量，大气污染物、水污染物的浓度值，以及税务机关根据实际需要要求纳税人报送的其他纳税资料。纳税人应当依法如实办理纳税申报，对申报的真实性和完整性承担责任。

环境保护主管部门依法负责应税污染物的监测管理，制定和完善污染物监测规范。

（三）纳税期限

环境保护税按月计算，按季申报缴纳。不能按固定期限计算缴纳的，可以按次申报缴纳。纳税人按季申报缴纳的，应当自季度终了之日起15日内，向税务机关办理纳税申报并缴纳税款。纳税人按次申报缴纳的，应当自纳税义务发生之日起15日内，向税务机关办理纳税申报并缴纳税款。纳税人可以通过网上申报、上门申报等方式办理纳税申报。

（四）纳税地点

纳税人应当向应税污染物排放地的税务机关申报缴纳环境保护税。

练习题

一、单项选择题

1. 下列单位出售的矿产品中，不缴纳资源税的是（　　）。

A. 开采单位销售自行开采的天然大理石

B. 油田出售自行开采的天然气

C. 盐场销售自行开采的卤水

D. 进口的天然气

2. 下列应征资源税的煤炭产品有（　　）。

A. 选煤　　　　B. 居民生活用煤

C. 原煤　　　　D. 洗煤

3. 根据现行政策规定，销售原油的资源税采取（　　）。

A. 从量定额征收　　　　B. 从价定率征收

C. 复合征收　　　　D. 直接按固定的金额征收

4. 下列企业既是增值税纳税人又是资源税纳税人的是（　　）。

A. 销售有色金属矿产品的贸易公司

B. 进口有色金属矿产品的企业

C. 在境内开采有色金属矿产品的企业

D. 在境外开采有色金属矿产品的企业

5. 下列油类产品中，应征收资源税的有（　　）。

A. 人造石油　　　　B. 天然原油

C. 汽油　　　　D. 机油

6. 资源税纳税人包括（　　）。

A. 盐业销售公司

B. 销售有色金属矿产品的贸易公司

C. 开采陆上石油资源的中外合作企业

D. 进口原油的石油进出口公司

7. 下列各项中，征收资源税的是（　　）。

A. 人造石油　　　　B. 洗煤

C. 与原油同时开采的天然气　　　　D. 地面抽采煤层气

8. 下列各项中，不属于资源税纳税人的有（　　）。

A. 开采原煤的国有企业

B. 进口铁矿石的私营企业

C. 开采石灰石的个体经营者

D. 开采天然原油的外商投资企业

9. 下列资源税应税产品中，适用从量定额征收的有（　　）。

A. 原油　　　　B. 天然气

C. 煤炭　　　　D. 黏土、砂石

10. 纳税人应当向矿产品的（　　）地或盐的生产地税务机关缴纳资源税。

A. 开采　　　　　　　　B. 销售

C. 加工　　　　　　　　D. 进口

二、多项选择题

1. 下列各项中，属于资源税应税范围的有（　　）。

A. 进口原油　　　　　　B. 生产销售固体盐

C. 生产销售选煤　　　　D. 开采销售有色金属矿原矿

2. 下列单位和个人的生产经营行为应缴纳资源税的有（　　）。

A. 冶炼企业进口矿石　　B. 个体经营者开采煤矿

C. 军事单位开采石油　　D. 中外合作开采海洋石油资源

3. 某煤矿开采销售原煤，应缴纳的税种有（　　）。

A. 资源税　　　　　　　B. 增值税

C. 消费税　　　　　　　D. 城建税

4. 下列各项中，不属于资源税应税产品的有（　　）。

A. 开采的石油、天然气　B. 钢铁厂进口的铁矿石

C. 商业企业销售的选煤　D. 开采的煤矿瓦斯

5. 下列各项中，应征资源税的有（　　）。

A. 生产盐的外商投资企业　B. 进口的原油

C. 批发零售企业销售盐　D. 生产用于出口的卤水

6. 资源税改革的内容主要包括（　　）。

A. 扩大资源税征收范围

B. 开展水资源税改革试点工作

C. 实施矿产资源税从价计征改革

D. 合理确定资源税税率水平

7. 下列各项中，属于资源税应税资源的有（　　）。

A. 天然原油　　　　　　B. 海盐原盐

C. 液体盐　　　　　　　D. 森林

8. 我国现行资源税的特点有（　　）。

A. 具有受益税性质　　　B. 具有级差收入税的特点

C. 实行从量定额征收　　D. 只对特定资源征税

9. 下列关于环境保护税应纳税额计算的表述中，正确的有（　　）。

A. 应税大气污染物的应纳税额为污染排放量乘以具体适用税额

B. 应税水污染物的应纳税额为污染当量数乘以具体适用税额

C. 应税固体废物的应纳税额为固体废物排放量乘以具体适用税额

D. 应税噪声的应纳税额为超过国家规定标准的分贝数乘以具体适用税额

10. 下列各项中，暂免征收环境保护税的有（　　）。

A. 农业生产（不包括规模化养殖）排放应税污染物的

B. 机动车等流动污染源排放应税污染物的

C. 依法设立的城乡污水集中处理、生活垃圾集中处理场所排放应税污染物的

D. 纳税人综合利用的固体废物，符合国家和地方环境保护标准的

三、判断题

1. 资源税仅对在中国境内开采或生产应税产品的单位和个人征收。（　　）

2. 资源税的应税产品在缴纳增值税时均适用 10% 的低税率。（　　）

3. 现行资源税采用比例税率和定额税率两种形式。（　　）

4. 资源税需对应税资源在每一流转环节计算征收。（　　）

5. 中外合作开采石油、天然气，不征收资源税，而征收矿区使用费。（　　）

四、计算题

1. 某油田 2018 年 11 月开采原油 8 000 吨，当月销售 5 000 吨，取得不含税销售额 1 700 万元；用于开采原油过程中加热原油 400 吨，用于职工食堂和浴室原油 20 吨；当月与原油同时开采的天然气为 40 000 立方米，均已全部销售，取得不含税销售额 8.5 万元。原油与天然气适用的资源税税率都是 6%。

要求：计算该油田 11 月应纳的资源税。

2. 某油田 2018 年 12 月生产、销售原油 5 万吨，售价 1 500 万元；销售人造石油 1 万吨，售价 300 万元；销售与原油同时开采的天然气 2 000 万立方米，售价 500 万元。原油与天然气适用的资源税税率均为 6%。

要求：计算该油田 12 月份应纳资源税。

3. 某天然气公司 2018 年 12 月生产天然气 12 000 万立方米，销售其中的 10 000 万立方米，收到不含增值税价款 5 300 万元；另外 2 000 万立方米用于其他方面。资源税税率为 6%。

要求：计算该公司 12 月应纳资源税。

4. 某矿务局 2018 年 11 月开采原煤 40 000 吨，对外直接销售 36 000 吨，实现销售收入 1 120 万元；库存还有 4 000 吨。原煤适用税率为 6％。

要求：计算该矿务局当月应纳的资源税。

5. 假设某企业 8 月产生煤矸石 1 000 吨，其中综合利用的煤矸石 200 吨（符合国家和地方环境保护标准），在符合国家和地方环境保护标准的设施贮存 300 吨，适用单位税额 5 元/吨。

要求：计算该企业 8 月尾矿应缴纳的环境保护税。

6. 某企业 8 月向大气直接排放二氧化硫、氟化物各 10 千克，一氧化碳、氯化氢各 100 千克。假定适用的大气污染物每污染当量税额最低标准为 1.2 元，该企业只有一个排放口。

要求：计算该企业 8 月大气污染物应缴纳的环境保护税。

第七章

城镇土地使用税法与耕地占用税法

第一节　城镇土地使用税的基本要素

城镇土地使用税法是调整城镇土地使用税征纳关系的法律规范的总称。我国现行城镇土地使用税法主要是2012年12月4日国务院第32次常务会修改的《中华人民共和国城镇土地使用税暂行条例》(简称《城镇土地使用税暂行条例》),同年12月7日起施行。

开征城镇土地使用税,可以加强对土地的管理,变土地的无偿使用为有偿使用。一方面,这有利于合理、节约地使用土地,提高土地使用效益;另一方面,有利于调节不同地区、不同地段之间的土地级差收入,理顺国家与土地使用者之间的分配关系。

一、征税范围

城镇土地使用税的征税范围,包括城市、县城、建制镇和工矿区内的国家所有和集体所有的土地。具体标准如下：

1. 城市，按市行政区域（含郊区）的范围征收；

2. 县城，按县城行政区域（含镇郊）的范围征收；

3. 建制镇，按镇人民政府所在地的镇区范围征收，不包括所辖行政村；

4. 工矿区为工商业比较发达，非农业人口达 2 000 人以上，尚未设立建制镇的大中型工矿企业所在地的区域范围（各地在城市、县城、建制镇、工矿区以外设立的开发区、加工区、工业区，凡符合工矿区条件的，按工矿区征收城镇土地使用税）。

在城镇土地使用税征收范围内，利用林场土地兴建度假村等休闲娱乐场所的，其经营、办公和生活用地，应按规定征收城镇土地使用税。

公园、名胜古迹内的索道公司经营用地，应按规定缴纳城镇土地使用税。

二、纳税人

在城市、县城、建制镇、工矿区范围内使用土地的单位和个人，为城镇土地使用税的纳税人。

单位，包括国有企业、集体企业、私营企业、股份制企业、外商投资企业、外国企业以及其他企业和事业单位、社会团体、国家机关、军队以及其他单位。

个人，包括个体工商户以及其他个人。

城镇土地使用税的纳税人通常包括以下几类：

1. 拥有土地使用权的单位或个人。

2. 拥有土地使用权的纳税人不在土地所在地的，由代管人或实际使用人纳税。

3. 土地使用权未确定或权属纠纷未解决的，由实际使用人纳税。

4. 土地使用权共有的，由共有各方分别纳税[①]。

5. 在城镇土地使用税征税范围内，承租集体所有建设用地的，由直接从集体经济组织承租土地的单位和个人缴纳城镇土地使用税。

---

① 几个人或几个单位共同拥有一块土地的使用权，城镇土地使用税的纳税人应是对该土地拥有使用权的每一个人或每一个单位，以其实际使用的土地面积占总面积的比例，分别计算缴纳城镇土地使用税。

三、税率

城镇土地使用税实行分级幅度定额税率，每个幅度税额的差距为 20 倍，从量定额计征。按大、中、小城市和县城、建制镇、工矿区分别规定每平方米城镇土地使用税年应纳税额。具体规定如下：

1. 大城市 1.5~30 元；

2. 中等城市 1.2~24 元；

3. 小城市 0.9~18 元；

4. 县城、建制镇、工矿区 0.6~12 元。

经省、自治区、直辖市人民政府批准，经济落后地区的城镇土地使用税适用额标准可以适当降低，但降低额不得超过规定的最低税额的 30%。经济发达地区城镇土地使用税适用额标准可以适当提高，但须报经财政部批准。

第二节　城镇土地使用税的计算

一、计税依据

城镇土地使用税以纳税人实际占用的土地面积为计税依据，土地面积计量标准为平方米。纳税人实际占用的土地面积按下列办法确定：

1. 凡由省、自治区、直辖市人民政府确定的单位组织测定土地面积的，以测定的面积为准；

2. 尚未组织测量，但纳税人持有政府部门核发的土地使用证书的，以证书确认的土地面积为准；

3. 尚未核发土地使用证书的，应由纳税人申报土地面积，据以纳税，待核发土地使用证书以后再作调整；

4. 对在城镇土地使用税征税范围内单独建造的地下建筑用地，暂按应征税款的 50% 征收城镇土地使用税。其中，已取得地下土地使用权证的，按土地使用权证确认的土地面积计算应征税款；未取得地下土地使用权证或地下土地使用权证上未标明土地面积的，按地下建筑垂直投影面积计算应征税款，并暂按 50% 征收城镇土地使用税。

二、应纳税额的计算

城镇土地使用税的应纳税额按纳税人实际占用的土地面积和规定的税额标准计征。计算公式为：

全年应纳税额=实际占用的应税土地面积（平方米）×适用税额

【例 7-1】某供热企业 2018 年度占地面积 80 000 平方米，其中厂房 63 000 平方米（有一间 3 000 平方米的车间无偿提供给公安消防队使用）、行政办公楼 5 000 平方米、厂办子弟学校 5 000 平方米、厂办招待所 2 000 平方米、厂办医院和幼儿园各 1 000 平方米、厂区内绿化用地 3 000 平方米。城镇土地使用税单位税额每平方米 3 元。

要求：计算该企业应纳城镇土地使用税。

解：应纳城镇土地使用税=（80 000−3 000−5 000−1 000−1 000）×3

=210 000（元）

第三节 城镇土地使用税的申报与缴纳

一、减免税

（一）法定免缴城镇土地使用税的优惠

1. 国家机关、人民团体、军队自用的土地（指自身的办公用地和公务用地），免缴城镇土地使用税。

2. 由国家财政部门拨付事业经费的单位自用的土地（指自身的业务用地），免缴城镇土地使用税。

3. 宗教寺庙、公园、名胜古迹自用的土地，免缴城镇土地使用税。

4. 市政街道、广场、绿化地带等公共用地，免缴城镇土地使用税。

5. 直接用于农、林、牧、渔业的生产用地，免缴城镇土地使用税。

6. 经批准开山填海整治的土地和改造的废弃土地，从使用的月份起免缴城镇土地使用税 5~10 年。

7. 在城镇土地使用税征收范围内经营采摘、观光农业的单位和个人，其直接用于采摘、观光的种植、养殖、饲养的土地，免征城镇土地使用税。

8. 纳税人新征用的耕地，从批准征用之日起满 1 年后征收城镇土地使用税；征用非耕地因不需要缴纳耕地占用税，应从批准征用之次月起征收城镇土地使用税。

9. 免税单位无偿使用纳税单位的土地（如公安、海关等单位使用铁路、民航等单位的土地），免征城镇土地使用税。纳税单位无偿使用免税单位的土地，纳税单位应照章缴纳城镇土地使用税。纳税单位与免税单位共同使用、共有使用权土地上的多层建筑，对纳税单位可按其占用的建筑面积占建筑总面积的比例计征城镇土地使用税。

10. 对行使国家行政管理职能的中国人民银行总行（含国家外汇管理局）所属分支机构自用的土地，免征城镇土地使用税。

（二）省、自治区、直辖市税务局确定的土地使用税减免优惠

1. 个人所有的居住房屋及院落用地；

2. 房产管理部门在房租调整改革前经租的居民住房用地；

3. 免税单位职工家属宿舍用地；

4. 集体和个人举办学校、医院、托儿所、幼儿园用地。

二、纳税义务发生时间

1. 纳税人购置新建商品房，自房屋交付使用之次月起，缴纳城镇土地使用税。

2. 纳税人购置存量房，自办理房屋权属转移、变更登记手续，房地产权属登记机关签发房屋权属证书之次月起，缴纳城镇土地使用税。

3. 纳税人出租、出借房产，自交付出租、出借房产之次月起，缴纳城镇土地使用税。

4. 房地产开发企业自用、出租、出借本企业建造的商品房，自房屋交付使用或交付之次月起计征城镇土地使用税。

5. 以出让或转让方式有偿取得土地使用权的，应由受让方从合同约定交付土地时间的次月起，缴纳城镇土地使用税；合同未约定交付土地时间的，由受让方从合同签订的次月起，缴纳城镇土地使用税。

6. 新征用的土地，依照下列规定缴纳城镇土地使用税：

（1）征用的耕地，自批准征用之日起满 1 年时开始缴纳城镇土地使用税；

（2）征用的非耕地，自批准征用次月起缴纳城镇土地使用税。

（3）通过招标、拍卖、挂牌方式取得的建设用地，不属于新征用的耕地，纳税人应从合同约定交付土地时间的次月起缴纳城镇土地使用税；合同未约定交付土地时间的，从合同签订的次月起缴纳城镇土地使用税。

三、纳税期限

城镇土地使用税实行按年计算、分期缴纳的征收方法，具体纳税期限由省、自治区、直辖市人民政府确定。

四、纳税地点

城镇土地使用税在土地所在地缴纳。纳税人使用的土地不属于同一省、自治区、直辖市管辖的，由纳税人分别向土地所在地的税务机关缴纳；在同一省、自治区、直辖市管辖范围内，纳税人跨地区使用的土地，其纳税地点由各省、自治区、直辖市税务机关确定。

第四节　耕地占用税法

耕地占用税法是调整耕地占用税征纳关系的法律规范的总称。我国现行耕地占用税法主要是 2007 年 12 月 1 日国务院发布的《中华人民共和国耕地占用税暂行条例》（以下简称《耕地占用税暂行条例》）和 2008 年 2 月财政部、国家税务总局颁布的《中华人民共和国耕地占用税暂行条例实施细则》。2016 年 1 月国家税务总局发布了《耕地占用税管理规程（试行）》公告，对耕地占用税管理中所涉及的涉税信息管理、纳税认定管理、申报征收管理、减免退税管理和税收风险管理等事项进行了明确。

耕地占用税是国家对占用耕地建房或从事其他非农业建设的单位和个人，就其实际占用的耕地按面积征收的一种税。它属于对特定土地资源占用课税，具有以下特点：

首先，兼具资源税与特定行为税的性质。耕地占用税以占用农用耕地建房或从事其他非农用建设的行为为征税对象，以约束纳税人占用耕地的行为、促进土地资源的合理运用为课征目的，除具有资源占用税的属性外，还具有明显的特定行为税的特点。

其次，实行地区差别税率。耕地占用税采用地区差别定额税率，按不同地区人均占有耕地的多少设置差别税额，人均占有耕地越少的地区，单位税额标准越高。

再次，实行一次性课征。耕地占用税在耕地占用环节实行一次性征收，纳税人在完税后使用、转让和继承过程中，不再缴纳耕地占用税。

最后，专款专用于发展农业生产。运用耕地占用税设立土地开发基金，将其税款专款专用于土地开发，支持农业生产的发展，做到“取之于地，用之于地”。

一、征税对象与范围

耕地占用税的征税对象，是指占用耕地建房或从事其他非农业建设的行为。决定耕地占用税征税对象的要素有两个：一是建设行为；二是被占耕地。

征收范围包括用于建房或从事其他非农业建设征（占）用的国家和集体所有的耕地。耕地是指种植农作物的土地（包括菜地、园地、占用前三年内曾用于种植农作物的土地、人为抛荒的耕地）。占用鱼塘、藕塘、打谷场、晒场及其他农用土地建房或从事其他非农业建设，也视同占用耕地，必须依法征收耕地占用税。

占用园地和其他农用土地，应按规定征税。园地包括苗圃、花圃、茶园、果园、桑园、竹园、药材种植园。其他农用土地包括林地、人工草场、人工开掘的水产养殖水面。

占用林地、牧草地、农田水利用地、养殖水面以及渔业水域滩涂等其他农用地建房或者从事非农业建设的，按照《耕地占用税暂行条例》的规定征收耕地占用税。建设直接为农业生产服务的生产设施占用农用地的，不征收耕地占用税。

占用已开发从事种植、养殖的滩涂、草场、水面和林地等从事非农业建设，由省、自治区、直辖市本着有利于保护土地资源和生态平衡的原则，结合具体情况确定是否征收耕地占用税。

二、纳税人

占用耕地建房或者从事非农业建设的单位或者个人，为耕地占用税的纳税人，具体包括国有企业、集体企业、私营企业、股份制企业、外商投资企业、外国企业以及其他企业和事业单位、社会团体、国家机关、部队以及其他单位、个体工商户以及其他个人。

三、税率

耕地占用税实行从量计征的地区差别定额税率，以规定单位面积的税额作为征收标准。具体税额（年税额）规定如下：

1. 人均耕地不超过 1 亩的地区（以县级行政区域为单位，下同），每平方米为 10~50 元；

2. 人均耕地超过 1 亩但不超过 2 亩的地区，每平方米为 8~40 元；

3. 人均耕地超过 2 亩但不超过 3 亩的地区，每平方米为 6~30 元；

4. 人均耕地超过 3 亩的地区，每平方米为 5~25 元。

对经济特区、技术开发区和经济发达、人均耕地特别少的地区，税额标准可以适当提高，但是最高不得超过上述规定税额的 50%。占用基本农田的，适用税额应在当地适用税额的基础上提高 50%。

四、应纳税额的计算

耕地占用税以纳税人实际占用的耕地面积为计税依据，按照规定的适用税额一次性征收。应纳税额的计算公式为：

应纳税额=实际占用的耕地面积（平方米）×适用税额

【例 7-2】某市一家企业新占用 19 800 平方米耕地用于工业建设，所占耕地适用的定额税率为 20 元／平方米。

要求：计算该企业应纳的耕地占用税。

解：应纳税额=19 800×20=396 000（元）

五、申报与缴纳

（一）减免税

1. 下列情形免征耕地占用税：

（1）军事设施占用耕地；

（2）学校、幼儿园、养老院、医院占用耕地。

2. 铁路线路、公路线路、飞机场跑道、停机坪、港口、航道占用耕地，减按每平方米 2 元的税额征收耕地占用税。

根据实际需要，国务院财政、税务主管部门商国务院有关部门并报国务院批准后，可以对前款规定的情形免征或者减征耕地占用税。

3. 农村居民占用耕地新建住宅，按照当地适用税额减半征收耕地占用税。

农村烈士家属、残疾军人、鳏寡孤独以及革命老根据地、少数民族聚居区和边远贫困山区生活困难的农村居民，在规定用地标准以内新建住宅缴纳耕地占用税确有困难的，经所在地乡（镇）人民政府审核，报经县级人民政府批准后，可以免征或者减征耕地占用税。

4. 免征或者减征耕地占用税后，纳税人改变原占地用途，不再属于免征或者减征耕地占用税情形的，应当按照当地适用税额补缴耕地占用税。

（二）纳税义务发生时间

经批准占用耕地的，耕地占用税纳税义务发生时间为纳税人收到土地管理部门办理占用农用地手续通知的当天。

未经批准占用耕地的，耕地占用税纳税义务发生时间为实际占用耕地的当天。

（三）纳税期限

获准占用耕地的单位或者个人应当在收到土地管理部门的通知之日起 30 日内缴纳耕地占用税。土地管理部门凭耕地占用税完税凭证或者免税凭证和其他有关文件发放建设用地批准书。

练习题

一、单项选择题

1. 城镇土地使用税的计税依据是（　　）。

A. 实际占用的土地面积　　B. 纳税人申报面积

C. 评估面积　　D. 建筑面积

2. 不征城镇土地使用税的区域是（　　）。

A. 城市　　B. 县城

C. 建制镇和工矿区　　D. 农村

3. 下列城镇土地使用税纳税人确定不正确的是（　　）。

A. 拥有土地使用权的单位和个人

B. 土地使用权未确定的，由代管人纳税

C. 土地使用权共有的，由共有各方分别纳税

D. 外商投资企业和外国企业不是纳税人

4. 甲企业生产经营用地分布于 A、B、C 三个地域，A 的土地使用权属于甲企业，面积 10 000 平方米，其中幼儿园占地 1 000 平方米、厂区绿化占地 2 000 平方米；B 的土地使用权属甲企业与乙企业共同所有，面积 5 000 平方米，实际使用面积各半；C 面积 3 000 平方米，甲企业一直使用但土地使用权未确定。假设 A、B、C 的城镇土地使用税的单位税额为每平方米 5 元，甲企业全年应纳城镇土地使用税（　　）元。

A.57 500　　B.62 500

C.72 500　　D.85 000

5. 下列应征城镇土地使用税的是（　　）。

A. 国家机关公务用地

B. 全额拨付事业经费的事业单位用地

C. 某商场经营用地

D. 用于农业的生产用地

6. 下列土地中，免征城镇土地使用税的是（　　）。

A. 营利性医疗机构自用的土地

B. 公园内附设照相馆使用的土地

C. 生产企业使用海关部门的免税土地

D. 公安部门无偿使用铁路企业的应税土地

7. 经济发达地区，城镇土地使用税的适用税额标准可以（　　）。

A. 适当提高，但提高额不得超过规定的最高税额的 30%

B. 适当提高，但提高额不得超过规定的最低税额的 30%

C. 适当提高，但须报经国家税务总局批准

D. 适当提高，但须报经财政部批准

二、多项选择题

1. 城镇土地使用税的征税范围为（　　）。

A. 城市　　B. 县城

C. 建制镇　　　　　　　　　　D. 工矿区

2. 下列城镇土地使用税的计税依据确定正确的有（　　）。

A. 土地使用证书确认的土地面积

B. 计划占用土地面积

C. 没有土地使用证书的，按纳税人申报的土地面积

D. 土地使用权共有的，按各方实际占用的土地面积

3. 下列各项中，应缴纳城镇土地使用税的有（　　）。

A. 用于水产养殖业的生产用地

B. 名胜古迹园区内附设的照相馆用地

C. 公园中管理单位的办公用地

D. 学校食堂对外营业的餐馆用地

4. 下列各项中，可以免缴城镇土地使用税的有（　　）。

A. 财政拨付事业经费单位的食堂用地

B. 名胜古迹场所设立的照相馆用地

C. 公园内设立的影剧院用地

D. 宗教寺庙人员的生活用地

5. 下列各项中，属于城镇土地使用税的征税对象的是（　　）。

A. 国家高新技术产业开发区内的土地

B. 农村承包土地

C. 外商投资企业用地

D. 外国企业用地

6. 以下关于城镇土地使用税的表述中，正确的是（　　）。

A. 纳税人使用的土地不属于同一省（自治区、直辖市）管辖范围内的，由纳税人分别向土地所在地的税务机关申报缴纳

B. 纳税人使用的土地在同一省（自治区、直辖市）管辖范围内，纳税人跨地区使用的土地，由纳税人分别向土地所在地的税务机关申报缴纳

C. 纳税人出租房产，自交付出租房产之次月起计征城镇土地使用税

D. 城镇土地使用税按年计算，分期缴纳

7. 在征税范围内，占用土地免征城镇土地使用税的有（　　）。

A. 公园自用的土地

B. 外商投资企业占用的生产用地

C. 企业内绿化占用的土地

D. 国家机关自用的土地

8. 对纳税人实际占用的土地面积，可以按照（　　）方法确定。

A. 凡由省、自治区、直辖市人民政府确定的单位组织测定土地面积的，以测定面积为准

B. 尚未组织测量，但纳税人持有政府部门核发的土地使用证书的，以证书确认面积为准

C. 尚未核发土地使用证书的，应由纳税人申报土地面积据以纳税，待核发土地使用证以后再作调整

D. 尚未核发土地使用证书的，应由当地人民政府予以确定，作为计税依据

9. 下列各项中，属于城镇土地使用税纳税人的有（　　）。

A. 县城的私营企业

B. 农村的股份制企业

C. 市区的集体企业

D. 城市、县镇、工矿区外的工矿企业

三、判断题

1. 城镇土地使用税的征税范围是城市、县城、镇和工矿区范围内的国家所有的土地。（　　）

2. 经省、自治区、直辖市人民政府批准，经济发达地区城镇土地使用税的适用税额标准可以适当提高，但提高额不得超过暂行条例规定最高税额的30%。（　　）

3. 纳税人实际占用的土地面积尚未核发土地使用证书的，应由纳税人申报土地面积，并以此为计税依据计算征收城镇土地使用税。（　　）

4. 经批准开山填海整治的土地和改造的废弃土地，可以由各省、自治区、直辖市税务机关确定是否减免其城镇土地使用税。（　　）

5. 纳税单位无偿使用免税单位的土地免征城镇土地使用税；免税单位无偿使用纳税单位的土地照章征收城镇土地使用税。（　　）

6. 几个人或几个单位共同拥有同一块土地的使用权，则由其轮流缴纳这块土地的城镇土地使用税。（ ）

7. 纳税人在全国范围内跨省、自治区、直辖市使用的土地，其城镇土地使用税的纳税地点由国家税务总局确定。（ ）

四、计算题

1. 某外商投资企业 2018 年年初实际占地面积为 50 000 平方米，其中企业自办幼儿园占地 2 000 平方米、职工医院占地 2 000 平方米、企业绿化占地 5 000 平方米、无偿向某部队提供训练用地 1 000 平方米。2018 年 4 月该企业为扩大生产，根据有关部门的批准，新征用非耕地 8 000 平方米。该企业所处地段适用年税额 3 元/平方米。

要求：计算其应纳的城镇土地使用税。

2.A 公司为位于某城市郊区的一国有企业，2018 年土地使用的相关资料如下：

（1）公司提供的政府部门核发的土地使用证书显示，A 公司实际占用的土地面积中，公司内托儿所和医院共占地 1 000 平方米，厂区以外的公用绿化用地为 2 000 平方米。

（2）1 月 1 日将一块 100 平方米的土地无偿借给某国家机关作为公务用途使用。

（3）1 月 1 日从某公园无偿借到一块 50 平方米的土地作为办公室。

（4）与该企业开办的某外商投资企业在 A 公司拥有同一办公楼。该办公楼建筑面积 5 000 平方米，A 公司实际使用 2 000 平方米，其余归外商投资企业使用。该办公楼占用土地 3 000 平方米。

（5）除上述土地外，其余土地为 10 000 平方米，均为 A 公司生产经营用地。

当地城镇土地使用税每年征收一次，年税额 1 元/平方米。

要求：计算 A 公司 2018 年应纳的城镇土地使用税。

3. 农村某村民新建住宅，经批准占用耕地 200 平方米，该地区耕地占用税为 7 元/平方米。

要求：计算其应纳的耕地占用税。

第八章

房产税法

第一节　房产税的基本要素

房产税法是调整房产税征纳关系的法律规范的总称。我国现行房产税法主要是1986年9月15日国务院颁布的《中华人民共和国房产税暂行条例》（以下简称《房产税暂行条例》）。

自2009年1月1日起，废止《中华人民共和国城市房地产税暂行条例》，对外资企业及外籍个人的房产也开始征收房产税。在征税范围、计税依据、税率、税收优惠、征收管理等方面按照《房产税暂行条例》及有关规定执行。

房产税是以房屋为征税对象，按房屋的计税余值或租金收入为计税依据，向房产所有人征收的一种财产税。它具有以下特点：

首先，房产税属于财产税中的个别财产税，其征税对象只是房屋。

其次，征收范围限于城镇的经营性房屋。房产税在城市、县城、建制镇和工矿区范围内征收，为了不增加农民的负担，房产税未将农村划入征税范围。同时，房产税并非针对所有的房屋，而是专门针对用于经营或用于出租的房屋。

再次，区别房屋的经营使用方式规定不同的征税办法，自用的房屋按房产计税余值征收，出租、出典的房屋按租金收入征收。

一、征税对象和范围

房产税的征税对象是房产。与房屋不可分割的各种附属设施或不单独计价的配套设施，也属于房屋房产税，应一并征收。独立于房屋之外的建筑物（如水塔、围墙、加油站罩棚等）不属于房屋，不征房产税。所谓房产，是以房屋形态表现的财产，是指有屋面和围护结构（有墙或两边有柱），能遮风避雨，可供人们在其中生产、工作、学习、娱乐、居住或储藏物资的场所。房产不等于建筑物。

房产税的征税范围为位于城市、县城、建制镇和工矿区的房屋，对坐落在农村的房屋暂不征收房产税。

1. 城市，是指国务院批准设立的市，包括市区、郊区和市辖县县城，但不包括农村。

2. 县城，是指未设立建制镇的县人民政府所在地。

3. 建制镇，是指经省、自治区、直辖市人民政府批准设立的建制镇，但不包括所辖的行政村。

4. 工矿区，是指工商业比较发达、人口比较集中，符合国务院规定的建制镇标准，但尚未设立镇建制的大中型工矿企业所在地。开征房产税的工矿区须经省、自治区、直辖市人民政府批准。

二、纳税人

房产税以在征税范围内的房屋产权所有人为纳税人。产权属于全民的，由经营管理单位缴纳；产权出典的，由承典人缴纳；产权所有人、承典人不在房产所在地的，或者产权未确定及租典纠纷未解决的，由房产代管人或者使用人缴纳。

自 2009 年 1 月 1 日起，外商投资企业、外国企业和组织以及外籍个人（包括中国港澳台资企业和组织以及华侨、港澳台同胞，统称外资企业及外籍个人）依照《房产税暂行条例》缴纳房产税，属于房产税纳税人。

纳税单位和个人无租使用房产管理部门、免税单位及纳税单位的房产，如企业无租使用政府机构办公楼办公，应由使用人代为缴纳房产税。

三、税率

我国现行房产税采用比例税率。根据其计税依据不同，税率分为：

1. 以房产原值一次减除10%~30%后的房产余值为计税依据的，年税率为1.2%。

2. 以房产租金收入为计税依据的，税率为12%，但对个人出租住房，不区分用途，按4%的税率征收房产税。

第二节　房产税的计算

一、计税依据

房产税的计税依据是房产的计税余值或房产的租金收入。按照房产计税余值征税的，称为从价计征；按照房产租金收入征税的，称为从租计征。

（一）从价计征

这是指以房产原值一次减除10%~30%后的余值为计税依据，具体减除幅度由省、自治区、直辖市人民政府确定。

房产原值，是指纳税人按照会计制度的规定，在会计账簿“固定资产”科目中记载的房屋原价。

对依照房产原值计税的房产，不论是否记载在会计账簿“固定资产”科目中，均应按照房屋原价计算缴纳房产税。房屋原价应根据国家有关会计制度的规定进行核算。对纳税人未按国家会计制度的规定核算并记载的，应按规定予以调整或重新评估。

1. 对按照房产原值计税的房产，无论会计如何核算，房产原值均应包含地价，包括为取得土地使用权支付的价款、开发土地发生的成本费用等。宗地容积率低于0.5的，按房产建筑面积的2倍计算土地面积并据此确定计入房产原值的地价。

容积率=总建筑面积÷土地面积

2. 房产原值应包括与房屋不可分割的各种附属设备或一般不单独计算价值的配套设施。

（1）以房屋为载体，不可随意移动的附属设备和配套设施，如给排水、采暖、消防、中央空调、电气及智能化楼宇设备等，无论在会计核算中是否单独记账与核算，都应计入房产原值，计征房产税。

（2）对于更换房屋附属设备和配套设施的，在其价值计入房产原值时，可扣减原来相应设施的价值。

（3）对附属设备和配套设施中易损坏、需要经常更换零配件的，更新后不再计入房产原值。

3. 纳税人对原有房屋进行改建、扩建，要相应增加房产原值。

4. 投资联营房产的计税依据。

（1）对于以房产投资联营，投资者参与投资利润分红、共担风险的，按房产的计税余值作为计税依据计征房产税（被投资方是纳税人）。

（2）对以房产投资，收取固定收入、不承担联营风险的，实际上是以联营的名义取得房产租金，应由出租方按租金收入计算缴纳房产税。

（3）融资租赁的房产，由承租人自租赁合同约定开始日的次月起依照房产余值缴纳房产税。合同未约定开始日的，由承租人自合同签订的次月起依照房产余值缴纳房产税。

5. 对居民住宅区内业主共有的经营性房产，由实际经营（包括自营和出租）的代管人或使用人缴纳房产税。其中，自营的，依照房产原值减除 10%～30% 后的余值计征；没有房产原值或不能将业主共有房产与其他房产的原值准确划分开的，由房产所在地税务机关参照同类房产核定房产原值；出租的，依照租金收入计征。

6. 无租使用其他单位房产的应税单位和个人，依照房产余值代缴纳房产税；产权出典的房产，由承典人依照房产余值缴纳房产税。

7. 凡在房产税征收范围内的具备房屋功能的地下建筑，包括与地上房屋相连的地下建筑以及完全建在地面以下的建筑、地下人防设施等，均应当依照有关规定征收房产税。

对于与地上房屋相连的地下建筑，如房屋的地下室、地下停车场、商场的地下部分等，应将地下部分与地上房屋视为一个整体，按照地上房屋建筑的有关规定计算征收房产税。

（二）从租计征

房屋出租的，以取得的租金收入为计税依据。租金收入是房屋产权所有人出租房产使用权所得的报酬，包括货币收入、实物收入及其他形式的收入。

1. 对出租房产，租赁双方签订的租赁合同约定有出租的地下建筑，按照出租地上房屋建筑的有关规定计算征收房产税。

2. 如果是以劳务或者其他形式为报酬抵付房租收入的，应根据当地同类房产的租金水平，确定一个标准租金额从租计征。

3. 合同约定免收租金期限的，免收租金期间由产权所有人按照房产原值缴纳房产税（区别于无租使用房产的规定）。

二、应纳税额的计算

1. 按房产余值从价计征的计算公式为：

应纳税额=房产原值×（1-减除比例）×税率

2. 按租金收入从租计征的计算公式为：

应纳税额=房产租金收入×税率

以人民币以外的货币为记账本位币的外资企业及外籍个人在缴纳房产税时，均应将其根据记账本位币计算的税款按照缴款上月最后一日的人民币汇率中间价折合成人民币。

【例 8-1】位于建制镇的某公司主要经营农产品采摘、销售、观光业务，占地 3 万平方米。其中，采摘、观光的种植用地 2.5 万平方米，职工宿舍和办公用地 0.5 万平方米。房产原值 300 万元。该公司 2018 年发生以下业务：

（1）全年取得旅游观光收入 150 万元、农产品零售收入 180 万元；

（2）6 月 30 日签订房屋租赁合同一份，将价值 50 万元的办公室从 7 月 1 日起出租给他人使用，租期 12 个月，月租 0.2 万元，每月收租金 1 次；

（3）8 月与保险公司签订农业保险合同一份，支付保险费 3 万元；

（4）9 月与租赁公司签订融资租赁合同一份，租赁价值 30 万元的鲜果拣选机一台，租期 5 年，租金共计 40 万元，每年支付 8 万元。

该公司适用的城镇土地使用税税率为每平方米 5 元，省里规定计算房产余值的扣除比例为 30%。

要求：计算 2018 年应缴纳的城镇土地使用税和房产税。

解：（1）应缴纳城镇土地使用税 =（3-2.5）×5×10 000 = 25 000（元）

（2）应缴纳房产税 = 300×（1-30%）×1.2%×50%×10 000+（300-50）×（1-30%）×1.2%×50%×10 000+0.2×6×12%×10 000
= 24 540（元）

第三节　房产税的申报与缴纳

一、减免税

1. 国家机关、人民团体、军队自用的房产免纳房产税，这是指这些单位本身的办公用房和公务用房。

2. 由国家财政部门拨付事业经费的单位（包括实行差额预算管理的事业单位）自用的房产免纳房产税，这是指这些单位本身的业务用房。

3. 宗教寺庙、公园、名胜古迹自用的房产免纳房产税。宗教、寺庙自用的房产，是指举行宗教仪式等的房屋和宗教人员使用的生活房屋。公园、名胜古迹自用的房产，是指提供参观游览的房屋及其管理单位的办公用房。

上述享受免税单位出租的房产以及非本身业务用的生产、营业用房，不属于免税范围，应征收房产税。

4. 个人所有的非营业用房产免征房产税。

5. 对于营业用的人防设施暂不征收房产税。

6. 基建工地的临时性房屋，在施工期间免征房产税。

7. 对高校学生公寓免征房产税。

8. 对廉租住房经营管理单位的租金收入免征房产税。

二、纳税义务发生时间

1. 纳税人将原有房产用于生产经营，从生产经营之次月起，缴纳房产税。

2. 纳税人自行新建房屋用于生产经营，自建成之次月起，缴纳房产税。

3. 纳税人委托施工企业建设的房屋，从办理验收手续之次月起，缴纳房产税。

4. 纳税人购置新建商品房，自房屋交付使用之次月起，缴纳房产税。

5. 纳税人购置存量房，自办理房屋权属转移、变更登记手续，房地产权属登记机关签发房屋权属证书之次月起，缴纳房产税。

6. 纳税人出租、出借房产，自交付出租、出借房产之次月起，缴纳房产税。

7. 房地产开发企业自用、出租、出借本企业建造的商品房，自房屋使用或交付之次月起，缴纳房产税。

8. 纳税人因房产的实物或权利状态发生变化而依法终止房产税的纳税义务的，其应纳税款的计算应截止到房产的实物或权利发生变化的当月末。

三、纳税期限

房产税实行按年计算、分期缴纳的征收方法，具体纳税期限由省、自治区、直辖市人民政府规定。

四、纳税地点

房产税由纳税人向房产所在地税务机关缴纳。房产不在同一地方的纳税人，应按房产的坐落地点分别向房产所在地税务机关缴纳。

练习题

一、单项选择题

1. 以下项目中，应缴纳房产税的项目有（　　）。

A. 集团公司的仓库　　B. 合伙企业的露天游泳池

C. 股份制企业的围墙　　D. 工厂的独立烟囱

2. 下列房屋应从交付使用之次月起缴纳房产税的有（　　）。

A. 纳税人购置新建商品房

B. 纳税人自行新建房屋用于生产经营

C. 纳税人购置存量房

D. 纳税人委托施工企业建设房屋

3. 某企业有房产 1 000 平方米，房产原值 100 万元。2018 年该企业将其中的 200 平方米房产出租，年租金 20 万元。省政府规定其减除比例为 30%。该企业当年应纳房产税（　　）万元。

A.0.84　　　　B.0.4

C.12　　　　D.3.072

4. 不征房产税的地域是（　　）。

A. 城市　　　　B. 县城和建制镇

C. 工矿区　　　　D. 农村

5. 赵某有两处房产：一处原值 60 万元的房产供自己及家人居住；另一处原值 20 万元的房产于 2018 年 7 月 1 日出租给王某居住，按市场价每月取得租金收入 1 200 元。赵某当年应缴纳的房产税为（　　）元。

A.288　　　　B.576

C.840　　　　D.864

6. 下列各项中，符合房产税纳税义务人规定的是（　　）。

A. 产权出典的，由出典人缴纳

B. 产权属于国家所有的，不缴纳房产税

C. 产权纠纷未解决的，由代管人或使用人缴纳

D. 外商投资企业开办的商业企业，不缴纳房产税

7. 下列各项中，不属于房产税纳税人的是（　　）。

A. 在市区拥有房产开设个人独资企业的个人

B. 在农村拥有房产建立工厂的企业

C. 在工矿区拥有房产的国有企业

D. 在市区承典房屋的单位

8. 以下关于房产税纳税人和征税范围的说法正确的是（　　）。

A. 房产税的征税对象是房屋和建筑物

B. 产权属于国家所有的，免纳房产税

C. 无租使用其他单位房产的单位和个人，使用人代为缴纳房产税

D. 农村的农民出租房屋也应缴纳房产税

二、多项选择题

1. 下列各项中，符合房产税纳税义务发生时间规定的有（　　）。

A. 将原有房产用于生产经营，从生产经营之次月起缴纳房产税

B. 委托施工企业建设房屋，从办理验收手续之次月起缴纳房产税

C. 纳税人出租、出借房产，自出租、出借房产之次月起，缴纳房产税

D. 购置新建商品房，自权属登记机关签发房屋权属证书之次月起缴纳房产税

2. 下列关于房产税的说法中，正确的有（　　）。

A. 产权出典的，由承典人依照房产余值缴纳房产税

B. 无租使用其他单位房产的应税单位和个人，依照当地同类租金水平缴纳房产税

C. 无租使用其他单位房产的应税单位和个人，依照房产余值缴纳房产税

D. 融资租赁的房产，由承租人依照支付的租赁费缴纳房产税

3. 以下房产需要征收房产税的是（　　）。

A. 城市的农副产品加工用房

B. 建制镇的农副产品生产用房

C. 农村的农副业生产用房

D. 农村的居住用房

4. 房产税的计税依据可以是（　　）。

A. 融资租赁房屋的，以房产原值计税

B. 联营投资房产，共担投资风险的，以房产余值计税

C. 出租房产的，以租金计税

D. 租入房产的，以租金计税

5. 下列各项中，不应当征收房产税的有（　　）。

A. 经营性单位从房地产开发企业购入的办公用商品房

B. 个人非营业用房产

C. 邮政部门坐落在城市、县城、建制镇、工矿区以外的房产

D. 农村的经营性用房

6. 以下关于房产税纳税人的表述中，正确的有（　　）。

A. 外籍个人不缴纳房产税

B. 房屋产权出典的，承典人为纳税人

C. 房屋产权属于集体所有的，集体单位为纳税人

D. 房屋产权未确定及租典纠纷未解决的，代管人或使用人为纳税人

三、判断题

1. 房产税的征税对象是房屋，由于房屋属于不动产，所以与房屋不可分割的各种附属设备也应作为房屋一并征税。上述“各种附属设备”包括独立于房屋之外的建筑物，如水塔、烟囱等。（　　）

2. 农民王某 2018 年将他在本村价值 20 万元的楼房出租，取得租金收入 3 000 元。按照房产税从租计征的规定计算，王某当年应缴纳房产税 360 元。（　　）

3. 纳税人购置房屋，应自办理房屋权属转移、变更登记手续，房地产权属登记机关签发房屋权属证书之次月起，缴纳房产税。（　　）

4. 对以融资租赁方式租出的房屋，在计征房产税时应当以房产余值计算纳税。（　　）

5. 房地产开发企业建造的商品房在出售前，不征收房产税，但对出售前房地产开发企业已使用或出租、出售的房产应按规定征收房产税。（　　）

四、计算题

1. 某市一生产企业 2018 年年初拥有房产 10 栋，房产原值 34 600 万元，当年房产情况如下：

（1）2017 年 12 月 31 日与本单位职工签订房屋租赁合同，自 2018 年 1 月 1 日起，将房产原值 300 万元的自有住房，按政府规定的价格出租给职工居住，每月取得租金收入 10 万元。

（2）2018 年 2 月 1 日对一栋房产原值 800 万元的厂房进行大修理，10 月底完工。修理后该房产原值上升为 12 000 万元，11 月 1 日投入使用。

（3）2018 年 4 月 30 日签订房产租赁合同一份，将原值 500 万元的仓库出租给其他企业，租期 1 年，每月收取租金 1.8 万元。

（4）2018 年 7 月 1 日将一栋房产原值 8 000 万元的办公楼用于对外

投资，投资期限2年，不承担联营风险，每月收取固定收入30万元。

（5）2018年10月底一栋房产原值5 000万元的厂房被有关部门认定为危险房屋，自同年11月1日起停止使用。

（6）2017年12月委托某施工企业新建厂房一栋，2018年3月31日完工，并办理了厂房验收手续，同时接管基建工地价值100万元的材料棚，一并转入本企业的固定资产管理，原值合计800万元。

（7）剩余的5栋房产一直用于企业的生产经营活动，房产原值共计20 000万元。

计算房产余值的扣除比例为30%。

要求：（1）根据业务（1）有关资料，计算该项房产应缴纳的房产税。

（2）根据业务（2）有关资料，计算该项房产应缴纳的房产税。

（3）根据业务（3）有关资料，计算该项房产应缴纳的房产税。

（4）根据业务（4）有关资料，计算该项房产应缴纳的房产税。

（5）根据业务（5）有关资料，计算该项房产应缴纳的房产税。

（6）根据业务（6）有关资料，计算该项房产应缴纳的房产税。

（7）根据业务（7）有关资料，计算该项房产应缴纳的房产税。

（8）计算2018年该企业共应缴纳的房产税。

2. 某中外合资企业2018年上半年共有房产原值4 000万元，7月1日起将原值200万元、占地面积400平方米的一个仓库出租给某商场存放货物，租期1年，每月租金收入1.5万元。8月10日对委托施工单位建设的生产车间办理验收手续，由在建工程转入固定资产原值500万元。房产税计算余值的扣除比例是20%。

要求：计算该企业2018年应缴纳的房产税。

第九章

车辆购置税法

第一节　车辆购置税的基本要素

车辆购置税法是调整车辆购置税征纳关系的法律规范的总称。我国现行车辆购置税法主要是 2000 年 10 月 22 日由国务院发布的《中华人民共和国车辆购置税暂行条例》（以下简称《车辆购置税暂行条例》，自 2001 年 1 月 1 日起施行）和自 2015 年 2 月 1 日起施行的《车辆购置税征收管理办法》

车辆购置税是对在我国境内购置应税车辆的单位和个人征收的一种税，它有以下三个特点：一是在购置车辆的特定环节实行一次课征；二是征税具有特定用途，即用于交通建设；三是车辆购置税实行价外征收，纳税人即是负税人，税负不转嫁。

一、征税对象与范围

车辆购置税以列举的应税车辆为征税对象，未列举的车辆不纳税。车辆购置包括纳税人购买、进口、自产、受赠、获奖或者以其他方式取得并自用应税车辆的行为。

征税范围包括汽车、摩托车、电车、挂车、农用运输车。

1. 汽车：包括各类汽车。

2. 摩托车：

（1）轻便摩托车：最高设计时速不大于50千米/小时、发动机汽缸总排量不大于50立方厘米的两个或三个车轮的机动车；

（2）两轮摩托车：最高设计时速大于50千米/小时，或发动机汽缸总排量大于50立方厘米的两个车轮的机动车；

（3）三轮摩托车：最高设计时速大于50千米/小时，或发动机汽缸总排量大于50立方厘米、空车重量不大于400千克的三个车轮的机动车。

3. 电车：

（1）无轨电车：以电能为动力，由专用输电电缆线供电的轮式公共车辆；

（2）有轨电车：以电能为动力，在轨道上行驶的公共车辆。

4. 挂车：

（1）全挂车：无动力设备，独立承载，由牵引车辆牵引行驶的车辆；

（2）半挂车：无动力设备，与牵引车辆共同承载，由牵引车辆牵引行驶的车辆。

5. 农用运输车：

（1）三轮农用运输车①：柴油发动机、功率不大于7.4千瓦、载重量不大于500千克、最高时速不大于40千米/小时的三个车轮的机动车；

（2）四轮农用运输车：柴油发动机、功率不大于28千瓦、载重量不大于1 500千克、最高时速不大于50千米/小时的四个车轮的机

① 自2004年10月1日起对农用三轮运输车免征车辆购置税。

动车。

二、纳税人

车辆购置税的纳税人是在中国境内购买、进口、自产、受赠、获奖或者以其他方式取得并自用应税车辆的各类企业、单位和个人。

三、税率

车辆购置税实行比例税率，税率为10%。

第二节　车辆购置税的计算

一、计税依据

车辆购置税实行从价定率、价外征收的方法计算应纳税额，应税车辆的价格即计税价格就成为车辆购置税的计税依据。

1. 纳税人购买自用的应税车辆，计税价格为纳税人购买应税车辆而支付给销售者的全部价款和价外费用，不包含增值税税款。

购买自用的应税车辆包括购买自用的国产应税车辆和购买自用的进口应税车辆，如从国内汽车市场、汽车贸易公司购买自用的进口应税车辆等。

价外费用是指销售方价外向购买方收取的基金、集资费、违约金（延期付款利息）和手续费、包装费、储存费、优质费、运输装卸费、保管费以及其他各种性质的价外收费，但不包括销售方代办保险等而向购买方收取的保险费，以及向购买方收取的代购买方缴纳的车辆购置税、车辆牌照费。

不含税价=（全部价款+价外费用）÷（1+增值税税率或征收率）

2. 纳税人进口自用的应税车辆，以组成计税价格为计税依据。计算公式为：

组成计税价格=关税完税价格+关税+消费税

=关税完税价格×（1+关税税率）÷（1−消费税税率）

3. 纳税人购买自用或者进口自用应税车辆，申报的计税价格低于同类型应税车辆的最低计税价格，又无正当理由的，计税价格为国家税务总局核定的最低计税价格。

最低计税价格是指国家税务总局依据机动车生产企业或者经销商提供的车辆价格信息，参照市场平均交易价格核定的车辆购置税计税价格。

4. 纳税人自产、受赠、获奖或者以其他方式取得并自用的应税车辆的计税价格，主管税务机关参照国家税务总局规定的最低计税价格核定。

5. 以最低计税价格为计税依据的确定。最低计税价格是指国家税务总局依据车辆生产企业提供的车辆价格信息并参照市场平均交易价格核定的车辆购置税计税价格。

申报的计税价格低于同类型应税车辆的最低计税价格，又无正当理由的，是指纳税人申报的车辆计税价格低于出厂价格或进口自用车辆的计税价格。

根据纳税人购置应税车辆的不同情况，国家税务总局对以下几种特殊情形应税车辆的最低计税价格规定如下：

（1）底盘（车架）发生更换的车辆，计税依据为最新核发的同类型车辆最低计税价格的 70%。同类型车辆是指同国别、同排量、同车长、同吨位、配置近似的车辆。

（2）免税车辆因转让、改变用途等原因不再属于免税范围的，应当按规定补缴车辆购置税。

免税条件消失的车辆，自初次办理纳税申报之日起，使用年限未满 10 年的，计税依据为最新核发的同类型车辆最低计税价格按每满 1 年扣减 10%；使用 10 年（含）以上的，计税依据为零。未满 1 年的应税车辆计税依据为最新核发的同类型车辆最低计税价格。

（3）对于国家税务总局未核定最低计税价格的车辆，计税依据为已核定的同类型车辆（指同国别、同排量、同车长、同吨位、配置近似）最低计税价格。

（4）进口旧车、因不可抗力因素导致受损车辆、库存超过 3 年的车辆、行驶 8 万千米以上的试验车辆、国家税务总局规定的其他车辆，凡纳税人能出具有效证明的，计税依据为纳税人提供的统一发票或有效凭证注明的计税价格。

6. 已使用未完税车辆计税依据的确定。

（1）对已使用未完税的车辆，主管税务机关按规定确定其计税价格。

（2）对已使用未完税的免税车辆，免税条件消失后，纳税人依照规定重新办理纳税申报时，其提供的机动车行驶证上标注的车辆登记日期视同初次办理纳税申报日期。主管税务机关据此确定车辆使用年限和计税依据。

（3）对于国家授权的执法部门没收的走私车辆、被司法机关和行政执法部门依法没收并拍卖的车辆，其库存（或使用）年限超过 3 年或行驶里程超过 8 万千米的，主管税务机关依据纳税人提供的统一发票或有效证明注明的价格确定计税依据。

车辆购置税的计税依据和应纳税款应以人民币计算。纳税人以外汇结算应税车辆价款，按照申报纳税之日中国人民银行的人民币基准汇价，折合成人民币计算应纳税额。

二、应纳税额的计算

车辆购置税实行从价定率一次课征的办法，购置已征车辆购置税的车辆，不再征收车辆购置税。计算公式为：

应纳税额=计税价格×适用税率

1. 纳税人购买自用车辆的：

应纳税额=（支付的全部价款+价外费用）×适用税率

2. 纳税人进口自用车辆的：

应纳税额=（关税完税价格+关税+消费税）×适用税率

3. 纳税人自产、受赠、获奖或以其他方式取得的自用车辆的：

应纳税额=最低计税价格×适用税率

【例 9–1】甲公司于 2018 年 1 月份从某汽车制造厂购入卡车一辆，发票金额为 232 000 元。

要求：计算该公司应纳的车辆购置税。

解：《车辆购置税暂行条例》规定，纳税人购买自用的应税车辆的计税价格，为纳税人购买应税车辆而支付给销售者的全部价款和价外费用，不包括增值税税额。

应纳税额=232 000÷（1+16%）×10%=20 000（元）

【例 9-2】东方融资租赁公司经批准从美国进口小轿车 2 辆，每辆到岸价格为 2.5 万美元，海关征收 30% 的进口关税，消费税税率为 9%，该公司进行车辆购置税纳税申报当日中国人民银行公布的基准汇价为 1 美元=6.20 元人民币。试计算该公司应纳的车辆购置税。

解：计税价格=25 000×6.20×（1+30%）÷（1-9%）=221 428.57（元）

应纳税额=221 428.57×10%×2=44 285.71（元）

【例 9-3】某外国驻华使馆的外交官员汤姆于 2018 年 9 月 3 日从某公司购入小轿车一辆，发票金额为 150 000 元。后因工作需要，汤姆决定于 12 月份回国，回国前将小轿车转让给我国的外交官员靳某，转让价 156 000 元，手续已办理完毕。

要求：汤姆购入小轿车自用是否缴纳车辆购置税？靳某向汤姆购入的小轿车应如何缴纳车辆购置税？同类型应税车辆的最低计税价格为 160 000 元。

解：领事馆和国际组织驻华机构及其外交人员自用的车辆属于车辆购置税的免税、减税范围，汤姆购入小轿车自用享受免征车辆购置税。

免税、减税车辆因转让、改变用途等原因不再属于免税、减税范围的，应当在办理车辆过户手续前或者办理变更车辆登记注册手续前缴纳车辆购置税。

靳某应纳税额=160 000×10%=16 000（元）

【例 9-4】张某于 2018 年 11 月购买福利彩票中奖，获得小汽车 1 辆，国家税务总局确定同类型应税车辆的最低计税价格为 200 000 元。试计算张某应纳的车辆购置税。如果张某缴纳车辆购置税后，将该汽车转让给王某，转让价 195 000 元，那么王某是否还应缴纳车辆购置税？

解：张某应纳税额 = 200 000×10% = 20 000（元）

王某不再缴纳车辆购置税。

第三节　车辆购置税的申报与缴纳

一、减免税

1. 外国驻华使馆、领事馆和国际组织驻华机构及其外交人员自用的车辆，免税。

2. 中国人民解放军和中国人民武装警察部队列入军队武器装备订货计划的车辆，免税。

3. 设有固定装置的非运输车辆，免税。设有固定装置的非运输车辆，是指挖掘机、平地机、叉车、装载车（铲车）、起重机（吊车）、推土机等工程机械。

4. 防汛部门和森林消防等部门购置的由指定厂家生产的指定型号的用于指挥、检查、调度、防汛（警）、联络的专用车辆，免税。

5. 在外留学人员（含香港、澳门地区）回国服务的，购买一辆个人自用的国产小汽车，免税（仅限一辆）。

6. 来华定居专家进口的自用小汽车（限一辆），免税。

7. 农用三轮车免征车辆购置税。

8. 对利用国债资金购置的农村巡回医疗车，免征车辆购置税；对中国妇女发展基金会申请的“母亲健康快车”项目的流动医疗车，免征车辆购置税。

9. 自 2016 年 1 月 1 日起至 2020 年 12 月 31 日，对城市公交企业购置的公共汽电车辆免征车辆购置税。

10. 自 2018 年 1 月 1 日至 2020 年 12 月 31 日，对购置的新能源汽车免征车辆购置税。

11. 自 2018 年 7 月 1 日至 2021 年 6 月 30 日，对购置挂车（指由汽车牵引才能正常使用且用于载运货物的无动力车辆）减半征收车辆购置税。

二、纳税申报

车辆购置税的征税环节为使用环节，纳税人应在办理车辆登记注册手续前缴纳车辆购置税。

车辆购置税实行一车一申报制度。完税证明分正本和副本，按车核发，每车一证。正本由车主保管，副本用于办理车辆登记注册，应纳税款于纳税人办理纳税申报时一次性交清。购买二手车时，购买者应当向原车主索要完税证明。

纳税人办理纳税申报时应如实填写车辆购置税纳税申报表（以下简称纳税申报表），同时提供以下资料：第一，纳税人身份证明；第二，车辆价格证明；第三，车辆合格证明；第四，税务机关要求提供的其他资料。

纳税人应到下列地点办理车辆购置税纳税申报：

1. 需要办理车辆登记注册手续的纳税人，向车辆登记注册地的主管税务机关办理纳税申报；

2. 不需要办理车辆登记注册手续的纳税人，向纳税人所在地的主管税务机关办理纳税申报。

3. 纳税人已经缴纳车辆购置税但在办理车辆登记注册手续前需要办理退还车辆购置税的，由纳税人申请，征收机构审查后办理退还车辆购置税手续。

三、纳税期限及缴税方法

1. 购买自用应税车辆的，应当自购买之日（指机动车销售统一发票或者其他有效凭证的开具日期）起 60 日内申报纳税。

2. 进口自用应税车辆的，应当自进口之日（指海关进口增值税专用缴款书或者其他有效凭证的开具日期）起 60 日内申报纳税。

3. 自产、受赠、获奖或者以其他方式取得并自用应税车辆的，应当自取得之日（指合同、法律文书或者其他有效凭证的生效或者开具日期）起 60 日内申报纳税。

4. 免税车辆因转让、改变用途等原因，免税条件消失的，纳税人应在免税条件消失之日起 60 日内到主管税务机关重新申报纳税。

车辆购置税的缴税方法有三种：自报核缴，集中征收缴纳，代征、代扣、代收。

四、纳税地点

纳税人购置应税车辆，应向车辆登记注册地（即车辆的上牌落籍地）的主管税务机关申报纳税。若车辆不需办理登记注册手续，则应向纳税人所在地主管税务机关申报纳税。

登记注册地具体是指，军队、武警车辆的登记注册地为军队、武警车辆管理部门所在地；部分农用运输车辆的登记注册地为地、市或县农机车管部门所在地；摩托车的登记注册地为县（市）公安车管部门所在地；上述车辆以外的各种应税车辆的登记注册地为地、市或地、市以上公安车管部门所在地。

五、退税办理

已缴纳车辆购置税的车辆，发生下列情形之一的，准予纳税人申请退税：

1. 车辆退回生产企业或者经销商的，纳税人申请退税时，主管税务机关自纳税人办理纳税申报之日起，按已缴纳税款每满 1 年扣减 10% 计算退税额；未满 1 年的，按已缴纳税款全额退税。

2. 符合免税条件的设有固定装置的非运输车辆但已征税的。

3. 其他依据法律、法规的规定应予退税的情形。

其他退税情形，纳税人申请退税时，主管税务机关依据有关规定计算退税额。

练习题

一、单项选择题

1. 车辆购置税的税率是（　　）。

A.10%　　　　B.13%

C.17%　　　　D.33%

2. 某人参加一项有奖活动，中奖获得一辆微型客货两用车，发奖机构提供的价格为 35 000 元。根据税务机关的规定，该种车的最低计税价格为 40 000 元。车辆购置税的计税依据是（　　）元。

A.3 500　　　　B.35 000

C.37 500　　　　D.40 000

3. 下列有关纳税期限的说法中，错误的是（　　）。

A. 购买自用的应税车辆，自购买之日起 60 天内申报纳税

B. 进口自用的应税车辆，自进口之日起60天内申报纳税

C. 自产自用的应税车辆，自投入使用前60天内申报纳税

D. 中奖获得的应税车辆，自取得之日起60天内申报纳税

4. 纳税人已用支票方式向税务机关缴纳车辆购置税，税务机关应开具（　　）。

A. 税收通用完税证　　B. 税收转账专用完税证

C. 税收通用缴款书　　D. 车辆购置税完税证明

5. 车辆购置税的纳税环节是（　　）。

A. 销售和使用环节　　B. 生产环节

C. 零售环节　　D. 登记注册前的使用环节

6. 应税车辆完税后需退税的，必须交回该车的（　　），否则不予退税。

A. 原始完税凭证　　B. 原始购车发票

C. 购车合同　　D. 车辆照片

二、多项选择题

1. 下列车辆中，免交车辆购置税的有（　　）。

A. 外国驻华使馆、领事馆和国际组织驻华机构及其外交人员自用的车辆

B. 设有固定装置的非运输车辆

C. 森林消防车

D. 回国服务的在外留学人员购买的一辆国产小汽车

2. 属于车辆购置税应税车辆的有（　　）。

A. 汽车　　B. 摩托车

C. 电车　　D. 自行车

3. 车辆购置税的计税依据有（　　）。

A. 支付的全部价款和价外费用（不含增值税）

B. 最低计税价格

C. 关税完税价格+关税+消费税

D. 支付的全部价款（含增值税）

4. 进口自用车辆计算缴纳车辆购置税的计税价格包括（　　）。

A. 关税完税价格　　B. 关税

C. 增值税　　　　　　　　　　　D. 消费税

5. 应税车辆完税后，在（　　）情况下可以申请办理退税。

A. 车辆被偷，向公安机关报案的

B. 因质量原因，车辆被退回生产企业或者经销商的

C. 车辆使用到期报废的

D. 公安机关车辆管理机构不予办理车辆登记注册手续的

三、判断题

1. 车辆购置税的纳税人是销售应税车辆的单位和个人。（　　）

2. 设有固定装置的非运输车辆，如挖掘机、平地机、叉车、装载车（铲车）、起重机（吊车）、推土机等工程机械，免税。（　　）

3. 车辆购置税的计税依据随车辆来源不同而不尽相同。（　　）

4. 某公司进口了 3 辆小轿车在国内销售，其在进口环节应计算缴纳车辆购置税。（　　）

5. 只要购置机动车辆，均应缴纳车辆购置税。（　　）

6. 若所购置的应税车辆不需办理登记注册手续，也可不办理纳税申报。（　　）

四、计算题

1. 北国工程公司 4 月 12 日开出转账支票一张，从某汽车市场购入小汽车一辆，价款 174 000 元（含增值税）。

要求：计算应纳的车辆购置税。

2. 东方外贸进出口公司经批准从国外进口 10 辆宝马小轿车，该公司报关进口该批小轿车时，核定关税完税价格为 215 000 元/辆，海关征收关税 60 200 元/辆，代征增值税 58 480 元/辆、消费税 68 800 元/辆。该公司将 3 辆宝马小轿车在本单位使用。

要求：计算应纳的车辆购置税。

3. 某工程公司收到某汽车厂作为投资投入的载货汽车一辆，国家税务总局规定的最低计税价格为 40 000 元。

要求：计算应纳的车辆购置税。

第十章

车船税法

第一节　车船税的基本要素

一、车船税概述

车船税法是指国家制定的用以调整车船税征收与缴纳之间权利及义务关系的法律规范。现行车船税的基本规范是2011年2月25日第十一届全国人民代表大会常务委员会第十九次会议通过的《中华人民共和国车船税法》（以下简称《车船税法》）和2011年11月23日国务院第182次常务会议通过的《中华人民共和国车船税法实施条例》，自2012年1月1日起施行。为进一步规范车船税管理，提高车船税管理水平，国家税务总局于2015年11月发布了《车船税管理规程（试行）》公告，自2016年1月1日起施行。对车船税管理中涉及的税源管理、税款征收、减免税和退税等问题进行了明确。

一、征税对象

车船税的征税对象是依法应当在车船登记管理部门登记的机动车辆和船舶，或依法不需要在车船登记管理部门登记的在单位内部场所行驶或者作业的机动车辆和船舶。

车辆为机动车，包括载客汽车、载货汽车、三轮汽车、低速货车、摩托车、专项作业车和轮式专用机械车。

船舶为机动船和非机动船。机动船是指依靠燃料等能源为动力运行的船舶；非机动船是指自身没有动力装置，依靠外力驱动的船舶，包括畜力驳船、木船、帆船、舢板及各种人力驾驶船。

临时入境的外国车船和中国香港特别行政区、澳门特别行政区、台湾地区的车船，不征收车船税。

境内单位和个人租入外国籍船舶的，不征收车船税。境内单位和个人将船舶出租到境外的，应依法征收车船税。

纯电动汽车、燃料电池汽车不属于车船税征收范围，其他混合动力汽车按照同类车辆适用税额减半征税。

二、纳税人

在我国境内属于《车船税法》所附车船税税目税额表规定的车辆、船舶的所有人或者管理人，为车船税的纳税人，应当缴纳车船税。

管理人，是指对车船具有管理使用权而不具有所有权的单位；车船管理部门，是指公安、交通、农业、渔业、军事等依法具有车船管理职能的部门。

目前，在我国对车船进行登记、核发牌证的工作中，载客汽车、载货汽车、三轮汽车、低速货车由公安部门负责；拖拉机由农业（农业机械）部门负责；普通船舶由交通部门负责；渔船由渔业部门负责；军用车船由军队、武警自行管理。

从事机动车交通事故责任强制保险业务的保险机构为机动车车船税的扣缴义务人，应依法代收代缴车船税。

三、税率

车辆采取幅度税额，由省、自治区、直辖市人民政府在规定的幅度税额内，确定本地区的适用固定税额；船舶采用固定税额。

车船税确定税额的总原则是：排气量小的车辆税负轻于排气量大的车辆；载人少的车辆税负轻于载人多的车辆；自重小的车辆税负轻于自重大的车辆；小吨位船舶的税负轻于大吨位船舶。车船税税目税额表见表 10-1。

表 10-1　**车船税税目税额表**

税目		计税单位	年基准税额	备注
乘用车（按发动机汽缸容量（排气量）分档）	1.0升（含）以下的	每辆	60~360元	核定载客人数9人（含）以下
	1.0升以上至1.6升（含）的		300~540元	
	1.6升以上至2.0升（含）的		360~660元	
	2.0升以上至2.5升（含）的		660~1 200元	
	2.5升以上至3.0升（含）的		1 200~2 400元	
	3.0升以上至4.0升（含）的		2 400~3 600元	
	4.0升以上的		3 600~5 400元	
商用车	客车	每辆	480~1 440元	核定载客人数9人以上，包括电车
	货车	整备质量每吨	16~120元	包括半挂牵引车、三轮汽车和低速载货汽车等
挂车		整备质量每吨	按照货车税额的50%计算	
其他车辆	专用作业车	整备质量每吨	16~120元	不包括拖拉机
	轮式专用机械车		16~120元	
摩托车		每辆	36~180元	
船舶	机动船舶	净吨位每吨	3~6元	拖船、非机动驳船分别按照机动船舶税额的50%计算
	游艇	艇身长度每米	600~2 000元	

注：1. 机动船舶，具体适用税额为：（1）净吨位小于或等于 200 吨的，每吨 3 元；（2）净吨位 201~2 000 吨的，每吨 4 元；（3）净吨位 2 001~10 000 吨的，每吨 5 元；（4）净吨位 10 001 吨及以上的，每吨 6 元；（5）拖船按照发动机功率每 2 马力折合净吨位 1 吨计算征收车船税。

2. 游艇，具体适用税额为：(1) 艇身长度不超过 10 米的，每米 600 元；(2) 艇身长度超过 10 米但不超过 18 米的，每米 900 元；(3) 艇身长度超过 18 米但不超过 30 米的，每米 1 300 元；(4) 艇身长度超过 30 米的，每米 2 000 元；(5) 辅助动力帆艇，每米 600 元。

3.《车船税法》及其涉及的整备质量、净吨位、艇身长度等计税单位，有尾数的一律按照含尾数的计税单位据实计算车船税应纳税额。计算得出的应纳税额小数点后超过两位的，可四舍五入保留两位小数。

第二节　车船税的计算

一、计税依据

车船税的计税依据，按车船的种类和性能，分别确定为每辆、整备质量每吨、净吨位每吨和艇身长度每米。

1. 商用货车、专用作业车和轮式专用机械车，按整备质量每吨（自重吨位）为计税依据。

自重吨位是指机动车的整备质量，即总质量减去核定载质量的差额。

2. 机动船舶、非机动驳船、拖船，按净吨位每吨为计税依据。

对机动船来说，净吨位一般是指额定装运货物和载运旅客的船舱所占用的空间容积，即船舶各个部位的总容积扣除按税法规定的非营业用容积后的余数。非营业用容积包括驾驶室、轮机间、业务办公室、船员生活用房等。

3. 游艇按艇身长度每米为计税依据。

二、应纳税额的计算

车船税的应纳税额，根据不同类型的车船及适用的计税标准分别计算。计算公式为：

应纳税额=计税依据×适用的年税额

购置的新车船，购置当年的应纳税额自纳税义务发生的当月起按月计算。应纳税额为年应纳税额除以 12 再乘以应纳税月份数。

已缴纳车船税的车船在同一纳税年度内办理转让过户的，不另纳税，也不退税。

1. 车辆应纳车船税的计算。车辆采取幅度税额，由省、自治区、直辖市人民政府在规定的幅度税额内，确定本地区的适用固定税额。

（1）载客汽车年应纳税额=辆数×适用的年税额

（2）载货汽车年应纳税额=整备质量吨位数×适用的年税额

（3）客货两用汽车应纳税额=整备质量吨位数×适用的年税额

（4）三轮汽车和低速货车应纳税额=整备质量吨位数×适用的年税额

（5）摩托车应纳税额=辆数×适用的年税额

购置当年的应纳税额自纳税义务发生的当月起按月计算。计算公式为：

车辆应纳税额=年应纳税额÷12×应纳税月份数

2. 船舶应纳车船税的计算。船舶采用固定税额，应纳税额计算公式为：

船舶年应纳税额=机动船的净吨位×适用的年税额

3. 游艇应纳车船税的计算。游艇采用固定税额，应纳税额计算公式为：

游艇应纳税额=艇身长度×适用的年税额

【例 10-1】某运输公司 2018 年拥有并使用以下车辆和船舶：从事运输用的整备质量为 2 吨的三轮汽车 5 辆；整备质量为 5 吨的载货卡车 10 辆；净吨位为 4 吨的拖船 5 艘；2 辆客车，载客量为 20 人。

当地政府规定，载货汽车的车辆税额为 60 元/吨，乘坐 20 人的客车税额为 500 元/辆，船舶每年税额为 6 元/吨。

要求：计算该公司 2018 年应纳的车船税。

解：（1）三轮汽车应纳车船税=2×60×5=600（元）

（2）卡车应纳车船税=5×60×10=3 000（元）

（3）拖船应纳车船税=4×6×50%×5=60（元）

（4）客车应纳车船税=500×2=1 000（元）

2018 年应纳车船税=600+3 000+60+1 000=4 660（元）

【例 10-2】某外资运输公司 2018 年 1 月拥有 8 吨载重货车 10 辆、4.36 吨载重货车 5 辆、大轿车 9 辆、中型面包车 4 辆、乘人小轿车 2

辆；机动船 15 艘，其中，净吨位 1 万吨的机动船 5 艘，净吨位 1.5 万吨的机动船 6 艘，净吨位 2 万吨的机动船 4 艘。8 月购进新大轿车 3 辆、500.25 吨小型机动船 12 艘、450 吨非机动驳船 10 艘，当月取得有关部门核发的登记证并投入使用。

当地车船税年税额分别为：载货汽车每吨 60 元，大轿车每辆 250 元，中型面包车每辆 200 元，小轿车每辆 150 元；船舶 2 000~10 000 吨的每吨 5 元，10 001 吨及以上的每吨 6 元。

要求：（1）计算该运输公司 8 月外购车辆、船舶当年应缴纳的车船税；

（2）计算该运输公司所拥有的车辆当年应缴纳的车船税；

（3）计算该运输公司所拥有的船舶当年应缴纳的车船税。

解：（1）外购车辆、船舶当年应纳车船税=3×250×5÷12+12×500.25×5×5÷12+10×450×5×5÷12

=22 193.75（元）

（2）当年拥有的车辆应纳车船税=10×8×60+5×4.5×60+9×250+4×200+2×150

=9 500（元）

（3）当年拥有的船舶应纳车船税=5×10 000×5+6×15 000×6+4×20 000×6

=1 270 000（元）

第三节　车船税的申报与缴纳

车船税的征收管理，依照《车船税法》和《税收征管法》的规定执行。车辆的所有人或者管理人在申请办理车辆相关登记、定期检验手续时，应向公安机关交通管理部门提交依法纳税或者免税证明，公安机关交通管理部门核查后予以办理相关手续。

一、减免税

（一）法定减免

1. 捕捞、养殖渔船，是指在渔业船舶管理部门登记为捕捞船或者养殖船的船舶。

2. 军队、武装警察部队专用的车船，是指按照规定在军队、武装警察部队车船管理部门登记，并领取军队、武警牌照的车船。

3. 警用车船，是指公安机关、国家安全机关、监狱、劳动教养管理机关和人民法院、人民检察院领取警用牌照的车辆和执行警务的专用船舶。

4. 依照法律规定应当予以免税的外国驻华使领馆、国际组织驻华代表机构及其有关人员的车船。

5. 根据财政部《关于节能新能源车船享受车船税优惠政策的通知》（财税〔2018〕74 号），自 2018 年 7 月 31 日起，对获得许可在中国境内销售的排量为 1.6 升以下（含 1.6 升）的燃用汽油、柴油的乘用车（含非插电式混合动力、双燃料和两用燃料乘用车）减半征收车船税。

自 2018 年 7 月 31 日起，对使用新能源的车辆，免征车船税。免征车船税的新能源汽车是指纯电动商用车、插电式（含增程式）混合动力汽车、燃料电池商用车。

纯电动乘用车和燃料电池乘用车不属于车船税征税范围，对其不征车船税。

6. 省、自治区、直辖市人民政府根据当地实际情况，可以对公共交通车船，农村居民拥有并主要在农村地区使用的摩托车、三轮汽车和低速载货汽车定期减征或者免征车船税。

（二）特定减免

1. 经批准临时入境的外国车船和香港特别行政区、澳门特别行政区、台湾地区的车船，不征收车船税。

2. 按照规定缴纳船舶吨税的机动船舶，自《车船税法》实施之日起 5 年内免征车船税。

3. 依法不需要在车船登记管理部门登记的机场、港口内部行驶或作业的车船，自《车船税法》实施之日起 5 年内免征车船税。

二、纳税义务发生时间

车船税纳税义务发生时间为取得车船所有权或者管理权的当月，以购买车船的发票或者其他证明文件所载日期的当月为准。对无法提供车船购置发票的，主管税务机关有权核定其纳税义务发生时间。

已办理退税的被盗抢车船失而复得的，纳税人应当从公安机关出具相关证明的当月起计算缴纳车船税。

新购置的车船自纳税义务发生的当月起按月计算。

三、纳税期限

车船税按年申报，分月计算，一次性缴纳。具体申报纳税期限由各省、自治区、直辖市人民政府规定。纳税年度为公历 1 月 1 日至 12 月 31 日。

纳税人在购买“交强险”时，由扣缴义务人代收代缴车船税的，凭注明已收税款信息的“交强险”保险单，车辆登记地的主管税务机关不再征收该纳税年度的车船税。再次征收的，车辆登记地的主管税务机关应予以退还。

四、纳税地点

车船税实行源泉控制，纳税地点为车船的登记地；由保险机构代收代缴车船税的，纳税地点为保险机构所在地；依法不需要办理登记的车船，车船税的纳税地点为车船的所有人或者管理人所在地。

练习题

一、单项选择题

1. 下列各项中，属于车船税免税项目的有（　　）。

A. 在国外已纳船舶吨税的我国远洋运输船

B. 外商投资企业汽车

C. 武警消防车

D. 政府机关办公用车辆

2. 车船税实行（　　），即按单位征税对象直接确定固定的税额，简便易算。

A. 比例税率　　B. 定额税率

C. 累进税率　　D. 累退税率

3. 下列关于车船税征税对象的说法错误的是（　　）。

A. 中美合资公司在华拥有的车船，是车船税的征税对象

B. 港澳台同胞在华拥有的车船，是车船税的征税对象

C. 外国企业在华拥有的车船，不是车船税的征税对象

D. 中国公民在华拥有的车船，是车船税的征税对象

4. 下列各项中，不属于车船税征税范围的是（　　）。

A. 三轮汽车　　B. 火车

C. 摩托车　　D. 养殖渔船

5. 车船税的纳税地点为（　　）。

A. 车辆所在地　　B. 车辆行驶地

C. 纳税人所在地　　D. 车船登记地

二、多项选择题

1. 根据《车船税法》的规定，下列船舶中，需要缴纳车船税的有（　　）。

A. 清洁船　　B. 游船

C. 工程船　　D. 渡船

2. 下列车船中，以自重吨位作为车船税计税依据的有（　　）。

A. 载客汽车　　B. 载货汽车

C. 船舶　　D. 专项作业车

3. 车船税征税过程中，以"辆"为计税依据的有（　　）。

A. 电车　　B. 载货汽车

C. 专项作业车　　D. 中型客车

4. 使用下列车船，应缴纳车船税的有（　　）。

A. 私人拥有的汽车　　B. 外商投资企业拥有的汽车

C. 国有运输企业拥有的货船　　D. 旅游公司拥有的客船

5. 下列关于车船税表述正确的有（　　）。

A. 属于行为税类

B. 实行从量定额征收

C. 适用于在我国境内拥有或管理车船的所有单位和个人，但不包括外商投资企业

D. 按年申报缴纳

三、判断题

1. 车船税是对行驶于我国公共道路的车辆和航行于境内河流、湖泊和领海口岸的船舶征收的一种税。（　　）

2. 车船税中应税船舶采用的是全国统一的分类级的固定

税额。（ ）

3. 车船税采取的是按年计征分期预缴的办法。（ ）

4. 对租赁双方未商定纳税事宜的，由车辆拥有人缴纳车船税。（ ）

5. 车船的所有人或者管理人未缴纳车船税的，使用人应当代为缴纳车船税。（ ）

四、计算题

1.2018 年某运输公司拥有载客人数 9 人以下的小汽车 20 辆、载客人数 9 人以上的客车 30 辆、载货汽车 15 辆（每辆整备质量 8 吨），另有纯电动小汽车 8 辆。小汽车每辆年税额 800 元、客车每辆年税额 1 200 元、货车每吨年税额 60 元。

要求：计算该运输公司当年应纳的车船税。

2. 某船舶公司 2018 年拥有非机动驳船 4 艘，每艘净吨位 3 000 吨；拖船 2 艘，每艘发动机功率 2 600 马力。其所在地机动船舶的车船税计税标准为：净吨位 2 000 吨以下的，每吨 4 元；净吨位 2 001~10 000 吨的，每吨 5 元。

要求：计算该船舶公司当年应纳的车船税。

3. 某交通运输企业 2018 年拥有自重 5 吨的载重汽车 20 辆、自重 4 吨的挂车 10 辆、自重 3 吨的客货两用车 6 辆。该企业所在地载货汽车年税额为 40 元/吨，乘人汽车年税额为 200 元/辆。

要求：计算该企业 2018 年应纳的车船税。

4. 某公司 2018 年 2 月 1 日购入一辆载货商用车，当月办理机动车辆权属证书，并办理车船税完税手续。此车整备质量 10 吨，每吨年税额 96 元。该车于 6 月 1 日被盗，经公安机关确认后，该公司遂向税务局申请退税。在办理退税手续期间，此车又于 9 月 1 日被追回并取得公安机关证明。

要求：计算该公司当年实际应缴纳的车船税。

第十一章

印花税法

第一节　印花税的基本要素

印花税法是调整印花税征纳关系的法律规范的总称。我国现行印花税法主要是1988年8月6日国务院发布并于同年10月1日实施的《中华人民共和国印花税暂行条例》（以下简称《印花税暂行条例》）和同年9月财政部、国家税务总局颁发的《中华人民共和国印花税暂行条例施行细则》。2011年1月8日，根据国务院令第588号《国务院关于废止和修改部分行政法规的决定》对其进行了修订。

印花税是对经济活动和经济交往中书立、领受的凭证征收的一种税。印花税始创于荷兰，是一个比较古老的税种，因在凭证上粘贴印花税票作为完税的标志而得名，是一种具有行为税性质的凭证税。

一、征税范围

印花税的征税范围采用列举的方式，凡列举的项目都征税，未列入范围的不征税。具体征税范围如下：

1. 经济合同。经济合同是指依据《中华人民共和国合同法》和其他有关合同法规订立的合同。

具有合同性质的凭证是指具有合同效力的协议、契约、合约、单据、确认书及其他各种名称的凭证。

（1）购销合同，包括供应、预购、采购、购销结合及协作、调剂、补偿、易货等合同；还包括各出版单位与发行单位（不包括订阅单位和个人）之间订立的图书、报刊、音像制品征订凭证。

对纳税人以电子形式签订的各类应税凭证按规定征收印花税。

对发电厂与电网之间、电网与电网之间（国家电网公司系统、南方电网公司系统内部各级电网互供电量除外）签订的购售电合同按购销合同征收印花税。电网与用户之间签订的供用电合同不属于印花税列举征税的凭证，不征印花税。

（2）加工承揽合同，包括加工、定做、修缮、印刷、广告、测绘、测试等合同。

（3）建设工程勘察设计合同，包括勘察、设计合同的总包合同、分包合同和转包合同。

（4）建筑安装工程承包合同，包括建筑、安装工程承包合同的总包合同、分包合同和转包合同。

（5）财产租赁合同，包括租赁房屋、船舶、飞机、机动车辆、机械、器具、设备等合同，还包括企业、个人出租门店、柜台等签订的合同。

（6）货物运输合同，包括民用航空、铁路运输、海上运输、公路运输和联运合同，以及作为合同使用的单据。

（7）仓储保管合同，包括仓储、保管合同，以及作为合同使用的仓单、栈单等。

（8）借款合同，包括银行及其他金融组织和借款人（不包括银行同业拆借）签订的借款合同以及融资租赁合同。

（9）财产保险合同，“家庭财产两全保险”属于家庭财产保险性质，其合同在财产保险合同之列，应照章纳税。

（10）技术合同，包括技术开发、转让、咨询、服务等合同。技术转让合同包括专利申请转让、非专利技术转让所书立的合同，但不包括专利权转让、专利实施许可所书立的合同（适用于产权转移书据）。一般的法律、会计、审计等方面的咨询不属于技术咨询，其所书立合同不贴印花。

2. 产权转移书据。产权转移书据是指单位和个人在产权的买卖、继承、赠与、交换、分割等产权主体变更过程中，产权出让人与受让人之间所立的民事法律文书。

我国印花税税目中的产权转移书据包括财产所有权、版权、商标专用权、专利权、专有技术使用权共5项产权的转移书据。对于土地使用权出让合同、土地使用权转让合同、商品房销售合同以及专利权转让、专利实施许可所书立的合同，均按照产权转移书据征收印花税。

3. 营业账簿。营业账簿是指单位或者个人记载生产经营活动的财务会计核算账簿。按其反映内容的不同，可分为记载资金的账簿和其他账簿。

记载资金的账簿是指反映生产经营单位资本金数额增减变化的账簿，即反映生产经营单位实收资本和资本公积金额增减变化的账簿。

其他账簿是指除上述账簿以外的有关其他生产经营活动内容的账簿，包括日记账簿和各明细分类账簿。

对采用一级核算形式的单位，只就财会部门设置的账簿贴花；采用分级核算形式的，除财会部门的账簿应贴花之外，财会部门设置在其他部门和车间的明细分类账，亦应按规定贴花。

车间、门市部、仓库设置的不属于会计核算范围或虽属会计核算范围，但不记载金额的登记簿、统计簿、台账等，不贴印花。

对有经营收入的事业单位，凡属由国家财政部门拨付事业经费，实行差额预算管理的单位，其记载经营业务的账簿，按其他账簿定额贴花，不记载经营业务的账簿不贴花；凡属经费来源实行自收自支的单位，对其营业账簿，应就记载资金的账簿和其他账簿分别按规定贴花。

跨地区经营的分支机构使用的营业账簿，应由各分支机构在其所在地缴纳印花税。企业债权转股权新增加的资金按规定贴花。企业改制中经评估增加的资金按规定贴花。

凡银行用以反映资金存贷经营活动、记载经营资金增减变化、核算经营成果的账簿，如各种日记账、明细账和总账都属于营业账簿，应按照规定征收印花税。

银行根据业务管理需要设置的各种登记簿，如空白重要凭证登记簿、有价单证登记簿、现金收付登记簿等，记载的内容与资金活动无关，仅用于内部备查，属于非营业账簿，均不贴花。

4. 权利、许可证照。权利、许可证照仅包括“四证一照”，即政府部门发给的房屋产权证、工商营业执照、商标注册证、专利证、土地使用证。

5. 经财政部确定征税的其他凭证。

不论以何种形式或名称书立凭证，只要其性质属于上述列举的征收范围，均应照章纳税。有些业务部门将货物运输合同、仓储保管合同、银行借款合同、财产保险合同等单据作为合同使用，也应按照合同凭证纳税。《印花税暂行条例》没有列举的凭证不属于印花税的征税范围，不征印花税。

对于企业集团内具有平等法律地位的主体之间自愿订立、明确双方购销关系、据以供货和结算、具有合同性质的凭证，应按规定征收印花税。对于企业集团内部执行计划使用的、不具有合同性质的凭证，不征收印花税。

二、纳税人

印花税的纳税义务人，是在中国境内书立、使用、领受印花税法所列举的凭证并应依法履行纳税义务的单位和个人。按照书立、使用、领受应税凭证的不同，可以分别确定为立合同人、立据人、立账簿人、领受人和使用人。

1. 立合同人，指合同的当事人。所谓当事人，是指对凭证有直接权利义务关系的单位和个人，但不包括合同的担保人、证人、鉴定人。各类合同的纳税人是立合同人。

当事人的代理人有代理纳税的义务，与纳税人负有同等的税收法律义务和责任。

2. 立据人，产权转移书据的纳税人是立据人，即土地、房屋权属转移过程中买卖双方的当事人。

3. 立账簿人，营业账簿的纳税人是立账簿人。所谓立账簿人，是指设立并使用营业账簿的单位和个人。

4. 领受人，权利、许可证照的纳税人是领受人。领受人，是指领取或接受并持有该项凭证的单位和个人。

5. 使用人，在国外书立、领受，但在国内使用的应税凭证，其纳税人是使用人。

6. 各类电子应税凭证的签订人，即以电子形式签订各类应税凭证的当事人。

对应税凭证，凡由两方或两方以上当事人共同书立的，其当事人各方都是印花税的纳税人，应当就其所持凭证的计税金额履行纳税义务。

三、税率

印花税的税率有两种形式，即比例税率和定额税率。

（一）比例税率

1.1‰：股权转让书据[①]、财产保险合同、财产租赁合同和仓储保管合同。

2.5‱：加工承揽合同、建设工程勘察设计合同、货物运输合同、产权转移书据和记载资金的账簿。

3.3‱：购销合同、建筑安装工程承包合同和技术合同。

4.0.5‱：借款合同（融资租赁合同比照借款合同贴花）。

（二）定额税率

权利、许可证照和营业账簿中的其他账簿，适用定额税率，按件贴花，税额为每件 5 元。

自 2018 年 5 月 1 日起，对按 5‱ 税率贴花的资金账簿减半征收印花税，对按件贴花 5 元的其他账簿免征印花税。

① 证券交易印花税改为单边征收，对买入方（承受方）不再征税。

第二节　印花税的计算

印花税根据不同征税项目，分别实行从价计征和从量计征。

一、从价计征情况下计税依据的确定

1. 各类经济合同，以合同所记载的金额、收入或费用为计税依据。

（1）购销合同的计税依据为合同记载的购销金额。采用以货换货方式进行商品交易签订的合同，应按合同所载的购销金额合计数计税贴花。

（2）加工承揽合同的计税依据是加工或承揽收入的金额。

对于由受托方提供原材料的加工、定做合同，凡在合同中分别记载加工费金额和原材料金额的，应分别按加工承揽合同、购销合同计税贴花；若合同中未分别记载，则应就全部金额依照加工承揽合同计税贴花。

对于由委托方提供主要材料或原料，受托方只提供辅助材料的加工合同，无论加工费和辅助材料金额是否分别记载，均以辅助材料与加工费的合计数，依照加工承揽合同计税贴花。对委托方提供的主要材料或原料金额不计税贴花。

（3）建设工程勘察设计合同的计税依据为勘察、设计收取的费用（即勘察、设计收入）。

（4）建筑安装工程承包合同的计税依据为承包金额，不得剔除任何费用。如果施工单位将自己承包的建设项目再分包或转包给其他施工单位，其所签订的分包或转包合同，仍应按所载金额另行贴花。

（5）财产租赁合同的计税依据为租赁金额，税额不足 1 元的，按 1 元贴花。

（6）货物运输合同的计税依据为取得的运输费金额，即运输费收入，不包括所运货物的金额、装卸费和保险费等。

如果同时销售货物，要单独计算纳税。国内货物联运和国际货运的计税依据如图 11-1 所示。

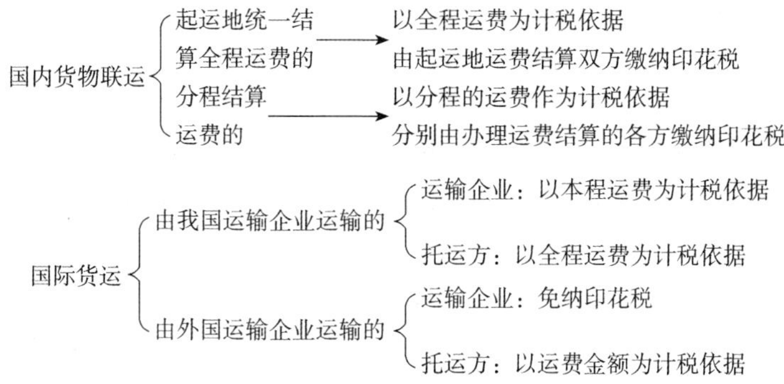

图 11-1　国内货物联运和国际货运的计税依据

（7）仓储保管合同的计税依据为收取的仓储保管费用（即保管费收入）。

（8）借款合同（不包括银行同行拆借）的计税依据为借款金额。

①凡是一项信贷业务既签订借款合同，又一次或分次填开借据的，以借款合同所载金额为计税依据计税贴花；凡只填开借据并作为合同使用的，以借据所载金额为计税依据计税贴花。

②借贷双方签订的流动资金周转性借款合同，一般按年（期）签订，规定最高限额，借款人在规定的期限和最高限额内随借随还。这类合同只以规定的最高限额为计税依据，在签订时贴花一次，在限额内随借随还不签订新合同的，不再另贴印花。

③对借款方以财产作为抵押，从贷款方取得一定数量抵押贷款的合同，应按借款合同贴花；在借款方因无力偿还借款而将抵押财产转移给贷款方时，应再就双方书立的产权书据，按产权转移书据的有关规定计税贴花。

④对银行及其他金融组织的融资租赁业务签订的融资租赁合同，应按合同所载租金总额，暂按借款合同计税贴花。

⑤在贷款业务中，如果贷款方系由若干银行组成的银团，银团各方均承担一定的贷款数额，按各自的借款金额计税贴花。

⑥在基本建设贷款中，如果按年度用款计划分年签订借款合同，在最后一年按总概算签订借款总合同，且总合同的借款金额包括各个分合同的借款金额，应按分合同分别贴花；最后签订的总合同，只就借款总

额扣除分合同借款金额后的余额计税贴花。

（9）财产保险合同的计税依据为支付（收取）的保险费，不包括所保财产的金额。

（10）技术合同的计税依据为合同所载的价款、报酬或使用费。为了鼓励技术研究开发，技术开发合同中的研究开发经费不作为计税依据进行贴花，而只按所载的报酬计税贴花。

2. 产权转移书据的计税依据为所载金额。

3. 记载资金的营业账簿以实收资本和资本公积的两项合计金额为计税依据。

跨地区经营的分支机构的营业账簿在计税贴花时，为了避免对同一资金重复计税，上级单位记载资金的账簿，应按扣除拨给下属机构资金数额后的其余部分计税贴花。

凡资金账簿在次年度的实收资本和资本公积未增加的，对其不再计税贴花。

4. 有些合同（如技术转让合同中的转让收入）在签订时无法确定计税金额，可在签订时先按定额 5 元贴花，以后结算时再按实际金额计税，补贴印花。

二、从量计税情况下计税依据的确定

实行从量计税的其他营业账簿和权利、许可证照，以计税数量为计税依据，单位税额为每件 5 元。

三、应纳税额的计算

印花税的应纳税额，根据应纳税凭证的性质，分别按比例税率或者定额税率计算。计算公式为：

应纳税额=应税凭证计税金额（或应税凭证件数）×适用税率

【例 11-1】某高新技术企业 2018 年 3 月开业，注册资金 220 万元，当年发生经济活动如下：

（1）领受工商营业执照、房屋产权证、土地使用证各 1 份；

（2）建账时共设 8 个账簿，其中资金账簿中记载实收资本 220 万元；

（3）签订购销合同 4 份，共记载金额 280 万元；

（4）签订借款合同 1 份，记载金额 50 万元，当年取得借款利息 0.8 万元；

（5）与广告公司签订广告制作合同 1 份，记载加工费 3 万元，该公司提供的原材料 7 万元；

（6）签订技术服务合同 1 份，记载金额 60 万元；

（7）签订租赁合同 1 份，记载租赁费 50 万元；

（8）签订转让专有技术使用权合同 1 份，记载金额 150 万元。

要求：（1）计算领受权利、许可证照应缴纳的印花税；

（2）计算设置账簿应缴纳的印花税；

（3）计算签订购销合同应缴纳的印花税；

（4）计算签订借款合同应缴纳的印花税；

（5）计算签订广告制作合同应缴纳的印花税；

（6）计算签订技术服务合同应缴纳的印花税；

（7）计算签订租赁合同应缴纳的印花税；

（8）计算签订专有技术使用权转让合同应缴纳的印花税。

解：（1）权利、许可证照应缴纳的印花税=3×5=15（元）

（2）账簿应缴纳的印花税=2 200 000×5‰×50%=567.5（元）

（3）购销合同应缴纳的印花税=2 800 000×3‱=840（元）

（4）借款合同应缴纳的印花税=500 000×0.5‱=25（元）

（5）广告制作合同应缴纳的印花税=30 000×5‱+70 000×3‱=36（元）

（6）技术服务合同应缴纳的印花税=600 000×3‱=180（元）

（7）租赁合同应缴纳的印花税=500 000×1‰=500（元）

（8）专有技术使用权转让合同应缴纳的印花税=1 500 000×5‱=750（元）

第三节　印花税的申报与缴纳

一、减免税

1. 对已缴纳印花税凭证的副本或者抄本免税。但以副本或者抄本视同正本使用的，则应另贴印花。

2. 对财产所有人将财产赠给政府、社会福利单位、学校所立的书据免税。

3. 对国家指定的收购部门与村民委员会、农民个人书立的农副产品收购合同免税。

4. 对无息、贴息贷款合同免税。

5. 对外国政府或者国际金融组织向我国政府及国家金融机构提供优惠贷款所书立的合同免税。

6. 对房地产管理部门与个人签订的用于生活居住的租赁合同免税。

7. 军事物资运输、抢险救灾物资运输及新建铁路临管线运输等的特殊货运凭证免税。

8. 对经国务院和省级人民政府决定或批准进行的国有（含国有控股）企业改组改制而发生的上市公司国有股权无偿转让行为，暂不征收证券（股票）交易印花税。

9. 对微利、亏损企业记载资金的账簿，第一次贴花数额较大，难以承担的，经当地税务机关批准，可允许在 3 年内分次贴足印花。

10. 对廉租住房、经济适用住房经营管理单位与廉租住房、经济适用住房相关的印花税以及廉租住房承租人、经济适用住房购买人涉及的印花税予以免征。

11. 对与高校学生签订的高校学生公寓租赁合同，免征印花税。

二、纳税方法

印花税一般由纳税人根据规定自行计算应纳税额，自行购买并自行一次贴足印花税票。企业应向税务机关或其指定的代售单位购买印花税票，将印花税票粘贴在应税凭证后即行注销，注销标记应与骑缝处相交。

根据纳税人的实际情况，印花税还有以下几种简易的缴纳方法：

1. 简化贴花手续。对一份凭证应纳税额超过 500 元的，纳税人可向当地税务机关申请填写缴款书或者完税凭证，将其中一联粘贴在凭证上或者由税务机关在凭证上加注完税标记，代替贴花。

2. 汇总缴纳。同一种类应纳税凭证使用数量较多，需频繁贴花的，可向当地税务机关申请发放汇缴许可证，实行定期汇总缴纳的办法，按照当地税务机关核准的限期限额（但最长期限不得超过一个月）汇总计算应纳税额缴库。

3. 核定征收。税务机关核定征收印花税时，应向纳税人发放核定征收印花税通知书，注明核定征收的计税依据和规定的税款缴纳期限。

4. 关于证券交易印花税的扣缴问题。自 2014 年 12 月 1 日起，证券交易场所和证券登记结算机构扣缴证券交易印花税，应当在证券公司给参与集中交易的投资者开具的“成交过户交割凭单”（以下简称交割单）、证券登记结算机构或证券公司给办理非集中交易过户登记的投资者开具的“过户登记确认书”（以下简称确认书）中注明应予扣收税款的计税金额、税率和扣收税款的金额，交割单、确认书应加盖开具单位的相关业务章戳。已注明扣收税款信息的交割单、确认书可以作为纳税人已完税的证明。

纳税人需要另外再开具正式完税凭证的，可以凭交割单或确认书，连同税务登记证件的副本或纳税人身份证明材料，向证券交易场所和证券登记结算机构所在地的主管税务机关要求开具“税收完税证明”。为保证纳税人依法取得正式完税凭证，证券交易场所和证券登记结算机构应当将扣缴证券交易印花税的纳税人明细信息及时报送主管税务机关。

三、纳税环节

印花税应当在书立或领受时贴花，具体是指，在合同签订、账簿启用和证照领受环节贴花；如果合同在国外签订并且不便在国外贴花，应在将合同带入境时办理贴花手续。

四、纳税地点

印花税一般实行就地纳税。在全国性商品物资订货会（包括展销会、交易会等）上所签订的合同应纳的印花税，由纳税人回其所在地后及时办理贴花完税手续；在地方主办的、不涉及省际关系的订货会、展销会上所签订合同的印花税，其纳税地点由各省、自治区、直辖市人民政府自行确定。

五、违章处罚

根据国家税务总局《关于印花税违章处罚有关问题的通知》，对违反印花税规定的处罚标准为：

1. 在应纳税凭证上未贴或少贴印花税票的，或者已粘贴在应税凭证上的印花税票未注销或者未划销的，由税务机关追缴其不缴或者少缴的税款、滞纳金，并处不缴或者少缴税款 50% 以上 5 倍以下的罚款。

2. 贴用的印花税票揭下重用造成未缴或少缴印花税的，由税务机关追缴其不缴或者少缴的税款、滞纳金，并处不缴或者少缴税款 50% 以上 5 倍以下的罚款；构成犯罪的，依法追究刑事责任。

3. 伪造印花税票的，由税务机关责令改正，处以 2 000 元以上 1 万元以下的罚款；情节严重的，处以 1 万元以上 5 万元以下的罚款；构成犯罪的，依法追究刑事责任。

练习题

一、单项选择题

1. 甲公司与乙公司分别签订了两份合同：一是以货换货合同，甲公司的货物价值 200 万元，乙公司的货物价值 150 万元；二是采购合同，甲公司购买乙公司 50 万元货物，但因故合同未能兑现。甲公司应缴纳印花税（　　）元。

A.150　　　　B.600

C.1 050　　　　D.1 200

2. 某公司受托加工制作广告牌，双方签订的加工承揽合同中分别注明加工费 40 000 元，委托方提供价值 60 000 元的主要材料，受托方提供价值 2 000 元的辅助材料。该公司此项合同应缴纳印花税（　　）元。

A.20　　　　B.21

C.38　　　　D.39

3. 永安汽车修配厂与机械进出口公司签订购买价值 2 000 万元的测试设备合同，为购买此设备向工商银行签订借款 2 000 万元的借款合同。后因故购销合同作废，改签融资租赁合同，租赁费 1 000 万元。该厂应缴纳印花税（　　）元。

A.1 500　　　　B.6 500

C.7 000　　　　D.7 500

4. 某建筑公司与甲企业签订一份建筑承包合同，合同金额 6 000 万元（含相关费用 50 万元）。施工期间，该建筑公司又将其中价值 800 万元的安装工程转包给乙企业，并签订转包合同。该建筑公司此项业务应缴纳印花税（　　）万元。

A.1.785　　B.1.8

C.2.025　　D.2.04

5. 应纳印花税的凭证应当于（　　）时贴花。

A. 年度内　　B. 书立或领受时

C. 履行完毕时　　D. 开始履行时

6. 下列凭证中，应缴纳印花税的有（　　）。

A. 税务登记证件　　B. 卫生许可证

C. 工商营业执照　　D. 结婚证

7. 已贴印花税票的凭证（经济合同）修改后，增加金额的（　　）。

A. 应按修改后的金额补贴印花税票

B. 应就增加部分补贴印花税票

C. 应贴印花税票 5 元

D. 一般不再补贴印花税票

8. 对于采用按期缴纳印花税办法的纳税人，税法确定的使用期限最长不超过（　　）。

A. 半个月　　B.1 个月

C.2 个月　　D. 半年

9. 对于已粘贴在纳税凭证上的印花税票未加以注销或未划销，由税务机关追缴其不缴或少缴的税款、滞纳金，并处不缴或少缴的税款（　　）的罚款。

A.1 倍至 5 倍　　B.50% 以上 5 倍以下

C.1 倍至 3 倍　　D.5 倍至 10 倍

10.2016 年 1 月，甲公司将闲置厂房出租给乙公司，合同约定每月租金 2 500 元，租期未定。签订合同时，预收租金 5 000 元，双方已按定额贴花。5 月底合同解除，甲公司收到乙公司补交租金 7 500 元。甲公司 5 月份应补缴印花税（　　）元。

A.7.5　　B.8

C.9.5　　D.12.5

二、多项选择题

1. 下列各项中，应当征收印花税的有（　　）。

A. 产品加工合同　　B. 法律咨询合同

C. 技术开发合同　　D. 出版印刷合同

2. 某单位有以下权利许可证照，应贴印花税票的有（　　）。

A. 房屋产权证　　B. 工商营业执照

C. 卫生许可证　　D. 税务登记证件

3. 记载资金的账簿，（　　）合计金额为印花税的计税依据。

A. 实收资本　　B. 固定资金

C. 资本公积　　D. 流动资金

4. 下列应税凭证中，可免印花税的有（　　）。

A. 无息、贴息贷款合同

B. 合同的正本或抄本

C. 外国政府或国际金融组织向我国企业提供的优惠贷款所书立的合同

D. 国家指定收购部门与村民委员会书立的农产品收购合同

5. 下列合同中，属于印花税征税对象的有（　　）。

A. 企业与其主管部门签订的租赁承包合同

B. 银行与企业签订的借款合同

C. 企业和个人出租柜台所签订的租赁合同

D. 会计师事务所签订的招聘合同

6. 对不同的借款形式，《印花税暂行条例》规定了不同的计税方法。下列表述中，处理正确的有（　　）。

A. 借贷双方签订的流动资金周转性借款合同，只以规定的最高限额为计税依据，在签订时贴花一次

B. 对借贷方以财产作抵押，从贷款方取得一定数量抵押贷款的合同，应按借款合同贴花

C. 凡是一项信贷业务既签订借款合同，又一次或分开填开借据的，应分别按借款合同和借款计税贴花

D. 对银行融资租赁业务签订的融资租赁合同，应按借款合同计税贴花

7. 下列各项中，应征收印花税的有（　　）。

A. 分包或转包合同　　B. 会计咨询合同

C. 财政贴息贷款合同　　D. 未列明金额的购销合同

8. 产权转移书据是在产权的买卖、交换、继承、赠与、分割等产权主体变更过程中，由产权出让人之间所订立的民事法律文书。下列项目中，属于我国印花税产权转让书据征税范围的有（　　）。

A. 财产所有权　　B. 公民诉讼权

C. 商标注册权　　D. 民事纠纷权

9. 印花税税率的形式有（　　）。

A. 定额税率　　B. 超额累进税率

D. 比例税率　　D. 货物运输单据

10. 下列各项中，应按“产权转移书据”税目征收印花税的有（　　）。

A. 商品房销售合同　　B. 土地使用权转让合同

C. 专利申请权转让合同　　D. 个人无偿赠与不动产登记表

三、判断题

1. 印花税征税范围包括所有合同。（　　）

2. 纳税人购买了印花税票，就等于履行了纳税义务。（　　）

3. 贴印花税票的，纳税人可以申请退税或者在其他应税凭证上抵用。（　　）

4. 企业与主管部门签订的租赁承办经营合同免征印花税。（　　）

5. 对应税凭证，凡由两方或两方以上当事人共同书立的，其当事人各方都是印花税的纳税人，应各就其所持凭证的计税金额履行纳税义务。（　　）

6. 印花税实行比例税率和定额税率两种税率。现行适用的比例税率，最高的是最低的 20 倍。（　　）

7. 印花税的税率有两种形式，即比例税率和定额税率。加工承揽合同适用比例税率，税率为 5‰；营业账簿适用定额税率，税额为每件 5 元。（　　）

8. 甲公司与乙公司签订 1 份加工合同，甲公司提供价值 30 万元的辅助材料并收取加工费 25 万元，乙公司提供价值 100 万元的原材料。甲公司应纳印花税 275 元。（　　）

9. 货物运输合同的计税依据为取得的运输费金额，包括所运货物的

金额、装卸费和保险费等。 ( )

10. 对于由委托方提供原材料的加工承揽合同，凡是合同中分别记载加工费金额和原材料金额的，应分别按“加工承揽合同”和“购销合同”计税贴花；若合同中未分别记载，则应就全部金额依照“加工承揽合同”计税贴花。 ( )

11. 由国家财政拨付事业经费、实行差额预算管理的事业单位，如有经营收入，其记载经营业务的账簿应按其他账簿定额贴花。 ( )

四、计算题

1. 某企业2018年1月开业，当年发生以下有关业务：领受房屋产权证、工商营业执照、土地使用证各1件；与其他企业订立转移专用技术使用权书据1份，所载金额100万元；订立产品购销合同1份，所载金额200万元；订立借款合同1份，所载金额400万元；企业有记载资金的账簿，实收资本、资本公积为800万元；其他营业账簿共10本。

要求：计算该企业2018年应纳的印花税。

2. 某企业2018年度有关资料如下：实收资本比2015年增加100万元；与银行签订1年期借款合同，借款金额300万元，年利率5%；与甲公司签订以货换货合同，本企业的货物价值350万元，甲公司的货物价值450万元；与乙公司签订受托加工合同，乙公司提供价值80万元的原材料，本企业提供价值15万元的辅助材料并收加工费20万元；与丙公司签订转让技术合同，转让收入由丙公司按2016—2018年实现利润的30%支付；与货运公司签订运输合同，载明运输费用8万元（其中含装卸费0.5万元）；与铁路部门签订运输合同，载明运输费及保管费共计20万元。

要求：逐项计算该企业2018年应纳的印花税。

第十二章

契税法

第一节　契税的基本要素

契税法是调整契税征纳关系的法律规范的总称。我国现行契税法主要是 1997 年 7 月 7 日国务院发布并于同年 10 月 1 日实施的《中华人民共和国契税暂行条例》(以下简称《契税暂行条例》)。

契税是在土地、房屋权属转移时，向产权承受人征收的一种财产税。契税是一个古老的税种，它起源于 1 600 多年前东晋的的第一个税收法规就是“估税”。中华人民共和国成立以后，政务院于 1950 年颁布《契税暂行条例》。

一、征税对象

契税的征税对象是我国境内发生土地使用权和房屋所有权权属转移的土地和房屋。具体征税范围包括:

1. 国有土地使用权出让，是指土地使用者向国家交付土地使用权出让费用，国家将国有土地使用权在一定年限内让予土地使用者的行为。国有土地使用权出让不得因减免土地出让金而减免契税。

2. 土地使用权转让，是指土地使用者以出售、赠与、交换或者其他方式将土地使用权转移给其他单位和个人的行为。

土地使用权出售，是指土地使用者以土地使用权作为交易条件，取得货币、实物、无形资产或者其他经济利益的行为。土地使用权赠与，是指土地使用者将土地使用权无偿转让给受赠者的行为。土地使用权交换，是指土地使用者之间相互交换土地使用权的行为。土地使用权转让不包括农村集体土地承包经营权的转移。

3. 房屋买卖，是指房屋所有者将其房屋出售，由承受者交付货币、实物、无形资产或者其他经济利益的行为。

4. 房屋赠与，是指房屋所有者将其房屋无偿转让给受赠者的行为。非法定继承人根据遗嘱承受继承死者生前的土地、房屋权属，属于遗赠，也属于赠与行为，应征收契税。

5. 房屋交换，是指房屋所有者之间相互交换房屋所有权的行为。

6. 视同土地使用权转让、房屋买卖或者房屋赠与的行为。土地、房屋权属以下列方式转移的，视同土地使用权转让、房屋买卖或者房屋赠与行为征税：

（1）以土地、房屋权属作价投资、入股，但以自有房产作股投入本人独资经营企业，免纳契税。

（2）以土地、房屋权属抵债。经当地政府和有关部门批准，以房抵债和实物交换房屋，均视同房屋买卖，应由产权承受人按房屋现值缴纳契税。

（3）以获奖方式承受土地、房屋权属。以获奖方式取得房屋产权的，其实质是接受赠与房产，应照章缴纳契税。

（4）以预购方式或者预付集资建房款方式承受土地、房屋权属。

7. 买房拆料或翻建新房。

8. 房屋附属设施有关契税政策：

（1）对于承受与房屋相关的附属设施（包括停车位、汽车库、自行车库、顶层阁楼以及储藏室，下同）所有权或土地使用权的行为，征收契税；对于不涉及土地使用权和房屋所有权转移的，不征收契税。

（2）采取分期付款方式购买房屋附属设施土地使用权、房屋所有权的，应按合同规定的总价款计征契税。

（3）承受的房屋附属设施权属如为单独计价的，按照当地确定的适用税率征收契税；如与房屋统一计价的，适用与房屋相同的契税税率。

（4）对承受国有土地使用权应支付的土地出让金，要征收契税，不得因减免出让金而减免契税。

（5）对纳税人因改变土地用途而签订土地使用权出让合同变更协议或者重新签订土地使用权出让合同的，应征收契税。计税依据为因改变土地用途应补缴的土地收益金及应补缴政府的其他费用。

（6）土地使用者将土地使用权及所附建筑物、构筑物等（包括在建的房屋，其他建筑物、构筑物和其他附着物）转让给他人的，应按照转让的总价款计征契税。

（7）土地使用者转让、抵押或置换土地，无论其是否取得了该土地的使用权属证书，无论其在转让、抵押或置换土地过程中是否与对方当事人办理了土地使用权属证书变更登记手续，只要土地使用者享有占有、使用、收益或处分该土地的权利，且有合同等证据表明其实质转让、抵押或置换了土地并取得了相应的经济利益，土地使用者及对方当事人就应当依照税法的规定缴纳契税。

二、纳税人

契税的纳税人是指在我国境内转移土地、房屋权属过程中，承受土地使用权或房屋所有权的单位和个人。承受，是指以受让、购买、受赠、交换等方式取得土地、房屋权属的行为。

国有土地使用权出让，土地使用权转让，房屋买卖、赠与和交换，以土地和房屋权属作价投资、入股以及抵偿债务，以获奖方式承受土地和房屋权属，以预购或集资建房方式承受土地房屋权属的承受人，均为契税的纳税人。

三、税率

契税实行 3%~5% 的幅度比例税率。

自 2010 年 10 月 1 日起，对个人购买普通住房，且该住房属于家庭唯一住房的，减半征收契税；对个人购买 90 平方米及以下普通住房，且该住房属于家庭唯一住房的，减按 1% 税率征收契税。

各地具体的适用税率由省、自治区、直辖市人民政府在国家规定的幅度内按照本地区的实际情况确定。

第二节 契税的计算

一、计税依据

契税的计税依据为不动产的价格。

1. 国有土地使用权出让、土地使用权出售、房屋买卖，计税依据为成交价格。成交价格，是指土地、房屋权属转移合同确定的价格，包括承受者应交付的货币、实物、无形资产或者其他经济利益。

2. 土地使用权赠与、房屋赠与，计税依据由征收机关参照土地使用权出售、房屋买卖的市场价格核定。

3. 土地使用权交换、房屋交换，计税依据为所交换的土地使用权、房屋的价格的差额。交换价格相等的，免征契税；交换价格不等的，由多交付货币、实物、无形资产或者其他经济利益的一方按价格的差额缴纳契税。

土地使用权与房屋所有权之间相互交换，由多交付货币、实物、无形资产或者其他经济利益的一方按价格的差额缴纳契税。

4. 以划拨方式取得土地使用权的，经批准转让房地产时，由房地产转让者补缴契税。计税依据为补缴的土地使用权出让费用或者土地收益。

对成交价格明显低于市场价格并且无正当理由的，或者所交换土地使用权、房屋的价格的差额明显不合理并且无正当理由的，计税依据由征收机关参照市场价格核定。

需要注意的是，房屋买卖的契税计税价格为房屋买卖合同的总价款，买卖装修的房屋，装修费用应包括在内。

需要强调的是，由于增值税为价外税，本章所称“收入”或“成交价格”“费用”（含习题部分）均不含增值税。

二、应纳税额的计算

契税采用比例税率，应纳税额的基本计算公式为：

应纳税额=计税依据×适用税率

【例 12-1】居民甲有四套住房，将一套价值 120 万元的别墅折价给乙抵偿了 100 万元的债务；用市场价值 70 万元的第二、三两套两室住房与丙置换一套四室住房，另取得丙赠送价值 12 万元的小轿车一辆；将第四套市场价值 50 万元的公寓房折成股份投入本人独资经营的企业。当地确定的契税税率为 3%。

要求：计算甲、乙、丙应纳的契税。

解：甲不缴纳契税。以自有房产作股投入本人独资经营企业，免纳契税。

乙应纳税额=1 000 000×3%=30 000（元）

丙应纳税额=120 000×3%=3 600（元）

第三节　契税的申报与缴纳

一、减免税

（一）契税优惠的一般规定

1. 国家机关、事业单位、社会团体、军事单位承受土地、房屋用于办公、教学、医疗、科研和军事设施的，免征契税。

2. 城镇职工按规定第一次购买公有住房，免征契税。

3. 因不可抗力丧失住房而重新购买住房的（如地震新建房），酌情准予减征或者免征契税。

4. 土地、房屋被县级以上人民政府征用后，重新承受土地、房屋权属的，由省级人民政府确定是否减免。

5. 承受荒山、荒沟、荒丘、荒滩土地使用权，并用于农、林、牧、渔业生产的，免征契税。

6. 依照我国法律以及我国缔结或参加的双边和多边条约的规定，应当予以免税的外国驻华使馆、领事馆、联合国驻华机构及其外交代表、领事官员和其他外交人员承受土地、房屋权属的，免征契税。

7. 公租房经营单位购买住房作为公租房，免征契税。

8. 个人购买首套住房建筑面积在 90（含）平方米以下，税率为 1%；建筑面积在 90 平方米以上，税率为 1.5%。个人购买第二套改善性住房建筑面积在 90（含）平方米以下，税率为 1%；建筑面积在 90 平方米以上，税率为 2%。

（二）契税优惠的特殊规定

1. 企业改制。企业整体改制，包括非公司制企业改制为有限责任公司或股份有限公司、有限责任公司变更为股份有限公司、股份有限公司变更为有限责任公司，原企业投资主体存续并在改制（变更）后的公司中所持股权（股份）比例超过 75%，且改制（变更）后公司承继原企业权利、义务的，对改制（变更）后公司承受原企业土地、房屋权属，免征契税。

2. 事业单位改制。事业单位按照国家有关规定改制为企业，原投资主体存续并在改制后企业中出资（股权、股份）比例超过 50% 的，对改制后企业承受原事业单位土地、房屋权属，免征契税。

3. 公司合并。两个或两个以上公司，依据法律规定、合同约定，合并为一个公司，且原投资主体存续的，对其合并后的公司承受原合并方的土地、房屋权属的，免征契税。

4. 公司分立。公司依照法律规定、合同约定分设为两个或两个以上与原公司投资主体相同的公司，对派生方、新设方承受原公司的土地、房屋权属，免征契税。

5. 企业破产。企业依照有关法律、法规的规定实施破产后，债权人承受破产企业土地、房屋权属以抵偿债务的，免征契税；对非债权人承受破产企业土地、房屋权属，凡按照《中华人民共和国劳动法》妥善安置原企业全部职工，其中与原企业 30% 以上职工签订服务年限不少于 3 年劳动用工合同的，对其承受所购企业的土地、房屋权属，减半征收契税；与原企业全部职工签订服务年限不少于 3 年的劳动用工合同的，免征契税。

6. 资产划转。对承受县级以上人民政府或国有资产管理部门按规定进行行政性调整、划转国有土地、房屋权属的单位，免征契税。

同一投资主体内部所属企业之间土地、房屋权属的划转，包括母公司与其全资子公司之间，同一公司所属全资子公司之间，同一自然人与其设立的个人独资企业、一人有限公司之间土地、房屋权属的划转，免征契税。

7. 债权转股权。经国务院批准实施债权转股权的企业，对债权转股权后新设立的公司承受原企业的土地、房屋权属，免征契税。

8. 划拨用地出让或作价出资。以出让方式或国家作价出资（入股）方式承受原改制重组企业、事业单位划拨用地的，不属上述规定的免税范围，对承受方应按规定征收契税。

9. 公司股权（股份）转让。在股权（股份）转让中，单位、个人承受公司股权（股份），公司土地、房屋权属不发生转移，不征收契税。

二、纳税义务发生时间

1. 契税的纳税义务发生时间是纳税人签订土地、房屋权属转移合同的当天，或者纳税人取得其他具有土地、房屋权属转移合同性质凭证的当天。

2. 纳税人因改变土地、房屋用途应当补缴已经减征、免征契税的，其纳税义务发生时间为改变有关土地、房屋用途的当天。

三、纳税期限

1. 纳税人应当自纳税义务发生之日起 10 日内，向土地、房屋所在地的契税征收机关办理纳税申报，并在契税征收机关核定的期限内缴纳税款。

2. 纳税人符合减征或者免征契税规定的，应当在签订土地、房屋权属转移合同后 10 日内，向土地、房屋所在地的契税征收机关办理减征或者免征契税手续。

四、纳税地点

契税的纳税地点为土地、房屋所在地的征收机关，不得委托代征。

练习题

一、单项选择题

1. 契税是以所有权发生转移的不动产为征税对象，向（　　）征收的一种税。

A. 产权承受人　　B. 产权所有人

C. 产权中介人　　D. 产权登记人

2. 下列应征契税的是（　　）。

A. 国有土地使用权出让　　B. 房屋使用权等价交换

C. 房地产分割　　D. 房地产出租

3. 下列各项中，契税计税依据可由征收机关核定的是（　　）。

A. 土地使用权出售　　B. 国有土地使用权出让

C. 土地使用权赠与　　D. 以划拨方式取得土地使用权

4. 下列免缴契税的是（　　）。

A. 国家机关办公用房　　B. 以房产对外投资

C. 土地使用权转让　　D. 房屋买卖

5. 符合契税减免税规定的纳税人，向土地、房屋所在地征收机关办理减免税手续的期限为签订转移产权合同后的（　　）日内。

A.5　　B.7

C.10　　D.30

6. 某公司 2018 年发生两笔互换房产业务，并已办理了相关手续。第一笔业务换出的房产价值 500 万元，换进的房产价值 800 万元；第二笔业务换出的房产价值 600 万元，换进的房产价值 300 万元。当地政府规定的契税税率为 3%，该公司应缴纳契税（　　）万元。

A.0　　B.9

C.18　　D.33

7. 某企业破产清算时，其房地产评估价值为 4 000 万元，其中以价值 3 000 万元的房地产抵偿债务，将价值 1 000 万元的房地产进行拍卖，拍卖收入 1 200 万元。债权人获得房地产后，与他人进行房屋交换，取得额外补偿 500 万元。当事人各方合计应缴纳契税（　　）万元（适用契税税率 3%）。

A.15　　　　B.36

C.51　　　　D.126

8.下列各项中，应征收契税的是（　　）。

A.法定继承人承受房屋权属

B.企业以行政划拨方式取得土地使用权

C.承包者获得农村集体土地承包经营权

D.运动员因成绩突出获得国家奖励的住房

二、多项选择题

1.属于契税征税范围的有（　　）。

A.土地使用权赠与　　　　B.房屋买卖

C.以房产抵债　　　　D.房产作股权转让

2.下列各项中，（　　）发生契税应税行为，属于契税的纳税人。

A.“三资”企业　　　　B.国有企业

C.个体工商户　　　　D.外籍公民

3.下列各项中，免征契税的有（　　）。

A.学校教学用房

B.城镇职工第一次购买公有住房

C.被县以上政府征用的房屋

D.翻新建房

4.下列各项中，应缴纳契税的有（　　）。

A.农民承包荒山造林的土地

B.银行承受企业抵债的房产

C.科研事业单位受赠的科研用地

D.劳动模范获得政府奖励的住房

5.有些以特殊方式转移土地、房屋权属的，也将视同土地使用权转让、房屋买卖行为征收契税。这些特殊方式有（　　）。

A.以土地、房屋权属作价投资

B.以土地、房屋权属抵偿债务

C.以获奖方式承受土地、房屋权属

D.企业分立中承受原企业的土地、房屋权属

6.按照契税的有关规定，下列表述正确的有（　　）。

A. 对拆迁居民因拆迁重新购置住房的，对购房成交价格中相当于拆迁补偿款的部分免征契税

B. 契税由承受人纳税，即买方纳税

C. 第一次购买住房的个人应征收契税

D. 契税的纳税人也包括外籍个人

7. 下列各项中，以成交价格为依据计算契税的有（　　）。

A. 土地使用权赠与　　B. 土地使用权出让

C. 土地使用权出售　　D. 土地使用权转让

三、判断题

1. 境内承受转移土地、房屋权属的单位和个人为契税的纳税人，但不包括外商投资企业和外国企业。（　　）

2. 房屋交换，双方都不缴纳契税。（　　）

3. 某国有企业将无偿划拨方式取得的土地使用权转让，不缴纳契税。（　　）

4. 在企业分立中，存续分立的企业承受原企业土地、房屋权属的，不征收契税；新设分立的企业承受原企业土地、房屋权属的，也不征收契税。（　　）

5. 以竞价方式出让的土地，其契税计税依据的价格为竞价的成交价格。（　　）

6. 纳税人须持契税完税凭证和其他资料，向房地产管理部门办理房地产变更登记手续。（　　）

7. 企业合并中，新设方或者存续方承受被解散方土地、房屋权属，如合并前各方为相同投资主体的，不征契税，其余的则征收契税。（　　）

8. 对于承受与房屋相关的附属设施（包括停车位、汽车库、自行车库、顶层阁楼以及储藏室），无论是否涉及所有权转移变动，均应征收契税。（　　）

四、计算题

1. 甲企业发生以下转移土地、房屋权属业务：取得一块土地的使用权，支付出让金 200 万元；某单位因无力偿还甲企业债务，经双方协商，该单位以自有原值为 50 万元的房产抵偿甲企业 60 万元的债务；因

生产经营需要，甲企业用价值100万元的房屋与另一企业价值170万元的房屋交换，支付差价款70万元；购买房屋一幢，成交价格为800万元；接受某国有企业以房产投资入股，房产市场价值为140万元。当地政府规定，契税适用税率为4%。

要求：计算该企业应纳的契税。

2. 私营企业主王某发生以下房屋权属转移业务：

（1）接受某单位以市场价格为120万元的房产抵偿其80万元债务，王某另支付40万元给债务方。当月，王某又将这栋房屋投入本人独资经营的企业中。

（2）继承房屋一套，市场价值20万元。

（3）接受某单位捐赠房屋一栋，市场价值40万元。

（4）接受政府奖励住宅一套，市场价值50万元。

当地政府规定，契税适用税率为4%。

要求：计算王某应纳的契税。

3. 某企业与某公司9月签订一份购房合同，面积为8 000平方米，当年8月办理了产权转让手续，成交价格为6 000万元。当地政府规定，契税税率为4%。

要求：计算该企业应纳的契税。

4. 胜利创业公司11月10日与长河公司达成购买房屋协议，购入长河公司一栋价值600万元的房屋。双方于15日后签署了房屋权属转移合同，胜利创业公司支付价款600万元。当地政府规定，契税税率为4%。

要求：计算胜利创业公司应纳的契税。

第十三章

土地增值税法

第一节　土地增值税的基本要素

土地增值税法是调整土地增值税征纳关系的法律规范的总称。我国现行土地增值税法主要是 1993 年 12 月 13 日国务院颁布的《中华人民共和国土地增值税暂行条例》（以下简称《土地增值税暂行条例》）和 1995 年财政部发布的《中华人民共和国土地增值税暂行条例实施细则》。

土地增值税是对转让国有土地使用权、地上建筑物及其附着物（以下称为转让房地产）并取得收入的单位和个人，就其转让房地产所取得的增值额征收的一种税。它是我国为了规范土地、房地产交易秩序，对转让房地产的过高收益进行调节，以抑制投机牟取暴利的行为，维护国家权益，保护正常从事房地产开发的经营者的合法权益，促进房地产市场健康发展，同时也是为了规范国家参与土地增值收益的分配方式，增加国家财政收入，于1994年开征的一个税种。

土地增值税具有以转让房地产取得的增值额为征税对象、征税面比较广、采用扣除法和评估法计算增值额、实行超率累进税率、按次征收的特点。

一、征税对象与范围

土地增值税的征税对象是有偿转让国有土地使用权、地上建筑物及其附着物产权所取得的增值额。

土地增值税的征税范围包括：

1. 国有土地使用权。国有土地是指按国家法律规定属于国家所有的土地。

2. 地上建筑物及其附着物连同国有土地使用权一并转让。地上建筑物及其附着物是指建于土地上的一切建筑物、构筑物、地上地下的各种附属设施，以及附着于该土地上的不能移动或一旦移动就会遭损坏的各种植物、养殖物及其他物品。

这一征税范围包括以下三层含义（判别的三把标尺）：

第一，土地增值税只对转让国有土地使用权和地上建筑物及其附着物的行为征税。这里所强调的是，转让使用权的土地是否为国家所有。这是判断是否属于土地增值税征税范围的标准之一。

第二，土地增值税是对国有土地使用权、地上建筑物及其附着物的转让行为征税。这里所强调的是，土地使用权、地上建筑物及其附着物的产权是否发生转让。这是判断是否属于土地增值税征税范围的标准之二。

第三，土地增值税是对转让房地产并取得收入的行为征税。这里所强调的是，是否从土地使用权、地上建筑物及其附着物的转让行为中取得收入。这是判断是否属于土地增值税征税范围的标准之三。

无论是单独转让国有土地使用权，还是房屋产权与国有土地使用权一并转让，只要取得收入，均属于土地增值税的征税范围，应对其征收土地增值税。

土地使用者转让、抵押或置换土地，无论其是否取得了该土地的使用权属证书，无论其在转让、抵押或置换土地过程中是否与对方当事人办理了土地使用权属证书变更登记手续，只要土地使用者享有占有、使用、收益或处分该土地的权利，且有合同等证据表明其实质转让、抵押或置换了土地并取得了相应的经济利益，土地使用者及对方当事人就应当依照税法规定缴纳土地增值税。

二、纳税人

土地增值税的纳税人是指转让国有土地使用权、地上建筑物及其附着物并取得收入的单位和个人，具体包括国家机关、社会团体、部队、企事业单位、个体工商户、个人，以及外商投资企业、外国企业、外国驻华机构、华侨、港澳台同胞和外籍个人等。

三、税率

土地增值税的税率采用四级超率累进税率，见表 13-1。

表 13-1　　　　**土地增值税四级超率累进税率表**

级次	增值额与扣除项目金额的比率	税率（%）	速算扣除系数（%）
1	不超过 50%（含）的部分	30	0
2	超过 50%~100%（含）的部分	40	5
3	超过 100%~200%（含）的部分	50	15
4	超过 200% 的部分	60	35

第二节　土地增值税的计算

一、土地增值税的计税依据

土地增值税的计税依据是纳税人转让房地产所得的增值额。转让房地产的增值额，是纳税人转让房地产的收入额减除税法规定的扣除项目金额后的余额。

（一）收入额的确定

纳税人转让房地产所取得的收入，是指包括货币收入、实物收入和其他收入在内的全部价款及有关的经济利益，不允许从中减除任何成本费用。

对取得的实物收入，要按收入时的市场价格折算成货币收入；对取得的无形资产收入，要进行专门的评估，在确定其价值后折算成货币收入。

对取得的收入为外国货币的，应当以取得收入当天或当月 1 日国家公布的市场汇价折合成人民币。当月以分期收款方式取得的外币收入，也应按实际收款日或收款当月 1 日国家公布的市场汇价折合成人民币。

“营改增”后，纳税人转让房地产的土地增值税应税收入不含增值税。适用增值税一般计税方法的纳税人，其转让房地产的土地增值税应税收入不含增值税销项税额。房地产开发企业中的一般纳税人销售自行开发的房地产项目，适用一般计税方法计税，按照取得的全部价款和价外费用，扣除当期销售房地产项目对应的土地价款后的余额计算销售额。

销售额=（全部价款和价外费用-当期允许扣除的土地价款）÷（1+税率）

增值税销项税额=销售额×税率

土地增值税不含税收入=销售额-增值税销项税额

适用简易计税方法的纳税人，其转让房地产的土地增值税应税收入不含增值税应纳税额。

土地增值税不含税收入=含税销售收入-增值税应纳税额

=含税销售收入-含税销售收入÷（1+5%）×5%

=含税销售收入÷（1+5%）

为方便纳税人，简化土地增值税预征税款计算，房地产开发企业采取预收款方式销售自行开发的房地产项目的，可按照以下方法计算土地增值税预征计征依据：

土地增值税预征的计征依据=预收款-应预缴增值税税款

（二）扣除项目及其金额的确定

在确定房地产转让的增值额和计算缴纳土地增值税时，允许从房地产转让收入总额中扣除的项目及其金额，可分为以下六类：

1. 取得土地使用权所支付的金额。它包括地价款和取得土地使用权时按国家规定缴纳的有关费用（适用于新建房转让和存量房地产转让），是指纳税人为取得土地使用权支付的地价款和按国家统一规定缴纳的有关税费之和。房地产开发企业为取得土地使用权所支付的契税，应视同按国家统一规定交纳的有关费用，计入取得土地使用权所支付的金额中扣除。

取得土地使用权所支付的金额有三种形式：以出让方式取得土地使用权的，为支付的土地出让金；以行政划拨方式取得土地使用权的，为转让土地使用权时按规定补缴的出让金；以转让方式取得土地使用权的，为支付的地价款。

2. 开发土地、新建房及配套设施的成本（以下简称房地产开发成本，适用于新建房转让）。它是指纳税人开发房地产项目实际发生的成本。这些成本允许按实际发生数扣除，主要包括土地征用及拆迁补偿费、前期工程费、建筑安装工程费、基础设施费、公共配套设施费、开发间接费用等。

（1）土地征用及拆迁补偿费，包括土地征用费、耕地占用税、劳动力安置费及有关地上、地下附着物拆迁补偿的净支出、安置动迁用房支出等。

（2）前期工程费，包括规划、设计、项目可行性研究和水文、地质、勘察、测绘、“三通一平”等支出。

（3）建筑安装工程费，是指以出包方式支付给承包单位的建筑安装工程费、以自营方式发生的建筑工程安装费。

（4）基础设施费，包括开发小区内的道路、供水、供电、供气、排污、通信、照明、环卫、绿化等工程发生的支出。

（5）公共配套设施费，包括不能有偿转让的开发小区内公共配套设施发生的支出。

（6）开发间接费用，是指直接组织、管理开发项目所发生的费用，包括工资、职工福利费、折旧费、修理费、办公费、水电费、劳动保护费、周转房摊销等。

3. 开发土地、新建房及配套设施的费用（以下简称房地产开发费用，适用于新建房转让）。它是指与房地产开发项目有关的销售费用、管理费用、财务费用。根据企业会计制度的规定，与房地产开发有关的费用直接计入当年损益，不按房地产项目进行归集或分摊。

（1）能够按转让房地产项目计算分摊利息支出，并能提供金融机构的贷款证明的：

房地产开发费用=利息+（取得土地使用权所支付的金额+房地产开发成本）×5%以内

（2）不能按转让房地产项目计算分摊利息支出，或不能提供金融机构贷款证明的（包含全部使用自有资金的无借款情况）：

房地产开发费用=（取得土地使用权所支付的金额+房地产开发成本）×10%以内

需要注意两点：一是计算扣除的具体比例，由省、自治区、直辖市人民政府规定。二是利息最高不能超过按商业银行同类同期贷款利率计算的金额。超期利息、超标利息及罚息不得扣除。

房地产开发企业既向金融机构借款，又有其他借款的，其房地产开发费用计算扣除时不能同时适用上述（1）（2）项两种办法。

土地增值税清算时，已经计入房地产开发成本的利息支出，应调整至财务费用中计算扣除。

4. 与转让房地产有关的税金（适用于新建房转让和存量房地产转让）。它是指转让房地产时缴纳的印花税、城建税，教育费附加也可视同税金扣除。“营改增”后不再征收营业税，增值税为价外税不得扣除。

允许扣除的印花税是指在转让房地产时缴纳的印花税。房地产开发企业按照《施工、房地产开发企业财务制度》的有关规定，其缴纳的印花税列入管理费用，印花税不再单独扣除。房地产开发企业以外的其他纳税人在计算土地增值税时，允许扣除在转让房地产环节缴纳的印花税。

对于个人购入房地产再转让的，其在购入环节缴纳的契税，由于已经包含在旧房及建筑物的评估价格之中，因此，计征土地增值税时，不能作为与转让房地产有关的税金予以扣除。

5. 财政部确定的其他扣除项目（适用于新建房转让）。对房地产开发的纳税人，可按取得土地使用权所支付的金额与房地产开发成本之和加计20%的扣除。此项优惠只适用于从事房地产开发的纳税人，除此之外的其他纳税人不适用。

加计扣除项目金额=（取得土地使用权所支付的金额+房地产开发成本）×20%

对于县级及县级以上人民政府要求房地产开发企业在售房时代收的各项费用，可处理如下：

（1）如果代收费用计入房价向购买方一并收取，则可作为转让房地产所取得的收入计税，在计算扣除项目金额时，代收费用可以扣除，但不得作为扣除20%的基数。

（2）如果代收费用未计入房价中而单独收取，可以不作为转让房地产的收入，当然，在计算扣除项目金额时，代收费用也不能扣除。

6. 旧房及建筑物的评估价格（适用于存量房地产转让）。它是指在转让已使用的房屋及建筑物时，由政府批准设立的房地产评估机构评定的重置成本价乘以成新度折扣率后的价格。评估价格须经当地税务机关确认。

转让旧房及建筑物的评估价格、取得土地使用权所支付的地价款和按国家统一规定缴纳的有关费用及在转让环节缴纳的税金，可以在计征土地增值税时扣除。对取得土地使用权时未支付地价款或不能提供已支付的地价款凭据的，在计征土地增值税时不允许扣除。

纳税人在转让旧房及建筑物时，因计算纳税需要对房地产进行评估，其支付的评估费用允许在计算土地增值税时予以扣除。但是，对纳税人因隐瞒、虚报房地产成交价等情形而按房地产评估价格计算征收土地增值税时发生的评估费用，不允许在计算土地增值税时予以扣除。

纳税人转让旧房及建筑物，凡不能取得评估价格，但能提供购房发票的，经当地税务部门确认，可按发票所载金额并从购买年度起至转让年度止每年加计5%计算扣除。计算扣除项目时，“每年”按购房发票所载日期起至售房发票开具之日止，每满12个月计1年；超过1年，未满12个月但超过6个月的，可以视同为1年。

对纳税人购房时缴纳的契税，凡能提供契税完税凭证的，准予作为与转让房地产有关的税金予以扣除，但不作为加计5%的基数。

对于转让旧房及建筑物，既没有评估价格，又不能提供购房发票的，税务机关可以根据《税收征管法》第35条的规定，实行核定征收。

（三）增值额的确定

土地增值税是以增值额与扣除项目金额的比率大小按相适用的税率累进计算征收的，增值额与扣除项目金额的比率越大，适用的税率越高，缴纳的税款越多，因此，准确核算增值额是很重要的。

土地增值额为纳税人转让房地产所取得的收入减除规定的扣除项目金额后的余额。

纳税人有下列情形之一的，按照房地产评估价格计算征收：一是隐瞒、虚报房地产成交价格的；二是提供扣除项目金额不实的；三是转让房地产的成交价格低于房地产评估价格，又无正当理由的。

隐瞒、虚报房地产成交价格的，应由评估机构参照同类房地产的市场交易价格进行评估。税务机关根据评估价格确定转让房地产的收入。

提供扣除项目金额不实的，应由评估机构按照房屋重置成本价乘以按成新度折扣率计算的房屋成本价和取得土地使用权时的基准地价进行评估。税务机关根据评估价格确定扣除项目金额。

纳税人转让旧房及建筑物，凡不能取得评估价格，但能提供购房发票的，经当地税务部门确认，扣除项目的金额可按发票所载金额并从购买年度起至转让年度止每年加计 5% 计算。对纳税人购房时缴纳的契税，凡能提供契税完税凭证的，准予作为“与转让房地产有关的税金”予以扣除，但不作为加计 5% 的基数。

对于转让旧房及建筑物，既没有评估价格，又不能提供购房发票的，税务机关可以实行核定征收。

二、应纳税额的计算

土地增值税按照纳税人转让房地产所取得的增值额和规定的税率计算征收。土地增值税的计算方法及计算程序如下：

（一）计算方法

土地增值税以纳税人转让房地产所取得的增值额为计税依据，按照超率累进税率计算应纳税额，其应纳税额有以下两种计算方法：

1. 分步计算法，即按照每一级距的土地增值额乘以该级距相应的税率，分别计算各级次土地增值税税额，然后将其相加汇总，求得应纳税额。计算公式为：

$$应纳税额=\sum(每一级距的土地增值额 \times 适用税率)$$

这种分步计算法计算过程比较烦琐，因此，在实际工作中，一般采用速算扣除法，以简化计算过程。

2. 速算扣除法，即按照增值额乘以适用税率，减去扣除项目金额乘以速算扣除系数的简便方法计算应纳税额。计算公式为：

（1）增值额未超过扣除项目金额 50% 的：

土地增值税税额=增值额×30%

（2）增值额超过扣除项目金额 50%，未超过 100% 的：

土地增值税税额=增值额×40%-扣除项目金额×5%

（3）增值额超过扣除项目金额 100%，未超过 200% 的：

土地增值税税额=增值额×50%-扣除项目金额×15%

（4）增值额超过扣除项目金额 200% 的：

土地增值税税额=增值额×60%-扣除项目金额×35%

上述公式中的 5%、15%、35% 均为速算扣除系数。

（二）计算程序

1. 计算扣除项目金额。如系转让旧房及建筑物的，应计算评估价格，再确定扣除项目金额。

评估价格=重置成本价×成新度折扣率

2. 计算增值额。

增值额=转让收入额-扣除项目金额

3. 计算增值额占扣除项目金额的比重（以下简称增值率）。

增值率=增值额÷扣除项目金额×100%

4. 依据增值率确定适用税率。

5. 依据适用税率计算应纳税额。

应纳税额=增值额×适用税率-扣除项目金额×速算扣除系数

【例 13-1】M 市某房地产开发公司为一般纳税人，2017 年开发一栋高层住宅楼，2018 年 8 月有关经营情况如下：

（1）该住宅楼销售 90%，取得销售收入 6 300 万元，并签订了销售合同。剩余的 10% 以每年 100 万元对外出租，租期 1 年，租金一次性收取，并签订了租赁合同。

（2）签订土地使用权购买合同，支付与该项目相关的土地使用权价款 900 万元，相关税费 39 万元。

（3）发生土地拆迁补偿费 400 万元、前期工程费 200 万元，支付工程价款 1 000 万元、基础设施及公共配套设施费 250 万元、开发间接费用 50 万元。

（4）发生销售费用 300 万元、财务费用 60 万元、管理费用 80 万元。

（5）该房地产开发公司不能按转让房地产项目计算分摊利息，当地政府规定的开发费用扣除比例为9%。

以上收入均为含增值税收入，房地产开发公司按照一般计税方法征税，不考虑地方教育费附加。

要求：（1）计算土地增值税时准予扣除的税金；

（2）计算土地增值税时准予扣除的取得土地使用权支付的金额；

（3）计算土地增值税时准予扣除项目的合计金额；

（4）计算该房地产开发公司应缴纳的土地增值税。

解：（1）准予扣除的税金=（6 300−900×90%）÷（1+10%）×10%×（7%+3%）

=49.91（万元）

（2）准予扣除的取得土地使用权支付的金额=（900+39）×90%

=845.1（万元）

准予扣除的土地使用权支付金额，包含地价款和相关税费。住宅楼销售90%，剩余面积对外出租，出租部分不交土地增值税，对应的为取得土地使用权所支付的金额就不能扣除。

（3）计算土地增值税时准予扣除项目的合计金额：

准予扣除的房地产开发成本=（400+200+1 000+250+50）×90%=1 710（万元）

准予扣除的房地产开发费用=（845.1+1 710）×9%=229.96（万元）

加计扣除费用=（845.1+1 710）×20%=511.02（万元）

准予扣除项目的合计金额=845.1+1 710+229.96+511.02+49.91=3 345.99（万元）

（4）计算该房地产开发公司应缴纳的土地增值税：

不含增值税收入=6 300−（6 300−900×90%）÷（1+10%）×10%=5 800.91（万元）

增值额=5 800.91−3 345.99=24 54.92（万元）

增值率=2 454.92÷3 350.49×100%=73.36%

适用税率40%，速算扣除系数5%。

应纳土地增值税=2 454.92×40%−3 345.99×5%=814.67（万元）

【例13-2】甲企业（一般纳税人）在2018年6月以840万元出售一幢办公楼。该办公楼原始购买发票金额为210万元，日期为2015年7月1日，缴纳契税6.3万元。该房产无评估价值。

要求：计算应纳的土地增值税。

解：甲企业转让办公楼缴纳增值税=（840−210）÷（1+5%）×5%=30（万元）

（1）取得不含税转让收入=840−30=810（万元）

（2）与转让房地产有关的税金=6.3+30×（7%+3%）+810×5‰=9.71（万元）

（3）$$\text{土地增值税扣除项目金额}=\text{发票所载金额}\times\left[1+\left(\text{转让年度}-\text{购买年度}\right)\times 5\%\right]+\text{与房地产转让有关税金}+\text{与房地产转让有关费用}$$

=210×（1+3×5%）+9.71=252.41（万元）

（4）增值额=810−252.41=557.59（万元）

（5）增值率=558.19÷252.41×100%=221.67%

（6）应纳土地增值税=557.59×60%−251.81×35%=246.21（万元）

三、房地产开发企业土地增值税清算

（一）清算单位

1. 土地增值税以国家有关部门审批的房地产开发项目为单位进行清算；对于分期开发的项目，以分期项目为单位清算。

2. 开发项目中同时包含普通住宅和非普通住宅的，应分别计算增值额。

（二）清算条件

1. 纳税人进行土地增值税清算有三种情况：

（1）房地产开发项目全部竣工、完成销售的；

（2）整体转让未竣工决算房地产开发项目的；

（3）直接转让土地使用权的。

2. 主管税务机关要求纳税人进行土地增值税清算有四种情况：

（1）已竣工验收的房地产开发项目，已转让的房地产建筑面积占整个项目可售建筑面积的比例在 85% 以上，或该比例虽未超过 85%，但剩余的可售建筑面积已经出租或自用的；

（2）取得销售（预售）许可证满 3 年仍未销售完毕的；

（3）纳税人申请注销税务登记但未办理土地增值税清算手续的；

（4）省税务机关规定的其他情况。

（三）非直接销售和自用房地产的收入确定

1. 房地产开发企业将开发产品用于职工福利、奖励、对外投资、分红、偿债、换取非货币性资产等，发生所有权转移时，应视同销售房地产。

2. 房地产企业用建造的该项目房地产安置回迁户的，安置用房视同销售处理。收入按下列方法和顺序确认：

（1）按该企业在同一地区、同一年度销售的同类房地产的平均价格确定；

（2）由主管税务机关参照当地当年、同类房地产的市场价格或评估价值确定。

3. 房地产开发企业将开发的部分房地产转为企业自用或用于出租等商业用途时，产权未发生转移的情况下不扣除相应的成本和费用。

（四）扣除项目规定

1. 可据实扣除的项目：

（1）开发建造的与清算项目配套的居委会和派出所用房、会所、停车场（库）、物业管理场所、变电站、热力站、水厂、文体场馆、学校、幼儿园、托儿所、医院、邮电通信等公共设施。第一，建成后产权属于全体业主所有的，其成本、费用可以扣除；第二，建成后无偿移交给政府、公用事业单位用于非营利性社会公共事业的，其成本、费用可以扣除；第三，建成后有偿转让的，应计算收入，并准予扣除成本、费用。

（2）房地产开发企业销售已装修的房屋，其装修费用可以计入房地产开发成本。

（3）房地产开发企业在工程竣工验收后，根据合同约定，扣留建筑安装施工企业一定比例的工程款，作为开发项目的质量保证金，在计算土地增值税时，建筑安装施工企业就质量保证金对房地产开发企业开具发票的，按发票所载金额予以扣除。

（4）房地产开发企业为取得土地使用权所支付的契税，应视同按国家统一规定交纳的有关费用，计入取得土地使用权所支付的金额中扣除。

（5）房地产开发企业支付给回迁户的补差价款，计入拆迁补偿费；回迁户支付给房地产开发企业的补差价款，应抵减本项目拆迁补偿费。

（6）货币安置拆迁的，房地产开发企业凭合法有效凭据计入拆迁补偿费。

2. 可核定扣除项目：前期工程费、建筑安装工程费、基础设施费、开发间接费用的凭证或资料不符合清算要求或不实的。

3. 不可扣除的项目：

（1）扣除取得土地使用权所支付的金额，房地产开发成本、费用，以及与转让房地产有关的税金，须提供合法有效凭证；不能提供合法有效凭证的，不予扣除。

（2）房地产开发企业的预提费用，除另有规定外，不得扣除。

（3）竣工后，建筑安装施工企业就质量保证金对房地产开发企业未开具发票的，扣留的质保金不得计算扣除。

（4）房地产开发企业逾期开发缴纳的土地闲置费不得扣除。

（五）土地增值税的核定征收

房地产开发企业有下列情形之一的，税务机关可以参照与其开发规模和收入水平相近的当地企业的土地增值税税负情况，按不低于预征率的征收率核定征收土地增值税：

1. 依照法律、行政法规的规定应当设置但未设置账簿的；

2. 擅自销毁账簿或者拒不提供纳税资料的；

3. 虽设置账簿，但账目混乱或者成本资料、收入凭证、费用凭证残缺不全，难以确定转让收入或扣除项目金额的；

4. 符合土地增值税清算条件，未按照规定的期限办理清算手续，经税务机关责令限期清算，逾期仍不清算的；

5. 申报的计税依据明显偏低，又无正当理由的。

税务机关核定的征收率原则上不得低于5%，各省级税务机关要结合本地实际，区分不同房地产类型制定核定征收率。

（六）清算后再转让房地产

在土地增值税清算时未转让的房地产，清算后销售或有偿转让时，纳税人应按规定进行土地增值税的纳税申报，扣除项目金额按清算时的单位建筑面积成本费用乘以销售或转让面积计算。

单位建筑面积成本费用=清算时的扣除项目总金额÷清算的总建筑面积

（七）清算后应补税与滞纳金

纳税人按规定预缴土地增值税后，清算补缴的土地增值税，在主管税务机关规定的期限内补缴的，不加收滞纳金。

第三节　土地增值税的申报与缴纳

一、减免税

1. 纳税人建造普通标准住宅出售，增值额未超过扣除项目金额20%的，免征土地增值税。增值额超过扣除项目金额20%的，应就其全部增值额按规定计税。

对于纳税人既建普通标准住宅又搞其他房地产开发的，应分别核算增值额。不分别核算增值额或不能准确核算增值额的，其建造的普通标准住宅不适用这一免税规定。

2. 因国家建设需要依法征用、收回的房地产，免征土地增值税。

3. 因城市实施规划、国家建设的需要而搬迁，由纳税人自行转让原房地产的，免征土地增值税。

4. 单位转让旧房作为公租房房源且增值率未超过20%的，予以免税。

5. 企业改制重组过程中涉及的土地增值税政策（不适用于房地产开发企业）：

（1）非公司制企业整体改建为有限责任公司或者股份有限公司、有限责任公司（股份有限公司）整体改建为股份有限公司（有限责任公司），对改建前的企业将国有土地、房屋权属转移、变更到改建后的企业，暂不征土地增值税。

（2）按照法律规定或者合同约定，两个或两个以上企业合并为一个企业，且原企业投资主体存续的，对原企业将国有土地、房屋权属转移、变更到合并后的企业，暂不征土地增值税。

（3）按照法律规定或者合同约定，企业分设为两个或两个以上与原企业投资主体相同的企业，对原企业将国有土地、房屋权属转移、变更到分立后的企业，暂不征土地增值税。

（4）单位、个人在改制重组时以国有土地、房屋进行投资，对其将国有土地、房屋权属转移、变更到被投资的企业，暂不征土地增值税。

二、纳税义务发生时间

1. 以一次交割、付清价款方式转让房地产的，在办理过户、登记手续前一次性缴纳全部税额。

2. 以分期收款方式转让的，先计算出应纳税总额，然后根据合同约定的收款日期和约定的收款比例确定应纳税额。

3. 项目全部竣工结算前转让房地产的：

（1）纳税人进行小区开发建设的，其中一部分房地产项目因先行开发并已转让出去，但小区内的部分配套设施往往在转让后才建成，在这种情况下，税务机关可以对先行转让的项目，在取得收入时预征土地增值税。

（2）纳税人以预售方式转让房地产的，对在办理结算和转交手续前就取得的收入，税务机关也可以预征土地增值税。具体办法由各省、自治区、直辖市税务机关根据当地情况制定。

凡采用预征方法征收土地增值税的，在该项目全部竣工办理清算时，都需要对土地增值税进行清算，根据应征税额和已征税额进行结算，多退少补。

除保障性住房外，东部地区省份预征率不得低于 2%，中部和东北部地区省份不得低于 1.5%，西部地区省份不得低于 1%。

三、纳税期限

土地增值税的纳税人应自转让房地产合同签订之日起 7 日内，向房地产所在地的主管税务机关办理纳税申报，同时向税务机关提交房屋产权证、土地使用权证书，土地转让、房产买卖合同，房地产评估报告及其他与转让房地产有关的资料。

纳税人因经常发生房地产转让而难以在每次转让后申报的，经税务机关审核同意后，可以定期进行纳税申报，具体期限由税务机关根据情况确定。

四、纳税地点

纳税人应向房地产所在地（坐落地）主管税务机关办理纳税申报，并在税务机关核定的期限内缴纳土地增值税。

1. 纳税人是法人的，当转让的房地产坐落地与其机构所在地或经营所在地一致时，在办理税务登记的原主管税务机关申报纳税即可；如果转让的房地产坐落地与其机构所在地或经营所在地不一致，应在房地产坐落地主管税务机关申报纳税。

2. 纳税人是自然人的，当转让的房地产坐落地与其住所所在地一致时，在住所所在地主管税务机关申报纳税；当转让的房地产坐落地与其住所所在地不一致时，在办理过户手续所在地主管税务机关申报纳税。

练习题

一、单项选择题

1. 下列各项中，应征收土地增值税的是（　　）。

A. 赠与社会公益事业的房地产

B. 个人之间互换自有居住用房地产

C. 抵押期满权属转让给债权人的房地产

D. 出租的房地产

2. 根据《土地增值税暂行条例》的规定，我国现行土地增值税实行（　　）。

A. 比例税率　　B. 超额累进税率

C. 定额税率　　D. 超率累进税率

3. 房地产开发企业将开发产品用于下列（　　）项目，不属于视同销售房地产。

A. 换取其他单位的非货币性资产

B. 职工福利

C. 出租

D. 对外投资

4. 房地产开发企业在确定土地增值税的扣除项目时，允许单独扣除的税金是（　　）。

A. 增值税　　B. 消费税

C. 城市维护建设税　　D. 印花税

5. 下列各项中，应当征收土地增值税的是（　　）。

A. 国有土地使用权的出让　　B. 国有土地使用权的转让

C. 房地产出租　　　　　　　　D. 房地产被国家征用

6. 下列各项中，应当征收土地增值税的是（　　）。

A. 公司与公司之间互换房产

B. 房地产开发公司为客户代建房产

C. 兼并企业从被兼并企业取得房产

D. 双方合作建房按比例分配房产后自用

7. 土地增值税纳税人应在签订房地产转让合同7日内，到（　　）税务机关办理纳税申报。

A. 房地产所在地　　　　　　B. 纳税人注册地

C. 纳税人核算地　　　　　　D. 合同签订地

二、多项选择题

1. 下列国有土地使用权变动项目中，属于土地增值税征税范围的有（　　）。

A. 出让国有土地使用权　　　　B. 出租国有土地使用权

C. 转让国有土地使用权　　　　D. 交换国有土地使用权

2. 下列各项中，不属于土地增值税征税范围的有（　　）。

A. 以房地产抵债而尚未发生房地产权属转让的

B. 以房地产抵押贷款而房地产尚在抵押期间的

C. 被兼并企业的房地产在企业兼并中转让到兼并方的

D. 以出地、出资双方合作建房，建成后又转让给其中一方的

3. 纳税人发生下列（　　）情形之一的，土地增值税以房地产评估价格为依据计算征收。

A. 隐瞒、虚报房地产成交价格

B. 提供扣除项目金额不实

C. 转让已使用的房屋及建筑物的

D. 转让房地产成交价格低于评估价格，又无正当理由

4. 转让旧房产，计算其土地增值税增值额时准予扣除的项目有（　　）。

A. 旧房产的评估价格　　　　B. 支付评估机构的费用

C. 建造旧房产的重置成本　　D. 转让环节缴纳的各种税费

5. 在计算土地增值税应纳税额时，纳税人为取得土地使用权支付的

地价款准予扣除。以下关于地价款的表述，正确的有（　　）。

A. 以协议方式取得土地使用权的，地价款为纳税人所支付的土地出让金

B. 以行政划拨方式取得土地使用权的，地价款为同类土地的市场价格

C. 以转让方式取得土地使用权的，地价款为向原土地使用权人实际支付的地价款

D. 以拍卖方式取得土地使用权的，地价款为纳税人所支付的土地出让金

6. 下列情形中，不征收土地增值税的有（　　）。

A. 继承房地产

B. 房地产的评估增值

C. 房地产公司的代建房行为

D. 房地产开发企业将自建的商品房用于职工福利

7. 纳税人在计算土地增值税时，允许从收入中扣减的税金及附加有（　　）。

A. 所得税　　　　B. 增值税

C. 城建税　　　　D. 教育费附加

8. 计算土地增值税时，允许从房地产转让收入中扣除的项目有（　　）。

A. 取得土地使用权支付的金额

B. 旧房及建筑物的评估价格

C. 与转让房地产有关的税金

D. 房地产开发成本

9. 计算土地增值税时，下列项目中准予扣除的有（　　）。

A. 契税

B. 开发小区的排污费、绿化费

C. 安置动迁用房的支出

D. 按照有关规定未计入房价向购买者收取的代收费用

三、判断题

1. 转让旧房的，应按房屋的净值、取得土地使用权所支付的地价款和按国家统一规定缴纳的有关费用及在转让环节缴纳的税金作为扣除项

目金额计征土地增值税。 ( )

2. 土地增值税的计税依据为转让房地产的全部收入。 ( )

3. 土地增值税的纳税人为转让土地使用权、地上的建筑物及其附着物并取得收入的单位和个人。 ( )

4. 房地产开发费是指与房地产开发项目有关的销售费用、管理费用和财务费用。 ( )

5. 与转让房地产有关的税金是指增值税、城建税、印花税。( )

6. 土地增值税纳税人在纳税申报时提供扣除项目金额不实的，应由评估机关按照房屋重置成本价乘以成新度折扣率计算的房屋成本价和取得土地使用权时的基准地价进行评估，税务机关根据评估价格确定扣除项目金额。 ( )

四、计算题

1. 某房地产开发公司转让一幢写字楼取得不含增值税收入 1 000 万元。该公司为取得土地使用权所支付的金额为 50 万元，房地产开发成本为 200 万元，房地产开发费用为 40 万元，与转让房地产有关的允许扣除的税金为 60 万元。

要求：计算应纳的土地增值税。

2. 2018 年 9 月某房地产开发公司转让 5 年前购入的一块土地，取得不含增值税收入 2 800 万元。该土地购进价 1 200 万元，取得土地使用权时缴纳相关费用 40 万元；转让该土地时缴纳相关税费 35 万元（不含增值税和印花税）。

要求：计算该公司应缴纳的土地增值税。

第十四章

烟叶税法

第一节　烟叶税的基本要素

烟叶税法是国家制定的用于调整烟叶税征收与缴纳之间权利及义务关系的法律规范。现行烟叶税的基本规范是2017年12月27日第十二届全国人民代表大会常务委员会第三十一次会议通过的《中华人民共和国烟叶税法》（以下简称《烟叶税法》），自2018年7月1日起施行。

烟叶税的诞生是税制改革的结果，也是国家对烟草实行“寓禁于征”政策的继续，标志着由消费税、增值税及烟叶税形成的烟草税收调控体系已经形成。

一、征税对象

烟叶税以烟叶为征税对象。

所称烟叶，是指烤烟叶、晾晒烟叶。

二、纳税人

在我国境内收购烟叶的单位为烟叶税的纳税人。

收购烟叶的单位，是指依照《中华人民共和国烟草专卖法》的规定有权收购烟叶的烟草公司或者受其委托收购烟叶的单位。

依照《中华人民共和国烟草专卖法》查处没收的违法收购的烟叶，由收购罚没烟叶的单位按照购买金额计算缴纳烟叶税。

烟叶税不得委托其他单位代征。

三、税率

烟叶税实行 20% 的比例税率。

税率的调整由国务院决定。

第二节　烟叶税的计算

一、计税依据

烟叶税的计税依据为纳税人收购烟叶实际支付的价款总额。

二、应纳税额的计算

烟叶税的应纳税额按照纳税人收购烟叶的收购金额和规定的税率计算。

应纳税额=收购金额×税率

【例 14-1】某烟草公司（增值税一般纳税人）2018 年 7 月收购烟叶一批，支付烟叶生产者收购价款 44 000 元，货款全部付清。

要求：计算应纳的烟叶税。

解：应纳税额=44 000×20%=8 800（元）

【例 14-2】某卷烟厂 6 月从农业生产者手中收购烟叶，收购凭证上注明收购价款 40 000 元。

要求：(1) 计算卷烟厂收购烟叶应纳的烟叶税；

(2) 计算本月准予抵扣的进项税额。

解：应纳烟叶税=40 000×20%=8 000（元）

允许抵扣的进项税额=（40 000+8 000）×12%=5 760（元）

第三节　烟叶税的申报与缴纳

烟叶税的征收管理，按照《税收征管法》和《烟叶税法》的有关规定执行。

一、纳税义务发生时间

烟叶税的纳税义务发生时间为纳税人收购烟叶的当天（指纳税人向烟叶销售者付讫收购烟叶款项或者开具收购烟叶凭据的当天）。

二、纳税期限

纳税人应当自纳税义务发生之日起 30 日内申报纳税，具体纳税期限由主管税务机关核定。

三、纳税地点

纳税人收购烟叶，应当向烟叶收购地主管税务机关申报纳税。

练习题

一、单项选择题

1.（　　）为烟叶税的纳税人。

A. 在中华人民共和国境内收购烟叶的单位

B. 在中华人民共和国境内收购烟叶的单位和个人

C. 在中华人民共和国境内销售烟叶的单位和个人

D. 在中华人民共和国境内销售烟叶的单位

2. 烟叶税的征税对象为（　　）。

A. 烟叶　　B. 烟丝

C. 卷烟　　D. 烟草

3. 烟叶税的适用税率是（　　）。

A.10%　　B.15%

C.20%　　D.25%

4. 纳税人收购烟叶应当向（　　）的主管税务机关申报纳税。

A. 烟叶收购地　　B. 登记注册地

C. 经营所在地　　D. 烟叶销售地

5. 烟叶税由（　　）征收。

A. 税务局　　B. 财政局

C. 烟草公司　　D. 工商局

二、多项选择题

1.《烟叶税法》所称烟叶是指（　　）。

A. 晾晒烟叶　　B. 烤烟叶

C. 薰烟叶　　D. 土烟叶

2. 烟叶税的征收管理依照（　　）的有关规定执行。

A. 税收征管法　　B. 烟叶税法

C. 国家法律、法规　　D. 烟草法律、法规

3. 下列关于烟叶税的说法，正确的有（　　）。

A. 在中国境内收购的烟叶的单位需要代扣代缴烟叶税

B. 烟叶税的税率为 20%

C. 烟叶的应纳税额等于烟叶收购金额乘以税率

D. 烟叶税的纳税义务发生时间为纳税人收购烟叶的当天

4. 烟叶税的征税范围包括（　　）。

A. 采摘烟叶　　B. 晾晒烟叶

C. 烤烟叶　　D. 烟丝

三、判断题

1. 烟叶税实行全国统一比例税率，税率为 20%。（　　）

2. 在中华人民共和国境内收购烟叶的单位和个人为烟叶税的纳税人。（　　）

3. 纳税人收购烟叶，应当向烟叶收购地的主管税务机关申报纳税。（　　）

4. 烟叶税的纳税义务发生时间为纳税人收购烟叶的当天。（　　）

5. 纳税人应当自纳税义务发生之日起 60 日内申报纳税。（　　）

四、计算题

1. 某卷烟厂向烟农收购烟叶，支付收购价款 100 000 元，另外向运

输公司支付该批烟叶的收购运输费 2 000 元。

要求：计算卷烟厂收购烟叶应纳的烟叶税。

2. 某烟草公司某月从农业生产者手中收购烟叶，收购凭证上注明收购价款 50 000 元。

要求：计算应纳的烟叶税。

第十五章

企业所得税法

第一节　企业所得税的基本要素

企业所得税法是调整企业所得税征纳关系的法律规范的总称。我国现行企业所得税法主要是2007年3月16日十届全国人大五次会议通过的《中华人民共和国企业所得税法》（以下简称《企业所得税法》），将内资企业原适用的《中华人民共和国企业所得税暂行条例》和外资企业原适用的《中华人民共和国外商投资企业和外国企业所得税法》两法合一，并于2008年1月1日开始实施。《中华人民共和国企业所得税法实施条例》（以下简称《企业所得税法实施条例》）于2007年12月11日发布，自2008年1月1日起施行。

企业所得税具有以下特点：第一，计税依据是应纳税所得额。它是收入总额扣除允许扣除的项目金额后的余额，与企业的本年利润是不相同的。第二，应纳税所得额的计算较复杂。税法在规定纳税人收入总额的前提下，对允许和不允许扣除的项目、允许扣除项目的扣除标准做了较详细的规定，所以导致应纳税所得额的计算较为复杂。第三，量能负担。企业所得税以纳税人的应税所得和适用税率计税，所得多的人多纳税，所得少的人少纳税，无所得的不纳税，体现了税收的纵向公平原则。第四，实行按年征收、分期预缴的征收管理方法。企业的经营业绩通常是按年衡量的，企业的会计核算也是按年进行的，所以企业所得税实行按纳税年度计征，有利于税款的征收管理。

一、纳税人

依法在中国境内成立的企业和其他取得收入的组织为企业所得税的纳税人，包括：

1. 依法在中国境内成立的企业，但依照中国法律、行政法规成立的个人独资企业、合伙企业除外。

依法在中国境内成立的企业，包括依照中国法律、行政法规在中国境内成立的企业、事业单位、社会团体以及其他取得收入的组织。

2. 依照外国（地区）法律成立但实际管理机构在中国境内的企业。

依照外国（地区）法律成立的企业，包括依照外国（地区）法律成立的企业和其他取得收入的组织。在香港特别行政区、澳门特别行政区和台湾地区成立的企业，视同依照外国（地区）法律成立的企业。

企业依据登记注册地标准与实际管理机构地标准相结合的方法来判定企业的居民身份。

居民与非居民，在税收领域中是一对互相联系的有特殊含义的概念。所谓居民，是指按照该国法律，由于住所、居住时间、注册登记地或管理机构所在地，或其他类似标准，在该国负有全面纳税义务的人，包括个人居民和法人居民。非居民是指凡不符合该国居民身份，在该国负有有限纳税义务的人。居民与非居民身份的确定，能够区别不同类型的纳税义务人，明确划分税收管辖权。

居民企业是指依法在中国境内成立，或者依照外国（地区）法律成立但实际管理机构在中国境内的企业。只要企业的登记注册地和实际管理机构地的其中一个设在中国境内，就是居民企业。这使得那些并不是按照中国法律在中国登记注册，但其实际管理机构设在中国境内的外国企业也成了居民企业。同样，按照中国法律在中国登记注册，但其实际管理机构设在中国境外的中资企业，也是中国的居民纳税人。居民企业承担无限纳税义务，应当就其来源于中国境内、境外的所得缴纳企业所得税。

非居民企业是指依照外国（地区）法律成立且实际管理机构不在中国境内，但在中国境内设立机构、场所的，或者在中国境内未设立机构、场所，但有来源于中国境内所得的企业，承担有限纳税义务，一般只就其来源于我国境内的所得纳税。

实际管理机构是指对企业的生产经营、人员、账务、财产等实施实质性全面管理和控制的机构。

机构、场所是指在中国境内从事生产经营活动的机构、场所，包括：管理机构、营业机构、办事机构；工厂、农场、开采自然资源的场所；提供劳务的场所；从事建筑、安装、装配、修理、勘探等工程作业的场所；其他从事生产经营活动的机构、场所。

非居民企业委托营业代理人在中国境内从事生产经营活动的，包括委托单位和个人经常代其签订合同，或者储存、交付货物等，该营业代理人被视为非居民企业在中国境内设立的机构、场所。

二、征税对象和范围

企业所得税的征税对象是企业取得的生产经营所得、其他所得和清算所得。

1. 居民企业应就来源于中国境内、境外的所得作为征税对象。所得包括销售货物所得、提供劳务所得、转让财产所得、股息红利等权益性投资所得、利息所得、租金所得、特许权使用费所得、接受捐赠所得和其他所得。

2. 非居民企业在中国境内设立机构、场所的，应当就其所设机构、场所取得的来源于中国境内的所得，以及发生在中国境外但与其所设机构、场所有实际联系的所得，缴纳企业所得税。非居民企业在中国境内未设立机构、场所的，或者虽设立机构、场所但取得的所得与其所设机构、场所没有实际联系的，应当就其来源于中国境内的所得缴纳企业所得税。

实际联系，是指非居民企业在中国境内设立的机构、场所拥有据以取得所得的股权、债权，以及拥有、管理、控制据以取得所得的财产等。

关于所得来源地的确定：

（1）销售货物所得，按照交易活动发生地确定；

（2）提供劳务所得，按照劳务发生地确定；

（3）转让财产所得，不动产转让所得按照不动产所在地确定，动产转让所得按照转让动产的企业或者机构、场所所在地确定，权益性投资资产转让所得按照被投资企业所在地确定；

（4）股息红利等权益性投资所得，按照分配所得的企业所在地确定；

（5）利息所得、租金所得、特许权使用费所得，按照负担或者支付所得的企业或者机构、场所所在地，负担或者支付所得的个人的住所所在地确定；

（6）其他所得，由国务院财政、税务主管部门确定。

三、税率

1. 基本税率为 25%，适用于居民企业和在中国境内设有机构、场所且所得与机构、场所有关联的非居民企业。

2. 低税率为 20%，适用于在中国境内未设立机构、场所，或虽设立机构、场所但取得的所得与所设机构、场所没有实际联系的非居民企业。对该类企业实际征税时适用 10% 的税率。

第二节　企业所得税应纳税所得额的确定

应纳税所得额是企业所得税的计税依据，是计算企业所得税的关键。企业每一纳税年度的收入总额，减除不征税收入、免税收入、各项扣除以及允许弥补的以前年度亏损后的余额，为应纳税所得额。计算公式为：

$$\text{应纳税所得额} = \text{收入总额} - \text{不征税收入} - \text{免税收入} - \text{准予扣除项目金额} - \text{允许弥补的以前年度亏损}$$

企业确实不能提供真实、完整、准确的收入、支出凭证，不能正确申报应纳税所得额的，税务机关可以采取成本加合理利润、费用换算以及其他合理方法核定其应纳税所得额。

企业应纳税所得额的计算，除有特殊规定外，以权责发生制为原则，属于当期的收入和费用，不论款项是否收付，均作为当期的收入和费用；不属于当期的收入和费用，即使款项已经在当期收付，也不作为当期的收入和费用。应纳税所得额的计算主要包括收入总额、扣除范围和标准、资产的税务处理、亏损弥补等。在计算应纳税所得额时，企业财务会计处理办法与税收法律、行政法规的规定不一致的，应当依照税收法律、行政法规的规定计算。

一、收入总额

企业以货币形式和非货币形式从各种来源取得的收入，为收入总额。企业以货币形式取得的收入，包括现金、银行存款、应收账款、应收票据、准备持有至到期的债券投资以及债务的豁免等。企业以非货币形式取得的收入，包括存货、固定资产、投资性房地产、生物资产、无形资产、股权投资、劳务、不准备持有至到期的债券投资等资产以及其他权益。

企业以非货币形式取得的收入，应当按公允价值确定收入额。公允价值是指按照市场价格确定的价值。

（一）一般收入的确认

1. 销售货物收入，是指企业销售商品、产品、原材料、包装物、低值易耗品以及其他存货取得的收入。

2. 提供劳务收入，是指企业从事建筑安装、修理修配、交通运输、仓储租赁、金融保险、邮电通信、咨询经纪、文化体育、科学研究、技术服务、教育培训、餐饮住宿、中介代理、卫生保健、社区服务、旅游、娱乐、加工和其他劳务服务活动取得的收入。

3. 转让财产收入，是指企业转让固定资产、投资性房地产、生物资产、无形资产、股权、债权等所取得的收入。

企业转让股权收入，应于转让协议生效且完成股权变更手续时，确认收入的实现。转让股权收入扣除为取得该股权所发生的成本后，为股权转让所得。企业在计算股权转让所得时，不得扣除被投资企业未分配利润等股东留存收益中按该项股权所可能分配的金额。

被清算企业的股东分得的剩余资产的金额，其中相当于被清算企业累计未分配利润和累计盈余公积中按该股东所占股份比例计算的部分，应确认为股息所得；剩余资产减除股息所得后的余额，超过或低于股东投资成本的部分，应确认为股东的投资转让所得或损失。

投资企业从被投资企业撤回或减少投资，其取得的资产中，相当于初始出资的部分，应确认为投资收回；相当于被投资企业累计未分配利润和累计盈余公积按减少实收资本比例计算的部分，应确认为股息所得；其余部分确认为投资资产转让所得。被投资企业发生的经营亏损，由被投资企业按规定结转弥补；投资企业不得调整减低其投资成本，也不得将其确认为投资损失。

4. 股息、红利等权益性投资收益，是指企业因权益性投资从被投资方取得的分配收入。除国务院财政、税务主管部门另有规定外，按照被投资方做出利润分配决定的日期确认收入的实现。

被投资企业将股权（票）溢价所形成的资本公积转为股本的，不作为投资方企业的股息、红利收入，投资方企业也不得增加该项长期投资的计税基础。

以未分配利润、盈余公积转增资本，作为投资方企业的股息、红利收入；投资方企业增加该项长期投资的计税基础。

内地企业投资者通过深港通投资香港联交所上市股票取得的股息红利所得，计入其收入总额，依法计征企业所得税。其中，内地居民企业连续持有 H 股满 12 个月取得的股息红利所得，依法免征企业所得税。

5. 利息收入，是指企业将资金提供给他人使用但不构成权益性投资或因他人占用本企业资金所取得的利息收入，包括存款利息、贷款利息、债券利息、欠款利息等收入。应按照合同约定的债务人应付利息的日期确认收入的实现。

6. 租金收入，是指企业提供固定资产、包装物和其他资产的使用权取得的收入。应按照合同约定的承租人应付租金的日期确认收入的实现。如果交易合同或协议中规定租赁期限跨年度，且租金提前一次性支付，根据收入与费用配比原则，出租人可对上述已确认的收入，在租赁期内，分期均匀计入相关年度收入。

7. 特许权使用费收入，是指企业提供专利权、非专利技术、商标权、著作权以及其他特许权的使用权而取得的收入。按照合同约定的特许权使用人应付特许权使用费的日期确认收入的实现。

8. 接受捐赠收入，是指企业接受的来自其他企业、组织和个人自愿和无偿给予的货币性或非货币性资产。应按实际收到捐赠资产的日期确认收入的实现。

9. 其他收入，是指企业取得的除税法规定的上述收入以外的一切收入，包括企业资产溢余收入、逾期未退包装物押金收入、确实无法偿付的应付款项、已作坏账损失处理后又收回的应收款项、债务重组收入、补贴收入、违约金收入、汇兑收益等。

（二）特殊收入的确认

1. 以分期收款方式销售货物的，按照合同约定的收款日期确认收入的实现。

2. 企业受托加工制造大型机械设备、船舶、飞机等，以及从事建筑、安装、装配工程业务或者提供劳务等，持续时间超过 12 个月的，按照纳税年度内完工进度或者完成的工作量确认收入的实现。

3. 采取产品分成方式取得收入的，按照企业分得产品的时间确认收入的实现，收入额按照产品的公允价值确定。

4. 企业发生非货币性资产交换，以及将货物、财产、劳务用于捐赠、赞助、集资、广告、样品、职工福利和利润分配，应当视同销售货物、转让财产和提供劳务，国务院财政、税务主管部门另有规定的除外。

（三）资产处置收入的确认

资产处置收入的确认要看资产所有权属在形式和实质上是否发生改变。

1. 内部处置资产，所有权属在形式和内容上均不变，不视同销售确认收入（资产转移至境外的除外）。

2. 资产移送他人，所有权属已发生改变，按视同销售确认收入。

3. 企业转让限售股取得的收入，扣除限售股原值和合理税费后的余额为该限售股转让所得。

企业未能提供完整、真实的限售股原值凭证，不能准确计算该限售股原值的，主管税务机关一律按该限售股转让收入的15%核定该限售股原值和合理税费。

企业应将减持在证券登记结算机构登记的限售股取得的全部收入计入企业当年应税收入计算纳税。

（四）不征税收入

1. 财政拨款，但国务院以及财政部、国家税务总局另有规定的除外。财政拨款，是指各级政府对纳入预算管理的事业单位、社会团体等组织拨付的财政资金。

2. 依法收取并纳入财政管理的行政事业性收费、政府性基金。行政事业性收费，是指依照法律、法规等有关规定，按照国务院规定程序批准，在实施社会公共管理，以及在向公民、法人或者其他组织提供特定公共服务过程中，向特定对象收取并纳入财政管理的费用。

政府性基金，是指企业根据法律、行政法规等有关规定，代政府收取的具有专项用途的财政资金。

3. 国务院规定的其他不征税收入。其他不征税收入，是指企业依照法律、行政法规等有关规定，代政府收取的具有专项用途的财政资金。

企业取得的不征税收入应按照规定进行处理。凡未按照规定进行处理的，应作为企业应税收入计入应纳税所得额，依法缴纳企业所得税。

（五）免税收入

1. 国债利息收入，是指企业持有国务院财政部门发行的国债取得的利息收入。

2. 符合条件的居民企业之间的股息、红利等权益性投资收益，是指居民企业直接投资于其他居民企业取得的投资收益。

3. 在中国境内设立机构、场所的非居民企业从居民企业取得与该机构、场所有实际联系的股息、红利等权益性投资收益。

居民企业和非居民企业取得的免税股息、红利等权益性投资收益不包括连续持有居民企业公开发行并上市流通的股票不足12个月取得的投资收益。

4. 符合条件的非营利组织的收入，不包括非营利组织从事营利性活动取得的收入，但国务院财政、税务主管部门另有规定的除外。

（六）应税收入额的计算

应税收入额等于收入总额减去不征税收入和免税收入后的余额。计算公式为：

应税收入额=收入总额-不征税收入-免税收入

二、准予扣除项目

（一）税前扣除项目的原则

企业申报的扣除项目要真实、合法。真实是指能够提供准许使用的有效证明，证明有关支出确属已经实际发生；合法是指符合国家税收法规，其他法规与税收法规规定不一致的，以税收法规规定为准。除税收法规另有规定外，税前扣除的确认一般应遵循以下原则：

1. 权责发生制原则，即纳税人应在费用发生时而不是实际支付时确认扣除。

2. 配比原则，即纳税人发生的费用应在费用应配比或应分配的当期申报扣除。纳税人某一纳税年度应申报的可扣除费用不得提前或滞后申报扣除。

3. 相关性原则，即纳税人可扣除的费用从性质和根源上必须与取得应税收入相关。

4. 确定性原则，即纳税人可扣除的费用不论何时支付，其金额必须是确定的。

5. 合理性原则，即纳税人可扣除费用的计算和分配方法应符合一般的经营常规和会计惯例。

（二）扣除项目的范围

企业实际发生的与取得收入有关的、合理的支出，包括成本、费用、税金、损失和其他支出，准予在计算应纳税所得额时扣除。在实际业务中，计算应纳税所得额时还应注意以下三个方面：一是企业发生的支出应当区分收益性支出和资本性支出。收益性支出在发生当期直接扣除；资本性支出应当分期扣除或者计入有关资产成本，不得在发生当期直接扣除。二是企业的不征税收入用于支出所形成的费用或者财产，不得扣除或者计算对应的折旧、摊销扣除。三是除《企业所得税法》及其实施条例另有规定外（因为有加计扣除的规定），企业实际发生的成本、费用、税金、损失和其他支出，不得重复扣除。

1. 成本。成本是指企业在生产经营活动中发生的销售成本、销货成本、业务支出以及其他耗费，即企业销售商品（产品、材料、下脚料、废料、废旧物资等）、提供劳务、转让固定资产和无形资产（包括技术转让）的成本。

企业必须将经营活动中发生的成本合理划分为直接成本和间接成本。直接成本是可直接计入有关成本计算对象或劳务的经营成本中的直接材料、直接人工等。间接成本是指多个部门为同一成本对象提供服务的共同成本，或者同一种投入可以制造、提供两种或两种以上产品或劳务的联合成本。

直接成本可根据有关会计凭证、记录直接计入有关成本计算对象或劳务的经营成本中。间接成本必须根据与成本计算对象之间的因果关系、成本计算对象的产量等，以合理的方法分配计入有关成本计算对象中。

企业在 2018 年 1 月 1 日至 2020 年 12 月 31 日期间新购进的设备、器具（指除房屋、建筑物以外的固定资产），单位价值不超过 500 万元的，允许一次性计入当期成本费用在计算应纳税所得额时扣除，不再分年度计算折旧；单位价值超过 500 万元的，仍按企业所得税关于固定资产加速折旧等相关规定执行。

2. 费用。费用是指企业每一纳税年度为生产、经营商品和提供劳务等所发生的销售费用（经营）、管理费用和财务费用。已计入成本的有关费用除外。

销售费用是应由企业负担的为销售商品而发生的费用，包括广告费、运输费、装卸费、包装费、展览费、保险费、销售佣金（能直接认定的进口佣金调整商品进价成本）、代销手续费、以经营性租赁方式租入销售场所的租赁费及销售部门发生的差旅费、工资、福利费等费用。

管理费用是企业的行政管理部门为组织管理企业生产经营活动发生的费用。管理费用包括由企业统一负担的总部（公司）经费、未形成无形资产成本的研究开发费（技术开发费）、社会保障性缴款、劳动保护费、业务招待费、工会经费、职工教育经费、股东大会或董事会费、开办费摊销、管理用无形资产摊销（含土地使用费、土地损失补偿费）、矿产资源补偿费、消防费、排污费、绿化费、外事费和法律、财务、资料处理及会计事务方面的成本（咨询费、诉讼费、聘请中介机构费、商标注册费等），以及向总机构（指同一法人的总公司性质的总机构）支付的与本身营利活动有关的合理的管理费等，已计入税金的印花税等税金除外。除经国家税务总局或其授权的税务机关批准外，企业不得列支向其关联企业支付的管理费。

财务费用是企业筹集经营性资金而发生的费用，包括利息净支出、汇兑净损失、金融机构手续费以及其他未予资本化计入资产成本的利息支出。

3. 税金。税金是指企业发生的除企业所得税和允许抵扣的增值税以外的各项税金及附加，即企业按规定缴纳的消费税、城建税、关税、资源税、土地增值税、房产税、车船税、城镇土地使用税、印花税、教育费附加等产品销售税金及附加。这些已纳税金准予税前扣除。准予扣除税金有两种处理方式：一是在发生当期扣除；二是在发生当期计入相关资产成本，在以后各期分摊扣除。

4. 损失。损失是指企业经营活动中实际发生的固定资产和存货的盘亏、毁损、报废净损失，转让财产损失，呆账损失，坏账损失，以及遭受自然灾害等不可抗力因素造成的非常损失及其他损失。

企业发生的损失，减除责任人赔偿和保险赔款后的余额，按照国务院财政、税务主管部门的规定扣除。

企业已经作为损失处理的资产，在以后纳税年度全部收回或者部分收回时，应当计入当期收入。

5. 其他支出。其他支出是指除成本、费用、税金、损失外，企业经营活动中发生的有关的、合理的支出。

（三）扣除项目及其标准

1. 工资、薪金支出。这是指企业每一纳税年度支付给在本企业任职或者受雇的员工的所有现金或者非现金形式的劳动报酬，包括基本工资、奖金、津贴、补贴、年终加薪、加班工资，以及与任职或者受雇有关的其他支出。企业发生的合理的工资、薪金，准予扣除。企业在年度汇算清缴结束前向员工实际支付的已预提汇缴年度工资、薪金，准予在汇缴年度按规定扣除。

列入企业员工工资、薪金制度，固定与工资、薪金一起发放的福利性补贴，符合《国家税务总局关于企业工资薪金及职工福利费扣除问题的通知》（国税函〔2009〕3号）第1条规定的，可作为企业发生的工资、薪金支出，按规定在税前扣除；不能同时符合上述条件的，视为职工福利费，按规定计算限额税前扣除。

企业接受外部劳务派遣用工实际发生的费用，按照协议（合同）约定直接支付给劳务派遣公司的费用，应作为劳务费支出；直接支付给员工个人的费用，应作为工资、薪金支出和职工福利费支出。其中，属于工资、薪金支出的费用，准予计入企业工资、薪金总额的基数，作为计算其他各项相关费用扣除的依据。

2. 职工福利费、工会经费、职工教育经费。企业发生的职工福利费、工会经费、职工教育经费按标准扣除。没超过扣除标准的按实际发生数扣除；超过标准的只能按标准扣除，超出标准的部分不得扣除或在以后年度结转扣除。

（1）企业发生的职工福利费支出，不超过工资、薪金总额14%的部分准予扣除。

（2）高新技术企业、经认定的技术先进服务企业发生的职工教育经费支出，不超过工资、薪金总额8%的部分，准予在计算企业所得税应纳税所得额时扣除；超过部分，准予在以后纳税年度结转扣除。[①]自2018年1月1日起，扩展到所有企业（除软件生产企业可以全额扣除外）。

（3）企业拨缴的工会经费，不超过工资、薪金总额2%的部分，凭工会组织开具的工会经费收入专用收据，准予扣除。

3. 社会保险费。

（1）企业按照政府规定的范围和标准缴纳的“五险一金”，即基本养老保险费、基本医疗保险费、失业保险费、工伤保险费、生育保险费等基本社会保险费和住房公积金，准予扣除。

---

① 2018年1月1日前，企业发生的职工教育经费支出，不超过工资、薪金总额2.5%的部分准予扣除。

（2）企业为投资者或者职工支付的补充养老保险费、补充医疗保险费，在国务院财政、税务主管部门规定的范围和标准内，准予扣除。

（3）企业参加财产保险，按照规定缴纳的保险费，准予扣除；企业为投资者或者职工支付的商业保险费，不得扣除。企业依照国家有关规定为特殊工种职工支付的人身安全保险费和符合国务院财政、税务主管部门规定可以扣除的商业保险费准予扣除。

（4）企业职工因公出差乘坐交通工具发生的人身意外保险费支出，准予企业在计算应纳税所得额时扣除。

4.利息费用。企业在生产经营活动中发生的利息费用，按下列规定扣除：

（1）非金融企业向金融企业借款的利息支出、金融企业的各项存款利息支出和同业拆借利息支出、企业经批准发行债券的利息支出可据实扣除。

（2）非金融企业向非金融企业借款的利息支出，不超过按照金融企业同期同类贷款利率计算的数额的部分可据实扣除，超过部分不允许扣除。

（3）企业从其关联方接受的债权性投资与权益性投资的比例超过规定标准而发生的利息支出，不得在计算应纳税所得额时扣除。

企业如果能够按照规定提供相关资料，并证明关联方相关交易活动符合独立交易原则的，或者该企业的实际税负不高于境内关联方的，实际支付给关联方的利息支出在计算应纳税所得额时准予扣除。

（4）企业向自然人借款的利息支出在企业所得税税前扣除：

①企业向股东或其他与企业有关联关系的自然人借款的利息支出，应根据关联方利息支出税前扣除标准，计算企业所得税扣除额。

②企业向除①规定以外的内部职工或其他人员借款的利息支出，其借款情况同时符合以下条件的，其利息支出在不超过按照金融企业同期同类贷款利率计算的数额的部分，准予扣除：一是借贷是真实、合法、有效的，并且不具有非法集资目的或其他违反法律、法规的行为；二是签订借款合同。

（5）企业投资者在规定期限内未缴足其应缴资本额的，该企业对外借款所发生的利息，相当于投资者实缴资本额与在规定期限内应缴资本额的差额应计付的利息，不属于企业合理的支出，应由企业投资者负担，不得在计算企业应纳税所得额时扣除。

具体计算不得扣除的利息，应以企业一个年度内每一账面实收资本与借款余额保持不变的期间作为一个计算期，每一计算期内不得扣除的借款利息按该期间借款利息发生额乘以该期间企业未缴足的注册资本占借款总额的比例计算。计算公式为：

$$\text{企业每一计算期不得扣除的借款利息}=\text{该期间借款利息额}\times\text{该期间未缴足注册资本额}\div\text{该期间借款额}$$

企业一个年度内不得扣除的借款利息总额为该年度内每一计算期不得扣除的借款利息额之和。

5. 借款费用。

（1）企业在生产经营活动中发生的合理的不需要资本化的借款费用，准予扣除。

（2）企业为购置、建造固定资产、无形资产和经过 12 个月以上的建造才能达到预定可销售状态的存货发生借款的，在有关资产购置、建造期间发生的合理的借款费用，应当作为资本性支出计入有关资产的成本，并依照《企业所得税法实施条例》的规定扣除。

（3）企业通过发行债券、取得贷款、吸收保户储金等方式融资而发生的合理的费用支出，符合资本化条件的，应计入相关资产成本；不符合资本化条件的，应作为财务费用，准予在企业所得税前据实扣除（不需资本化的融资费用，不必分期摊销，可直接据实扣除）。

6. 汇兑损益。企业在货币交易中，以及纳税年度终了时将人民币以外的货币性资产、负债按照期末即期人民币汇率中间价折算为人民币时产生的汇兑损失，除已经计入有关资产成本以及与向所有者进行利润分配有关的部分外，准予扣除。

7. 业务招待费。

（1）企业发生的与生产经营活动有关的业务招待费支出，按照发生额的 60% 扣除，但最高不得超过当年销售（营业）收入的 5‰。

（2）对从事股权投资业务的企业（包括集团公司总部、创业投资企业等），其从被投资企业所分配的股息、红利以及股权转让收入，可以按规定的比例计算业务招待费扣除限额。

（3）企业在筹建期间，发生的与生产经营活动有关的业务招待费支出，可按实际发生额的 60% 计入企业筹办费，并按有关规定在税前扣除。

8. 广告费和业务宣传费。

（1）企业发生的符合条件的广告费和业务宣传费支出，除国务院财政、税务主管部门另有规定外，不超过当年销售（营业）收入 15% 的部分，准予扣除；超过部分，准予在以后纳税年度结转扣除。

纳税人申报扣除的广告费支出应符合下列三个条件：①通过工商部门批准的专门机构制作；②已支付费用并取得相应发票；③通过一定媒体传播。

与生产经营无关的非广告性质的赞助费在所得税前不得列支。

（2）自 2016 年 1 月 1 日起至 2020 年 12 月 31 日止，对化妆品制造与销售、医药制造和饮料制造（不含酒类制造）企业发生的广告费和业务宣传费支出，不超过当年销售（营业）收入 30% 的部分，准予扣除；超过部分，准予在以后纳税年度结转扣除。

（3）烟草企业的烟草广告费和业务宣传费支出，一律不得在计算应纳税所得额时扣除。

（4）对签订广告费和业务宣传费分摊协议的关联企业，其中一方发生的不超过当年销售（营业）收入税前扣除限额比例内的广告费和业务宣传费支出可以在本企业扣除，也可以将其中的部分或全部按照分摊协议归集至另一方扣除。另一方在计算本企业广告费和业务宣传费支出企业所得税税前扣除限额时，可将归集至本企业的广告费和业务宣传费不计算在内。

（5）广告费、业务宣传费与赞助费的区别：

①业务招待费和业务宣传费不是同一个概念。

②业务招待费、广告费和业务宣传费计算限度的基数都是销售（营业）收入，不是企业全部收入。销售（营业）收入包括销售货物收入、让渡资产使用权（收取资产租金或使用费）收入、提供劳务收入等主营业务收入、其他业务收入，还包括视同销售收入，但不含营业外收入、转让固定资产或无形资产所有权收入、投资收益（从事股权投资业务的企业除外）。

③广告费和业务宣传费的超标准部分可无限期向以后纳税年度结转，属于税法与会计制度的暂时性差异；而业务招待费的超标准部分不能向以后纳税年度结转，属于税法与会计制度的永久性差异。

9. 环境保护专项资金。企业依照法律、行政法规的有关规定提取的用于环境保护、生态恢复等专项资金，准予扣除。专项资金提取后改变用途的，不得扣除。

10. 租赁费。企业根据生产经营活动的需要租入固定资产支付的租赁费，按照以下方法扣除：

（1）以经营租赁方式租入固定资产发生的租赁费支出，按照租赁期限均匀扣除。

（2）以融资租赁方式租入固定资产发生的租赁费支出，按照规定构成融资租入固定资产价值的部分应当提取折旧费用，分期扣除。

11. 劳动保护费。企业发生的合理的劳动保护费支出，准予扣除。

12. 公益性捐赠支出。自 2017 年 1 月 1 日起，企业发生的公益性捐赠支出不超过年度利润总额 12% 的部分，准予扣除；超过年度利润总额 12% 的部分，准予结转以后 3 年内在计算应纳税所得额时扣除。

企业当年发生及以前年度结转的公益性捐赠支出，准予在当年税前扣除的部分，不能超过企业当年年度利润总额的 12%。

企业发生的公益性捐赠支出未在当年税前扣除的部分，准予向以后年度结转扣除，但结转年限自捐赠发生年度的次年起计算最长不得超过 3 年。

企业在对公益性捐赠支出计算扣除时，应先扣除以前年度结转的捐赠支出，再扣除当年发生的捐赠支出。

所称年度利润总额，是指企业依照国家统一会计制度的规定计算的大于零的数额。

13. 总机构分摊的费用。非居民企业在中国境内设立的机构、场所，就其中国境外总机构发生的与该机构、场所生产经营有关的费用，能够提供总机构出具的费用汇集范围、定额、分配依据和方法等证明文件并合理分摊的，准予扣除。

14. 资产损失。

（1）企业当期发生的固定资产和流动资产盘亏、毁损净损失，由其提供清查盘存资料经主管税务机关审核后，准予扣除；

（2）企业因存货盘亏、毁损、报废等原因不得从销项税额中抵扣的进项税额，应视同企业财产损失，准予与存货损失一起在企业所得税前按规定扣除。

企业向税务机关申报扣除资产损失，仅需填报企业所得税年度纳税申报表资产损失税前扣除及纳税调整明细表，不再报送资产损失相关资料。

15. 其他项目。企业依照有关法律、行政法规和国家有关税法规定发生的会员费、合理的会议费、差旅费、违约金、诉讼费用等，准予扣除。

16. 手续费及佣金支出。

（1）企业发生与生产经营有关的手续费及佣金支出，不超过以下规定计算限额以内的部分，准予扣除；超过部分，不得扣除。

①保险企业：财产保险企业按当年全部保费收入扣除退保金等后余额的 15% 计算限额，人身保险企业按当年全部保费收入扣除退保金等后余额的 10% 计算限额。

②电信企业在发展客户、拓展业务等过程中（如委托销售电话入网卡、电话充值卡等），需向经纪人、代办商支付手续费及佣金的，其实际发生的相关手续费及佣金支出，不超过企业当年收入总额 5% 的部分，准予在企业所得税前据实扣除。

③其他企业：按与具有合法经营资格中介服务机构或个人（不含交易双方及其雇员、代理人和代表人等）所签订服务协议或合同确认的收入金额的 5% 计算限额。

（2）企业应与具有合法经营资格中介服务企业或个人签订代办协议或合同，并按国家有关规定支付手续费及佣金。除委托个人代理外，企业以现金等非转账方式支付的手续费及佣金不得在税前扣除。企业为发行权益性证券支付给有关证券承销机构的手续费及佣金不得在税前扣除。

（3）企业不得将手续费及佣金支出计入回扣、业务提成、返利、进场费等费用。

（4）企业已计入固定资产、无形资产等相关资产的手续费及佣金支出，应当通过折旧、摊销等方式分期扣除，不得在发生当期直接扣除。

（5）企业支付的手续费及佣金不得直接冲减服务协议或合同金额，并应如实入账。

（6）企业应当如实向当地主管税务机关提供当年手续费及佣金计算分配表和其他相关资料，并依法取得合法真实凭证。

17. 有关资产的费用。企业转让各类固定资产发生的费用，允许扣除。企业按规定计算的固定资产折旧费、无形资产和递延资产的摊销费，准予扣除。

18. 航空企业空勤训练费。航空企业实际发生的飞行员养成费、飞行训练费、乘务训练费、空中保卫员训练费等空勤训练费用，可以作为航空企业运输成本在税前扣除。

19. 投资企业撤回或减少投资。投资企业从被投资企业撤回或减少投资，其取得的资产中，相当于初始出资的部分，应确认为投资收回；相当于被投资企业累计未分配利润和累计盈余公积按减少实收资本比例计算的部分，应确认为股息所得；其余部分确认为投资资产转让所得。

被投资企业发生的经营亏损，由被投资企业按规定结转弥补；投资企业不得调整或调减其投资成本，也不得将其确认为投资损失。

20. 企业维简费支出。维简费指的是从成本费用中提取的专用于维持简单再生产的资金。企业实际发生的维简费支出，属于收益性支出的，可作为当期费用税前扣除；属于资本性支出的，应计入有关资产成本，并按《企业所得税法》的规定计提折旧或摊销费用在税前扣除。企业按照有关规定预提的维简费，不得在当期税前扣除。

21. 企业参与政府统一组织的棚户区改造有关企业所得税政策。企业参与政府统一组织的工矿（含中央下放煤矿）棚户区改造、林区棚户区改造、垦区危房改造并同时符合一定条件的棚户区改造支出，准予在企业所得税税前扣除。

22. 金融企业涉农贷款和中小企业贷款损失准备金税前扣除。

自 2014 年 1 月 1 日起至 2018 年 12 月 31 日，金融企业涉农贷款和中小企业贷款损失准备金企业所得税税前扣除按以下规定处理：

金融企业按以下比例计提的贷款损失准备金，准予在计算应纳税所得额时扣除：

①关注类贷款，计提比例为 2%；

②次级类贷款，计提比例为 25%；

③可疑类贷款，计提比例为 50%；

④损失类贷款，计提比例为 100%。

金融企业发生的符合条件的涉农贷款和中小企业贷款损失，应先冲减已在税前扣除的贷款损失准备金，不足冲减部分可据实在计算应纳税所得额时扣除。

23. 以前年度发生应扣未扣支出的处理。对企业发现以前年度实际发生的、按照税法规定应在企业所得税税前扣除而未扣除或者少扣除的支出，企业做出专项申报及说明后，准予追补至该项目发生年度计算扣除，但追补确认期限不得超过 5 年。

企业由于上述原因多缴的企业所得税税款，可以在追补确认年度企业所得税应纳税款中抵扣；不足抵扣的，可以向以后年度递延抵扣或申请退税。

亏损企业追补确认以前年度未在企业所得税税前扣除的支出，或盈利企业经过追补确认后出现亏损的，应首先调整该项支出所属年度的亏损额，然后再按照弥补亏损的原则计算以后年度多缴的企业所得税税款，并按前款规定处理。

24. 税前扣除规定与企业实际会计处理差异的协调。对企业依据财务会计制度规定，并实际在财务会计处理上已确认的支出，凡没有超过《企业所得税法》和有关税收法规规定的税前扣除范围和标准的，可按企业实际会计处理确认的支出，在企业所得税税前扣除，计算其应纳税所得额。

三、不予扣除项目

1. 向投资者支付的股息、红利等权益性投资收益款项，指企业向股权投资者支付的股息、红利和其他形式的经济利益。

2. 企业所得税税款。

3. 税收滞纳金，指纳税人违反税收法规，被税务机关处以的滞纳金。

4. 罚金、罚款和被没收财物的损失，指纳税人违反国家有关法律、法规的规定，被有关部门处以的罚款，以及被司法机关处以的罚金和被没收的财物。

5. 公益性捐赠以外的捐赠支出。

6. 赞助支出，指企业发生的与生产经营活动无关的各种非广告性质支出。

7. 未经核定的准备金支出，指不符合国务院财政、税务主管部门规定的各项资产减值准备、风险准备等准备金支出。

8. 企业之间支付的管理费、企业内营业机构之间支付的租金和特许权使用费，以及非银行企业内营业机构之间支付的利息，不得扣除。

9. 与取得收入无关的其他支出，指除税法和条例规定的法定支出之外的，财政部、国家税务总局规定的与企业取得收入无关的各项支出。

四、资产的税务处理

资产是由于资本投资而形成的财产，对于资本性支出以及无形资产受让、开办、开发费用，不允许作为成本、费用从纳税人的收入总额中作一次性扣除，只能采取分次计提折旧或分次摊销的方式予以扣除。纳税人经营活动中使用的固定资产的折旧费用、无形资产和长期待摊费用的摊销费用可以扣除。纳入税务处理范围的资产形式主要有固定资产、生物资产、无形资产、长期待摊费用、投资资产、存货等，均以历史成本为计税基础。历史成本是指企业取得该项资产时实际发生的支出。企业持有各项资产期间资产增值或者减值，除国务院财政、税务主管部门规定可以确认损益外，不得调整该资产的计税基础。

（一）固定资产

固定资产，是指企业为生产产品、提供劳务、出租或者经营管理而持有的、使用时间超过 12 个月的非货币性资产，包括房屋、建筑物、机器、机械、运输工具以及其他与生产经营活动有关的设备、器具、工具等。

1. 固定资产的计税基础。

（1）外购的固定资产，以购买价款和支付的相关税费以及直接归属于使该资产达到预定用途发生的其他支出为计税基础；

（2）自行建造的固定资产，以竣工结算前发生的支出为计税基础；

（3）融资租入的固定资产，以租赁合同约定的付款总额和承租人在签订租赁合同过程中发生的相关费用为计税基础，租赁合同未约定付款总额的，以该资产的公允价值和承租人在签订租赁合同过程中发生的相关费用为计税基础；

（4）盘盈的固定资产，以同类固定资产的重置完全价值为计税基础；

（5）通过捐赠、投资、非货币性资产交换、债务重组等方式取得的固定资产，以该资产的公允价值和支付的相关税费为计税基础；

（6）改建的固定资产，除已足额提取折旧的固定资产和租入的固定资产以外的其他固定资产，以改建过程中发生的改建支出增加计税基础。

2. 固定资产折旧的范围。在计算应纳税所得额时，企业按照规定计算的固定资产折旧，准予扣除。下列固定资产不得计算折旧扣除：

（1）房屋、建筑物以外未投入使用的固定资产；

（2）以经营租赁方式租入的固定资产；

（3）以融资租赁方式租出的固定资产；

（4）已足额提取折旧仍继续使用的固定资产；

（5）与经营活动无关的固定资产；

（6）单独估价作为固定资产入账的土地；

（7）其他不得计算折旧扣除的固定资产。

3. 固定资产折旧的计提方法。

（1）企业应当自固定资产投入使用月份的次月起计算折旧；停止使用的固定资产，应当自停止使用月份的次月起停止计算折旧。

（2）企业应当根据固定资产的性质和使用情况，合理确定固定资产的预计净残值。固定资产的预计净残值一经确定，不得变更。

（3）固定资产按照直线法计算的折旧，准予扣除。

4. 固定资产折旧的计提年限。除国务院财政、税务主管部门另有规定外，固定资产计算折旧的最低年限如下：

（1）房屋、建筑物，为 20 年；

（2）飞机、火车、轮船、机器、机械和其他生产设备，为 10 年；

（3）与生产经营活动有关的器具、工具、家具等，为5年；

（4）飞机、火车、轮船以外的运输工具，为4年；

（5）电子设备，为3年。

此外，从事开采石油、天然气等矿产资源的企业，在开始商业性生产前发生的费用和有关固定资产的折耗、折旧方法，由国务院财政、税务主管部门另行规定。

5.固定资产折旧的企业所得税处理。

（1）企业固定资产会计折旧年限如果短于税法规定的最低折旧年限，其按会计折旧年限计提的折旧高于按税法规定的最低折旧年限计提的折旧部分，应调增当期应纳税所得额；企业固定资产会计折旧年限已期满且会计折旧已提足，但税法规定的最低折旧年限尚未到期且税收折旧尚未足额扣除，其未足额扣除的部分准予在剩余的税收折旧年限继续按规定扣除。

（2）企业固定资产会计折旧年限如果长于税法规定的最低折旧年限，其折旧应按会计折旧年限计算扣除，税法另有规定的除外。

（3）企业按会计规定提取的固定资产减值准备，不得税前扣除，其折旧仍按税法确定的固定资产计税基础计算扣除。

（4）企业按税法规定实行加速折旧的，其按加速折旧办法计算的折旧额可全额在税前扣除。

（5）石油天然气开采企业在计提油气资产折耗（折旧）时，由于会计与税法规定计算方法不同导致的折耗（折旧）差异，应按税法规定进行纳税调整。

6.固定资产改扩建的税务处理。

企业对房屋、建筑物固定资产在未足额提取折旧前改扩建的，如属于推倒重置的，该资产原值减除提取折旧后的净值，并入重置后的固定资产计税成本，并在该固定资产投入使用后的次月起，按税法规定的折旧年限，一并计提折旧。如属于提升功能、增加面积的，该固定资产的改扩建支出并入该固定资产计税基础，并从改扩建完工投入使用后的次月起，重新按税法规定的该固定资产折旧年限计提折旧；如改扩建后的固定资产尚可使用的年限低于税法规定的最低年限的，可以按尚可使用的年限计提折旧。

（二）无形资产

无形资产是指企业为生产商品、提供劳务、出租或者经营管理而持有的、没有实物形态的非货币性长期资产，包括专利权、商标权、著作权、土地使用权、非专利技术、商誉等。在计算应纳税所得额时，企业按照规定计算的无形资产摊销费用，准予扣除。

1. 无形资产的计税基础。无形资产按照以下方法确定计税基础：

（1）外购的无形资产，以购买价款、支付的相关税费以及直接归属于使该资产达到预定用途发生的其他支出为计税基础；

（2）自行开发的无形资产，以开发过程中符合资本化条件后至达到预定用途前发生的支出为计税基础；

（3）通过捐赠、投资、非货币性资产交换、债务重组等方式取得的无形资产，以该资产的公允价值和支付的相关税费为计税基础。

2. 无形资产的摊销范围。在计算应纳税所得额时，企业按照规定计算的无形资产摊销费用，准予扣除。

下列无形资产不得计算摊销费用扣除：

（1）自行开发的支出已在计算应纳税所得额时扣除的无形资产；

（2）自创商誉；

（3）与经营活动无关的无形资产；

（4）其他不得计算摊销费用扣除的无形资产。

3. 无形资产的摊销方法及年限。无形资产的摊销采取直线法。无形资产的摊销年限不得低于10年。作为投资或者受让的无形资产，有关法律规定或者合同约定使用年限的，可以按照规定或者约定的使用年限分期摊销。

外购商誉的支出，在企业整体转让或者清算时，准予扣除。

（三）生物资产

生物资产是指有生命的动物和植物。生物资产分为消耗性生物资产、生产性生物资产和公益性生物资产。消耗性生物资产，是指为出售而持有的或在将来收获为农产品的生物资产，包括生长中的农田作物、蔬菜、用材林以及存栏待售的牲畜等。生产性生物资产，是指为产出农产品、提供劳务或出租等目的而持有的生物资产，包括经济林、薪炭林、产畜和役畜等。公益性生物资产，是指以防护、环境保护为主要目的的生物资产，包括防风固沙林、水土保持林和水源涵养林等。

1. 生物资产的计税基础。

（1）外购生产性生物资产，以购买价款和支付的相关税费为计税基础；

（2）通过捐赠、投资、非货币性资产交换、债务重组等方式取得的生产性生物资产，以该资产的公允价值和支付的相关税费为计税基础。

2. 生物资产的折旧方法和折旧年限。生产性生物资产按照直线法计算的折旧，准予扣除。企业应当从生产性生物资产投入使用月份的次月起计算折旧；停止使用的生产性生物资产，应当从停止使用月份的次月起停止计算折旧。

企业应当根据生产性生物资产的性质和使用情况，合理确定生产性生物资产的预计净残值。生产性生物资产的预计净残值一经确定，不得变更。

生产性生物资产计算折旧的最低年限如下：

（1）林木类生产性生物资产，为 10 年；

（2）畜类生产性生物资产，为 3 年。

（四）长期待摊费用

长期待摊费用是指企业已经发生的应在 1 个年度以上（不含 1 年）进行分期摊销的费用。在计算应纳税所得额时，企业发生的下列长期待摊费用，按照规定摊销的，准予扣除：

1. 已足额提取折旧的固定资产的改建支出；

2. 租入固定资产的改建支出；

3. 固定资产的大修理支出；

4. 其他应当作为长期待摊费用的支出。

企业的固定资产修理支出可在发生当期直接扣除。企业的固定资产改良支出，如果有关固定资产尚未提足折旧，可增加固定资产价值；如有关固定资产已提足折旧，可作为长期待摊费用，在规定的期间内平均摊销。

固定资产的改建支出，是指改变房屋或者建筑物结构、延长使用年限等发生的支出。已足额提取折旧的固定资产的改建支出，按照固定资产预计尚可使用年限分期摊销；租入固定资产的改建支出，按照合同约定的剩余租赁期限分期摊销；改建的固定资产延长使用年限的，除已足额提取折旧的固定资产、租入固定资产的改建支出外，其他固定资产发生改建支出的，应当适当延长折旧年限。

大修理支出，按照固定资产尚可使用年限分期摊销。

其他应当作为长期待摊费用的支出，自支出发生月份的次月起，分期摊销，摊销年限不得低于 3 年。

（五）存货

存货是指企业持有以备出售的产品或者商品、处在生产过程中的在产品、在生产或者提供劳务过程中耗用的材料和物料等。

1. 存货的计税基础。存货按照以下方法确定成本：

（1）通过支付现金方式取得的存货，以购买价款和支付的相关税费为成本；

（2）通过支付现金以外的方式取得的存货，以该存货的公允价值和支付的相关税费为成本；

（3）生产性生物资产收获的农产品，以产出或者采收过程中发生的材料费、人工费和分摊的间接费用等必要支出为成本。

2. 存货的成本计算方法。企业使用或者销售的存货的成本计算方法，可以在先进先出法、加权平均法、个别计价法中选用一种。计价方法一经选用，不得随意变更。

企业转让以上资产，在计算企业应纳税所得额时，资产的净值允许扣除。

（六）投资资产

投资资产是指企业对外进行权益性投资和债权性投资形成的资产。

1. 投资资产的成本。

（1）通过支付现金方式取得的投资资产，以购买价款为成本；

（2）通过支付现金以外的方式取得的投资资产，以该资产的公允价值和支付的相关税费为成本。

2. 投资资产成本的扣除方法。企业对外投资期间，投资资产的成本在计算应纳税所得额时不得扣除；企业在转让或者处置投资资产时，投资资产的成本准予扣除。

（七）非货币性资产投资税务处理

非货币性资产，是指现金、银行存款、应收账款、应收票据以及准备持有至到期的债券投资等货币性资产以外的资产。

1. 居民企业（简称企业）以非货币性资产对外投资确认的非货币性资产转让所得，可在不超过 5 年期限内，分期均匀计入相应年度的应纳税所得额，按规定计算缴纳企业所得税。

2. 企业以非货币性资产对外投资，应对非货币性资产进行评估并按评估后的公允价值扣除计税基础后的余额，计算确认非货币性资产转让所得。

企业以非货币性资产对外投资，应于投资协议生效并办理股权登记手续时，确认非货币性资产转让收入的实现。

3. 企业以非货币性资产对外投资而取得被投资企业的股权，应以非货币性资产的原计税成本为计税基础，加上每年确认的非货币性资产转让所得，逐年进行调整。

被投资企业取得非货币性资产的计税基础，应按非货币性资产的公允价值确定。

4. 企业在对外投资 5 年内转让上述股权或投资收回的，应停止执行递延纳税政策，并就递延期内尚未确认的非货币性资产转让所得，在转让股权或投资收回当年的企业所得税年度汇算清缴时，一次性计算缴纳企业所得税。

企业在计算股权转让所得时，可按上述第 3 点第一款规定将股权的计税基础一次调整到位。

企业在对外投资 5 年内注销的，应停止执行递延纳税政策，并就递延期内尚未确认的非货币性资产转让所得，在注销当年的企业所得税年度汇算清缴时，一次性计算缴纳企业所得税。

5. 非货币性资产投资，限于以非货币性资产出资设立新的居民企业，或将非货币性资产注入现存的居民企业。

6. 企业发生非货币性资产投资，符合财税〔2009〕59 号等文件规定的特殊性税务处理条件的，也可选择按特殊性税务处理规定执行。

（八）税法规定与会计规定差异的处理

税法规定与会计规定差异的处理是指在计算企业应纳税所得额时，

企业财务会计处理办法与税收法律、行政法规的规定不一致的，应当依照税收法律、行政法规的规定计算。

1. 企业不能提供完整、准确的收入及成本、费用凭证，不能正确计算应纳税所得额的，由税务机关核定其应纳税所得额。

2. 企业依法清算时，以其清算终了后的清算所得为应纳税所得额。

企业应将整个清算期作为一个独立的纳税年度计算清算所得。企业的全部资产可变现价值或交易价格，减除资产的计税基础、清算费用、相关税费，加上债务清偿损益等后的余额，为清算所得。

投资方企业从被清算企业分得的剩余资产，其中相当于从被清算企业累计未分配利润和累计盈余公积中应当分得的部分，应当确认为股息所得；剩余资产扣除上述股息所得后的余额，超过或者低于投资成本的部分，应当确认为投资转让所得或者损失。

五、资产损失税前扣除的处理

资产损失是指企业在生产经营活动中实际发生的、与取得应税收入有关的资产损失，包括现金损失，存款损失，坏账损失，贷款损失，股权投资损失，固定资产和存货的盘亏、毁损、报废、被盗损失，自然灾害等不可抗力因素造成的损失以及其他损失。

准予在企业所得税税前扣除的资产损失，是指企业在实际处置、转让资产过程中发生的合理损失（实际资产损失），以及企业虽未实际处置、转让资产，但符合税法规定条件计算确认的损失（法定资产损失）。

企业发生的实际资产损失，应当在其实际发生且会计上已做损失处理的年度申报扣除；法定资产损失，应当在企业向主管税务机关提供证据资料证明该项资产已符合法定资产损失确认条件，且会计上已做损失处理的年度申报扣除。

企业发生的资产损失，应按规定的程序和要求向主管税务机关申报后方能在税前扣除。未经申报的损失，不得在税前扣除。

企业以前年度发生的资产损失未能在当年税前扣除的，可以按照《企业资产损失所得税税前扣除管理办法》的规定，向税务机关说明并进行专项申报扣除。其中，属于实际资产损失的，准予追补至该项损失发生年度扣除，其追补确认期限一般不得超过 5 年。属于法定资产损失的，应在申报年度扣除。

企业因以前年度实际资产损失未在税前扣除而多缴的企业所得税税款，可在追补确认年度企业所得税应纳税款中予以抵扣；不足抵扣的，向以后年度递延抵扣。

企业实际资产损失发生年度扣除追补确认的损失后出现亏损的，应先调整资产损失发生年度的亏损额，再按弥补亏损的原则计算以后年度多缴的企业所得税税款，并按上述规定进行税务处理。

六、企业重组的税务处理

企业重组是指企业在日常经营活动以外发生的法律结构或经济结构重大改变的交易，包括企业法律形式改变、债务重组、股权收购、资产收购、合并、分立等。

企业法律形式改变是指企业注册名称、住所以及企业组织形式等的简单改变，但符合《财政部、国家税务总局关于企业重组业务企业所得税处理若干问题的通知》规定其他重组的类型除外。

债务重组是指在债务人发生财务困难的情况下，债权人按照其与债务人达成的协议或者法院的裁定做出的让步事项。

股权收购，是指一家企业（以下简称收购企业）购买另一家企业（以下简称被收购企业）的股权，以实现对被收购企业控制的交易。收购企业支付对价的形式包括股权支付、非股权支付或两者的组合。

资产收购，是指一家企业（以下简称受让企业）购买另一家企业（以下简称转让企业）实质经营性资产的交易。受让企业支付对价的形式包括股权支付、非股权支付或两者的组合。

合并，是指一家或多家企业（以下简称被合并企业）将其全部资产和负债转让给另一家现存或新设企业（以下简称合并企业），被合并企业股东换取合并企业的股权或非股权支付，实现两个或两个以上企业的依法合并。

分立，是指一家企业（以下简称被分立企业）将部分或全部资产分离转让给现存或新设的企业（以下简称分立企业），被分立企业股东换取分立企业的股权或非股权支付，实现企业的依法分立。

股权支付，是指企业重组中购买、换取资产的一方支付的对价中，以本企业或其控股企业的股权、股份作为支付的形式。

非股权支付，是指以本企业的现金、银行存款、应收款项、本企业或其控股企业股权和股份以外的有价证券、存货、固定资产、其他资产以及承担债务等作为支付的形式。

自 2014 年 1 月 1 日起，收购企业购买的股权不低于被收购企业全部股权的 50%，受让企业收购的资产不低于转让企业全部资产的 50%。

对 100% 直接控制的居民企业之间，以及受同一或相同多家居民企业 100% 直接控制的居民企业之间按账面净值划转股权或资产，凡具有合理商业目的，不以减少、免除或者推迟缴纳税款为主要目的，股权或资产划转后连续 12 个月内不改变被划转股权或资产原来实质性经营活动，且划出方企业和划入方企业均未在会计上确认损益的，可以选择按以下规定进行特殊性税务处理：第一，划出方企业和划入方企业均不确认所得。第二，划入方企业取得被划转股权或资产的计税基础，以被划转股权或资产的原账面净值确定。第三，划入方企业取得的被划转资产，应按其原账面净值计算折旧扣除。

企业重组的一般性税务处理方法：

1. 企业由法人转变为个人独资企业、合伙企业等非法人组织，或将登记注册地转移至中华人民共和国境外（包括港澳台地区），应视同企业进行清算、分配，股东重新投资成立新企业。企业的全部资产以及股东投资的计税基础均应以公允价值为基础确定。

企业发生其他法律形式简单改变的，可直接变更税务登记，除另有规定外，有关企业所得税纳税事项（包括亏损结转、税收优惠等权益和义务）由变更后企业承继，但因住所发生变化而不符合税收优惠条件的除外。

2. 企业债务重组，相关交易应按以下规定处理：

（1）以非货币资产清偿债务，应当分解为转让相关非货币性资产、按非货币性资产公允价值清偿债务两项业务，确认相关资产的所得或损失。

（2）发生债权转股权的，应当分解为债务清偿和股权投资两项业务，确认有关债务清偿所得或损失。

（3）债务人应当按照支付的债务清偿额低于债务计税基础的差额，

确认债务重组所得；债权人应当按照收到的债务清偿额低于债权计税基础的差额，确认债务重组损失。

（4）债务人的相关企业所得税纳税事项原则上保持不变。

3. 企业股权收购、资产收购重组交易，相关交易应按以下规定处理：

（1）被收购方应确认股权、资产转让所得或损失。

（2）收购方取得股权或资产的计税基础应以公允价值为基础确定。

（3）被收购企业的相关企业所得税事项原则上保持不变。

4. 企业合并，当事各方应按下列规定处理：

（1）合并企业应按公允价值确定接受被合并企业各项资产和负债的计税基础。

（2）被合并企业及其股东都应按清算进行企业所得税处理。

（3）被合并企业的亏损不得在合并企业结转弥补。

5. 企业分立，当事各方应按下列规定处理：

（1）被分立企业对分立出去的资产应按公允价值确认资产转让所得或损失。

（2）分立企业应按公允价值确认接受资产的计税基础。

（3）被分立企业继续存在时，其股东取得的对价应视同被分立企业分配进行处理。

（4）被分立企业不再继续存在时，被分立企业及其股东都应按清算进行企业所得税处理。

（5）企业分立相关企业的亏损不得相互结转弥补。

七、清算

依照法律、法规、章程协议终止经营或重组中取消独立纳税人资格的企业，应按照国家有关规定进行清算，并就清算所得计算缴纳企业所得税。

清算所得，是指企业的全部资产可变现价值或者交易价格减除资产净值、清算费用、相关税费等后的余额。

投资方企业从被清算企业分得的剩余资产，其中相当于从被清算企业累计未分配利润和累计盈余公积中应当分得的部分，应当确认为股息所得；剩余资产扣除上述股息所得后的余额，超过或者低于投资成本的部分，应当确认为投资转让所得或者损失。

企业全部资产的可变现价值减除清算费用，职工的工资、社会保险费用和法定补偿金，结清税款，清偿公司债务后是企业可以向所有者分配的剩余资产。

企业只改变法律形式或地址，有关资产可不视为转让，不进行清算和分配。

八、应纳税所得额的计算

企业每一纳税年度的收入总额，减除不征税收入、免税收入、各项扣除以及允许弥补的以前年度亏损后的余额，为应纳税所得额。计算公式为：

$$\begin{array}{c}\text{应纳税}\\\text{所得额}\end{array}=\begin{array}{c}\text{收入}\\\text{总额}\end{array}-\begin{array}{c}\text{不征税}\\\text{收入}\end{array}-\begin{array}{c}\text{免税}\\\text{收入}\end{array}-\begin{array}{c}\text{准予扣除}\\\text{项目金额}\end{array}-\begin{array}{c}\text{允许弥补的}\\\text{以前年度亏损}\end{array}$$

九、亏损弥补

亏损是指企业根据《企业所得税法》及其实施条例的规定将每一纳税年度的收入总额减除不征税收入、免税收入和各项扣除后小于零的数额。

企业发生年度亏损的可以用下一年度的所得弥补，下一年度的所得不足弥补的，可以逐年延续弥补，但最长不得超过 5 年。企业在汇总计算缴纳企业所得税时，其境外营业机构的亏损不得抵减境内营业机构的盈利。

理解亏损弥补的含义，要把握两点：一是自亏损年度的下一个年度起连续 5 年不间断地计算，即 5 年内不论是盈利还是亏损，都作为实际弥补期限计算；二是连续发生年度亏损，也必须从第一个亏损年度算起，先亏先补，按顺序连续计算亏损弥补期，不得将每个亏损年度的连续弥补期相加，更不得断开计算。

企业在汇总计算缴纳企业所得税时，其境外营业机构的亏损不得抵减境内营业机构的盈利。

十、特别纳税调整

特别纳税调整是相对一般纳税调整而言的。一般纳税调整是指按照税法规定在计算应纳税所得额时，如果企业财务会计处理办法同税收法律、行政法规的规定不一致，应当依照税收法律、行政法规的规定计算纳税所作的税务调整，并据此重新调整计算纳税，如国债利息收入，会计上作当期收益处理，而按照税法规定作为免税收入，在计算缴纳企业所得税时需要作纳税调整。

特别纳税调整是指企业与其关联方之间的业务往来，不符合独立交易原则而减少企业或者其关联方应纳税收入或者所得额的，税务机关有权按照合理方法调整。企业与其关联方之间的业务往来包括转让财产、提供财产使用权、提供劳务和融通资金等类型。

（一）关联方的确定

关联方是指与企业有下列关联关系之一的企业、其他组织或者个人：

1. 在资金、经营、购销等方面存在直接或者间接的控制关系；

2. 直接或者间接地同为第三者控制；

3. 在利益上具有相关联的其他关系。

（二）部分关联方的税务处理

企业与其关联方共同开发、受让无形资产，或者共同提供、接受劳务发生的成本，在计算应纳税所得额时应当按照独立交易原则进行分摊。

1. 受控外国企业管理。由居民企业或者由居民企业和中国居民控制的设立在实际税负明显低于25%的税率水平的国家（地区）的企业，并非由于合理的经营需要而对利润不作分配或者减少分配的，上述利润中应归属于该居民企业的部分，应当计入该居民企业的当期收入。

实际税负明显偏低是指实际税负明显低于《企业所得税法》规定的25%税率的50%。

2. 资本弱化管理。企业从其关联方接受的债权性投资与权益性投资的比例超过规定标准而发生的利息支出，不得在计算应纳税所得额时扣除。

3. 母子公司间提供服务支付费用有关企业所得税的处理：

（1）母公司向其子公司提供各种服务而发生的费用，应按照独立企业之间公平交易原则确定服务的价格，作为企业正常的劳务费用进行税务处理。

（2）母公司向其子公司提供各项服务，双方应签订服务合同或协议，明确规定提供服务的内容、收费标准及金额等。凡按上述合同或协议规定发生的服务费，母公司应作为营业收入申报纳税，子公司作为成本费用在税前扣除。

（3）母公司向其多个子公司提供同类项服务，其收取的服务费可以采取分项签订合同或协议收取，也可以采取服务分摊协议的方式。

（4）母公司以管理费形式向子公司提取费用，子公司因此支付给母公司的管理费，不得在税前扣除。

（三）特别纳税调整办法

它适用于税务机关对企业的转让定价、预约定价安排、成本分摊协议、受控外国企业、资本弱化以及一般反避税等特别纳税调整事项的管理。

1.转让定价。企业与其关联方之间的业务往来，可采用下列方法评价其是否符合独立交易原则[①]。对不符合独立交易原则而减少其应纳税收入或所得额的，税务机关有权采用下列方法进行调整：

（1）可比非受控价格法，是指按照没有关联关系的交易各方进行相同或者类似业务往来的价格进行定价的方法。

（2）再销售价格法，是指按照从关联方购进商品再销售给没有关联关系的交易方的价格，减去相同或者类似业务的销售毛利进行定价的方法。

（3）成本加成法，是指按照成本加合理的费用和利润进行定价的方法。

（4）交易净利润法，是指按照没有关联关系的交易各方进行相同或者类似业务往来取得的净利润水平确定利润的方法。

（5）利润分割法，是指将企业与其关联方的合并利润或者亏损在各方之间采用合理标准进行分配的方法。

企业与其关联方共同开发、受让无形资产，或者共同提供、接受劳

① 独立交易原则指没有关联关系的交易各方，按照公平成交价格和营业常规进行业务往来遵循的原则。

务发生的成本，在计算应纳税所得额时应当按照独立交易原则进行分摊。对实际发生的共同成本，按照独立交易原则与其关联方分摊共同发生的成本，达成成本分摊协议。

企业与其关联方分摊成本时，应当按照成本与预期收益相配比的原则进行分摊，并在税务机关规定的期限内，按照税务机关的要求报送有关资料。

企业与其关联方分摊成本时违反税法规定的，其自行分摊的成本不得在计算应纳税所得额时扣除。

2. 预约定价安排。企业可以向税务机关提出与其关联方之间业务往来的定价原则和计算方法，税务机关与企业协商、确认后，达成预约定价安排。

预约定价安排是指企业就其未来年度关联交易的定价原则和计算方法，向税务机关提出申请，与税务机关按照独立交易原则协商、确认后达成的协议。

预约定价安排包括单边预约定价安排和双边或多边预约定价安排。双边或多边预约定价安排应按照我国政府对外签订的避免双重征税协定有关相互协商程序的规定执行。

预约定价安排适用于自企业提交正式书面申请年度的次年起 3~5 个连续年度的关联交易。预约定价安排的谈签不影响税务机关对企业提交预约定价安排正式书面申请当年或以前年度关联交易的转让定价调查调整。

企业应当在接到税务机关正式会谈通知之日起 3 个月内，向税务机关提出预约定价安排书面申请报告。

税务机关应自收到企业提交的预约定价安排正式书面申请及所需文件、资料之日起 5 个月内，进行审核和评估。因特殊情况，需要延长审核评估时间的延长期限不得超过 3 个月。

3. 成本分摊协议管理。企业与其关联方共同开发、受让无形资产，或者共同提供、接受劳务发生的成本，在计算应纳税所得额时应当按照独立交易原则进行分摊。

参与方使用成本分摊协议所开发或受让的无形资产不需另支付特许权使用费。

4. 受控外国企业管理。受控外国企业是指由居民企业，或者由居民企业和居民个人控制的设立在实际税负低于《企业所得税法》第 4 条第 1 款规定税率水平 50% 的国家（地区），并非出于合理经营需要对利润不作分配或减少分配的外国企业。

5. 资本弱化管理。企业从其关联方接受的债权性投资与权益性投资的比例超过规定标准而发生的利息支出，不得在计算应纳税所得额时扣除，不得结转到以后纳税年度。其中，支付给境外关联方的利息应视同股息分配，按照股息和利息适用的企业所得税税率差补征企业所得税；如已扣缴的企业所得税税款多于按股息计算应征企业所得税税款的部分，不予退税。

6. 一般反避税管理。税务机关可对存在以下避税安排的企业，报经国家税务总局批准后，启动一般反避税调查：一是滥用税收优惠；二是滥用税收协定；三是滥用公司组织形式；四是利用避税港避税；五是其他不具有合理商业目的的安排。

第三节　企业所得税的计算

一、居民企业应纳税额的计算

居民企业应纳企业所得税税额等于应纳税所得额乘以适用税率。计算公式为：

应纳税额=应纳税所得额×税率-减免税额-允许抵免的税额

从计算公式可以看出，应纳税额的多少取决于应纳税所得额和适用税率两个因素。在实际过程中应纳税所得额的计算一般有以下两种方法：

（一）直接计算法

在直接计算法下，企业每一纳税年度的收入总额减除不征税收入、免税收入、各项扣除以及允许弥补的以前年度亏损后的余额为应纳税所得额。计算公式为：

应纳税所得额=收入总额-不征税收入-免税收入-各项扣除金额-弥补亏损

（二）间接计算法

在间接计算法下，在会计利润总额的基础上加或减按照税法规定调整的项目金额后，即为应纳税所得额。现行企业所得税年度纳税申报表采取该方法。计算公式为：

会计利润=收入-成本-费用-税金-支出-损失

应纳税所得额=会计利润总额±纳税调整项目金额

纳税调整项目金额包括两方面：一是企业财务会计制度规定的项目范围与税收法规规定的项目范围不一致应予以调整的金额；二是企业财务会计制度规定的扣除标准与税法规定的扣除标准不一致应予以调整的金额。

为减少计算差错，确保计算正确，在计算企业所得税时，一般采用间接计算法。

【例 15-1】某企业为居民企业，2018 年发生如下经营业务：

（1）取得产品销售收入 4 000 万元。

（2）发生产品销售成本 2 600 万元。

（3）发生销售费用 770 万元（其中广告费 650 万元）、管理费用 480 万元（其中业务招待费 25 万元）、财务费用 60 万元。

（4）销售税金 160 万元（含增值税 120 万元）。

（5）营业外收入 80 万元、营业外支出 50 万元（含通过公益性社会团体向贫困山区捐款 30 万元、支付税收滞纳金 6 万元）。

（6）计入成本、费用的实发工资总额 200 万元，拨缴职工工会经费 5 万元，发生职工福利费 31 万元，发生职工教育经费 18 万元。

要求：计算该企业 2018 年度实际应纳的企业所得税。

解：（1）会计利润总额=4 000+80-2 600-770-480-60-40-50=80（万元）

（2）广告费和业务宣传费调增所得额=650-4 000×15%=50（万元）

（3）业务招待费调增所得额=25-25×60%=10（万元）

4 000×5‰= 20（万元）>25×60%=15（万元）

（4）捐赠支出调增所得额=30-80×12%=20.4（万元）

（5）工会经费调增所得额=5-200×2%=1（万元）

（6）职工福利费调增所得额=31-200×14%=3（万元）

（7）职工教育经费调增所得额=18-200×8%=2（万元）

（8）应纳税所得额=80+50+10+20.4+6+1+3+2=172.4（万元）

（9）2018 年应纳企业所得税=172.4×25%=43.1（万元）

【例 15-2】某工业企业为居民企业，2018 年全年取得产品销售收入 5 600 万元，发生产品销售成本 4 000 万元；发生其他业务收入 800 万元、其他业务成本 694 万元；取得购买国债的利息收入 40 万元；缴纳非增值税销售税金及附加 300 万元；发生管理费用 760 万元，其中新技术研究开发费用 60 万元、业务招待费用 70 万元；发生财务费用 200 万元；取得直接投资其他居民企业的权益性收益 34 万元（已在投资方所在地按 15% 的税率缴纳了企业所得税）；取得营业外收入 100 万元，发生营业外支出 250 万元（其中含公益捐赠 38 万元）。

要求：计算该企业 2018 年应纳的企业所得税。

解：（1）利润总额=5 600+800+40+34+100−4 000−694−300−760−200−250
=370（万元）

（2）国债利息收入免征企业所得税，应调减所得额 40 万元。

（3）技术开发费调减所得额=60×50%=30（万元）

（4）业务招待费按实际发生的 60% 计算=70×60%=42（万元）

业务招待费按销售（营业）收入的 5‰ 计算=（5 600+800）×5‰=32（万元）

按照规定税前扣除限额应为 32 万元，实际应调增应纳税所得额为 38 万元（70−32）。

（5）取得直接投资其他居民企业的权益性收益属于免税收入，应调减应纳税所得额 34 万元。

（6）捐赠扣除标准=370×12%=44.4（万元）

实际捐赠 38 万元，小于扣除标准 44.4 万元，可按实捐数扣除，不做纳税调整。

（7）应纳税所得额=370−40−30+38−34=304（万元）

（8）该企业 2016 年应纳企业所得税税额=304×25%=76（万元）

二、境外所得抵扣税额的计算

为克服双重征税给跨国企业带来的不利影响，国际上普遍采用税收抵免、税收饶让制度来避免双重征税。

税收抵免，就是纳税人居住国对纳税人的收入，允许在本国应纳税额中扣减已在收入国缴纳过的税款。

税收饶让制度，是指居住国政府应收入来源国的要求，将其居民在境外所得因享受来源国给予的税收优惠而实际缴纳的税款，视同已纳税款而在居住国应纳税款中给予抵免。税收饶让制度的主要特点体现在以下几方面：它是缔约国之间意志的产物，必须通过双边或多边安排方能实现；它的目的是使收入来源国利用外资的税收优惠政策和措施真正收到实际效果。截至 2017 年 10 月，我国共对外签署了 103 个税收协定和 3 个税收安排（协议）（中国香港、中国澳门和中国台湾），已形成了比较完善的税收协定网络，部分税收协定中包含了税收饶让条款。

居民企业可不必担心因为承担无限纳税义务而使自己面临双重征税的危险。《企业所得税法》采取了直接抵免和间接抵免并用的方法来消除居民企业的双重征税问题，从而扩大了可以抵免外国税款的范围。

居民企业来源于中国境外的应税所得或非居民企业在我国境内设立机构、场所，取得发生在我国境外但与该机构、场所有实际联系的应税所得，已在境外缴纳的所得税税额（指企业来源于中国境外的所得依照该国税收法律以及相关规定应当缴纳并已经实际缴纳的企业所得税性质的税款），可以从其当期应纳税额中抵免。抵免限额为该项所得依照我国税法规定计算的应纳税额（即扣除限额）；超过抵免限额的部分，可以在以后 5 个年度内，用每个年度抵免限额抵免当年应抵税额后的余额进行抵补。

居民企业从其直接或者间接控制的外国企业分得的来源于我国境外的股息、红利等权益性投资收益，外国企业在境外实际缴纳的所得税税额中属于该项所得负担的部分，可以作为该居民企业的可抵免境外所得税税额，在税法规定的抵免限额内抵免。

抵免限额，是指企业来源于我国境外的所得，依照《企业所得税法》及《企业所得税法实施条例》的规定计算的应纳税额。除国务院财政、税务主管部门另有规定外，该抵免限额应当分国（地区）不分项计算。计算公式为：

①已纳境外某国税额=境外某国所得×该国税率

②境外企业所得税税额的抵免限额=境内、境外所得按税法计算的应纳税总额×来源于境外的所得额÷境内、境外所得总额

=境外某国所得×企业所得税税率（25%）

境外实际已缴税额小于抵免限额时，在中国补缴差额部分税款；

境外实际已缴税额等于抵免限额时，已纳境外税款得到全部抵扣，国际双重征税得到全部免除；

境外实际已缴税额大于抵免限额时，在中国本年无须补缴税款，超出部分也不存在扣除问题。但超出部分可在以后 5 年中在该国家（地区）扣除限额的余额中补扣。

之所以会出现①小于②、①等于②、①大于②三种情况，是由国家之间的税率差异造成的。计算时，可直接从国家之间的税率差异入手：境外税率低于 25% 的应补征差额，等于或高于 25% 的按限额扣除。如果是税后利润，需还原成税前所得。

境外所得=境外分回利润÷（1-来源国公司企业所得税税率）

=境外分回利润+境外已纳税额

自 2017 年 1 月 1 日起，企业可以选择按国（地区）分别计算（即分国（地区）不分项），或者不按国（地区）汇总计算（即不分国（地区）不分项）其来源于境外的应纳税所得额，并按照规定的税率，分别计算其可抵免境外所得税税额和抵免限额。上述方式一经选择，5 年内不得改变。

企业选择采用不同于以前年度的方式计算可抵免境外所得税税额和抵免限额时，对该企业以前年度没有抵免完的余额，可在税法规定结转的剩余年限内，在计算的抵免限额中继续结转抵免。

企业在境外取得的股息所得，在按规定计算该企业境外股息所得的可抵免所得税税额和抵免限额时，由该企业直接或者间接持有 20% 以上股份的外国企业，仅限于按规定的持股方式确定的五层外国企业。

【例 15-3】某国有企业 2018 年度境内经营应纳税所得额为 500 万元，适用企业所得税税率为 25%。假定同年其在 A、B、C 三国设有分支机构，所得分别为 20 万元、30 万元、40 万元，适用税率分别为 24%、25%、28%。

要求：计算该企业汇总时在我国应缴纳的企业所得税税额。

解：(1) 分国（地区）不分项计算。

应纳企业所得税税额 =500×25%+20×（25%-24%）+30×（25%-25%）+40×（25%-25%）

=125.2（万元）

(2) 不分国（地区）不分项计算。

纳企业所得税税额=（500+20+30+40）×25%-（20+30+40）×25%

=125（万元）

三、居民企业核定征收应纳税额的计算

1. 核定征收企业所得税的范围。

核定征收办法适用于居民企业纳税人。纳税人具有下列情形之一的，核定征收企业所得税：

(1) 依照法律、行政法规的规定可以不设置账簿的；

(2) 依照法律、行政法规的规定应当设置但未设置账簿的；

(3) 擅自销毁账簿或者拒不提供纳税资料的；

(4) 虽设置账簿，但账目混乱或者成本资料、收入凭证、费用凭证残缺不全，难以查账的；

(5) 发生纳税义务，未按照规定的期限办理纳税申报，经税务机关责令限期申报，逾期仍不申报的；

(6) 申报的计税依据明显偏低，又无正当理由的。

自 2012 年 1 月 1 日起，专门从事股权（股票）投资业务的企业，不得核定征收企业所得税。

对依法按核定应税所得率方式核定征收企业所得税的企业，取得的转让股权（股票）收入等转让财产收入，应全额计入应税收入额，按照主营项目（业务）确定适用的应税所得率计算征税；若主营项目（业务）发生变化，应在当年汇算清缴时，按照变化后的主营项目（业务）重新确定适用的应税所得率计算征税。

2. 税务机关应根据纳税人的具体情况，对核定征收企业所得税的纳税人，核定应税所得率或者核定应纳企业所得税税额。

(1) 有下列情形之一的，核定其应税所得率：

①能正确核算（查实）收入总额，但不能正确核算（查实）成本费

用总额的；

②能正确核算（查实）成本费用总额，但不能正确核算（查实）收入总额的；

③通过合理方法，能计算和推定纳税人收入总额或成本费用总额的。

纳税人不属于以上情形的，核定其应纳所得税税额。

（2）税务机关采用下列方法核定征收企业所得税：

①参照当地同类行业或者类似行业中经营规模和收入水平相近的纳税人的税负水平核定；

②按照应税收入额或成本费用支出额定率核定；

③按照耗用的原材料、燃料、动力等推算或测算核定；

④按照其他合理方法核定。

采用前款所列一种方法不足以正确核定应纳税所得额或应纳税额的，可以同时采用两种以上方法核定。采用两种以上方法测算的应纳税额不一致时，可按测算的应纳税额从高核定。

实行应税所得率方式核定征收企业所得税的纳税人，经营多业的，无论其经营项目是否单独核算，均由税务机关根据其主营项目确定适用的应税所得率。

纳税人的生产经营范围、主营业务发生重大变化，或者应纳税所得额或应纳税额增减变化达到20%的，应及时向税务机关申报调整已确定的应纳税额或应税所得率。应税所得率表见表15-1。

表15-1　**应税所得率表**

行　业	应税所得率（%）
农、林、牧、渔业	3~10
制造业	5~15
批发和零售贸易业	4~15
交通运输业	7~15
建筑业	8~20
饮食业	8~25
娱乐业	15~30
其他行业	10~30

（3）实行核定应税所得率征收办法应纳企业所得税税额的计算公式为：

应纳企业所得税税额=应纳税所得额×适用税率

应纳税所得额=收入总额×应税所得率

=成本费用支出额÷（1−应税所得率）×应税所得率

【例 15−4】某小型建筑公司 2019 年 1 月 20 日向其主管税务机关申报 2018 年度取得收入总额 150 万元，发生直接成本 120 万元、其他费用 40 万元，全年亏损 10 万元。经税务机关检查，其成本、费用无误，但收入总额不能准确核算，因此实行核定征收企业所得税办法，假定应税所得率为 20%。

要求：计算该企业 2018 年度应缴纳的企业所得税。

解：应纳税所得额=（120+40）÷（1−20%）×20%=40（万元）

应纳税额=40×25%=10（万元）

四、非居民企业应纳税额的计算

对于在中国境内未设立机构、场所的，或者虽设立机构、场所但取得的所得与其所设机构、场所没有实际联系的非居民企业的所得，按照下列方法计算应纳税所得额：

1. 股息、红利等权益性投资收益和利息、租金、特许权使用费所得，以收入全额为应纳税所得额。

2. 转让财产所得，以收入全额减除财产净值后的余额为应纳税所得额。

3. 其他所得，参照 1、2 两项规定的方法计算应纳税所得额。

财产净值是指财产的计税基础减除已经按照规定扣除的折旧、折耗、摊销、准备金等后的余额。

具体征收管理规定如下：

第一，扣缴义务人在每次向非居民企业支付或者到期应支付所得时，应从支付或者到期应支付的款项中扣缴企业所得税。

到期应支付的款项是指支付人按照权责发生制原则应当计入相关成本、费用的应付款项。

第二，扣缴企业所得税应纳税额计算。

扣缴企业所得税应纳税额=应纳税所得额×实际征收率

实际征收率是指《企业所得税法》及其实施条例等相关法律、法规规定的税率，或者税收协定规定的更低的税率。

第三，扣缴义务人对外支付或者到期应支付的款项为人民币以外货币的，在申报扣缴企业所得税时，应当按照扣缴当日国家公布的人民币汇率中间价，折合成人民币计算应纳税所得额。

第四，扣缴义务人与非居民企业签订应税所得有关的业务合同时，凡合同中约定由扣缴义务人负担应纳税款的，应将非居民企业取得的不含税所得换算为含税所得后计算征税。

第五，按照《企业所得税法》及其实施条例和相关税收法规的规定，给予非居民企业减免税优惠的，应按相关税收减免管理办法和行政审批程序的规定办理。对未经审批或者减免税申请未得到批准之前，扣缴义务人发生支付款项的，应按规定代扣代缴企业所得税。

第六，非居民企业适用的税收协定与国内相关法规有不同规定的，可申请执行税收协定规定；非居民企业未提出执行税收协定规定申请的，按国内税收法律、法规的有关规定执行。

第七，非居民企业已按国内税收法律、法规的有关规定征税后，提出享受减免税或税收协定待遇申请的，主管税务机关经审核确认应享受减免税或税收协定待遇的，对多缴纳的税款应依据《税收征管法》及其实施细则的有关规定予以退税。

五、非居民企业所得税核定征收办法

非居民企业因会计账簿不健全、资料残缺难以查账，或者其他原因不能准确计算并据实申报其应纳税所得额的，税务机关有权采取以下方法核定其应纳税所得额：

1. 按收入总额核定应纳税所得额。这种方法适用于能够正确核算收入或通过合理方法推定收入总额，但不能正确核算成本费用的非居民企业。计算公式为：

应纳税所得额=收入总额×经税务机关核定的利润率

2. 按成本费用核定应纳税所得额。这种方法适用于能够正确核算成本费用，但不能正确核算收入总额的非居民企业。计算公式为：

$$\text{应纳税所得额} = \text{成本费用总额} \div \left(1 - \text{经税务机关核定的利润率}\right) \times \text{经税务机关核定的利润率}$$

3. 按经费支出换算收入核定应纳税所得额。这种方法适用于能够正确核算经费支出总额，但不能正确核算收入总额和成本费用的非居民企业。计算公式为：

$$\text{应纳税所得额} = \text{经费支出总额} \div \left(1 - \text{经税务机关核定的利润率} - \text{增值税税率}\right) \times \text{经税务机关核定的利润率}$$

4. 税务机关可按照以下标准确定非居民企业的利润率：

（1）从事承包工程作业、设计和咨询劳务的，利润率为 15%~30%。

（2）从事管理服务的，利润率为 30%~50%。

（3）从事其他劳务或劳务以外经营活动的，利润率不低于 15%。

税务机关有根据认为非居民企业的实际利润率明显高于上述标准的，可以按照比上述标准更高的利润率核定其应纳税所得额。

5. 非居民企业与中国居民企业签订机器设备或货物销售合同，同时提供设备安装、装配、技术培训、指导、监督服务等劳务，其销售货物合同中未列明提供上述劳务服务收费金额，或者计价不合理的，主管税务机关可以根据实际情况，参照相同或相近业务的计价标准核定劳务收入。无参照标准的，以不低于销售货物合同总价款的 10% 为原则，确定非居民企业的劳务收入。

6. 非居民企业为中国境内客户提供劳务取得的收入，凡其提供的服务全部发生在中国境内的，应全额在中国境内申报缴纳企业所得税。凡其提供的服务同时发生在中国境内外的，应以劳务发生地为原则划分其境内外收入，并就其在中国境内取得的劳务收入申报缴纳企业所得税。

7. 税务机关发现非居民企业采用核定征收方式计算申报的应纳税所得额不真实，或者明显与其承担的功能风险不相匹配的，有权予以调整。

六、房地产开发企业所得税预缴税款的处理

房地产开发企业按当年实际利润据实分季（或月）预缴企业所得税的，对开发、建造的住宅、商业用房以及其他建筑物、附着物、配套设施等开发产品，在未完工前采取预售方式销售取得的预售收入，按照规定的预计利润率（15%、10%、5%）分季（或月）计算出预计利润额，

计入利润总额预缴，开发产品完工、结算计税成本后按照实际利润再行调整。

七、源泉扣缴的计算方法

源泉扣缴是指依照有关法律规定或者合同约定对非居民企业直接负有支付相关款项义务的单位或者个人，依照《企业所得税法》的相关规定对其应缴纳的企业所得税实行源泉扣缴的一种征收方法。

税法规定，对非居民企业在中国境内未设立机构、场所的，或者虽设立机构、场所但取得的所得与其所设机构、场所没有实际联系的所得应缴纳的企业所得税，实行源泉扣缴，以支付人为扣缴义务人。税款由扣缴义务人在每次支付或者到期应支付时，从支付或者到期应支付的款项中扣缴。

支付人，是指依照有关法律规定或者合同约定对非居民企业直接负有支付相关款项义务的单位或者个人。

支付，包括现金支付、汇拨支付、转账支付和权益兑价支付等货币支付和非货币支付。

到期应支付的款项，是指支付人按照权责发生制原则应当计入相关成本、费用的应付款项。

对非居民企业在中国境内取得工程作业和劳务所得应缴纳的企业所得税，税务机关可以指定工程价款或者劳务费的支付人为扣缴义务人。

扣缴义务人扣缴税款时，按前述非居民企业计算方法计算税款。源泉扣缴以纳税人取得的收入全额为计税依据，税法另有规定的除外，不予减除任何成本、费用，减按10%的比例税率计征。

对境外投资者从中国境内居民企业分配的利润，直接投资于鼓励类投资项目，凡符合规定条件的，实行递延纳税政策，暂不征收预提所得税。

境外投资者暂不征收预提所得税须同时满足以下条件：

1. 境外投资者以分得的利润进行的直接投资，包括境外投资者以分得利润进行的增资、新建、股权收购等权益性投资行为，但不包括新增、转增、收购上市公司股份（符合条件的战略投资除外）。

2. 境外投资者分得的利润属于中国境内居民企业向投资者实际分配

已经实现的留存收益而形成的股息、红利等权益性投资收益。

3. 境外投资者用于直接投资的利润以现金形式支付的，相关款项从利润分配企业的账户直接转入被投资企业或股权转让方账户，在直接投资前不得在境内外其他账户周转；境外投资者用于直接投资的利润以实物、有价证券等非现金形式支付的，相关资产所有权直接从利润分配企业转入被投资企业或股权转让方，在直接投资前不得由其他企业、个人代为持有或临时持有。

扣缴义务人每次代扣的税款，应当自代扣之日起 7 日内缴入国库，并向所在地税务机关报送扣缴企业所得税报告表。

应当扣缴的企业所得税，扣缴义务人未依法扣缴或者无法履行扣缴义务的，由企业在所得发生地缴纳。企业未依法缴纳的，税务机关可以从该企业在中国境内其他收入项目的支付人应付的款项中，追缴该企业的应纳税款。

计算公式为：

应扣缴企业所得税税额=支付单位所支付的金额×适用税率

【例 15-5】某非居民企业在中国境内未设立机构、场所，2018 年将一项商标使用权提供给中国某企业使用，获特许权使用费 100 万元。另外，该企业还从中国境内的内资企业取得利息所得 50 万元。

要求：计算应扣缴的企业所得税税额。

解：应扣缴的企业所得税税额=（100+50）×10%=15（万元）

需要注意以下三点：

第一，中国境内企业和非居民企业签订与利息、租金、特许权使用费等所得有关的合同或协议，如果未按照合同或协议约定的日期支付上述所得款项，或者变更或修改合同或协议延期支付，但已计入企业当期成本、费用，并在企业所得税年度纳税申报中作税前扣除的，应在企业所得税年度纳税申报时按照《企业所得税法》有关规定代扣代缴企业所得税。

第二，非居民企业取得来源于中国境内的担保费，应按照《企业所得税法》对利息所得规定的税率计算缴纳企业所得税。

来源于中国境内的担保费，是指中国境内企业、机构或个人在借贷、买卖、货物运输、加工承揽、租赁、工程承包等经济活动中，接受非居民企业提供的担保所支付或负担的担保费或相同性质的费用。

第三，非居民企业在中国境内未设立机构、场所而转让中国境内土地使用权，或者虽设立机构、场所但取得的土地使用权转让所得与其所设机构、场所没有实际联系的，应以其取得的土地使用权转让收入总额减除计税基础后的余额作为土地使用权转让所得计算缴纳企业所得税，并由扣缴义务人在支付时代扣代缴。

应当扣缴的企业所得税，扣缴义务人未依法扣缴或者无法履行扣缴义务的，由企业在所得发生地缴纳。企业未依法缴纳的，税务机关可以从该企业在中国境内其他收入项目的支付人应付的款项中，追缴该企业的应纳税款。

扣缴义务人每次代扣的税款，应当自代扣之日起 7 日内缴入国库，并向所在地的税务机关报送扣缴企业所得税报告表。

第四节 企业所得税的申报与缴纳

一、税收优惠

（一）免征与减征优惠

企业的下列所得，可以免征、减征企业所得税，企业如果从事国家限制和禁止发展的项目，不得享受企业所得税优惠：

1. 从事农、林、牧、渔项目的所得，包括免征和减征两部分。

（1）企业从事下列项目的所得，免征企业所得税：蔬菜、谷物、薯类、油料、豆类、棉花、麻类、糖料、水果、坚果的种植；农作物新品种的选育；中药材的种植；林木的培育和种植；牲畜、家禽的饲养；林产品的采集；灌溉、农产品初加工、兽医、农技推广、农机作业和维修等农、林、牧、渔服务业项目；远洋捕捞。

（2）企业从事下列项目的所得，减半征收企业所得税：花卉、茶以及其他饮料作物和香料作物的种植；海水养殖、内陆养殖。

2. 从事国家重点扶持的公共基础设施项目投资经营的所得。

（1）企业从事国家重点扶持公共基础设施项目（指港口码头、机场、铁路、公路、电力、水利等项目）的投资经营所得，从项目取得第一笔生产经营收入所属纳税年度起，第 1~3 年免征企业所得税，第 4~6 年减半征收企业所得税。

（2）企业承包经营、承包建设和内部自建自用以上项目，不得享受企业所得税优惠。

3. 从事符合条件的环境保护、节能节水项目的所得。企业从事符合条件的环境保护、节能节水项目的所得（包括公共污水处理、公共垃圾处理、沼气综合开发利用、节能减排技术改造、海水淡化等），从项目取得第一笔生产经营收入所属纳税年度起，第 1~3 年免征企业所得税，第 4~6 年减半征收企业所得税。

4. 符合条件的技术转让所得。符合条件的技术转让所得免征、减征企业所得税，是指一个纳税年度内，居民企业技术转让所得不超过 500 万元的部分，免征企业所得税；超过 500 万元的部分，减半征收企业所得税。

5. 高新技术企业优惠。

（1）国家需要重点扶持的高新技术企业（指拥有核心自主知识产权，并同时符合相应条件的企业）减按 15% 的税率征收企业所得税。

（2）居民企业被认定为高新技术企业，同时又符合软件生产企业和集成电路生产企业定期减半征收企业所得税优惠条件的，该居民企业的企业所得税适用税率可以选择适用高新技术企业的 15% 税率，也可以选择依照 25% 的法定税率减半征税，但不能享受 15% 税率的减半征税。

（3）以境内、境外全部生产经营活动有关的研究开发费用总额、总收入、销售收入总额、高新技术产品（服务）收入等指标申请并经认定的高新技术企业，其来源于境外的所得可以享受高新技术企业所得税优惠政策，即对其来源于境外所得可以按照 15% 的优惠税率缴纳企业所得税，在计算境外抵免限额时，可按照 15% 的优惠税率计算境内外应纳税总额。

按 15% 的税率预缴，在年底前仍未取得高新技术企业资格的，应按规定补缴相应期间的税款。

6. 技术先进型服务企业优惠。自 2017 年 1 月 1 日起，在全国范围内对经认定的技术先进型服务企业，减按15%的税率征收企业所得税。

7. 小型微利企业税收优惠。自2018年1月1日至2020年12月31日，将小型微利企业的年应纳税所得额上限由50万元提高至100万元，对年应纳税所得额低于100万元（含100万元）的小型微利企业，其所得减按50%计入应纳税所得额，按20%的税率缴纳企业所得税。

8. 加计扣除优惠。加计扣除优惠是指按照《企业所得税法》规定在实际发生数额的基础上，再加成一定比例，作为计算应纳税所得额时的扣除数额的一种税收优惠措施，包括一般企业研究开发费用、科技型中小企业研究开发费用和企业安置残疾人员所支付的工资。

（1）一般企业研究开发费用，未形成无形资产计入当期损益的，在按照规定据实扣除的基础上，按照研究开发费用的50%加计扣除；形成无形资产的，按照无形资产成本的150%摊销。

（2）科技型中小企业开展研发活动实际发生的研究开发费用，未形成无形资产计入当期损益的，在按照规定据实扣除的基础上，在2017年1月1日至2019年12月31日期间，再按照实际发生额的75%在税前加计扣除；形成无形资产的，在上述期间按照无形资产成本的175%在税前摊销。

（3）企业安置残疾人员所支付工资费用的加计扣除，是指企业安置残疾人员的，在按照支付给残疾职工工资据实扣除的基础上，按照支付给残疾职工工资的100%加计扣除。残疾人员的范围适用《中华人民共和国残疾人保障法》的有关规定。

9. 创投企业优惠。创业投资企业采取股权投资方式投资于未上市的中小高新技术企业两年以上的，可以按照其投资额的70%在股权持有满两年的当年抵扣该创业投资企业的应纳税所得额；当年不足抵扣的，可以在以后纳税年度结转抵扣。

10. 加速折旧优惠。

（1）对生物药品制造业，专用设备制造业，铁路、船舶、航空航天和其他运输设备制造业，计算机、通信和其他电子设备制造业，仪器仪表制造业，信息传输、软件和信息技术服务业等行业（简称六大行业）企业，2014年1月1日后购进的固定资产（包括自行建造），允许按不低于《企业所得税法》规定折旧年限的60%缩短折旧年限，或选择采取双倍余额递减法或年数总和法进行加速折旧。

（2）企业在 2014 年 1 月 1 日后购进并专门用于研发活动的仪器、设备，单位价值不超过 100 万元的，可以一次性在计算应纳税所得额时扣除；单位价值超过 100 万元的，允许按不低于《企业所得税法》规定折旧年限的 60% 缩短折旧年限，或选择采取双倍余额递减法或年数总和法进行加速折旧。

（3）企业持有的固定资产，单位价值不超过 5 000 元的，可以一次性在计算应纳税所得额时扣除。

（4）对轻工、纺织、机械、汽车等四个领域重点行业（简称四个领域重点行业）企业 2015 年 1 月 1 日后新购进的固定资产（包括自行建造），允许缩短折旧年限或采取加速折旧方法。对四个领域重点行业小型微利企业 2015 年 1 月 1 日后新购进的研发和生产经营共用的仪器、设备，单位价值不超过 100 万元（含）的，允许在计算应纳税所得额时一次性全额扣除；单位价值超过 100 万元的，允许缩短折旧年限或采取加速折旧方法。

（5）企业采取缩短折旧年限方法的，对其购置的新固定资产，最低折旧年限不得低于税法规定的折旧年限的 60%；企业购置已使用过的固定资产，其最低折旧年限不得低于税法规定的最低折旧年限减去已使用年限后剩余年限的 60%。采用加速折旧方法的，可以采用双倍余额递减法或者年数总和法。加速折旧方法一经确定，一般不得变更

11. 减计收入优惠。企业综合利用资源（指企业以《资源综合利用企业所得税优惠目录》规定的资源作为主要原材料），生产符合国家产业政策规定的产品所取得的收入，减按 90% 计入收入总额。

12. 税额抵免优惠。税额抵免，是指企业购置并实际使用《环境保护专用设备企业所得税优惠目录》《节能节水专用设备企业所得税优惠目录》《安全生产专用设备企业所得税优惠目录》规定的环境保护、节能节水、安全生产等专用设备的，该专用设备投资额的 10% 可以从企业当年的应纳税额中抵免；当年不足抵免的，可以在以后 5 个纳税年度结转抵免。

企业购置上述专用设备在 5 年内转让、出租的，应当停止享受企业所得税优惠，并补缴已经抵免的企业所得税税款。转让的受让方可以按

照该专用设备投资额的10%抵免当年企业所得税应纳税额；当年应纳税额不足抵免的，可以在以后5个纳税年度结转抵免。

13. 民族自治地方优惠。民族自治地方，是指按照《中华人民共和国民族区域自治法》的规定，实行民族区域自治的自治区、自治州、自治县。

民族自治地方的自治机关对本民族自治地方的企业应缴纳的企业所得税中属于地方分享的部分，可以决定减征或者免征。自治州、自治县决定减征或者免征的，须报省、自治区、直辖市人民政府批准。

对民族自治地方内国家限制和禁止行业的企业，不得减征或者免征企业所得税。

14. 非居民企业优惠。非居民企业在中国境内未设立机构、场所的，或者虽设立机构、场所但取得的所得与其所设机构、场所没有实际联系的所得，减按10%的税率征收企业所得税。

非居民企业取得下列所得可以免征企业所得税：

（1）外国政府向中国政府提供贷款取得的利息所得；

（2）国际金融组织向中国政府和居民企业提供优惠贷款取得的利息所得；

（3）经国务院批准的其他所得。

15. 特殊行业优惠。

（1）关于集成电路生产企业的税收优惠。

①2018年1月1日后投资新设的集成电路线宽小于130纳米，且经营期在10年以上的集成电路生产企业或项目，第一年至第二年免征企业所得税，第三年至第五年按照25%的法定税率减半征收企业所得税，并享受至期满为止。

②2018年1月1日后投资新设的集成电路线宽小于65纳米或投资额超过150亿元，且经营期在15年以上的集成电路生产企业或项目，第一年至第五年免征企业所得税，第六年至第十年按照25%的法定税率减半征收企业所得税，并享受至期满为止[①]。

---

① 对于按照集成电路生产企业享受税收优惠政策的，优惠期自企业获利年度起计算。对于按照集成电路生产项目享受税收优惠的政策，优惠期自项目取得第一笔生产经营收入所属纳税年度起计算。

③2017 年 12 月 31 日前设立但未获利的集成电路线宽小于 0.25 微米或投资额超过 80 亿元，且经营期在 15 年以上的集成电路生产企业，自获利年度起第一年至第五年免征企业所得税，第六年至第十年按照 25% 的法定税率减半征收企业所得税，并享受至期满为止。

④2017 年 12 月 31 日前设立但未获利的集成电路线宽小于 0.8 微米（含）的集成电路生产企业，自获利年度起第一年至第二年免征企业所得税，第三年至第五年按照 25% 的法定税率减半征收企业所得税，并享受至期满为止。

（2）关于鼓励证券投资基金发展的税收优惠。

①对证券投资基金从证券市场中取得的收入，包括买卖股票、债券的差价收入，股权的股息、红利收入，债券的利息收入及其他收入，暂不征收企业所得税。

②对投资者从证券投资基金分配中取得的收入，暂不征收企业所得税。

③对证券投资基金管理人运用基金买卖股票、债券获得的差价收入，暂不征收企业所得税。

（3）节能服务公司的税收优惠。自 2011 年 1 月 1 日起，对符合条件的节能服务公司实施合同能源管理项目，符合《企业所得税法》有关规定的，自项目取得第一笔生产经营收入所属纳税年度起，第一年至第三年免征企业所得税，第四年至第六年按照 25% 的法定税率减半征收企业所得税。

（4）电网企业电网新建项目的税收优惠。居民企业从事符合规定条件和标准的电网（输变电设施）新建项目，可依法享受“三免三减半”的企业所得税优惠政策。基于企业电网新建项目的核算特点，暂以资产比例法，即以企业新增输变电固定资产原值占企业总输变电固定资产原值的比例，合理计算电网新建项目的应纳税所得额，并据此享受“三免三减半”的企业所得税优惠政策。

16. 西部大开发的税收优惠。

西部大开发税收优惠政策适用范围包括重庆市、四川省、贵州省、云南省、西藏自治区、陕西省、甘肃省、宁夏回族自治区、青海省、新疆维吾尔自治区、新疆生产建设兵团、内蒙古自治区和广西壮族自治区

（统称“西部地区”）。湖南省湘西土家族苗族自治州、湖北省恩施土家族苗族自治州、吉林省延边朝鲜族自治州，可以比照西部地区的税收优惠政策执行。

（1）对设在西部地区国家鼓励类产业企业（指以《产业结构调整指导目录》中规定的产业项目为主营业务，主营业务收入占企业总收入70%以上的企业），在2011年1月1日至2020年12月31日期间，减按15%的税率征收企业所得税。

（2）对西部地区2010年12月31日前新办的，根据《财政部、国家税务总局、海关总署关于西部大开发税收优惠政策问题的通知》（财税〔2001〕2002号）的规定，可以享受企业所得税“两免三减半”的交通、电力、水利、广播电视企业，其享受的企业所得税“两免三减半”优惠可以继续享受到期满为止。

（3）对在西部地区新办交通、电力、水利、邮政、广播电视企业，上述项目业务收入占企业总收入70%以上的，可以享受企业所得税如下优惠政策：内资企业自开始生产经营之日起，第1~2年免征企业所得税，第3~5年减半征收企业所得税。

对实行汇总（合并）纳税企业，应当将西部地区的成员企业与西部地区以外的成员企业分开，分别汇总（合并）申报纳税，分别适用税率。

（二）企业所得税税收优惠的适用

企业享受优惠事项采取“自行判别、申报享受、相关资料留存备查”的办理方式。企业在年度纳税申报及享受优惠事项前无须再履行备案手续、报送企业所得税优惠事项备案表、汇总纳税企业分支机构已备案优惠事项清单和享受优惠所需要的相关资料，原备案资料全部作为留存备查资料，保留在企业，以备税务机关后续核查时根据需要提供。

企业应当根据经营情况以及相关税收规定自行判断是否符合优惠事项规定的条件，符合条件的可以按照《企业所得税优惠事项管理目录》列示的时间自行计算减免税额，并通过填报企业所得税纳税申报表享受税收优惠，同时，要归集和留存相关资料备查。

企业同时享受多项优惠事项或者享受的优惠事项按照规定分项目进行核算的，应当按照优惠事项或者项目分别归集和留存备查资料。

设有非法人分支机构的居民企业以及实行汇总纳税的非居民企业机构、场所享受优惠事项的，由居民企业的总机构以及汇总纳税的主要机构、场所负责统一归集并留存备查资料。分支机构以及被汇总纳税的非居民企业机构、场所按照规定可独立享受优惠事项的，由分支机构以及被汇总纳税的非居民企业机构、场所负责归集并留存备查资料，同时分支机构以及被汇总纳税的非居民企业机构、场所应在当完成年度汇算清缴后将留存的备查资料清单送总机构以及汇总纳税的主要机构、场所汇总。

企业留存备查资料应从企业享受优惠事项当年的企业所得税汇算清缴期结束次日起保留 10 年。

企业享受优惠事项后发现其不符合优惠事项规定条件的，应当依法及时自行调整并补缴税款及滞纳金。

二、缴纳方法与纳税期限

企业所得税按纳税年度计算，分月或者分季预缴，年终汇算清缴，多退少补。

企业分月或分季预缴企业所得税时，应当按照月度或者季度的实际利润额预缴；按照月度或者季度的实际利润额预缴有困难的，可以按照上一纳税年度应纳税所得额的月度或者季度平均额，按照月度或者季度以及经税务机关认可的其他方法预缴。预缴方法一经确定，该纳税年度内不得随意变更。

纳税年度自公历 1 月 1 日起至 12 月 31 日止。

企业在一个纳税年度中间开业，或者终止经营活动，使该纳税年度的实际经营期不足 12 个月的，应当以其实际经营期为一个纳税年度。

企业依法清算时，应当以清算期间作为一个纳税年度。

企业在纳税年度内无论盈利还是亏损，都应当依照《企业所得税法》规定的期限，向税务机关报送预缴企业所得税纳税申报表、年度企业所得税纳税申报表、财务会计报告和税务机关规定应当报送的其他有关资料。

企业向税务机关报送年度企业所得税纳税申报表时，应当就其与关联方之间的业务往来，附送年度关联业务往来报告表。

企业应当自月份或者季度终了之日起 15 日内，向税务机关报送预缴企业所得税纳税申报表，预缴税款。

企业应当自年度终了之日起 5 个月内，向税务机关报送年度企业所得税纳税申报表，并汇算清缴，结清应缴应退税款。

企业在报送企业所得税纳税申报表时，应当按照规定附送财务会计报告和其他有关资料。

企业在年度中间终止经营活动的，应当自实际经营终止之日起 60 日内，向税务机关办理当期企业所得税汇算清缴。

企业应当在办理注销登记前，就其清算所得向税务机关申报并依法缴纳企业所得税。

企业所得税以人民币计算。所得以人民币以外的货币计算的，应当按照年度最后一日的外汇牌价，折合成人民币计算应纳税所得额。

企业所得为人民币以外的货币的，预缴企业所得税时，应当按照月度或者季度最后一日的人民币汇率中间价，折合成人民币计算应纳税所得额。年度终了汇算清缴时，对已经按照月度或者季度预缴税款的人民币以外的货币，不再重新折合计算，只就全年未缴纳企业所得税的人民币以外的货币所得部分，按照纳税年度最后一日的人民币汇率中间价，折合成人民币计算应纳税所得额。

经税务机关检查确认，企业少计或者多计人民币以外的货币所得的，应当按照检查确认补税或者退税时的上一个月最后一日的人民币汇率中间价，将少计或者多计的人民币以外的货币所得折合成人民币计算应纳税所得额，再计算应补缴或者应退的税款。

三、纳税地点

1. 居民企业以企业登记注册地为纳税地点，但登记注册地在境外的，以实际管理机构所在地为纳税地点。

2. 居民企业在中国境内设立不具有法人资格的营业机构的，应当汇总计算并缴纳企业所得税。

3. 非居民企业在中国境内设立机构、场所的，以机构、场所所在地为纳税地点。

非居民企业在中国境内设立两个或者两个以上机构、场所的，经税务机关审核批准，可以选择由其主要机构、场所汇总缴纳企业所得税。

非居民企业汇总缴纳企业所得税的主要机构、场所应具备下列条件：

第一，对其他各机构、场所的生产经营活动负有监督管理责任；

第二，设有完整的账簿、凭证，能够准确反映各机构、场所的收入、成本、费用和盈亏情况。

非居民企业需要汇总缴纳企业所得税的，应当由其选定的主要机构、场所提出申请，经各机构、场所所在地税务机关的共同上级税务机关审核批准。

第三，非居民企业经批准汇总缴纳企业所得税后，需要增设、合并、迁移、停止、关闭机构、场所的，应当事先由负责汇总申报缴纳企业所得税的主要机构、场所向其所在地税务机关报告；需要变更汇总缴纳企业所得税的主要机构、场所的，应当由其选定的主要机构、场所提出申请，经各机构、场所所在地税务机关的共同上级税务机关审核批准。

4. 非居民企业在中国境内未设立机构、场所的，或者虽设立机构、场所但取得的所得与其所设机构、场所没有实际联系的，以扣缴义务人所在地为纳税地点。

5. 除国务院另有规定外，企业之间不得合并缴纳企业所得税。

练习题

一、单项选择题

1. 非居民企业在中国境内未设立机构、场所的，或者虽设立机构、场所但取得的所得与其所设机构、场所没有实际联系的，适用税率为（　　）。

A.10%　　B.15%

C.20%　　D.25%

2. 符合条件的小型微利企业，减按（　　）的税率征收企业所得税。

A.10%　　B.15%

C.20%　　D.25%

3. 国家需要重点扶持的高新技术企业，减按（　　）的税率征收企业所得税。

A.10%　　B.15%

C.20%　　D.25%

4. 对非居民企业在中国境内未设立机构、场所的，或者虽设立机构、场所但取得的所得与其所设机构、场所没有实际联系的，应当就其来源于中国境内的所得缴纳企业所得税，实行源泉扣缴，扣缴义务人每次代扣的税款，应当自代扣之日起（　　）日内缴入国库。

A.5　　B.7

C.10　　D.30

5. 现行企业所得税的适用税率是（　　）。

A.10%　　B.15%

C.20%　　D.25%

6. 除税收法律、行政法规另有规定外，居民企业以企业（　　）为纳税地点。

A. 机构所在地　　B. 登记注册地

C. 经营所在地　　D. 户籍所在地

7. 下列各项中，在计算企业应纳税所得额时不准从收入总额中扣除的是（　　）。

A. 增值税　　B. 印花税

C. 资源税　　D. 关税

8. 纳税人发生年度亏损的，可用下一纳税年度的所得弥补，下一纳税年度的所得不足弥补的，可以逐年延续弥补，但最长不得超过（　　）年。

A.1　　B.3

C.5　　D.10

9. 企业所得税按（　　）计算。

A. 季　　B. 纳税年度

C. 月　　D. 年

10. 企业应当自月份或者季度终了之日起（　　）日内，向税务机关报送预缴企业所得税纳税申报表，预缴税款。

A.10　　B.15

C.20　　D.30

11. 企业应当自年度终了之日起（　　）个月内，向税务机关报送年度企业所得税纳税申报表，并汇算清缴，结清应缴应退税款。

A.3　　B.4

C.5　　D.6

12. 企业在年度中间终止经营活动的，应当自实际经营终止之日起（　　）日内，向税务机关办理当期企业所得税汇算清缴。

A.15　　B.20

C.30　　D.60

13.《企业所得税法》颁布前已经批准设立的企业，依照当时的税收法律、行政法规规定，享受低税率优惠的，按照国务院规定，可以在本法施行后（　　）年内，逐步过渡到本法规定的税率。

A.2　　B.3

C.5　　D.10

14. 下列项目中，符合企业所得税税前扣除项目规定的是（　　）。

A. 投资风险准备基金　　B. 残疾人就业保障基金

C. 短期投资跌价准备金　　D. 长期投资减值准备金

15. 下列税种中，在计算企业应纳税所得额时，不准从收入总额中扣除的是（　　）。

A. 增值税　　B. 消费税

C. 城建税　　D. 土地增值税

二、多项选择题

1. 属于企业所得税纳税人的有（　　）。

A. 国有企业　　B. 外商投资企业和外国企业

C. 个人独资企业　　D. 个人合伙企业

2. 根据《企业所得税法》的规定，企业的下列收入免征企业所得税的有（　　）。

A. 国债利息收入

B. 接受捐赠收入

C. 利息收入

D. 在中国境内设立机构、场所的非居民企业从居民企业取得与该机构、场所有实际联系的股息、红利等权益性投资收益

3. 根据《企业所得税法》的规定，企业的下列收入不征企业所得税的有（　　）。

A. 财政拨款

B. 依法收取并纳入财政管理的行政事业性收费、政府性基金

C. 国务院规定的其他不征税收入

D. 接受捐赠收入

4. 企业发生的下列支出中，在计算应纳税所得额时不予扣除的有（　　）。

A. 工商机关所处罚款　　B. 银行加收的罚息

C. 司法机关所处罚金　　D. 税务机关加收的税收滞纳金

5. 根据企业所得税法律制度的有关规定，下列各项中，属于计算企业应纳税所得额时准予扣除的项目有（　　）。

A. 缴纳的消费税　　B. 缴纳的税收滞纳金

C. 工商机关所处罚款　　D. 缴纳的财产保险费

6. 企业实际发生的与取得收入有关的、合理的支出，包括（　　）和其他支出，准予在计算应纳税所得额时扣除。

A. 成本　　B. 费用

C. 税金　　D. 损失

7. 企业的下列（　　）支出，可以在计算应纳税所得额时加计扣除。

A. 开发新技术、新产品、新工艺发生的研究开发费用

B. 安置残疾人员及国家鼓励安置的其他就业人员所支付的工资

C. 固定资产折旧

D. 无形资产摊销

8. 在计算应纳税所得额时，企业发生的下列（　　）支出作为长期待摊费用，按照规定摊销的，准予扣除。

A. 已足额提取折旧的固定资产的改建支出

B. 租入固定资产的改建支出

C. 固定资产的大修理支出

D. 其他应当作为长期待摊费用的支出

9. 企业下列（　　）固定资产不得计算折旧扣除。

A. 房屋、建筑物以外未投入使用的固定资产

B. 以经营租赁方式租入的固定资产

C. 以融资租赁方式租出的固定资产

D. 已足额提取折旧仍继续使用的固定资产

10. 企业依据（　　）标准，区分为居民企业和非居民企业。

A. 注册成立地　　B. 实际管理机构所在地

C. 劳务发生地　　D. 注册时间

11. 下列各项中，以“销售（营业）收入”为基数计算扣除限额的有（　　）。

A. 广告费　　B. 业务招待费

C. 业务宣传费　　D. 总机构管理费

12. 下列各项中，按《企业所得税法》规定应当提取折旧的有（　　）。

A. 大修理停用的机器设备

B. 按规定提取维简费的固定资产

C. 以融资租赁方式租入的固定资产

D. 以经营租赁方式租入的固定资产

三、判断题

1. 国家对企业取得的非法所得不予征税。（　　）

2. 企业对外投资期间，投资资产的成本在计算应纳税所得额时不得扣除。（　　）

3. 企业在汇总计算缴纳企业所得税时，其境外营业机构的亏损不得抵减境内营业机构的盈利。（　　）

4. 企业纳税年度发生的亏损，准予向以后年度结转，用以后年度的所得弥补，但结转年限最长不得超过5年。（　　）

5. 在计算应纳税所得额时，企业财务会计处理办法与税收法律、行政法规的规定不一致的，应当依照税收法律、行政法规的规定计算。（　　）

6. 对非居民企业在中国境内取得工程作业和劳务所得应缴纳的企

业所得税，税务机关可以指定工程价款或者劳务费的支付人为扣缴义务人。 （ ）

7. 企业与其关联方之间的业务往来，不符合独立交易原则而减少企业或者其关联方应纳税收入或者所得额的，税务机关有权按照合理方法调整。 （ ）

8. 企业不提供与其关联方之间业务往来资料，或者提供虚假、不完整资料，未能真实反映其关联业务往来情况的，税务机关有权依法核定其应纳税所得额。 （ ）

9. 企业从其关联方接受的债权性投资与权益性投资的比例超过规定标准而发生的利息支出，不得在计算应纳税所得额时扣除。 （ ）

10. 居民企业在中国境内设立不具有法人资格的营业机构的，应当汇总计算并缴纳企业所得税。 （ ）

11. 企业发生的公益性捐赠支出，在年度利润总额 12% 以内的部分，准予在计算应纳税所得额时扣除。 （ ）

12. 除国务院另有规定外，企业之间不得合并缴纳企业所得税。

（ ）

13. 企业的应纳税所得额乘以适用税率，减除依照税法规定减免和抵免的税额后的余额，为应纳税额。 （ ）

14. 企业在汇总计算缴纳企业所得税时，其境外营业机构的亏损不得抵减境内营业机构的盈利。 （ ）

四、计算题

1. 某企业 2018 年发生下列业务：

（1）销售产品收入 2 000 万元。

（2）接受捐赠材料一批，取得捐赠方开具的增值税发票，注明价款 10 万元、增值税 1.6 万元；企业找一运输公司将该批材料运回企业，支付运杂费 0.3 万元。

（3）转让一项商标所有权，取得营业外收入 60 万元。

（4）收取当年让渡资产使用权的专利实施许可费，取得其他业务收入 10 万元。

（5）取得国债利息 2 万元。

（6）全年销售成本 1 000 万元；销售税金及附加 100 万元。

（7）全年销售费用500万元，含广告费400万元；全年管理费用200万元，含招待费80万元；全年财务费用50万元。

（8）全年营业外支出40万元，含通过政府部门对灾区捐款20万元；直接对私立小学捐款10万元；违反政府规定被工商行政管理局罚款2万元。

要求：（1）计算该企业的会计利润总额；

（2）计算该企业对收入的纳税调整额；

（3）计算该企业对广告费用的纳税调整额；

（4）计算该企业对招待费的纳税调整额；

（5）计算该企业对营业外支出的纳税调整额；

（6）计算该企业的应纳税所得额；

（7）计算该企业应纳的所得税税额。

2. 某外商投资企业2018年在我国境内所得160万元，来自A国税后所得20万元，在A国已纳所得税税额5万元。

要求：计算该企业2018年度应纳的企业所得税（该企业2015年来自A国的已纳所得税因超过抵免限额尚未扣除的余额为1万元）。

3. 境外某公司在中国境内未设立机构、场所，2018年取得境内甲公司支付的贷款利息收入100万元；取得境内乙公司支付的财产转让收入80万元，该项财产净值60万元。

要求：计算该境外公司应纳的企业所得税。

4. 某私营企业注册资金300万元，从业人员20人，2019年2月10日向其主管税务机关申报2018年度取得收入总额146万元，发生直接成本120万元、其他费用33万元，全年应纳税所得额-7万元。后经税务机关审核，其成本、费用无误，但收入总额不能准确核算。假定应税所得率为15%。

要求：计算该企业2018年度应纳企业所得税。

第十六章

个人所得税法

第一节　个人所得税的基本要素

个人所得税法是指国家制定的用以调整个人所得税征收与缴纳之间权利及义务关系的法律规范。现行个人所得税的基本规范是 2018 年 8 月 31 日第十三届全国人民代表大会常务委员会第五次会议通过的第七次修正的《中华人民共和国个人所得税法》（简称《个人所得税法》）和 2011 年 7 月国务院修正的《中华人民共和国个人所得税法实施条例》。新修正的《个人所得税法》除工资薪金所得自 2018 年 10 月 1 日起施行外，其他应税项目自 2019 年 1 月 1 日起施行。

个人所得税是对个人取得的应税所得征收的一种税，它体现了国家与个人之间的分配关系。我国现行的个人所得税主要有以下特点：

第一，实行分类征收。个人所得税的税制模式一般分为综合所得税制、分类所得税制和分类综合所得税制三种。我国现行个人所得税采用的是分类综合所得税制。

第二，累进税率与比例税率并用。对综合所得、经营所得，采用累进税率，实行量能负担；对其他所得，采用比例税率，实行等比负担。

第三，费用扣除额较宽松。我国现行个人所得税采取定额扣除和定率扣除相结合的费用扣除方法。

第四，计算简便。我国个人所得税的费用扣除采取总额扣除办法，免去了对个人实际生活费用支出逐项计算的麻烦；各种所得项目实行分类计算，各有各的费用扣除规定，费用扣除项目及方法易于掌握，计算比较简单，符合税制简便原则。

一、纳税人

个人所得税以所得人为纳税义务人，以支付所得的单位或者个人为扣缴义务人。个人独资企业和合伙企业投资者也是个人所得税的纳税义务人。按照国际通行的做法，我国个人所得税纳税人的确定也采用属人主义和属地主义两种原则，既包括有应税所得的我国居民，也包括从我国境内取得所得的非居民。

1. 居民纳税人，是指在中国境内有住所，或者无住所而一个纳税年度内在中国境内居住累计满 183 天的个人。居民纳税人负有无限纳税义务，应就其来源于中国境内外的所得向我国申报纳税。

在中国境内有住所，是指因户籍、家庭、经济利益关系而在中国境内习惯性居住的个人。习惯性居住地，是指个人因学习、工作、探亲等原因消除之后，没有理由在其他地方继续居留时，所要回到的地方，而不是指实际居住或在某一个特定时期内的居住地。在税收意义上，习惯性居住是判定纳税义务人是居民还是非居民的一个法律意义上的标准。如个人因学习、工作、探亲、旅游等原因而在中国境外居住，当这些原因消除之后，必须回到中国境内居住的，那么，中国就是该个人的习惯性居住地。对居民的确定，加上“住所”条件，可以将因公或其他原因到境外工作的人员纳入征税范围，堵塞了征收漏洞，也符合国际惯例。

纳税年度，即公历 1 月 1 日起至 12 月 31 日止。

2. 非居民纳税人，是指在中国境内无住所又不居住，或者无住所而一个纳税年度内在中国境内居住累计不满 183 天的个人。非居民纳税人负有有限纳税义务，仅就其来源于中国境内的所得向我国申报纳税。

二、征税范围与所得来源地的确定

（一）个人所得税征税范围的具体项目

个人所得税以纳税人取得的个人所得为征税对象。我国个人所得税采取列举法，没有列举的则不征税。

下列各项个人所得，应当缴纳个人所得税：

1. 工资、薪金所得。工资、薪金所得是指个人因任职或者受雇而取得的工资、薪金、奖金、年终加薪、劳动分红、津贴、补贴以及与任职或者受雇有关的其他所得。假日加班工资不属于国家统一规定发给的补贴、津贴，应并入工资、薪金收入依法征税。但下列收入不属于工资、薪金所得：独生子女补贴；执行公务员工资制度未纳入基本工资总额的补贴、津贴差额和家属成员的副食品补贴；托儿补助费；差旅费津贴、误餐补助。

个人在公司（包括关联公司）任职、受雇，同时兼任董事、监事的，应将董事费、监事费与个人工资收入合并，统一按工资、薪金所得项目缴纳个人所得税。

2. 劳务报酬所得。劳务报酬所得是指个人从事设计、装潢、安装、制图、化验、测试、医疗、法律、会计、咨询、讲学、新闻、广播、审稿、书画、雕刻、影视、录音、录像、演出、表演、广告、展览、技术服务、介绍服务、经纪服务、代办服务以及其他劳务取得的所得。个人担任董事职务所取得的董事费收入，按劳务报酬所得征税。

是否存在雇佣与被雇佣关系，是判断一种收入是工资、薪金所得还是劳务报酬所得的重要标准。个人独立从事某种技艺，独立提供某种劳务而取得的所得，属劳务报酬所得；个人从事非独立劳动，从所任职单位领取的报酬属工资、薪金所得。

3. 稿酬所得。稿酬所得是指个人因其作品以图书、报刊形式出版、发表而取得的所得。作品包括文学作品、书画作品、摄影作品以及其他作品。作者去世后，财产继承人取得的遗作稿酬也应按稿酬所得征收个人所得税。

4. 特许权使用费所得。特许权使用费所得是指个人提供或转让专利权、商标权、著作权、非专利权以及其他特许权的使用权取得的所得。

5. 经营所得，主要包括：

（1）个人从事工业、手工业、建筑业、交通运输业、商业、饮食业、服务业、修理业以及其他行业生产、经营取得的所得，及与生产、经营有关的应税所得。

（2）个人经政府有关部门批准，取得执照，从事办学、医疗、咨询以及其他有偿服务活动取得的所得。

（3）个人承包经营、承租经营以及转包、转租取得的所得，个人按月或者按次取得的工资、薪金性质的所得。具体分两种情况：

一是个人对企事业单位承包、承租经营后，工商登记改变为个体工商户的，应按个体工商户的生产、经营所得项目征收个人所得税，不再征收企业所得税。

二是个人对企事业单位承包、承租经营后，工商登记仍为企业的，不论其分配方式如何，均应先按照企业所得税的有关规定缴纳企业所得税，然后承包、承租人依据承包、承租合同（协议）取得的所得，按《个人所得税法》的有关规定缴纳个人所得税。这又具体分为：

①承包、承租人对企业的经营成果不拥有所有权，仅按合同（协议）规定取得一定所得的，应按工资、薪金所得项目征收个人所得税。

②承包、承租人按合同（协议）规定向发包方、出租方缴纳一定的费用后，企业的经营成果归承包、承租人所有的，其取得的所得按对企事业单位的承包、承租经营所得项目征收个人所得税。

6. 利息、股息、红利所得。利息、股息、红利所得，是指个人拥有股权、债权而取得的利息、股息、红利所得。利息一般指存款、贷款和债券的利息；股息、红利是指个人拥有股权取得的公司、企业分红，按照一定比例派发的每股息金称股息，根据企业、公司应分派的、超过股息部分的利润，按股派发的红股称红利。

7. 财产租赁所得。财产租赁所得是指个人出租建筑物、土地使用权、机器设备、车辆及其他财产取得的所得。

8. 财产转让所得。财产转让所得是指个人转让有价证券、股权、建筑物、土地使用权、机器设备、车辆及其他财产取得的所得。鉴于我国证券市场发育还不成熟，目前对股票转让暂不征收个人所得税。

9. 偶然所得。偶然所得是指个人得奖、中奖、中彩及其他偶然性质的所得。

《个人所得税法》修正前，应税项目为 11 项，修正后为 9 项。主要变化是把“个体工商户的生产、经营所得和对企事业单位的承包、承租经营所得”合并为“经营所得”，删除了“其他所得”项目。

个人所得的形式包括现金、实物、有价证券和其他形式的经济利益。所得为实物的，应当按照取得的凭证上所注明的价格计算应纳税所得额；无凭证的实物或者凭证上所注明的价格明显偏低的，参照市场价格核定应纳税所得额。所得为有价证券的，根据票面价格和市场价格核定应纳税所得额。所得为其他形式的经济利益的，参照市场价格核定应纳税所得额。

（二）所得来源地的确定

确定个人应税收入的来源地，是纳税人履行何种纳税义务的前提。下列所得不论支付地点是否在中国境内，均为来源于中国境内的所得：

1. 在中国境内任职、受雇而取得的工资、薪金所得；

2. 在中国境内从事生产、经营活动而取得的生产经营所得；

3. 因任职、受雇、履约等在中国境内提供各种劳务取得的劳务报酬所得；

4. 将财产出租给承租人在中国境内使用而取得的所得；

5. 转让中国境内的建筑物、土地使用权等财产，以及在中国境内转让其他财产取得的所得；

6. 提供专利权、非专利技术、商标权、著作权，以及其他特许权在中国境内使用的所得；

7. 因持有中国境内的各种债券、股票、股权而从中国境内的公司、企业或其他经济组织及个人取得的利息、股息、红利所得。

三、税率

个人所得税根据不同的征税项目，分别规定了两种不同的税率：超额累进税率和比例税率。

（一）综合所得

综合所得适用 3%～45% 的超额累进税率，见表 16-1。

表 16-1　　个人所得税税率表一（综合所得适用）

级数	全年应纳税所得额	税率(%)
1	不超过36 000元的	3
2	超过36 000元至144 000元的部分	10
3	超过144 000元至300 000元的部分	20
4	超过300 000元至420 000元的部分	25
5	超过420 000元至660 000元的部分	30
6	超过660 000元至960 000元的部分	35
7	超过960 000元的部分	45

注：①本表所称全年应纳税所得额是指依照《个人所得税法》第六条的规定，居民个人取得综合所得以每一纳税年度收入额减除费用 6 万元以及专项扣除、专项附加扣除和依法确定的其他扣除后的余额。②非居民个人取得工资、薪金所得，劳务报酬所得，稿酬所得和特许权使用费所得，依照本表按月换算后计算应纳税额。

（二）经营所得

经营所得适用 5%～35% 的超额累进税率，见表 16-2。

表 16-2　　个人所得税税率表二（经营所得适用）

级数	全年应纳税所得额	税率(%)
1	不超过30 000元的	5
2	超过30 000元至90 000元的部分	10
3	超过90 000元至300 000元的部分	20
4	超过300 000元至500 000元的部分	30
5	超过500 000元的部分	35

注：本表所称全年应纳税所得额是指依照《个人所得税法》第六条的规定，以每一纳税年度的收入总额减除成本、费用以及损失后的余额。

（三）比例税率 20%

利息、股息、红利所得，财产租赁所得，财产转让所得和偶然所得，适用比例税率，税率为 20%。

第二节　个人所得税的计算

一、计税依据

个人所得税的计税依据是应纳税所得额。应纳税所得额是个人取得的收入减去税法规定的扣除项目或者扣除金额后的余额。

计算个人所得税应纳税所得额，需按照不同应税项目收入额减去税法规定的费用减除标准分别进行计算。我国个人所得税的扣除项目采取分项确定、分类扣除的方法，具体有定额、定率和会计核算三种扣除办法。对工资、薪金所得，采用定额扣除办法；对个体工商户的生产、经营所得和对企事业单位承包经营、承租经营所得及财产转让所得，涉及生产、经营及有关成本或费用支出的，采取会计核算办法扣除有关成本、费用或规定的必要费用；对劳务报酬所得、稿酬所得、特许权使用费所得、财产租赁所得，采取定额和定率相结合的扣除办法；而对利息、股息、红利所得和偶然所得，因不涉及必要费用的支付，所以不得扣除任何费用。

二、公益性捐赠与资助的扣除

1. 个人将其所得对教育事业和其他公益事业的捐赠（指个人将其所得通过中国境内的社会团体、国家机关向教育和其他社会公益事业以及遭受严重自然灾害地区、贫困地区的捐赠），未超过纳税人申报的应纳税所得额 30% 的部分，可以从其应纳税所得额中扣除。

个人捐赠住房作为廉租住房的，捐赠额未超过其申报的应纳税所得额 30% 的部分，准予从其应纳税所得额中扣除。

2. 为鼓励社会力量资助科研机构、高等院校的研究开发活动，个人以其个人所得（不含偶然所得、经国务院财政部门确定征税的其他所得），通过中国境内非营利社会团体、国家机关对非关联的科研机构和高等院校研究开发新产品、新技术、新工艺所发生的研究开发经费的资助，在缴纳个人所得税时，经主管税务机关审核确定，其资助支出可以全额在下月（工资、薪金所得）或下次（按次计征的所得）或当年（按年计征的所得）应纳税所得额中扣除，但不足抵扣的不得结转抵扣，纳税人直接向科研机构和高等院校的资助不允许在税前扣除。

三、应纳税额的计算

依照税法规定的适用税率和费用扣除标准，各项所得的应纳税额应分别计算如下：

（一）综合所得应纳税额的计算

1. 自 2018 年 10 月 1 日至 2018 年 12 月 31 日，纳税人的工资、薪金所得，先行以每月收入额减除费用 5 000 元以及专项扣除和依法确定的其他扣除后的余额为应纳税所得额。对纳税人在 2018 年 9 月 30 日（含）前实际取得的工资、薪金所得，减除费用按照税法修改前规定执行。

专项扣除，包括居民个人按照国家规定的范围和标准缴纳的基本养老保险、基本医疗保险、失业保险等社会保险费和住房公积金等；专项附加扣除，包括子女教育、继续教育、大病医疗、住房贷款利息或者住房租金、赡养老人等支出。

劳务报酬所得、稿酬所得、特许权使用费所得以收入减除 20% 的费用后的余额为收入额。稿酬所得的收入额减按 70% 计算。

$$\text{应纳税所得额}=\text{年度收入}-\text{6万元（起征点）}-\text{专项扣除}-\text{专项附加扣除}-\text{依法确定的其他扣除}$$

应纳税额=应纳税所得额×适用税率-速算扣除数

【例 16-1】2018 年 10 月某咨询（北京）有限责任公司给员工 A 发放工资 15 000 元，假定 A 每月应缴基本养老保险、基本医疗保险、失业保险等社会保险费和住房公积金等 1 600 元。

要求：计算其当月应纳个人所得税（暂不考虑专项附加扣除和依法确定的其他扣除）。

解：（1）应纳所得额=15 000-1 600-5 000=8 400（元）

（2）当月应纳个人所得税=3 000×3%+（8 400-3 000）×10%=630（元）

（3）假定A是2018年9月取得15 000元，其他条件不变，则9月应纳个人所得税为：

（15 000-1 600-3 500）×25%-1 005=1 470（元）

2. 自2018年10月1日起，非居民个人的工资、薪金所得，以每月收入额减除费用5 000元后的余额为应纳税所得额；劳务报酬所得、稿酬所得、特许权使用费所得，以每次收入额为应纳税所得额。

【例16-2】临时来华工作的美国专家Smith是非居民纳税人，2019年1月，某外商投资企业应付其工资10 400元人民币。

要求：计算其应纳个人所得税税额。

解：应纳税所得额=（10 400-5 000）×12=5 400×12=64 800（元）

应纳个人所得税=3 000×3%+（5 400-3 000）×10%=330（元）

3. 过渡期间，工薪所得、劳务报酬所得、稿酬所得和特许权使用费所得个人所得税的计算。

（1）纳税人2018年10月1日前实际取得的工资、薪金所得，适用税法修改前的3 500元基本减除费用和旧税率表；纳税人2018年10月1日（含）以后实际取得的工资、薪金所得，适用5 000元基本减除费用和新税率表。

纳税人在过渡期间取得的工资、薪金所得，不扣除《个人所得税法》规定的子女教育、赡养老人等六项专项附加扣除费用。

（二）经营所得应纳税额的计算

经营所得，以每一纳税年度的收入总额减除成本、费用以及损失后的余额为应纳税所得额。

1. 个体工商户的生产、经营所得的计税方法

对于实行查账征收的个体工商户，其生产、经营的应纳税所得额是每一纳税年度的收入总额，减除成本、费用以及损失后的余额。计算公式为：

应纳税所得额=收入总额-（成本+费用+损失+准予扣除的税金）

（1）收入总额。个体工商户的收入总额是指个体工商户从事生产、经营以及与生产、经营有关的活动所取得的各项收入，包括商品（产

品）销售收入、营运收入、劳务服务收入、工程价款收入、财产出租或转让收入、利息收入、其他收入和营业外收入。以上各项收入应当按照权责发生制原则确定。

（2）准予扣除的项目。在计算应纳税所得额时，准予从收入总额中扣除的项目包括成本、费用、损失和准予扣除的税金。

①成本、费用是指个体工商户从事生产、经营所发生的各项直接支出和分配计入成本的间接费用以及销售费用、管理费用、财务费用。

②损失是指个体工商户在生产、经营过程中发生的各项营业外支出，包括固定资产盘亏、报废、毁损和出售的净损失、自然灾害或意外事故损失、公益和救济性捐赠、赔偿金、违约金等。

③税金是指个体工商户按规定缴纳的消费税、城建税、资源税、城镇土地使用税、土地增值税、房产税、车船税、印花税、耕地占用税以及教育费附加。

（3）准予在个人所得税前列支的其他项目及列支标准：

①个体工商户在生产经营中的借款利息支出，未超过中国人民银行规定的同类、同期贷款利率计算的数额部分，准予扣除；个体工商户拨缴的工会经费、发生的职工福利费、职工教育经费支出分别在工资、薪金总额2%、14%、2.5%的标准内据实扣除。

②个体工商户向其从业人员实际支付的合理的工资、薪金支出，允许在税前据实扣除；个体工商户在生产经营过程中发生的与家庭生活混用的费用，由主管税务机关核定分摊比例，据此计算确定的属于生产、经营过程中发生的费用，准予扣除。

③个体工商户发生的与生产经营有关的财产保险、运输保险以及从业人员的养老、医疗保险及其他保险费用的支出，按国家规定的标准计算扣除；个体工商户按规定缴纳的工商管理费、个体劳动者协会会费、摊位费，按实际发生数扣除。缴纳的其他规费的扣除项目和扣除标准，由省、自治区、直辖市税务机关根据当地实际情况确定。

④个体工商户每一纳税年度发生的广告费和业务宣传费用不超过当年销售（营业）收入15%的部分，可据实扣除；超过部分，准予在以

后纳税年度结转扣除。

⑤个体工商户每一纳税年度发生的与其生产经营业务直接相关的业务招待费支出，按照发生额的60%扣除，但最高不得超过当年销售（营业）收入的5‰。

⑥自2018年10月1日起，个体工商户的费用扣除标准为60 000元/年（5 000元/月）。

⑦个体工商户在生产经营过程中发生的固定资产和流动资产盘亏及毁损净损失，由个体工商户提供清查盘存资料，经主管税务机关审核后，可以在当期扣除。

⑧个体工商户研究开发新产品、新技术、新工艺所发生的开发费用，以及研究开发新产品、新技术而购置单台价值在10万元以下的测试仪器和试验性装置的购置费准予扣除；超出标准和范围的按固定资产管理，不得在当期扣除。

⑨个体工商户发生的与生产经营有关的修理费用，可以据实扣除，修理费用发生不均衡或数额较大的，应分期扣除；个体工商户以融资租赁方式租入固定资产而发生的租赁费，应计入固定资产价值，不得直接扣除；以经营租赁方式租入固定资产的租赁费，可以据实扣除。

⑩个体工商户将其所得通过中国境内的社会团体、国家机关向教育和其他社会公益事业以及遭受严重自然灾害地区、贫困地区的捐赠，捐赠额未超过其应纳税所得额30%的部分，可以从其应纳税所得额中扣除。

如果实际捐赠额大于捐赠限额，只能按捐赠限额扣除；如果实际捐赠额小于或者等于捐赠限额，按照实际捐赠额扣除。

在扣除实际捐赠额（或捐赠限额）的情形下，应纳税额的计算公式为：

应纳税额=（应纳税所得额-允许扣除的捐赠额）×适用税率-速算扣除数

（4）不得在个人所得税前列支的项目：

①资本性支出，包括为购置和建造固定资产、无形资产以及其他资产的支出，对外投资的支出；

②被没收的财物、支付的罚款；

③缴纳的个人所得税、税收滞纳金、罚金和罚款；

④各种赞助支出；

⑤自然灾害或者意外事故损失有赔偿的部分；

⑥分配给投资者的股利；

⑦用于个人和家庭的支出；

⑧个体工商户业主的工资支出；

⑨与生产、经营无关的其他支出；

⑩国家税务总局规定不准扣除的其他支出。

（5）资产的税务处理。个体工商户购入、自建、实物投资和融资租入的资产，包括固定资产、无形资产、递延资产等，只能采取分次计提折旧或分次摊销的方式予以列支。

①固定资产是指在生产、经营中使用的，期限超过一年且单位价值在 1 000 元以上的房屋、建筑物、机器、设备、运输工具及其他与生产、经营有关的设备、工器具等。

②固定资产的折旧采取平均年限法和工作量法计算提取。

③存货应按实际成本计价，领用或发出存货的核算，原则上采用加权平均法。

（6）亏损的弥补。个体工商户的年度经营亏损，经申报主管税务机关审核后，允许用下一年度的经营所得弥补。下一年度所得不足弥补的，允许逐年延续弥补，但最长不得超过 5 年。

（7）应纳税额的计算。

应纳税额=应纳税所得额×适用税率-速算扣除数

对个体工商户业主 2018 年取得的生产经营所得，用全年应纳税所得额分别计算应纳前三季度税额和应纳第四季度税额，其中应纳前三季度税额按照税法修改前规定的税率和前三季度实际经营月份的权重计算，应纳第四季度税额按照税法修改后规定的税率和第四季度实际经营月份的权重计算，具体如下：

①月（季）度预缴税款的计算。

本期应纳税额=累计应纳税额-累计已交税额

累计应纳税额=应纳 10 月 1 日以前税额+应纳 10 月 1 日以后税额

$$应纳10月1日以前税额=\left(累计应纳税额\times 税法修改前规定的税率-税法修改前规定的速算扣除数\right)\times 10月1日以前实际经营月份数$$

$$应纳10月1日以后税额=\left(累计应纳税额\times 税法修改后规定的税率-税法修改后规定的速算扣除数\right)\times 10月1日以后实际经营月份数$$

②年度汇算清缴税款的计算。

汇缴应补退税额=全年应纳税额-累计已缴税额

全年应纳税额=应纳前三季度税额+应纳第四季度税额

$$应纳前三季度税额=\left(全年应纳税所得额\times 税法修改前规定的税率-税法修改前规定的速算扣除数\right)\times 前三季度实际经营月份数\div 全年实际经营月份数$$

$$应纳前四季度税额=\left(全年应纳税所得额\times 税法修改后规定的税率-税法修改后规定的速算扣除数\right)\times 前四季度实际经营月份数\div 全年实际经营月份数$$

【例 16-3】某运输个体工商户 2019 年度有关经营情况如下：

（1）取得收入 100 万元；

（2）发生成本 55 万元；

（3）发生税费 3.3 万元；

（4）发生业务招待费用 3 万元；

（5）3 月 20 日购买小货车一辆，支出 6 万元；

（6）共有雇员 6 人，人均月工资 3 500 元，个体工商户自己每月领取工资 5 000 元；

（7）当年向某单位借入流动资金 10 万元，支付利息费用 1.2 万元，同期银行贷款利率为 6.8%；

（8）10 月 30 日小货车在运输途中发生车祸被损坏，损失达 5.2 万元，次月取得保险公司的赔款 3.5 万元；

（9）对外投资，分得股息 3 万元；

（10）通过当地民政部门对边远山区捐款 6 万元。

要求：计算其应纳的个人所得税。

解：（1）业务招待费按实际发生额计算扣除额为 1.8 万元（3×60%），按收入计算扣除限额为 0.5 万元（100×5‰），按规定只能扣除 0.5 万元。

（2）购买小货车的费用 6 万元应作为固定资产处理，不能直接扣除。假定按 4 年折旧（不考虑残值）计算扣除：

应扣除的折旧费用=6÷4÷12×7=0.875（万元）

（3）雇员工资可按实际数扣除，雇主工资每月只能扣除 5 000 元，超过部分不得扣除。

雇主工资费用扣除额=0.5×12=6（万元）

（4）非金融机构的借款利息费用按同期银行的利率计算扣除，超过部分不得扣除。

利息费用扣除限额=10×6.8%=0.68（万元）

（5）小货车损失有赔偿的部分不能扣除。

小货车损失应扣除额=5.2−3.5=1.7（万元）

（6）对外投资分回的股息 3 万元，应按股息项目单独计算缴纳个人所得税，不能并入营运的应纳税所得额一并计算纳税。

分回股息应纳个人所得税=3×20%=0.6（万元）

（7）对边远山区的捐赠在全年应纳税所得额 30% 以内的部分可以扣除，超过部分不得扣除。

公益、救济捐赠扣除限额=6.745×30%=2.0235（元）

实际捐赠金额 6 万元大于扣除限额（2.0235 万元），公益性捐赠扣除额为 2.0235 万元。

（8）该个体工商户 2019 年应缴纳个人所得税计算如下：

应纳税所得额=100−55−3.3−0.5−0.875−0.35×6×12−0.5×12−0.68−1.7−2.0235

=4.7215（万元）

应纳个人所得税=3×3%+（4.7215−3）×10%=0.2622（万元）

2. 对企事业单位的承包、承租经营所得的计税方法

对企事业单位的承包经营、承租经营所得是以每一纳税年度的收入总额，减除必要费用后的余额，为应纳税所得额。

收入总额指纳税人按照承包经营、承租经营合同规定分得的经营利润和工资、薪金性质的所得。

自 2018 年 10 月 1 日起，必要费用扣除标准为 60 000 元/年（5 000 元/月），实际减除的是个人的生计费及其他费用。计算公式为：

应纳税所得额=对企事业单位的承包经营、承租经营收入总额−费用扣除标准

对企事业单位承包承租经营者 2018 年取得的生产经营所得，用全年应纳税所得额分别计算应纳前三季度税额和应纳第四季度税额，其中应纳税前三季度税额按照税法修改前规定的税率和前三季度实际经营月

份的权重计算，应纳第四季度税额按照税法修改后规定的税率和第四季度实际经营月份的权重计算。

应纳税额=应纳税所得额×适用税率-速算扣除数

①按年取得承包、承租经营所得的税款计算。实行承包、承租经营的纳税人，应以每一纳税年度取得的承包、承租经营收入，减除每月费用扣除标准，按照适用税率，依公式计算其应纳的个人所得税。

②一个纳税年度内分次取得承包、承租经营所得的税款计算。纳税人在一年内分次取得承包、承租经营所得，应在每次分得承包、承租经营所得后，先预缴税款，年终汇算清缴，多退少补。

③一个纳税年度内承包、承租不足12个月的税款计算。纳税人承包、承租期不足一年的，以其实际承包、承租经营的期限为一个纳税年度计算纳税。

$$\text{应纳税所得额}=\text{该年度承包、承租经营收入额}-\text{费用扣除标准}\times\text{该年度实际承包、承租经营月份数}$$

应纳税额=应纳税所得额×适用税率-速算扣除数

【例16-4】2018年3月1日，李某个人与某事业单位签订承包合同经营招待所，承包期为3年。2019年招待所实现承包经营利润150 000元（未扣除包含的承包人工资报酬），按合同规定承包人每年应从承包经营利润中上缴承包费30 000元。

要求：计算该承包人2019年应纳的个人所得税。

解：（1）应纳税所得额=150 000 -30 000 -5 000×12 = 6（万元）

（2）应纳个人所得税=3×5%+（6-3）×10% =0.45（万元）

3. 个人独资企业和合伙企业的计税方法

个人独资企业和合伙企业只对投资者个人取得的生产经营所得征收个人所得税，对其从事种植业、养殖业、饲养业和捕捞业“四业”所得暂不征收个人所得税。

个人独资企业和合伙企业生产经营所得，个人所得税应纳税额的计算有查账征收和核定征收两种办法。

实行查账征收办法的，个人独资企业和合伙企业的应纳税所得额，等于每一纳税年度的收入总额减除成本、费用以及损失后的余额。

投资者兴办两个或两个以上企业的（包括参与兴办），年度终了时，应汇总从所有企业取得的应纳税所得额，据此确定适用税率。

个人独资企业对外投资分回的利息或者股息、红利，不并入企业的收入，而应单独作为投资者个人取得的利息、股息、红利所得，按利息、股息、红利所得项目计算缴纳个人所得税。以合伙企业名义对外投资分回利息或者股息、红利的，应按比例确定各个投资者的利息、股息、红利所得，分别按利息、股息、红利所得项目计算缴纳个人所得税。

（1）收入总额，是指企业从事生产经营以及与生产经营有关的活动所取得的各项收入。

（2）扣除项目，比照《个体工商户个人所得税计税办法》的规定确定，但下列项目的扣除依照《关于个人独资企业和合伙企业投资者征收个人所得税的规定》执行：

①自 2018 年 10 月 1 日起，投资者的费用扣除标准为 60 000 元/年（5 000 元/月），投资者的工资不得在税前扣除。投资者兴办两家或两家以上企业的，其费用扣除标准由投资者选择在其中一家企业的生产经营所得中扣除。

②个人独资企业和合伙企业向其从业人员实际支付的合理的工资、薪金支出，允许在税前据实扣除。

③个人独资企业和合伙企业拨缴的工会经费、发生的职工福利费和职工教育经费支出分别在工资、薪金总额 2%、14%、2.5% 的标准内据实扣除。

④个人独资企业和合伙企业每一纳税年度发生的广告费和业务宣传费用不超过当年销售（营业）收入 15% 的部分，可据实扣除；超过部分，准予在以后纳税年度结转扣除。

⑤个人独资企业和合伙企业每一纳税年度发生的与其生产经营业务直接相关的业务招待费支出，按照发生额的 60% 扣除，但最高不得超过当年销售（营业）收入的 5‰。

⑥投资者及其家庭发生的生活费用不允许在税前扣除，其费用与企

业生产经营费用混合在一起且难以划分的，全部视为投资者个人及其家庭发生的生活费，不允许在税前扣除。

⑦企业生产经营和投资者及其家庭生活共用的固定资产，难以划分的，由主管税务机关根据企业的生产经营类型、规模等具体情况，核定准予在税前扣除的折旧费用的数额或比例。

⑧企业计提的各种准备金不得扣除。

⑨投资者兴办两家或两家以上企业，并且企业性质全部是独资的，年度终了后，汇算清缴时，应纳税款的计算按以下方法进行：汇总其投资兴办的所有企业的经营所得作为应纳税所得额，以此确定适用税率，计算出全年经营所得的应纳税额，再根据每家企业的经营所得占所有企业经营所得的比例，分别计算出每家企业的应纳税额和应补缴税额。计算公式为：

应纳税额=应纳税所得额×适用税率-速算扣除数

核定征收办法包括定额征收、核定应税所得率征收以及其他合理的征收方式。应税所得率见表 16-4。

表 16-4　**核定应税所得率征收方式下的个人所得税应税所得率表**

行　业	应税所得率（%）
工业、交通运输业、商业	5~20
制造业	5~15
批发和零售贸易业	4~15
交通运输业	7~15
建筑业	8~20
饮食业	8~25
娱乐业	15~30
其他行业	10~30

企业经营多业的，无论其经营项目是否单独核算，均应根据其主营

项目确定其适用的应税所得率。

实行核定征收的投资者，不能享受个人所得税优惠政策。

实行查账征收的个人独资企业和合伙企业改为核定征收后，在查账征收方式下认定的年度经营亏损未弥补完的部分，不得继续弥补。计算公式为：

应纳税所得额=收入总额×应税所得率

或　　　　　　=成本费用支出额÷（1-应税所得率）×应税所得率

应纳税额=应纳税所得额×适用税率-速算扣除数

对个人独资企业和合伙企业自然人投资者2018年取得的生产经营所得，用全年应纳税所得额分别计算应纳前三季度税额和应纳第四季度税额，其中应纳前三季度税额按照税法修改前规定的税率和前三季度实际经营月份的权重计算，应纳第四季度税额按照税法修改后规定的税率和第四季度实际经营月份的权重计算。

【例16-5】黄某投资开办了甲、乙两家个人独资企业，会计核算健全。2019年，甲企业应纳税所得额为2万元，乙企业有关经营情况如下：

（1）取得货物销售收入180万元、其他营业收入20万元。

（2）发生营业成本140万元。

（3）缴纳增值税42万元、税金及附加4.1万元。

（4）发生管理费用56万元，其中支付业务招待费10万元、缴纳个体工商协会会员费0.5万元。

（5）当年向某单位借入资金10万元，支付利息费用1万元，同期银行贷款利息率为4.8%。

（6）全年已计入成本费用的雇员工资43.2万元（雇员20人，人均月工资1 800元），计提并发生的三项经费也已计入成本费用；投资者个人每月领取工资7 300元，共发放工资8.76万元，计入管理费用。

（7）年中一辆小货车在运输途中发生车祸被损坏，扣除已提折旧费，损失达4.5万元，年底取得保险公司的赔款2.5万元。

（8）以乙企业名义对外投资，分得投资收益3万元。

（9）通过当地民政部门对贫困山区捐款5万元。

黄某自行计算2019年乙企业应缴纳个人所得税如下：

应纳税所得额=180+20−140−4.1−56−1−4.5+3−5=−7.6（万元）

合并甲企业当年应纳税所得额2万元，仍亏损5.6万元，不用缴纳个人所得税。

要求：（1）计算黄某2019年经营所得应纳个人所得税总额；

（2）计算乙企业经营所得应缴纳的个人所得税；

（3）计算黄某2019年应缴纳的个人所得税。

解：（1）2019年经营所得应纳个人所得税总额：

①计税收入=180+20=200（万元）

②税前扣除营业成本140万元、税金及附加4.1万元。

③税前扣除的管理费用：

业务招待费扣除限额=200×5‰=1（万元）

税前扣除的管理费用=56−（10−1）=47（万元）

④向非金融机构的借款利息费用按同期银行的贷款利率计算扣除，超过部分不得扣除。

利息费用扣除限额=10×4.8%=0.48（万元）

⑤支付雇员工资允许扣除，发生的工会经费、职工福利费、职工教育经费支出分别在工资、薪金总额2%、14%、2.5%的标准内据实扣除。

⑥投资者个人的工资费用8.76万元不能税前扣除，但可以按规定标准扣除生计费，全年应扣除费用6万元（5 000×12）。

应调增所得额=8.76−6=2.76（万元）

⑦小货车损失有赔偿的部分不能扣除。

净损失扣除额=4.5−2.5=2（万元）

⑧对外投资分回的股息3万元，应按股息项目单独计算缴纳个人所得税，不能并入经营所得。

⑨乙企业经营所得应纳税所得额的计算：

应纳税所得额=200−140−4.1−47−0.48−2+2.76=9.18（万元）

公益、救济性捐赠扣除限额=9.18×30%=2.754（万元）

实际捐赠金额5万元＞2.754万元。

乙企业全年应纳税所得额=9.18−2.754=6.426（万元）

⑩甲、乙两个独资企业全年经营所得=6.426+2=8.426（万元）

应纳税额=3×5%+（8.426−3）×10%=0.6926（万元）

（2）乙企业经营所得应缴纳个人所得税=0.6926×6.426÷（6.426+2）

=0.5282（万元）

（3）黄某 2019 年应缴纳的个人所得税：

①分回投资收益应纳个人所得税=3×20%=0.6（万元）

②2019 年应缴纳个人所得税=0.6926+0.6=1.2926（万元）

（三）财产租赁所得应纳税额的计算

财产租赁所得一般以个人每次取得的收入定额或定率减除规定费用后的余额为应纳税所得额。每次收入不超过 4 000 元的，减除费用 800 元；每次收入 4 000 元以上的，减除 20% 的费用。

财产租赁所得以一个月内取得的收入为一次。纳税人在出租财产过程中缴纳的税金和教育费附加，可持完税凭证，从其财产租赁收入中扣除。准予扣除的项目除了规定的费用和有关税、费外，还包括能够提供有效、准确凭证且证明由纳税人负担的该出租财产实际开支的修缮费用。允许扣除的修缮费用以 800 元为限。一次扣除不完的，准予在下一次继续扣除，直至扣完为止。

个人将承租房屋转租取得的租金收入，属于个人所得税应税所得，应按“财产租赁所得”项目计算缴纳个人所得税。取得转租收入的个人向房屋出租方支付的租金，凭房屋租赁合同和合法支付凭据允许在计算个人所得税时，从该项转租收入中扣除。

每次（月）收入不超过 4 000 元的：

应纳税所得额=每次（月）收入额−缴纳的税费−修缮费用（800 元为限）−800 元

每次（月）收入超过 4 000 元的：

$$\text{应纳税所得额}=\left[\text{每次(月)收入额}-\text{缴纳的税费}-\text{修缮费用(800元为限)}\right]\times(1-20\%)$$

财产租赁所得依其应纳税所得额和 20% 的比例税率计算应纳税额。计算公式为：

应纳税额=应纳税所得额×税率

【例 16-6】赵先生 2018 年将私有住房出租 1 年，每月取得租金收入 3 000 元（不含增值税），当年 3 月发生租房装修费用 2 000 元。

要求：计算当年应纳的个人所得税①（暂不考虑城建税、教育费附加）。

解：应纳个人所得税=（3 000−800）×10%×9+（3 000−800−800）×10%×2+（3 000−400−800）×10%×1

=2 440（元）

（四）财产转让所得应纳税额的计算

财产转让所得，以个人每次转让财产的收入额减除财产的原值和相关税费后的余额为应纳税所得额。计算公式为：

应纳税所得额=每次收入额−合理费用−财产原值

应纳税额=应纳税所得额×适用税率

财产原值的确定。财产原值是指：

（1）有价证券，为买入价以及买入时按照规定缴纳的有关费用；

（2）建筑物，为建造费或者购进价格以及其他有关费用；

（3）土地使用权，为取得土地使用权所支付的金额、开发土地的费用及其他有关费用；

（4）机器设备、车船，为购进价格、运输费、安装费及其他有关费用；

（5）其他财产，参照以上方法确定。

纳税人未提供完整、准确的财产原值凭证，不能正确计算财产原值的，由主管税务机关核定其财产原值。

合理费用的扣除，是指卖出财产时按照规定支付的有关费用。

转让债权，采用加权平均法确定其应予减除的财产原值和合理费用，即纳税人购进的同一种类债券买入价和买进过程中缴纳的税费总和，除以纳税人购进的该种类债券数量之和，乘以纳税人卖出的该种类债券数量，再加上卖出该种类债券过程中缴纳的税费。用公式表示为：

一次卖出某一种类债券允许扣除的买入价和费用 = 纳税人购进的该种类债券买入价和买进过程中缴纳的税费总和 ÷ 纳税人购进的该种类债券总数量 × 一次卖出该种类债券的数量 + 卖出该种类债券过程中缴纳的税费

① 根据《国务院办公厅关于加快培育和发展住房租赁市场的若干意见》（国办发〔2016〕39 号），对个人出租住房所得，减半征收个人所得税。

个人因各种原因终止投资、联营、经营合作等行为，从被投资企业或合作项目、被投资企业的其他投资者以及合作项目的经营合作人取得股权转让收入、违约金、补偿金、赔偿金及以其他名目收回的款项等，均属于个人所得税应税收入，应按照财产转让所得项目适用的规定计算缴纳个人所得税。应纳税所得额的计算公式如下：

$$\text{应纳税所得额}=\begin{array}{c}\text{个人取得的股权转让收入、}\\\text{违约金、补偿金、赔偿金及}\\\text{以其他名目收回款项合计数}\end{array}-\begin{array}{c}\text{原实际出资额}\\\text{（投入额）}\\\text{及相关税费}\end{array}$$

【例16-7】某工厂与赵某签订合同，购买赵某拥有的房屋四合院一座，用作工厂的办公用房，价款为600 000元。该四合院为赵某从某单位购入，当时支付价款300 000元，支付其他有关税费共计21 400元。赵某出售该房产应缴纳土地增值税、城建税、印花税、教育费附加等45 900元。

要求：计算该工厂应代扣的个人所得税。

解：应纳税所得额=600 000-300 000-21 400-45 900=232 700（元）

应纳税额=232 700×20%=46 540（元）

转让限售股取得的所得属于“财产转让所得”，以每次限售股转让收入，减除股票原值和合理税费后的余额，为应纳税所得额。

对个人减持限售股，采取证券机构预扣预缴、纳税人自行申报清算的方式征收。

证券公司预扣预缴时：

$$\text{应纳税所得额}=\text{股改限售股复牌日收盘价}\times\text{减持股数}-\text{股改限售股复牌日收盘价}\times\text{减持股数}\times 15\%$$

个人申报纳税时：

应纳税所得额=限售股转让收入-（限售股原值+合理税费）

【例16-8】李某持有某公司10万股限售股，原始取得成本为10万元。该公司股权分置改革后复牌上市，当日收盘价为12元。半年后，限售股全部解禁，李某将已经解禁的限售股全部减持，合计取得转让收入100万元，并支付印花税、过户费、佣金等税费2 000元。

要求：计算其应纳和应退的个人所得税。

解：(1)证券公司预扣预缴：

应纳税所得额=12×100 000−12×100 000×15%=1 020 000（元）=102（万元）

应纳税额=102×20%=20.4（万元）

（2）自行申报清算：

应纳税所得额=100−（10+0.2）=89.8（万元）

应纳税额=89.8×20%=17.96（万元）

应退还的税款=20.4−17.96=2.44（万元）

（五）利息、股息、红利所得和偶然所得应纳税额的计算

利息、股息、红利所得以每次收入额为应纳税所得额，不扣除任何费用。

所谓每次收入，是以支付单位或个人每次支付利息、股息、红利时，个人所取得的收入为一次。

股份制企业在分配股息、红利时，以股票形式向股东个人支付应得的股息、红利（即派发红股），应以派发红股的股票票面金额为一次收入额，按利息、股息、红利项目计征个人所得税。

个人取得单张有奖发票奖金所得不超过 800 元（含 800 元）的，暂免征收个人所得税；个人取得单张有奖发票奖金所得超过 800 元的，应全额按照偶然所得项目征收个人所得税。

对个人投资者、证券投资基金从上市公司（在上海、深圳证券交易所挂牌交易）取得的股息红利所得，减按 50% 计入应纳税所得额。计算公式为：

应纳税额=应纳税所得额（每次收入额）×适用税率

（六）个人所得税的特殊计税方法

1. 雇用和派遣单位分别支付工资、薪金的费用扣除办法。

在外商投资企业、外国企业和外国驻华机构工作的中方人员取得的工资、薪金收入，凡是由雇用单位和派遣单位分别支付的，只由雇用单位在支付工资、薪金时按税法规定减除费用，计算扣缴个人所得税；派遣单位支付的工资、薪金不再减除费用，以支付金额直接确定适用税率，计算扣缴个人所得税。纳税义务人应持两处支付单位提供的原始明细工资、薪金单（书）和完税凭证原件，选择并固定到一地税务机关申报每月工资、薪金收入，汇算清缴其工资、薪金收入的个人所得税，多退少补。

对于可以提供有效合同或有关凭证，能够证明其工资、薪金所得的一部分按有关规定上交给派遣（介绍）单位的，可以扣除其实际上交的部分，按其余额计征个人所得税。

2. 特定行业职工取得的工资、薪金所得的计税问题。

为照顾采掘业、远洋运输业、远洋捕捞业因受季节、产量等因素的影响，职工的工资、薪金收入呈现较大幅度波动的实际情况，对其职工按月预缴税款，年度终了后30日内，合计全年工资、薪金所得减除费用6万元以及专项扣除、专项附加扣除和依法确定的其他扣除后的余额为应纳税所得额。对于船员伙食费不发给个人，而是用于集体用餐的，可允许该项补贴不计入船员个人的应纳税工资、薪金收入。计算公式为：

年终应补（退）税额=应纳税额-全年已代扣代缴税额

3. 个人取得公务交通、通信补贴收入的扣除标准。

个人因公务用车和通信制度改革而取得的公务用车、通信补贴收入，扣除一定标准的公务费用后，按照工资、薪金所得计征个人所得税。按月发放的，并入当月工资、薪金所得计征个人所得税；不按月发放的，分解到所属月份并与该月份工资、薪金所得合并征税。因公务用车制度改革而以现金、报销等形式向个人支付的收入，视为个人取得公务用车补贴收入。

公务费用扣除标准由当地政府制定，如当地政府未制定公务费用扣除标准，通讯补贴按其补贴全额的20%作为个人收入扣缴个人所得税；交通补贴按其补贴全额的30%作为个人收入扣缴个人所得税。

4. 两人以上共同取得同一项目收入的计税方法。

两人或两人以上共同取得同一项目收入的，应当对每个人取得的收入分别按照税法规定减除费用后计算纳税，即实行“先分收入、后扣费用、再计算纳税”的办法。

5. 境外所得缴纳税额抵免的计税方法。

居民个人从中国境外取得的所得，可以从其应纳税额中抵免已在境外缴纳的个人所得税税额，但抵免额不得超过该纳税人境外所得依照我国《个人所得税法》规定计算的应纳税额。

在中国境内有住所，或者虽无住所但在中国境内居住满 1 年以上的个人，从中国境内和境外取得的所得，都应缴纳个人所得税。实际上，纳税人的境外所得一般均已缴纳或负担了有关国家的所得税税额。为了避免不同国家对同一所得重复征税，同时维护我国的税收权益，税法规定，纳税人从中国境外取得的所得，准予其在应纳税额中扣除已在境外实缴的个人所得税税款，但扣除额不得超过该纳税人境外所得依照税法规定计算的应纳税额。具体规定及计税方法如下：

（1）实缴境外税款。实缴境外税款即实际已在境外缴纳的税额，是指纳税人从中国境外取得的所得，依照所得来源国或地区的法律应当缴纳并且实际已经缴纳的税额。

（2）抵免限额。准予抵免（扣除）的实缴境外税款最多不能超过境外所得按我国税法计算的抵免限额（应纳税额或扣除限额）。

我国个人所得税的抵免限额采用分国限额法，即分别来自不同国家或地区和不同应税项目，依照税法规定的费用减除标准和适用税率计算抵免限额。对于同一国家或地区的不同应税项目，以其各项的抵免限额之和作为来自该国或该地区所得的抵免限额。计算公式为：

$$\begin{matrix}\text{来自某国或}\\\text{地区的抵免限额}\end{matrix}=\sum\left(\begin{matrix}\text{来自某国或地区的}\\\text{某一应税项目的所得}\end{matrix}-\begin{matrix}\text{费用}\\\text{减除标准}\end{matrix}\right)\times\begin{matrix}\text{适用}\\\text{税率}\end{matrix}-\begin{matrix}\text{速算}\\\text{扣除数}\end{matrix}$$

或

$$=\sum\left(\begin{matrix}\text{来自某国或}\\\text{地区的某一应税}\\\text{项目的净所得}\end{matrix}+\begin{matrix}\text{境外}\\\text{实缴税款}\end{matrix}-\begin{matrix}\text{费用}\\\text{减除标准}\end{matrix}\right)\times\begin{matrix}\text{适用}\\\text{税率}\end{matrix}-\begin{matrix}\text{速算}\\\text{扣除数}\end{matrix}$$

上式中的费用减除标准和适用税率，均指《个人所得税法》及其实施条例规定的有关费用减除标准和适用税率。不同的应税项目减除不同的费用标准，计算出的单项抵免限额相加后，就可以求得来自一国或地区所得的抵免限额，即分国的抵免限额。分国抵免限额不能相加。

（3）允许抵免额。允许在纳税人应纳我国个人所得税税额中扣除的税额，即允许抵免额要分国确定。在计算出的来自一国或地区所得的抵免限额与实缴该国或地区的税款之间进行比较，以数额较小者作为允许抵免额。

（4）超限额与不足限额结转。在某一纳税年度，如发生实缴境外税款超过抵免限额，即发生超限额的，超限额部分不允许在应纳税额中抵扣，但可以在以后纳税年度从仍来自该国家或地区的不足限额，即实缴境外税款低于抵免限额的部分中补扣。这一做法被称为限额的结转或轧抵。下一年度结转后仍有超限额的，可继续结转，但结转期最长不得超过 5 年。

（5）应纳税额的计算。在计算出抵免限额和确定了允许抵免额之后，就可对纳税人的境外所得计算应纳税额。计算公式为：

$$\text{应纳税额}=\sum\left(\text{来自某国或地区的所得}-\text{费用减除标准}\right)\times\text{适用税率}-\text{速算扣除数}-\text{允许抵免额}$$

【例 16-9】中国公民展某受聘于 A 国从事某项工作，2019 年 1—12 月在 A 国取得工资、薪金收入 16 0000 元（人民币，下同），同年又在 B 国取得利息收入 1 000 元。该纳税人已分别按 A 国和 B 国的税法规定缴纳个人所得税 6 150 元和 250 元。

要求：计算其应纳的个人所得税。

解：（1）在 A 国所得缴纳税款的抵扣：

①工资、薪金所得按我国税法规定计算的应纳税额：

应纳税所得额=160 000−60 000=100 000（元）

应纳个人所得税额=36 000×3%+（100 000−36 000）×10%=7 480（元）

该纳税人在 A 国所得已缴纳个人所得税 6 850 元，低于抵扣限额，可全额抵扣，还需在中国补缴税款 630 元（7 480−6 850）。

（2）在 B 国取得的利息所得按我国税法规定计算的应纳税额，即抵扣限额为 200 元（1 000×20%），而在 B 国实际缴纳的税款为 250 元，超出了抵扣限额，只能在限额内抵扣 200 元，不用补缴税款。其超过限额部分 50 元（250−200）可以在以后纳税年度仍来自该国家或地区的不足限额的部分中补扣，下一年度结转后仍有超限额的，可继续结转，但每年发生的超限额结转期最长不得超过 5 年。

6. 房屋赠与的个人所得税处理。

以下情形的房屋产权无偿赠与，对当事双方不征收个人所得税：

（1）房屋产权所有人将房屋产权无偿赠与配偶、父母、子女、祖父母、外祖父母、孙子女、外孙子女、兄弟姐妹；

（2）房屋产权所有人将房屋产权无偿赠与对其承担直接抚养或者赡养义务的抚养人或者赡养人；

（3）房屋产权所有人死亡，依法取得房屋产权的法定继承人、遗嘱继承人或者受遗赠人。

除上述情形以外，房屋产权所有人将房屋产权无偿赠与他人的，受赠人因无偿受赠房屋取得的受赠所得，按照“经国务院财政部门确定征税的其他所得”项目缴纳个人所得税，税率为20%。

对受赠人无偿受赠房屋计征个人所得税时，其应纳税所得额为房地产赠与合同上标明的赠与房屋价值减除赠与过程中受赠人支付的相关税费后的余额。赠与合同标明的房屋价值明显低于市场价格或房地产赠与合同未标明赠与房屋价值的，税务机关可依据受赠房屋的市场评估价格或采取其他合理方式确定受赠人的应纳税所得额。

受赠人转让受赠房屋的，以其转让受赠房屋的收入减除原捐赠人取得该房屋的实际购置成本以及赠与和转让过程中受赠人支付的相关税费后的余额，为受赠人的应纳税所得额，依法计征个人所得税。受赠人转让受赠房屋价格明显偏低且无正当理由的，税务机关可以依据该房屋的市场评估价格或其他合理方式确定的价格核定其转让收入。

7. 企业为股东个人购买汽车的个人所得税处理。

（1）企业购买车辆并将车辆所有权办到股东个人名下，其实质为企业对股东进行了红利性质的实物分配，应按照利息、股息、红利所得项目征收个人所得税。

（2）考虑到该股东个人名下的车辆同时也为企业经营使用的实际情况，允许合理减除部分所得，减除的具体数额由主管税务机关根据车辆的实际使用情况合理确定。

（3）企业为个人股东购买的车辆，不属于企业的资产，不得在企业所得税前扣除折旧。

8. 企业为个人购房的个人所得税处理。

个人取得以下情形的房屋或其他财产，不论所有权人将财产无偿还是有偿交付企业使用，其实质均为企业对个人进行了实物性质的分配，应依法计征个人所得税：

（1）企业出资购买房屋及其他财产，将所有权登记为投资者个人、投资者家庭成员或企业其他人员的；

（2）企业投资者个人、投资者家庭成员或企业其他人员向企业借款用于购买房屋及其他财产，将所有权登记为投资者个人、投资者家庭成员或企业其他人员，且借款年度终了后未归还借款的。

对个人独资企业、合伙企业的个人投资者或其家庭成员取得的上述所得，视为企业对个人投资者的利润分配，按照个体工商户的生产、经营所得项目计征个人所得税；对除个人独资企业、合伙企业以外其他企业的个人投资者或其家庭成员取得的上述所得，视为企业对个人投资者的红利分配，按照利息、股息、红利所得项目计征个人所得税；对企业其他人员取得的上述所得，按照工资、薪金所得项目计征个人所得税。

9. 个人因解除劳动合同取得一次性补偿收入的个税处理。

个人与用人单位解除劳动关系取得的一次性补偿收入在当地上年职工平均工资 3 倍以内的部分，免征个人所得税；超过 3 倍的部分，视为一次取得数月工资、薪金收入，以超过部分除以个人工作年限（超过 12 年按 12 年计算），以商数作为月工资、薪金收入计算个人所得税。

企业依照国家有关法律规定宣告破产，企业职工从该破产企业取得的一次性安置费收入，免征个人所得税。

个人领取一次性补偿收入时按照国家和地方政府规定的比例实际缴纳的住房公积金、医疗保险费、基本养老保险费、失业保险费，可以在计征其一次性补偿收入的个人所得税时予以扣除。

10. 关于企业减员增效和行政、事业单位、社会团体在机构改革过程中实行内部退养办法人员取得收入的征税问题。

（1）实行内部退养的个人在其办理内部退养手续后至法定离退休年龄之间从原任职单位取得的工资、薪金，不属于离退休工资，应按工资、薪金所得项目计征个人所得税。

（2）个人在办理内部退养手续后从原任职单位取得的一次性收

入，应按办理内部退养手续后至法定离退休年龄之间的所属月份进行平均，并与领取当月的“工资、薪金”所得合并后减除当月费用扣除标准，以余额为基数确定适用税率，再将当月工资、薪金加上取得的一次性收入，减去费用扣除标准，按适用税率计征个人所得税。

（3）个人在办理内部退养手续后至法定离退休年龄之间重新就业取得的“工资、薪金”所得，应与其从原任职单位取得的同一月份的“工资、薪金”所得合并，并依法自行向主管税务机关申报缴纳个人所得税。

11. 个人兼职与退休人员再任职取得收入个人所得税的计税方法。

个人兼职取得的收入应按照劳务报酬所得应税项目缴纳个人所得税；退休人员再任职取得的收入，在减除按个人所得税法规定的费用扣除标准后，按工资、薪金所得应税项目缴纳个人所得税。

12. 企业年金、职业年金缴费的个人所得税处理。

（1）企业和事业单位根据国家有关政策规定的办法和标准，为在本单位任职或者受雇的全体职工缴付的企业年金或职业年金（统称年金）单位缴费部分，在计入个人账户时，个人暂不缴纳个人所得税。

（2）个人根据国家有关政策规定缴付的年金个人缴费部分，在不超过本人缴费工资计税基数的4%标准内的部分，暂从个人当期的应纳税所得额中扣除。

（3）企业年金个人缴费工资计税基数为本人上一年度月平均工资，职业年金个人缴费工资计税基数为职工岗位工资和薪级工资之和。

13. 保险费（金）的个人所得税处理。

城镇企业事业单位及其职工个人（不包括城镇企业事业单位招用的农民合同制工人）按照《失业保险条例》规定的比例，实际缴付的失业保险费，均不计入职工个人当期的工资、薪金收入，免予征收个人所得税。

城镇企业事业单位和职工个人超过规定比例缴付失业保险费的，应将其超过规定比例缴付的部分计入职工个人当期的工资、薪金收入，依法计征个人所得税。

14. 公司雇员以非上市公司股票期权形式取得的工资、薪金收入的个人所得税处理。

公司雇员以非上市公司股票期权形式取得的工资、薪金所得，在计算缴纳个人所得税时，因一次收入较多，可比照全年一次性奖金的征税办法，计算征收个人所得税。

公司雇员以非上市股票期权形式取得所得的纳税义务发生时间，按雇员的实际购买日确定，其所得额为其从公司取得非上市股票的实际购买价低于购买日该股票价值的差额。

由于非上市公司股票没有可参考的市场价格，为便于操作，除存在实际或约定的交易价格，或存在与该非上市股票具有可比性的相同或类似股票的实际交易价格情形外，购买日股票价值可暂按其境外非上市母公司上一年度经中介机构审计的会计报告中每股净资产数额来确定。

15. 科技人员取得职务科技成果转化现金奖励的个人所得税处理。

自 2018 年 7 月 1 日起施，依法批准设立的非营利性研究开发机构和高等学校（简称非营利性科研机构和高校）根据我国《促进科技成果转化法》的规定，从职务科技成果转化收入中给予科技人员的现金奖励，可减按 50% 计入科技人员当月工资、薪金所得，依法缴纳个人所得税。

非营利性科研机构和高校包括国家设立的科研机构和高校、民办非营利性科研机构和高校。

国家设立的科研机构和高校是指利用财政性资金设立的、取得“事业单位法人证书”的科研机构和公办高校，包括中央和地方所属科研机构和高校。

对于民办非营利性高校，应取得教育主管部门颁发的“民办学校办学许可证”，记载学校类型为“高等学校”，并经认定取得企业所得税非营利组织免税资格。

科技人员是指非营利性科研机构和高校中对完成或转化职务科技成

果作出重要贡献的人员。非营利性科研机构和高校应按规定公示有关科技人员名单及相关信息（国防专利转化除外），具体公示办法由科技部会同财政部、国家税务总局制定。

科技成果是指专利技术（含国防专利）、计算机软件著作权、集成电路布图设计专有权、植物新品种权、生物医药新品种，以及科技部、财政部、国家税务总局确定的其他技术成果。

科技成果转化是指非营利性科研机构和高校向他人转让科技成果或者许可他人使用科技成果。

现金奖励是指非营利性科研机构和高校在取得科技成果转化收入 3 年（36 个月）内奖励给科技人员的现金。

非营利性科研机构和高校转化科技成果，应当签订技术合同，并根据《技术合同认定登记管理办法》在技术合同登记机构进行审核登记，取得技术合同认定登记证明。

非营利性科研机构和高校应健全科技成果转化的资金核算，不得将正常工资、奖金等收入列入科技人员职务科技成果转化现金奖励享受税收优惠。

此前，非营利性科研机构和高校取得的科技成果转化收入，自《关于科技人员取得职务科技成果转化现金奖励有关个人所得税政策的通知》（财税〔2018〕58 号）施行后 36 个月内给科技人员发放现金奖励，符合规定条件的，按此规定执行。

16. 关于企业转增股本的个人所得税处理。

（1）自 2016 年 1 月 1 日起，全国范围内中小高新技术企业以未分配利润、盈余公积、资本公积向个人股东转增股本时，个人股东一次缴纳个人所得税确有困难的，可根据实际情况自行制定分期缴税计划，在不超过 5 个公历年度内（含）分期缴纳，并将有关资料报主管税务机关备案。

（2）个人股东获得转增的股本，应按照利息、股息、红利所得项目，适用 20% 的税率征收个人所得税。

（3）股东转让股权并取得现金收入的，该现金收入应优先用于缴纳尚未缴清的税款。

（4）在股东转让该部分股权之前，企业依法宣告破产，股东进行相关权益处置后没有取得收益或收益小于初始投资额的，主管税务机关对其尚未缴纳的个人所得税可不予追征。

17. 关于股权奖励的个人所得税处理。

（1）自 2016 年 1 月 1 日起，全国范围内高新技术企业转化科技成果，给予本企业相关技术人员的股权奖励，个人一次缴纳税款有困难的，可根据实际情况自行制定分期缴税计划，在不超过 5 个公历年度内（含）分期缴纳，并将有关资料报主管税务机关备案。

（2）个人获得股权奖励时，按照工资、薪金所得项目，参照《财政部、国家税务总局关于个人股票期权所得征收个人所得税问题的通知》（财税〔2005〕35 号）的有关规定计算确定应纳税额。股权奖励的计税价格参照获得股权时的公平市场价格确定。

（3）技术人员转让奖励的股权（含奖励股权孳生的送、转股）并取得现金收入的，该现金收入应优先用于缴纳尚未缴清的税款。

（4）技术人员在转让奖励的股权之前企业依法宣告破产，技术人员进行相关权益处置后没有取得收益或资产，或取得的收益和资产不足以缴纳其取得股权尚未缴纳的应纳税款的部分，税务机关可不予追征。

18. 纳税调整。

有下列情形之一的，税务机关有权按照合理方法进行纳税调整：

（1）个人与其关联方之间的业务往来不符合独立交易原则而减少本人或者其关联方应纳税额，且无正当理由；

（2）居民个人控制的，或者居民个人和居民企业共同控制的设立在实际税负明显偏低的国家（地区）的企业，无合理经营需要，对应当归属于居民个人的利润不作分配或者减少分配；

（3）个人实施其他不具有合理商业目的的安排而获取不当税收利益。

税务机关依照前款规定作出纳税调整，需要补征税款的，应当补征税款，并依法加收利息。

第三节　个人所得税的申报与缴纳

一、减免税

（一）免税项目

1. 省级人民政府、国务院部委和中国人民解放军军以上单位，以及外国组织、国际组织颁发的科学、教育、技术、文化、卫生、体育、环境保护等方面的奖金。

2. 国债和国家发行的金融债券利息（指财政部发行的债券利息和国家发行的金融债券利息）。

3. 按照国家统一规定发给的补贴、津贴（指按照国务院规定发给的政府特殊津贴、院士津贴、资深院士津贴，以及国务院规定免纳个人所得税的其他补贴、津贴）。

4. 福利费、抚恤金、救济金。

5. 保险赔款。

6. 军人的转业安置费、复员费。

7. 按照国家统一规定发给干部和职工的安家费、退职费、退休工资、离休工资、离休生活补助费。

8. 依照有关法律规定应予免税的各国驻华使馆、领事馆的外交代表、领事官员和其他人员的所得。

9. 中国政府参加的国际公约、签订的协议中规定免税的所得。

10. 国务院规定的其他免税所得。

（二）减征项目

1. 残疾、孤老人员和烈属的所得。

2. 因严重自然灾害造成重大损失的。

3. 其他经国务院财政部门批准减税的。

（三）暂免征税项目

1. 外籍个人以非现金形式或实报实销形式取得的住房补贴、伙食补贴、搬迁费、洗衣费。

2. 外籍个人按合理标准取得的境内、境外出差补贴。

3. 外籍个人取得的探亲费、语言训练费、子女教育费等，经当地税务机关审核批准为合理的部分。

4. 外籍个人从外商投资企业取得的股息、红利所得。

5. 凡符合下列条件之一的外籍专家取得的工资、薪金所得，可免征个人所得税：

（1）由世界银行直接派往我国工作的外国专家；

（2）联合国组织直接派往我国工作的专家；

（3）为联合国援助项目来华工作的专家；

（4）援助国派往我国专为该国援助项目工作的专家；

（5）根据两国政府签订的文化交流项目来华工作两年以内的文教专家，其工资、薪金所得由该国负担的；

（6）根据我国大专院校国际交流项目来华工作两年以内的文教专家，其工资、薪金所得由该国负担的；

（7）通过民间科研协定来华工作的专家，其工资、薪金所得由该国政府机构负担的。

6. 个人举报、协查各种违法、犯罪行为而获得的奖金。

7. 个人办理代扣代缴税款手续，按规定取得的扣缴手续费。

8. 个人转让自用达 5 年以上，并且是唯一的家庭生活用房取得的所得。

9. 对个人购买福利彩票、体育彩票，一次中奖收入在 1 万元以下的（含 1 万元）暂免征收个人所得税，超过 1 万元的全额征收个人所得税。

10. 达到离休、退休年龄，但确因工作需要，适当延长离休、退休年龄的高级专家（指享受国家发放的政府特殊津贴的专家、学者），其在延长离休、退休期间的工资、薪金所得，视同离休、退休工资免征个人所得税。

11. 对国有企业职工从破产企业取得的一次性安置费收入，免予征收个人所得税。

12. 国有企业职工与企业解除劳动合同取得的一次性补偿收入，在当地上年企业职工年平均工资的 3 倍数额内，可免征个人所得税。

13. 下岗职工从事社区居民服务业，对其取得的经营所得和劳务报酬所得，从事个体经营的自其领取税务登记证件之日起、从事独立劳务服务的自其持下岗证明在当地主管税务机关备案之日起，3 年内免征个人所得税。

14. 个人取得的教育储蓄存款利息和按国家或省级地方政府规定的比例缴付的住房公积金、医疗保险金、基本养老保险金、失业保险金存入个人账户所取得的利息免税。

二、征收方式

我国个人所得税采取由支付单位源泉扣缴和纳税人自行申报纳税两种征收方法。

（一）支付单位源泉扣缴方法

个人所得税以所得个人为纳税人，以支付所得的单位或者个人为扣缴义务人。扣缴义务人向个人支付应税款项（包括现金支付、汇拨支付、转账支付和以有价证券、实物以及其他形式支付的折算金额）时，应当依照税法规定代扣代缴税款。

纳税人有中国公民身份号码的，以中国公民身份号码为纳税人识别号；纳税人没有中国公民身份号码的，由税务机关赋予其纳税人识别号。扣缴义务人扣缴税款时，纳税人应当向扣缴义务人提供纳税人识别号。

扣缴义务人应当按照国家规定办理全员全额扣缴申报，并向纳税人提供其个人所得和已扣缴税款等信息。

对扣缴义务人按照所扣缴的税款付给 2% 的手续费。

（二）自行申报纳税方法

有下列情形之一的，纳税人应当依法办理纳税申报：

1. 取得综合所得需要办理汇算清缴；

2. 取得应税所得没有扣缴义务人；

3. 取得应税所得，扣缴义务人未扣缴税款；

4. 取得境外所得；

5. 因移居境外注销中国户籍；

6. 非居民个人在中国境内从两处以上取得工资、薪金所得；

7. 国务院规定的其他情形。

三、纳税期限

居民个人取得综合所得，按年计算个人所得税；有扣缴义务人的，由扣缴义务人按月或者按次预扣预缴税款；需要办理汇算清缴的，应当在取得所得的次年 3 月 1 日至 6 月 30 日内办理汇算清缴。预扣预缴办法由国务院税务主管部门制定。

居民个人向扣缴义务人提供专项附加扣除信息的，扣缴义务人按月预扣预缴税款时应当按照规定予以扣除，不得拒绝。

非居民个人取得工资、薪金所得，劳务报酬所得，稿酬所得和特许权使用费所得，有扣缴义务人的，由扣缴义务人按月或者按次代扣代缴税款，不办理汇算清缴。

纳税人取得经营所得，按年计算个人所得税，由纳税人在月度或者季度终了后 15 日内向税务机关报送纳税申报表，并预缴税款；在取得所得的次年 3 月 31 日前办理汇算清缴。

纳税人取得利息、股息、红利所得，财产租赁所得，财产转让所得和偶然所得，按月或者按次计算个人所得税；有扣缴义务人的，由扣缴义务人按月或者按次代扣代缴税款。

纳税人取得应税所得没有扣缴义务人的，应当在取得所得的次月 15 日内向税务机关报送纳税申报表，并缴纳税款。

纳税人取得应税所得，扣缴义务人未扣缴税款的，纳税人应当在取得所得的次年 6 月 30 前，缴纳税款；税务机关通知限期缴纳的，纳税人应当按照期限缴纳税款。

居民个人从中国境外取得所得的，应当在取得所得的次年 3 月 1 日至 6 月 30 日内申报纳税。

非居民个人在中国境内从两处以上取得工资、薪金所得的，应当在取得所得的次月 15 日内申报纳税。

纳税人因移居境外注销中国户籍的，应当在注销中国户籍前办理税款清算。

扣缴义务人每月或者每次预扣、代扣的税款，应当在次月 15 日内缴入国库，并向税务机关报送扣缴个人所得税申报表。

纳税人办理汇算清缴退税或者扣缴义务人为纳税人办理汇算清缴退税的，税务机关审核后，按照国库管理的有关规定办理退税。

四、纳税地点

1. 年所得 12 万元以上的纳税人，纳税申报地点为：

（1）在中国境内有任职、受雇单位的，向任职、受雇单位所在地主管税务机关申报。

（2）在中国境内有两处或者两处以上任职、受雇单位的，选择并固定向其中一处单位所在地主管税务机关申报。

（3）在中国境内无任职、受雇单位，年所得项目中有个体工商户的生产、经营所得或者对企事业单位的承包经营、承租经营所得（以下统称生产、经营所得）的，向其中一处实际经营所在地主管税务机关申报。

（4）在中国境内无任职、受雇单位，年所得项目中无生产、经营所得的，向户籍所在地主管税务机关申报。在中国境内有户籍，但户籍所在地与中国境内经常居住地（指纳税人离开户籍所在地最后连续居住一年以上的地方）不一致的，选择并固定向其中一地主管税务机关申报。在中国境内没有户籍的，向中国境内经常居住地主管税务机关申报。

2. 从中国境内两处或者两处以上取得工资、薪金所得的，从中国境外取得所得的或取得应税所得，没有扣缴义务人的，纳税申报地点为：

（1）从两处或者两处以上取得工资、薪金所得的，选择并固定向其中一处单位所在地主管税务机关申报。

（2）从中国境外取得所得的，向中国境内户籍所在地主管税务机关申报。在中国境内有户籍，但户籍所在地与中国境内经常居住地不一致的，选择并固定向其中一地主管税务机关申报。在中国境内没有户籍的，向中国境内经常居住地主管税务机关申报。

3. 个体工商户向实际经营所在地主管税务机关申报。

4. 个人独资、合伙企业投资者兴办两个或两个以上企业的，区分不同情形确定纳税申报地点：

（1）兴办的企业全部是个人独资性质的，分别向各企业的实际经营管理所在地主管税务机关申报。

（2）兴办的企业中含有合伙性质的，向经常居住地主管税务机关申报。

（3）兴办的企业中含有合伙性质，个人投资者经常居住地与其兴办企业的经营管理所在地不一致的，选择并固定向其参与兴办的某一合伙企业的经营管理所在地主管税务机关申报。

除以上情形外，纳税人应当向取得所得所在地主管税务机关申报。

纳税人不得随意变更纳税申报地点，因特殊情况变更纳税申报地点的，须报原主管税务机关备案。

练习题

一、单项选择题

1. 下列项目中，属于劳务报酬所得的是（　　）。

A. 发表论文取得的报酬

B. 提供非专利技术取得的报酬

C. 将国外的作品翻译出版取得的报酬

D. 高校教师受出版社委托进行审稿取得的报酬

2. 下列各项中，不属于个人所得税应税项目的是（　　）。

A. 劳动报酬所得　　B. 稿酬所得

C. 保险赔款　　D. 彩票中奖所得

3. 居民纳税人来源于中国境外的所得在境外已纳税款，在其应纳税额计算时可作（　　）处理。

A. 分国分项限额扣除

B. 分国不分项限额扣除

C. 提供完税凭证原件的，据实扣除

D. 提供完税凭证原件的，也不予扣除

4. 个人出租房屋使用权取得的所得属于（　　）。

A. 财产转让所得

B. 财产租赁所得

C. 特许权使用费所得

D. 劳务报酬所得

5. 下列属于非居民纳税人的自然人有（　　）。

A. 在中国境内无住所且不居住，但有来源于中国境内所得

B. 在中国境内无住所

C. 中国境内无住所，但居住时间满一个纳税年度

D. 在中国境内有住所，但目前未居住

6. 下列应税项目中，不使用代缴方式缴纳的是（　　）。

A. 工资、薪金

B. 稿酬所得

C. 个体工商户生产、经营所得

D. 劳务报酬所得

7. 个体工商户与其他企业联营而分得的利润缴纳个人所得税时（　　）。

A. 按经营所得项目征收个人所得税

B. 按利息、股息、红利所得项目征收个人所得税

C. 按财产转让所得项目征收个人所得税

D. 不需要征收个人所得税

8. 我国居民纳税人与非居民纳税人的划分标准是（　　）。

A. 住所　　B. 籍贯标准

C. 住所和居住时间　　D. 国籍所在地标准

二、多项选择题

1. 在下列所得中，以 1 个月取得的收入为一次计征个人所得税的项目有（　　）。

A. 书稿酬金　　B. 工资、薪金所得

C. 财产租赁所得　　D. 财产转让所得

2. 下列项目中的（　　）属于个人所得税的劳务报酬所得。

A. 个人接受委托审查稿件所得

B. 个人从事技术服务所得

C. 个人在报刊上发表文章所得

D. 教授应外单位聘请从事讲学所得

E. 出版社出版书籍所得

3. 下列项目中，（　　）属于个人所得税的偶然所得。

A. 中奖　　B. 中彩

C. 咨询费　　D. 书画费

4. 下列所得属于个人所得税免税项目的有（　　）。

A. 科学发明奖　　B. 单位发放的津贴

C. 国债利息　　D. 军人的复员费

5. 下列各项中，属于个人所得税居民纳税人的是（　　）。

A. 在中国境内无住所，但一个纳税年度中在中国境内居住满 1 年的个人

B. 在中国境内无住所且不居住的个人

C. 在中国境内无住所，而在境内居住超过 6 个月不满 1 年的个人

D. 在中国境内有住所的个人

6. 下列各项中，以取得的收入为应纳税所得额直接计征个人所得税的有（　　）。

A. 稿酬所得　　B. 偶然所得

C. 股息所得　　D. 特许权使用费所得

7. 下列各项所得中，应计算缴纳个人所得税的有（　　）。

A. 职工个人以股份形式取得的不拥有所有权的企业量化资产

B. 职工个人以股份形式取得的拥有所有权的企业量化资产

C. 职工个人以股份形式取得的拥有所有权的企业量化资产，转让时所获得的收入

D. 职工个人以股份形式取得的以量化资产参与企业分配而获得的股息

8. 下列收入中属于中国境内所得的有（　　）。

A. 在中国境内任职、受雇而取得的工资、薪金所得

B. 因任职、受雇、履约等而在境外提供各种劳务取得的劳务报酬所得

C. 将财产出租给承租人在境外使用而取得的所得

D. 转让境内的建筑物、土地使用权等财产，以及在境内转让其他财产取得的所得

三、判断题

1. 扣缴义务人向本单位支付应税所得时，应代扣代缴个人所得税；向外单位个人支付应税所得时，由收款人自行申报缴纳个人所得税。（　）

2. 个人所得税的非居民纳税人履行有限纳税义务。（　）

3. 用来确定个人应税所得的收入额是指以现金形式取得的全部收入。（　）

4. 按《个人所得税法》的规定，居民纳税人来源于中国境内和境外的所得，应当合并计算应纳税额。（　）

5. 个人转让财产时，以收入总额扣除收入的 20% 后的余额为计税依据。（　）

6. 多人共有一项应税所得收入时，应先纳税，后分给每个人。（　）

7. 企业和个人按照省级人民政府规定的比例提取缴付的基本养老金、失业保险金，不计入个人当期的工资、薪金收入，免予征收个人所得税，但个人领取时，则应征收个人所得税。（　）

四、计算题

1. 钱某为一外商投资企业雇佣的中方人员，2019 年 1—12 月收入情况如下：

（1）外商投资企业每月支付薪酬 15 500 元。

（2）利用休假时间为国内某单位进行工程设计取得收入 80 000 元，领取收入时得知该单位遭受严重水灾，当即捐赠 20 000 元。

（3）为境外某企业提供一项专利技术的使用权，一次取得收入 150 000 元，已按收入来源国税法在该国缴纳了个人所得税 20 000 元。

（4）个人出租住房，每月取得租金收入 3 000 元，每月发生的准予扣除项目及修缮费用 500 元，取得合法票据。

要求：计算钱某应缴纳的个人所得税。

2. 中国公民孙某系自由职业者，2018 年收入情况如下：

（1）出版中篇小说一部，取得稿酬 50 000 元，后因小说加印和报刊连载，分别取得出版社稿酬 10 000 元和报社稿酬 3 800 元。

（2）受托对一部电影剧本进行审核，取得审稿收入 15 000 元。

（3）临时担任会议翻译，取得收入 3 000 元。

（4）在 A 国讲学取得收入 30 000 元，在 B 国从事书画展卖取得收入 70 000 元，已分别按收入来源国税法规定缴纳了个人所得税 5 000 元和 18 000 元。

要求：计算孙某 2018 年应缴纳的个人所得税。

第十七章

税收征收管理法

我国现行税收征收管理的法律依据为《税收征管法》。该法于1992年9月4日经第七届全国人民代表大会常务委员会第二十七次会议通过，1993年1月1日起施行。1995年2月、2001年4月、2013年6月、2015年4月全国人大常委会对其进行了修正。《税收征管法》共分总则、税务管理、税款征收、税务检查、法律责任和附则6章94条。2016年2月国务院又修订颁布了《税收征管法实施细则》。

《税收征管法》只适用于由税务机关征收的各种税收的征收管理。目前还有一部分费由税务机关征收，如教育费附加、防洪保安费等。这些费不适用《税收征管法》，不能采用《税收征管法》规定的措施，其具体管理办法由各种费的条例和规章决定。

第一节　税务管理

一、税务登记管理

税务登记是税务机关根据税法规定对纳税人的生产经营活动进行登记管理的一项基本制度，是纳税人已经纳入税务机关监督管理的一项证明，对于纳税人依法纳税和税务机关依法征税都有重要意义。

税务登记管理的主要依据是《税收征管法》及其实施细则和《国家税务总局关于修改〈税务登记管理办法〉的决定》（国家税务总局令2014年第36号）。

《税收征管法》规定，企业，企业在外地设立的分支机构和从事生产、经营的场所，个体工商户和从事生产、经营的事业单位（以下统称从事生产、经营的纳税人）自领取营业执照之日起30日内，持有关证件，向税务机关申报办理税务登记。

从事生产、经营的纳税人，税务登记内容发生变化的，自工商行政管理机关办理变更登记之日起30日内或者在向工商行政管理机关申请办理注销登记之前，持有关证件向税务机关申报办理变更或者注销税务登记。

《税收征管法实施细则》规定，纳税人发生解散、破产、撤销以及其他情形，依法终止纳税义务的，应当在向工商行政管理机关或者其他机关办理注销登记前，持有关证件向原税务登记机关申报办理注销税务登记；按照规定不需要在工商行政管理机关或者其他机关办理注册登记的，应当自有关机关批准或者宣告终止之日起15日内，持有关证件向原税务登记机关申报办理注销税务登记。

纳税人因住所、经营地点变动，涉及改变税务登记机关的，应当在向工商行政管理机关或者其他机关申请办理变更或者注销登记前或者住所、经营地点变动前，向原税务登记机关申报办理注销税务登记，并在30日内向迁达地税务机关申报办理税务登记。

纳税人被工商行政管理机关吊销营业执照或者被其他机关予以撤销

登记的，应当自营业执照被吊销或者被撤销登记之日起 15 日内，向原税务登记机关申报办理注销税务登记。

《税收征管法实施细则》规定，纳税人在办理注销税务登记前，应当向税务机关结清应纳税款、滞纳金、罚款，缴销发票、税务登记证件和其他税务证件。

在当前深化简政放权、放管结合、优化服务改革进程中，税务部门启动了税务登记证和工商营业执照、组织机构代码证、社会保险登记证、统计登记证等"多证合一"改革工作。所谓"多证合一"登记制度，是指企业分别由工商行政管理部门核发工商营业执照、质量技术监督部门核发组织机构代码证、税务部门核发税务登记证等，改为一次申请、由工商行政管理部门核发一个加载法人和其他组织统一社会信用代码的营业执照的登记制度。"多证合一"推行后，新办企业及换发证照的企业将取得工商行政管理部门核发的载有 18 位的"统一社会信用代码"的营业执照。该 18 位"统一社会信用代码"既是企业的工商登记号，又是税务登记号。

企业在完成工商登记，取得"多证合一、一照一码"证照后，30 日内未去税务机关报到，不属于逾期登记。

"多证合一"并不是将税务登记取消了，税务登记的法律地位仍然存在，只是政府简政放权将此环节改为由工商行政管理部门一口受理，核发一个加载法人和其他组织统一社会信用代码的营业执照，这个营业执照在税务机关完成信息补录后具备税务登记证的法律地位和作用。

二、账簿、凭证管理和发票管理

账簿、凭证是记录和反映纳税人经营活动的基本材料之一，也是税务机关对纳税人、扣缴义务人计征税款以及确认其是否正确履行纳税义务的重要依据。

（一）账簿、凭证管理

1. 设置账簿的范围

从事生产、经营的纳税人应当自领取营业执照或者发生纳税义务之日起 15 日内，按照国家有关规定设置账簿。

扣缴义务人应当自税收法律、行政法规规定的扣缴义务发生之日起

10日内，按照所代扣、代收的税种，分别设置代扣代缴、代收代缴税款账簿。

生产、经营规模小又确无建账能力的纳税人，可以聘请注册会计师或者经税务机关认可的财务人员代为建账和办理账务；聘请注册会计师或者经税务机关认可的财务人员有实际困难的，报经县以上税务机关批准，可以按照税务机关的规定，建立收支凭证粘贴簿、进货销货登记簿等账簿。

2. 对纳税人的财务会计制度及财务会计处理办法的管理

从事生产、经营的纳税人应当自领取税务登记证件之日起15日内，将其财务会计制度或者财务会计处理办法报送主管税务机关备案。从事生产、经营的纳税人财会制度、处理办法与税法规定相抵触的，应按税法规定计缴税款。

3. 账簿、凭证的保存和管理

从事生产、经营的纳税人必须按照国务院财政、税务主管部门规定的保管期限保管账簿、记账凭证、完税凭证及其他有关资料。除法律、行政法规另有规定外，账簿、记账凭证、报表、完税凭证、发票、出口凭证以及其他有关涉税资料应当保存10年。纳税人不得伪造、变造或擅自销毁账簿、记账凭证、完税凭证及其他有关资料。

（二）发票管理

税务机关是发票的主管机关，负责发票的印制、领购、开具、使用、取得、保管、缴销等多方面管理。

发票根据其作用、内容及使用范围的不同，可以分为增值税普通发票（折叠票）和增值税专用发票两大类。

1. 增值税普通发票（折叠票）

增值税普通发票的基本联次包括存根联、发票联、记账联。存根联由收款方或开票方留存备查，发票联由付款方或受票方作为付款原始凭证，记账联由收款方或开票方作为记账原始凭证。

《税收征管法》规定，增值税专用发票由国务院税务主管部门指定的企业印制；其他发票，按照国务院税务主管部门的规定，分别由省、自治区、直辖市税务机关指定企业印制。

需要领购发票的单位和个人，应当持税务登记证件、经办人身份证明、按照国务院税务主管部门规定式样制作的发票专用章的印模，向主管税务机关办理发票领购手续。需要临时使用发票的单位和个人，可以凭购销商品、提供或者接受服务以及从事其他经营活动的书面证明、经办人身份证明，直接向经营地税务机关申请代开发票。

销售商品、提供服务以及从事其他经营活动的单位和个人，对外发生经营业务收取款项，收款方应当向付款方开具发票；特殊情况下，由付款方向收款方开具发票。填开发票的单位和个人必须在发生经营业务确认营业收入时开具发票，未发生经营业务一律不准开具发票。

开具发票应当按照规定的时限、顺序、栏目，全部联次一次性如实开具，并加盖发票专用章。不符合规定的发票，不得作为财务报销凭证，任何单位和个人有权拒收。

除国务院税务主管部门规定的特殊情形外，发票限于领购单位和个人在本省、自治区、直辖市内开具，任何单位和个人不得跨规定的使用区域携带、邮寄、运输空白发票。

税务人员进行发票检查时，应当出示税务检查证。

税务机关需要将已开具的发票调出查验时，应当向被查验的单位和个人开具发票换票证。发票换票证与所调出查验的发票有同等的效力。被调出查验发票的单位和个人不得拒绝接受。

税务机关需要将空白发票调出查验时，应当开具收据；经查无问题的，应当及时返还。

单位和个人从中国境外取得的与纳税有关的发票或者凭证，税务机关在纳税审查时有疑义的，可以要求其提供境外公证机构或者注册会计师的确认证明，经税务机关审核认可后，方可作为记账核算的凭证。

对违反发票管理法规的行政处罚，由县以上税务机关决定；罚款额在 2 000 元以下的，可由税务所决定。

2. 增值税专用发票

增值税专用发票是为加强增值税的征收管理，根据增值税的特点设计的，专供增值税一般纳税人销售货物或应税劳务和应税服务使用的一种特殊发票。具体参见本书第二章第四节。

三、纳税申报管理

纳税申报是指纳税人就计算缴纳税款的有关事项向税务机关提出的书面报告，是税务管理的一项重要制度。它既是纳税人履行纳税义务的法定程序，又是税务机关核定应征税款和开具纳税凭证的主要依据。

（一）纳税申报的对象

负有纳税义务、代扣代缴税款义务的单位和个人，无论本期有无应缴、应纳税款，都应按规定的期限如实向主管税务机关办理纳税申报。享受减免税的纳税人也应按期申报，并按照税务机关的规定报送减免税金的统计报告。具体申报的对象包括：从事生产、经营的纳税人和扣缴义务人；无营业执照的临时经营单位和个人；在集市贸易市场上出售应税农、林、牧、水产品和宰杀自养牲畜出售肉类的纳税人；已办理税务登记但本期无收入、收益的纳税人；法律、法规规定的其他取得应税收入及发生应税款项的单位和个人。

（二）纳税申报的内容

纳税申报的内容是指法律、行政法规规定的，或者税务机关根据法律、行政法规的规定确定的纳税人、扣缴义务人向税务机关申报应纳或者应解缴税款的内容。纳税申报的内容主要体现在综合纳税申报表、特殊税种纳税申报表，以及代扣代缴、代收代缴税款报告表内，以及随纳税申报表附报的财务报表和税务机关根据实际情况要求纳税人报送的其他纳税资料中。纳税人和扣缴义务人在发生纳税义务和代扣代缴、代收代缴税款义务后，应在其申报期限内，按纳税申报表的内容逐项如实填写，并随同规定的附报材料，做好纳税申报工作。

1. 正常纳税申报的内容

（1）纳税人领取税务登记证件后 15 日内应向主管税务机关报送财务会计制度或财务会计处理办法。

（2）纳税人使用计算机记账的，应当在使用前将会计电算化系统的会计核算软件、使用说明书及有关资料报送主管税务机关备案。

（3）报送纳税申报表和财务报表，与纳税有关的合同、协议书及凭证，外出经营活动税收管理证明和异地完税证明，境内或者境外公证机构出具的有关证明文件，纳税人、扣缴义务人和其他有关单位按照国家有关规定应提供的与纳税和代扣代缴、代收代缴税款有关的信息。

2. 全面纳税申报的内容

根据《税收征管法》及其实施细则的规定，纳税人从办理税务登记起，不论有无经营收入、是否亏损，也不论是否享受减免税，都应在规定的申报期限内办理纳税申报，这就是全面纳税申报。全面纳税申报的内容包括：

（1）正常申报。纳税人必须在规定的申报期限内办理纳税申报，向税务局（所）报送纳税申报表、财务会计报表以及需要报送的其他有关纳税资料。

（2）减免申报。按税法规定可享受并经批准减免税的纳税人，仍应按照规定申报减免税期间的经营状况、减免税种和减免税税额、减免性质及批准减免税文号，并提供有关财务会计资料。

（3）零申报。当期达不到起征点或当期没有发生纳税义务的纳税人（如无经营收入或亏损），也要按期办理纳税申报，并提供有关生产经营情况和财务会计资料。

（4）定期定额申报。实行定期定额缴纳税款的纳税人，应按期主动向税务机关填报纳税申请表，提供实际经营情况及有关资料。

（5）延期申报。按照税法的规定，经批准同意延期申报的纳税人，在税务机关批准其延期后，也应按照规定申报，具体内容包括延期税种、延期税额，还要递交有关批准延期申报的文号并提供有关财务会计资料。延期申报期限最长不得超过 30 日，但纳税人、扣缴义务人因不可抗力申请核准延期申报的，不可抗力情形的存续时间不得计算在 30 日的期限内。

此外，代扣代缴义务人必须在税法规定的期限内报送代扣代缴、代收代缴报告表及有关资料。

（三）纳税申报的期限

纳税人和扣缴义务人都必须按照法定的期限办理纳税申报。申报期限有两种：一种是法律、行政法规明确规定的；另一种是税务机关按照法律、行政法规的原则规定，结合纳税人生产经营的实际情况及所应缴纳的税种等相关问题予以确定的。两种期限具有同等的法律效力。报缴期限的最后一天，如遇公休日可以顺延一天。

如果因为不可抗力或财务会计处理上的特殊情况等，纳税人不能按期申报，扣缴义务人不能按期报送代扣代缴税款报告表的，经税务机关核准，可以延期申报，但最迟不得超过 3 个月，其税款应按上期或税务机关核定税额预缴。

（四）纳税申报的方式

纳税申报的方式是指纳税人和扣缴义务人在发生纳税义务和代扣代缴、代收代缴义务后，在其申报期限内，依照税收法律、行政法规的规定到指定税务机关进行申报纳税的形式。随着经济的发展、科学技术的进步以及改革开放的不断深化，为方便纳税人申报纳税，我国纳税申报方式也由单一的直接上门申报逐步向多元化发展。

纳税人、扣缴义务人可直接到税务机关办理纳税申报或者报送代扣代缴、代收代缴税款报告表，也可以按照规定采取邮寄、数据电文或者其他方式办理上述申报、报送事项。

1. 直接申报（上门申报），是指纳税人持纳税申报资料到主管税务机关办税服务厅或办税场所办理纳税申报。

2. 邮寄申报，是指经税务机关批准的纳税人使用统一规定的纳税申报专用信封，通过邮政部门办理交寄手续，并以邮政部门收据（发票）作为申报凭据的方式。邮寄申报以寄出的邮戳日期为实际申报日期。

3. 数据电文申报，是指税务机关确定的电话语音、电子数据交换和网络传输等电子申报方式。纳税人的申报日期以税务机关计算机网络系统收到该数据电文的时间为准。

纳税人采取数据电文方式办理纳税申报的，应当按照税务机关规定的期限和要求保存有关资料，并定期书面报送主管税务机关。如果税务机关收到的纳税人数据电文申报数据与纸文书数据有差异，税务机关以纳税人的纸文书数据为准。

4. 代理申报，是指纳税人、扣缴义务人委托注册税务师（税务代理机构）办理纳税申报。

第二节　税款征收

税款征收是税务机关依据国家法律、行政法规的规定将纳税人依法应纳的税款以不同方式入库的执法过程或工作。它是税收征收管理工作的中心环节，是全部税收征管工作的目的和归宿，在整个税收征管工作中占据极其重要的地位。从纳税人角度看，税款征收的过程同时也是税款缴纳的过程，是一个事物的另一个侧面。

一、税款征收的原则

（一）唯一征收主体原则

根据《税收征管法》的规定，除税务机关、税务人员以及经税务机关依照法律、行政法规委托的单位或个人外，任何单位和个人不得进行税款征收活动。代表国家行使征税权力的主体是税务机关。

（二）征收法定原则

这是税务机关在税款征收过程中必须遵循的一个基本原则，即税务机关的一切税收及有关活动都必须由法律明确规定；没有法律明确规定的，人们不负有纳税义务，任何单位和个人都无权向人们收税。这一原则要求税务机关只能依照法律、行政法规的规定征收税款，不得任意开征、停征、多征、少征、提前征收或者延缓征收税款或者摊派税款。这一原则包含以下内容：

1. 税权法定，这是指税收的立法权和执法权都是法定的，税务机关不得自行处分税权。

2. 税种法定，这是指经法律设定或法律授权行政法规设定并开征的税种，税务机关不得擅自增减改变税目，不得调高或降低税率，未经法定批准程序不得加征、减征或免税，不得多征、少征、提前征收或者延缓征收税款或者摊派税款；否则，除撤销其擅自做出的决定外，还应补征应征未征的税款、退还不应征而征收的税款，并由上级税务机关追究直接责任人员的行政责任。

3. 征税法定，这一原则主要有三层含义：一是指税收的征收程序必须由法律明确规定，征纳双方必须遵照执行，具体表现在：采取税收保全措施或强制执行措施时；办理减、免、退税时；核定应纳税额时；进行纳税调整时；针对纳税人的欠税，进行清理，采取各种措施时；税务机关都必须按照法律、行政法规规定的审批权限和程序操作，否则就是违法。二是税务机关征收税款或扣押、查封商品、货物或其他财产时，必须向纳税人开具完税凭证或开具扣押、查封的收据或清单。三是税款、滞纳金、罚款统一由税务机关上缴国库，具体是指：税务机关征收的税款、滞纳金、罚款必须按规定的税收征管范围和规定的预算级次入库；有关执行部门在查处有关案件时，涉及税款的，应当将税款、滞纳金交由税务机关按规定的预算级次入库。

4. 禁止对税法作扩大解释。除立法解释外，不能作扩大或类推解释。

（三）税款优先原则

税款优先原则是指根据税法的规定，在纳税人支付各种款项和偿还债务时，税款处于优先地位。税款优先原则体现了国家政治权力优先于一部分经济权力，在一定程度上也体现了税收的强制性，增强了税法在执行中的可操作性，为保证国家税款的安全和完整提供了法律保障。税款优先原则包含以下三层含义：

1. 税款优先于无担保债权。税款优先于无担保债权是有条件的，也就是说，税款并不是优先于所有的无担保债权，对于法律上另有规定的无担保债权，不能行使税款优先权。如对于破产企业来说，法律规定破产企业优先支付职工工资、生活保障费等。在这里，职工对于企业来说是债权人，职工工资、生活保障费等债权优先于税款。类似情况还有商业银行法规定的个人储蓄本金优先，保险法规定的保险金优先，海商法规定的工资、社会保险费用以及在船舶营运中发生的人员死亡的赔偿请求等海事请求优先。

2. 纳税人发生欠税在前的，税款优先于抵押权、质权或留置权。纳税人的欠税发生在以其财产设置抵押、质押或被留置之前，纳税人应当向抵押权人、质权人说明其欠税情况。抵押权人、质权人可以请求税务机关提供有关的欠税情况。纳税人以其财产设定抵押、质押或被留置的，并不是纳税人财产所有权的转移，但当抵押权、质权、留置权被执行时，就可能发生财产所有权的转移，为保障税款的安全，规定纳税人发生欠税在前的，税款优先于抵押权、质权、留置权的执行。在这里，税收执行权的额度以纳税人欠税和滞纳金价值为标准。

欠税的法律构成要件为：纳税人的纳税行为已经发生，纳税义务已经超过纳税期限，纳税人未缴纳或者未全部缴纳应纳税款。这里的“欠税”未将纳税人的主观意图纳入界定的概念中，即无论其是否故意、有无过失等，只要未按规定期限缴纳税款即为欠税。具体来说，偷逃的税款包含在欠税中。

3. 税款优先于罚款、没收非法所得。纳税人欠缴税款，同时又被税务机关处以罚款、没收非法所得的，税款优先于罚款、没收非法所得。

纳税人欠缴税款，同时又被税务机关以外的其他行政部门处以罚款、没收非法所得的，税款优先于罚款、没收非法所得。也就是说，当税收权力与行政权力在债权发生冲突时，即当纳税人的财产不足以满足两种权力要求时，税收权力优先于其他行政权力。因为罚没所得具有制裁当事人的性质，不以财政收入、公共利益为目的，与税收的性质有所区别，所以罚没所得应当滞后于税款受偿。

二、税款征收方式

税款征收方式是指税务机关依照税法规定和纳税人生产经营、财务管理情况以及便于征收和保证国家税款及时足额入库的原则而采取的具体组织税款入库的方法。

（一）查账征收

查账征收是由纳税人依据账簿记载，先自行计算缴纳，事后经税务机关查账核定，如有不符合税法规定的，可以多退少补。这种税款征收方式主要对已建立会计账册、会计记录完整的单位采用。

（二）查定征收

查定征收是由税务机关根据纳税人的生产设备及在正常条件下的生产、销售等情况，对其生产的应税产品查定产量和销售额，然后依税法规定的税率征收税款的一种方式。这种税款征收方式主要对生产不固定、账册不健全的单位采用。

（三）查验征收

查验征收是由税务机关对纳税人的应税产品进行查验，贴上完税证、查验证，盖查验戳，并据以征税的一种征收方式。这种税款征收方式主要对于零星、分散的高税率产品适用。

（四）定期定额征收

定期定额征收是指税务机关依照有关法律、法规的规定，按照一定的程序，核定纳税人在一定经营时期内的应纳税经营额及收益额，并以此为计税依据，确定其应纳税额（包括增值税税额、消费税税额、企业所得税税额等）的一种税款征收方式。税务机关核定定额应依照以下程序：纳税人自报，典型调查，定额核定，下达定额。这种税款征收方式适用于生产经营规模小又确无建账能力，经主管税务机关审核批准，可以不设置账簿或暂缓建账的小型纳税人。

（五）代扣代缴

代扣代缴是指按照税法的规定，负有扣缴税款义务的法定义务人，负责对纳税人应纳税款进行代扣代缴的方式，即支付人在向纳税人支付款项时，从所支付的款项中依照税法的规定直接扣收税款。其目的是对零星分散、不易控制的税源实行源泉控管。

（六）代收代缴

代收代缴是指按照税法的规定，负有收缴税款义务的法定义务人负责对纳税人应纳的税款进行代收代缴的方式，即由与纳税人有经济业务往来的单位和个人在向纳税人收取款项时依照税法的规定收取税款。这种方式一般适用于税收网络覆盖不到或很难控制的领域，如受托加工应征消费税的消费品，由受托方代收代缴消费税。

（七）委托代征

委托代征是指受托的有关单位按照税务机关核发的代征证书的要求，以税务机关的名义向纳税人征收零散税款的税款征收方式。

（八）邮寄纳税

邮寄纳税主要适用于那些有能力按期纳税，但采用其他方式纳税又不方便的纳税人。

（九）其他方式

如利用网络申报、用IC卡纳税等。

三、税款征收制度

（一）加收滞纳金

纳税人、扣缴义务人未按照法律、行政法规规定或者税务机关依照法律、行政法规的规定确定的期限缴纳或者解缴税款的，税务机关除责令限期缴纳外，从滞纳税款之日起，按日加收滞纳税款5‱的滞纳金。加收税款滞纳金的起止时间为法律、行政法规规定或者税务机关依照法律、行政法规的规定确定的税款缴纳期限届满次日起至纳税人、扣缴义务人实际缴纳或者解缴税款之日止。经税务机关批准延期缴纳税款的，在批准期限内不加收滞纳金。

（二）核定应纳税额

纳税人有下列情形之一的，税务机关有权核定其应纳税额：

1. 依照法律、行政法规的规定可以不设置账簿的；

2. 依照法律、行政法规的规定应当设置账簿但未设置的；

3. 擅自销毁账簿或者拒不提供纳税资料的；

4. 虽设置账簿，但账目混乱或者成本资料、收入凭证、费用凭证残缺不全，难以查账的；

5. 发生纳税义务，未按照规定的期限办理纳税申报，经税务机关责令限期申报，逾期仍不申报的；

6. 纳税人申报的计税依据明显偏低，又无正当理由的。

税务机关核定应纳税额的具体程序和方法由国务院税务主管部门规定。

（三）税收保全措施

税务机关有根据认为从事生产、经营的纳税人有逃避纳税义务行为的，可以在规定的纳税期之前，责令其限期缴纳应纳税款；在限期内发现纳税人有明显转移、隐匿其应纳税的商品、货物以及其他财产或者应纳税收入的迹象的，税务机关可以责成纳税人提供纳税担保。如果纳税人不能提供纳税担保，经县以上税务局（分局）局长批准，税务机关可以采取下列税收保全措施：

1. 书面通知纳税人开户银行或者其他金融机构冻结纳税人的金额相当于应纳税款的存款。

2. 扣押、查封纳税人的价值相当于应纳税款的商品、货物或者其他财产。

纳税人在规定的限期内缴纳税款的，税务机关必须立即解除税收保全措施；限期期满仍未缴纳税款的，经县以上税务局（分局）局长批准，税务机关可以书面通知纳税人开户银行或者其他金融机构从其冻结的存款中扣缴税款，或者依法拍卖或者变卖所扣押、查封的商品、货物或者其他财产，以拍卖或者变卖所得抵缴税款。

个人及其所扶养家属维持生活必需的住房和用品，不在税收保全措施的范围之内。

纳税人在限期内已缴纳税款，税务机关未立即解除税收保全措施，使纳税人的合法利益遭受损失的，税务机关应当承担赔偿责任。

税务机关按照规定采取税收保全措施过程中，对已采取税收保全的商品、货物、其他财产或者财产权利，在做出税务处理决定之前，不得拍卖、变卖处理变现。在税收保全期内，已采取税收保全措施的财物有下列情形之一的，税务机关可以制作“税务事项通知书”，书面通知纳税人及时协助处理：

（1）鲜活、易腐烂变质或者易失效的商品、货物；

（2）商品保质期临近届满的商品、货物；

（3）季节性的商品、货物；

（4）价格有急速下降可能的商品、货物；

（5）保管困难或者需要的保管费用过高的商品、货物；

（6）其他不宜长期保存，需要及时处理的商品、货物。

纳税人未按规定期限协助处理的，经县以上税务局（分局）局长批准，税务机关制作“税务事项通知书”通知纳税人后，可参照《抵税财物拍卖、变卖试行办法》规定的程序和方式拍卖、变卖。

对拍卖、变卖所得，由税务机关保存价款，继续实施税收保全措施，并以“税务事项通知书”的形式书面通知纳税人。

税务机关依法做出税务处理决定后，应及时办理税款、滞纳金或者罚款的入库手续。拍卖或者变卖所得抵缴税款、滞纳金、罚款后有余额的，税务机关应当自办理入库手续之日起 3 个工作日内退还纳税人。拍卖、变卖所得不足抵缴税款、滞纳金或者罚款的，税务机关应当继续追缴。

（四）税收强制执行措施

从事生产、经营的纳税人、扣缴义务人未按照规定的期限缴纳或者解缴税款，纳税担保人未按照规定的期限缴纳所担保的税款，由税务机关责令限期缴纳；逾期仍未缴纳的，经县以上税务局（分局）局长批准，税务机关可以采取下列强制执行措施：

1. 书面通知其开户银行或者其他金融机构从其存款中扣缴税款；

2. 扣押、查封、依法拍卖或者变卖其价值相当于应纳税款的商品、货物或者其他财产，以拍卖或者变卖所得抵缴税款。

税务机关采取强制执行措施时，对纳税人、扣缴义务人、纳税担保人未缴纳的滞纳金同时强制执行。

个人及其所扶养家属维持生活必需的住房和用品，不在强制执行措施的范围之内。

采取税收保全措施、强制执行措施的权力，不得由法定的税务机关以外的单位和个人行使。

税务机关采取税收保全措施和强制执行措施必须依照法定权限和法定程序，不得查封、扣押纳税人个人及其家属维持生活必需的住房和用品。

税务机关滥用职权违法采取税收保全措施、强制执行措施，或者采取税收保全措施、强制执行措施不当，使纳税人、扣缴义务人或者纳税担保人的合法权益遭受损失的，应当依法承担赔偿责任。

（五）离境清税制度

欠缴税款的纳税人或者其法定代表人需要出境的，应当在出境前向税务机关结清应纳税款、滞纳金或者提供担保。未结清税款、滞纳金，又不提供担保的，税务机关可以通知出境管理机关阻止其出境。

（六）税款的退还和追征

纳税人超过应纳税额缴纳的税款，税务机关发现后应当立即退还；纳税人自结算缴纳税款之日起 3 年内发现的，可以向税务机关要求退还多缴的税款并加算银行同期存款利息。

因税务机关责任致使纳税人、扣缴义务人未缴或者少缴税款的，税务机关在 3 年内可要求纳税人、扣缴义务人补缴，但不得加收滞纳金。

因纳税人、扣缴义务人计算失误未缴或者少缴税款的，税务机关在3年内可以追征税款、滞纳金；有特殊情况的，追征期可延至5年；对偷、抗、骗税的，不受期限限制。

第三节 税务检查

税务检查是税务机关以国家税收法律、行政法规为依据，对纳税人、扣缴义务人履行纳税义务和代扣代缴、代收代缴义务的情况进行的审查监督活动。

一、税务检查的主要内容

1. 检查纳税人、扣缴义务人遵守税收实体法的情况。检查其有无偷税、欠税，应扣未扣、应收未收税款，挪用截留税款，骗取退税等违反税法的行为。

2. 检查纳税人、扣缴义务人遵守税收程序法的情况。检查其有无不按规定程序办事，违反税收征管法律制度的行为。通过税务检查，能够了解税法执行情况，发现有无违反财经纪律和财务会计制度，以及隐瞒收入、偷税、骗取出口退税等问题；还有利于严肃税收法纪，纠正错漏，保证税收收入。

二、税务检查的范围

1. 检查纳税人的账簿、记账凭证、报表和有关资料，代扣代缴、代收代缴税款账簿、记账凭证和有关资料。

2. 到纳税人的生产、经营场所和货物存放地检查纳税人应纳税的商品、货物或者其他财产，检查扣缴义务人与代扣代缴、代收代缴税款有关的经营情况。

3. 责成纳税人、扣缴义务人提供与纳税或者代扣代缴、代收代缴税款有关的文件、证明材料和有关资料。

4. 询问纳税人、扣缴义务人与纳税或者代扣代缴、代收代缴税款有关的问题和情况。

5. 到车站、码头、机场、邮政企业及其分支机构检查纳税人托运、邮寄的应纳税商品、货物或者其他财产的有关单据、凭证和有关资料。

6. 经县以上税务局（分局）局长批准，凭全国统一格式的检查存款账户许可证明，查询从事生产、经营的纳税人、扣缴义务人在银行或者其他金融机构的存款账户。税务机关在调查税收违法案件时，经设区的市、自治州以上税务局（分局）局长批准，可以查询案件涉嫌人员的储蓄存款。税务机关查询所获得的资料，不得用于税收以外的用途。

三、税务检查的方法和程序

税务检查的方法分为具体方法和基本方法。税务检查的具体方法是指检查某个环节、某个具体问题时所采取的特定方法，主要有复核、对账、调查、审阅、盘点、比较分析等。税务检查的基本方法是指具有普遍意义的方法，主要有全查法与抽查法、顺查法和逆查法、联系查法与侧面查法、比较分析与控制计算法。以上几种方法各有优缺点，在实际运用中应有选择地结合起来。

税务检查必须遵循一定的程序。一般来说，税务检查包括查前准备、实施检查、分析定案、上报审批、送达执行、立卷归档等六个环节。税务检查的定案是税务检查的终结性工作。在定案时，必须以事实为依据，按照有关法律的规定提出处理意见，并起草处理意见审批报告，经审批后，即可送达当事人执行。当事人对处理决定不服时，必须先按规定执行处理决定，然后在规定的时间内向上级税务机关申请复议。对于复议决定仍然不服的，可以在接到复议决定之日起 15 日内，直接向人民法院起诉。当事人也可以在接到处理决定 15 日内，直接向人民法院提起诉讼。在复议和诉讼期间，强制执行措施和税收保全措施不停止执行。

税务机关派出的人员进行税务检查时，应当出示税务检查证和税务检查通知书，并有责任为被检查人保守秘密。未出示税务检查证和税务检查通知书的，被检查人有权拒绝检查。

纳税人、扣缴义务人必须接受税务机关依法进行的税务检查，如实反映情况，提供有关资料，不得拒绝、隐瞒。

税务机关对从事生产、经营的纳税人以前纳税期的纳税情况依法进行税务检查时，发现纳税人有逃避纳税义务行为，并有明显转移、隐匿其应纳税的商品、货物以及其他财产或者应纳税收入的迹象的，可以按照《税收征管法》规定的批准权限采取税收保全措施或者强制执行措施。

第四节 法律责任

法律责任是违法主体因其违法行为所应承担的法律后果。在税收法律关系中，违法主体所需承担的责任主要是行政责任和刑事责任。行政责任是由税务机关对违反税法行为所追究的法律责任；刑事责任是由国家司法机关对触犯刑律的违反税法行为所追究的法律责任。按照主体的不同，法律责任分为纳税主体的法律责任和征税主体的法律责任。

一、一般税收法律责任

（一）纳税人违反税法行为的法律责任

1. 纳税人违反税收管理行为的法律责任

（1）纳税人不办理税务登记的，税务机关应当自发现之日起 3 日内责令其限期改正；逾期不改正的，依照《税收征管法》第 60 条第 1 款的规定处罚。

纳税人通过提供虚假的证明资料等手段，骗取税务登记证件的，处 2 000 元以下的罚款；情节严重的，处 2 000 元以上 10 000 元以下的罚款。纳税人涉嫌其他违法行为的，按有关法律、行政法规的规定处理。

纳税人、扣缴义务人违反《税务登记管理办法》的规定，拒不接受税务机关处理的，税务机关可以收缴其发票或者停止向其发售发票。

（2）纳税人有下列行为之一的，由税务机关责令限期改正，可以处 2 000 元以下的罚款；情节严重的，处 2 000 元以上 10 000 元以下的罚款：

①未按照规定的期限申报办理税务登记、变更或者注销登记的；

②未按照规定设置、保管账簿或者保管记账凭证和有关资料的；

③未按照规定将财务会计制度或者财务会计处理办法和会计核算软件送交税务机关备查的；

④未按照规定将其全部银行账号向税务机关报告的；

⑤未按照规定安装、使用税控装置，或者损毁或者擅自改动税控装置的。

（3）纳税人不办理税务登记的，由税务机关责令限期改正；逾期不改正的，经税务机关提请，由工商行政管理机关吊销其营业执照。

纳税人未按照规定使用税务登记证件，或者转借、涂改、损毁、买卖、伪造税务登记证件的，处 2 000 元以上 10 000 元以下的罚款；情节严重的，处 1 万元以上 5 万元以下的罚款。

（4）扣缴义务人未按照规定办理扣缴税款登记的，税务机关应当自发现之日起 3 日内责令其限期改正，并可处以 1 000 元以下的罚款。

扣缴义务人未按照规定设置、保管代扣代缴、代收代缴税款账簿或者保管代扣代缴、代收代缴税款记账凭证及有关资料的，由税务机关责令限期改正，可以处 2 000 元以下的罚款；情节严重的，处 2 000 元以上 5 000 元以下的罚款。

税务人员徇私舞弊或者玩忽职守，违反规定为纳税人办理税务登记相关手续，或者滥用职权，故意刁难纳税人、扣缴义务人的，调离工作岗位，并依法给予行政处分。

2. 纳税人违反纳税申报规定行为的法律责任

纳税人未按照规定的期限办理纳税申报和报送纳税资料的，或者扣缴义务人未按照规定的期限向税务机关报送代扣代缴、代收代缴税款报告表和有关资料的，由税务机关责令限期改正，可以处 2 000 元以下的罚款；情节严重的，可以处 2 000 元以上 10 000 元以下的罚款。

扣缴义务人应扣未扣、应收而不收税款的，由税务机关向纳税人追缴税款，对扣缴义务人处应扣未扣、应收未收税款 50% 以上 3 倍以下的罚款。

3. 纳税人偷税的法律责任

纳税人伪造、变造、隐匿、擅自销毁账簿、记账凭证，或者在账簿上多列支出或者不列、少列收入，或者经税务机关通知申报而拒不申报或者进行虚假纳税申报，不缴或者少缴应纳税款的，是偷税。对纳税人偷税的，由税务机关追缴其不缴或者少缴的税款、滞纳金，并处不缴或者少缴的税款 50% 以上 5 倍以下的罚款；构成犯罪的，依法追究刑事责任。

扣缴义务人采取以上所列手段，不缴或者少缴已扣、已收税款，由税务机关追缴其不缴或者少缴的税款、滞纳金，并处不缴或者少缴的税款50%以上下5倍以下的罚款；构成犯罪的，依法追究刑事责任。

纳税人、扣缴义务人编造虚假计税依据的，由税务机关责令限期改正，并处5万元以下的罚款。

纳税人不进行纳税申报，不缴或者少缴应纳税款的，由税务机关追缴其不缴或者少缴的税款、滞纳金，并处不缴或者少缴的税款50%以上5倍以下的罚款。

4. 纳税人逃避税务机关追缴欠税行为的法律责任

纳税人欠缴应纳税款，采取转移或者隐匿财产等手段，妨碍税务机关追缴欠缴的税款的，由税务机关追缴欠缴的税款、滞纳金，并处欠缴税款50%以上5倍以下的罚款；构成犯罪的，依法追究刑事责任。

5. 纳税人骗取出口退税行为的法律责任

以假报出口或者其他欺骗手段，骗取国家出口退税款的，由税务机关追缴其骗取的退税款，并处骗取税款1倍以上5倍以下的罚款；构成犯罪的，依法追究刑事责任。对骗取国家出口退税款的，税务机关可以在规定期间内停止为其办理出口退税。

6. 纳税人抗税行为的法律责任

以暴力、威胁方法拒不缴纳税款的，是抗税，除由税务机关追缴其拒缴的税款、滞纳金外，依法追究刑事责任。情节轻微，未构成犯罪的，由税务机关追缴其拒缴的税款、滞纳金，并处拒缴税款1倍以上5倍以下的罚款。

纳税人、扣缴义务人在规定期限内不缴或者少缴应纳或者应解缴的税款，经税务机关责令限期缴纳，逾期仍未缴纳的，税务机关除采取强制执行措施追缴其不缴或者少缴的税款外，可以处不缴或者少缴的税款50%以上5倍以下的罚款。

纳税人、扣缴义务人逃避、拒绝或者以其他方式阻挠税务机关检查的，由税务机关责令改正，可以处1万元以下的罚款；情节严重的，处1万元以上5万元以下的罚款。

（二）税务代理人违反税法行为的法律责任

税务代理人超越代理权限，违反税收法律、行政法规，造成纳税人未缴或者少缴税款的，除由纳税人缴纳或者补缴应纳税款、滞纳金外，对税务代理人处以 2 000 元以下的罚款。

二、违反税法的刑事责任

（一）逃避缴纳税款罪

2009 年 2 月 28 日第十一届全国人民代表大会常务委员会第七次会议通过了《中华人民共和国刑法修正案（七）》，逃避缴纳税款罪取代了原来的偷税罪，“偷税”不再作为一个刑法概念存在。

《刑法》第 201 条规定，纳税人采取欺骗、隐瞒手段进行虚假纳税申报或者不申报，逃避缴纳税款数额较大并且占应纳税额 10% 以上的，构成逃避缴纳税款罪。对犯罪的，由税务机关追缴其拒缴的税款、滞纳金，处 3 年以下有期徒刑或者拘役，并处罚金；数额巨大并且占应纳税额 30% 以上的，处 3 年以上 7 年以下有期徒刑，并处罚金。

扣缴义务人采取前款所列手段，不缴或者少缴已扣、已收税款，数额较大的，依照前款的规定处罚。

对多次实施前两款行为，未经处理的，按照累计数额计算。

有第一种行为，经税务机关依法下达追缴通知后，补缴应纳税款，缴纳滞纳金，已受行政处罚的，不予追究刑事责任，但是，5 年内因逃避缴纳税款受过刑事处罚或者被税务机关给予两次以上行政处罚的除外。

单位犯本罪的，对单位判处罚金，并对直接负责的主管人员和其他直接责任人员依照上述规定处罚。

（二）抗税罪

抗税罪是指纳税义务人、扣缴义务人以暴力、威胁手段拒不缴纳税款的行为。逃避缴纳税款罪与抗税罪的区别有以下几点：

1. 主体不同。逃避缴纳税款罪的主体为个人和单位，而抗税罪的主体为个人。

2. 侵犯客体不同。逃避缴纳税款罪侵犯的是国家税收管理秩序；而抗税罪侵犯的是复杂客体，既侵犯了国家税收管理秩序，又侵犯了他人的人身权利。

3. 客观表现不同。逃避缴纳税款罪表现为采取虚假手段，欺骗税务机关，使其认为已全部缴纳税款；抗税罪则是在税务机关在向其依法征税时使用暴力、威胁手段拒不缴纳税款。

抗税罪处 3 年以下有期徒刑或者拘役，并处拒缴税款 1 倍以上 5 倍以下罚金；情节严重的，处 3 年以上 7 年以下有期徒刑，并处拒缴税款 1 倍以上 5 倍以下罚金。

以暴力方法抗税，致人重伤或者死亡，构成伤害罪或杀人罪，依法律规定，应择一重罪处罚。

（三）逃避追缴欠税款罪

逃避追缴欠税款罪是指纳税人采取转移或者隐匿财产等手段，使税务机关无法追缴纳税人所欠缴的税款，数额在 1 万元以上的行为。

逃避追缴欠税款罪与偷税罪的区分：偷税罪是指纳税人采取非法手段，向税务机关隐匿其应纳税数额，使税务机关不知其应纳税额；逃避追缴欠税款罪则是纳税人欠缴税款已被税务机关掌握，纳税人也承认，但隐瞒其纳税能力，并转移、隐匿财产，致使税务机关客观上无法追缴其欠税款。

逃避追缴欠税款使税务机关无法追缴欠缴的税款数额在 1 万元以上不满 10 万元的，处 3 年以下有期徒刑或者拘役，并处或单处欠缴税款 1 倍以上 5 倍以下罚金；数额在 10 万元以上的，处 3 年以上 7 年以下有期徒刑，并处欠缴税款 1 倍以上 5 倍以下罚金。

单位犯本罪的，对单位判处罚金，并对其直接负责的主管人员和其他直接责任人员依照上述规定处罚。

被判处罚金的，在执行前，应当先由税务机关追缴税款。

（四）骗取出口退税罪

骗取出口退税罪是指以假报出口或者其他欺骗手段骗取国家出口退税款，数额较大的行为。以假报出口或者其他欺骗手段，骗取国家出口退税款，数额较大的，处 5 年以下有期徒刑或者拘役，并处骗取税款 1 倍以上 5 倍以下罚金；数额巨大或者有其他严重情节的，处 5 年以上 10 年以下有期徒刑，并处骗取税款 1 倍以上 5 倍以下罚金；数额特别巨大或者有其他特别严重情节的，处 10 年以上有期徒刑或者无期徒刑，并处骗取税款 1 倍以上 5 倍以下罚金或者没收财产。

纳税人缴纳税款后，采取上述欺骗方法，骗取所缴纳的税款的，依照《刑法》第 201 条的规定构成逃避缴纳税款罪的，按逃避缴纳税款罪处罚；骗取税款超过所缴纳的税款部分，依照本罪的规定处罚。

单位犯本罪的，对单位判处罚金，并对其直接负责的主管人员和其他直接责任人员依照上述规定处罚。

被判处罚金、没收财产的，在执行前，应当先由税务机关追缴其所骗取的出口退税款。

（五）虚开增值税专用发票、用于骗取出口退税、抵扣税款发票罪

虚开增值税专用发票、用于骗取出口退税、抵扣税款发票罪是指虚开增值税专用发票或者虚开用于骗取出口退税、抵扣税款的其他发票的行为。有为他人虚开、为自己虚开、让他人为自己虚开、介绍他人虚开上述专用发票行为之一的，即构成虚开增值税专用发票、用于骗取出口退税、抵扣税款发票罪。

虚开增值税专用发票或者虚开用于骗取出口退税、抵扣税款的其他发票的，处 3 年以下有期徒刑或者拘役，并处 2 万元以上 20 万元以下罚金；虚开的税款数额较大或者有其他严重情节的，处 3 年以上 10 年以下有期徒刑，并处 5 万元以上 50 万元以下罚金；虚开的税款数额巨大或者有其他特别严重情节的，处 10 年以上有期徒刑或者无期徒刑，并处 5 万元以上 50 万元以下罚金或者没收财产。

有上述行为骗取国家税款，数额特别巨大，情节特别严重，给国家利益造成特别重大损失的，处无期徒刑或者死刑，并处没收财产。

单位犯本罪的，对单位判处罚金，并对其直接负责的主管人员和其他直接责任人员处 3 年以下有期徒刑或者拘役；虚开的税款数额较大或者有其他严重情节的，处 3 年以上 10 年以下有期徒刑；虚开的税款数额巨大或者有其他特别严重情节的，处 10 年以上有期徒刑或者无期徒刑。

被判处罚金、没收财产的，在执行前，应当先由税务机关追缴税款和所骗取的出口退税款。

（六）伪造、出售伪造的增值税专用发票罪

伪造、出售伪造的增值税专用发票罪是指违反国家发票管理法规，仿照增值税专用发票的内容、纸张、形状、图案等样式，使用各种方法，非法制造假增值税专用发票，冒充真发票，或者出售伪造的增值税专用发票的行为。

伪造或者出售伪造的增值税专用发票的，处 3 年以下有期徒刑、拘役或者管制，并处 2 万元以上 20 万元以下罚金；数额较大或者有其他严重情节的，处 3 年以上 10 年以下有期徒刑，并处 5 万元以上 50 万元以下罚金；数额巨大或者有其他特别严重情节的，处 10 年以上有期徒刑或者无期徒刑，并处 5 万元以上 50 万元以下罚金或者没收财产。

伪造并出售伪造的增值税专用发票，数额特别巨大，情节特别严重，严重破坏经济秩序的，处无期徒刑或者死刑，并处没收财产。

单位犯本罪的，对单位判处罚金，并对其直接负责的主管人员和其他直接责任人员处 3 年以下有期徒刑、拘役或者管制；数额较大或者有其他严重情节的，处 3 年以上 10 年以下有期徒刑；数额巨大或者有其他特别严重情节的，处 10 年以上有期徒刑或者无期徒刑。

（七）非法出售增值税专用发票罪

非法出售增值税专用发票罪是指违反国家发票管理法规，非法出售增值税专用发票的行为。非法出售增值税专用发票的，处 3 年以下有期徒刑、拘役或者管制，并处 2 万元以上 20 万元以下罚金；数额较大的，处 3 年以上 10 年以下有期徒刑，并处 5 万元以上 50 万元以下罚金；数额巨大的，处 10 年以上有期徒刑或者无期徒刑，并处 5 万元以上 50 万元以下罚金或者没收财产。

单位犯本罪的，对单位判处罚金，并对其直接负责的主管人员和其他直接责任人员依照上述规定处罚。

（八）非法购买增值税专用发票、购买伪造的增值税专用发票罪

非法购买增值税专用发票、购买伪造的增值税专用发票罪是指违反发票管理法规，非法购买增值税专用发票或者购买伪造的增值税专用发票的行为。

非法购买增值税专用发票或者购买伪造的增值税专用发票的，处 5 年以下有期徒刑或者拘役，并处或者单处 2 万元以上 20 万元以下罚金。

单位犯本罪的，对单位判处罚金，并对其直接负责的主管人员和其他直接责任人员依照上述规定处罚。

非法购买增值税专用发票或者购买伪造的增值税专用发票又虚开或者出售的，分别依照《刑法》第 205 条、第 206 条、第 207 条的规定定罪处罚。

（九）非法制造、出售非法制造的用于骗取出口退税、抵扣税款发票罪

非法制造、出售非法制造的用于骗取出口退税、抵扣税款发票罪是指伪造、擅自制造或者出售伪造、擅自制造的可以用于骗取出口退税、抵扣税款的其他发票的行为。其他发票特指除增值税专用发票以外的发票，具有同增值税专用发票相同功能的，可以用于骗取出口退税、抵扣税款的发票。

伪造、擅自制造或者出售伪造、擅自制造的可以用于骗取出口退税、抵扣税款的其他发票的，处 3 年以下有期徒刑、拘役或者管制，并处 2 万元以上 20 万元以下罚金；数额较大的，处 3 年以上 7 年以下有期徒刑，并处 5 万元以上 50 万元以下罚金；数额特别巨大的，处 7 年以上有期徒刑，并处 5 万元以上 50 万元以下罚金或者没收财产。

单位犯本罪的，对单位判处罚金，并对其直接负责的主管人员和其他直接责任人员依照上述规定处罚。

（十）非法制造、出售非法制造的发票罪

非法制造、出售非法制造的发票罪是指伪造、擅自制造或者出售伪造、擅自制造其他发票的行为。

伪造、擅自制造或者出售伪造、擅自制造其他发票的，处 2 年以下有期徒刑、拘役或者管制，并处或者单处 1 万元以上 5 万元以下罚金；情节严重的，处 2 年以上 7 年以下有期徒刑，并处 5 万元以上 50 万元以下罚金。

单位犯本罪的，对单位判处罚金，并对其直接负责的主管人员和其他直接责任人员依照上述规定处罚。

（十一）非法出售用于骗取出口退税、抵扣税款发票罪

非法出售用于骗取出口退税、抵扣税款发票罪是指非法出售可以用于骗取出口退税、抵扣税款的其他发票的行为。

根据《刑法》第 209 条第 3 款的规定，非法出售可以用于骗取出口退税、抵扣税款的其他发票的，处 3 年以下有期徒刑、拘役或者管制，并处 2 万元以上 20 万元以下罚金；数额巨大的，处 3 年以上 7 年以下有期徒刑，并处 5 万元以上 50 万元以下罚金；数额特别巨大的，处 7 年以上有期徒刑，并处 5 万元以上 50 万元以下罚金或者没收财产。

单位犯本罪的，对单位判处罚金，并对其直接负责的主管人员和其他直接责任人员依照上述规定处罚。

（十二）非法出售发票罪

非法出售《刑法》第 209 条第 3 款规定以外的其他发票的，处 2 年以下有期徒刑、拘役或者管制，并处或者单处 1 万元以上 5 万元以下罚金；情节严重的，处 2 年以上 7 年以下有期徒刑，并处 5 万元以上 50 万元以下罚金。

单位犯本罪的，对单位判处罚金，并对其直接负责的主管人员和其他直接责任人员依照上述规定处罚。

盗窃增值税专用发票或者可以用于骗取出口退税、抵扣税款的其他发票的，按盗窃罪处罚；使用欺骗手段骗取增值税专用发票或者可以用于骗取出口退税、抵扣税款的其他发票的，按诈骗罪处罚。

另外，《刑法》对税务机关工作人员职务犯罪也做了规定。税务机关的工作人员徇私舞弊，不征或者少征应征税款，致使国家税收遭受重大损失的，处 5 年以下有期徒刑或者拘役；造成特别重大损失的，处 5 年以上有期徒刑。税务机关的工作人员违反法律、行政法规的规定，在办理发售发票、抵扣税款、出口退税工作中，徇私舞弊，致使国家利益遭受重大损失的，处 5 年以下有期徒刑或者拘役；致使国家利益遭受特别重大损失的，处 5 年以上有期徒刑。

练习题

一、单项选择题

1. 纳税人、扣缴义务人的开户银行或者其他金融机构拒绝配合税务机关行政执法，造成税款流失的，由税务机关处（　　）的罚款；对直接负责的主管人员和其他直接责任人员，处 1 000 元以上 10 000 元以下的罚款。

A.1 万元以上 5 万元以下　　　B.2 万元以上 10 万元以下

C.5 万元以上 10 万元以下　　　D.10 万元以上 50 万元以下

2. 纳税人、扣缴义务人编造虚假计税依据的，由税务机关责令限期改正，(　　)。

A. 并处 5 万元以下罚款

B. 逾期不改正的，可处 5 万元以下罚款

C. 造成偷税的，可处 5 万元以下罚款

D. 并处少缴税款 50% 以上 5 倍以下罚款

3. 从事生产、经营的纳税人、扣缴义务人应自领取营业执照之日起(　　)日内，按照规定设置账簿，根据合法有效凭证记账，进行核算。

A.7　　　B.10

C.15　　　D.30

4. 被吊销营业执照的纳税人，应自被吊销营业执照之日起(　　)日内向原登记税务机关申报办理注销税务登记。

A.7　　　B.10

C.15　　　D.30

5.《税收征管法实施细则》属于(　　)。

A. 税收法律　　　B. 税收行政法规

C. 税收授权立法　　　D. 税收部门规章

6. 除法律、行政法规另有规定外，从事生产、经营的纳税人、扣缴义务人的账簿、记账凭证、完税凭证及其他有关资料应当保存(　　)年。

A.5　　　B.8

C.10　　　D.15

7. 下列各项中，按照《税收征管法》及《税务登记管理办法》的规定，不承担税务登记义务的是(　　)。

A. 依法负有代扣代缴税款义务的单位

B. 临时从事生产经营活动的个体工商户

C. 企业在本地设立的非独立核算的分支机构

D. 不从事生产、经营，但依法负有纳税义务的单位

8. 发票的存放和保管应按税务机关的规定办理，不得丢失和擅自损

毁。已经开具的发票存根联和发票登记簿，应当保存（ ）年。

A.1　　B.2

C.5　　D.10

9. 下列各项中，不符合《税收征管法》有关规定的是（ ）。

A. 采取税收保全措施时，冻结的存款以纳税人应纳税款的数额为限

B. 采取税收强制执行的措施时，被执行人未缴纳的滞纳金必须同时执行

C. 税收强制执行的适用范围不仅限于从事生产经营的纳税人，也包括扣缴义务人

D. 税收保全措施的适用范围不仅限于从事生产经营的纳税人，也包括扣缴义务人

10. 纳税人因有特殊困难，不能按期缴纳税款的，经（ ）批准，可以延期缴纳税款，但最长不得超过 3 个月。

A. 国家税务总局

B. 省、自治区、直辖市税务局

C. 地（市）税务局

D. 县税务局

11. 纳税人、扣缴义务人未按规定的期限缴纳或者解缴税款的，税务机关除责令限期缴纳外，从滞纳税款之日起，按日加收滞纳税款（ ）的滞纳金。

A.5‰　　B.2‰

C.5‱　　D.1‰

12. 下列各项中，符合《税收征管法》延期缴纳税款规定的是（ ）。

A. 延期期限最长不得超过 6 个月，同一笔税款不得滚动审批

B. 延期期限最长不得超过 3 个月，同一笔税款不得滚动审批

C. 延期期限最长不得超过 6 个月，同一笔税款经审批可再延期一次

D. 延期期限最长不得超过 3 个月，同一笔税款经审批可再延期一次

13. 税收保全措施的适用范围是（　　）。

A. 从事生产、经营的纳税人

B. 非从事生产、经营的纳税人

C. 扣缴义务人

D. 纳税担保人

14. 纳税人自结算缴纳税款之日起 3 年内发现超过应纳税额缴纳的税款，可以向税务机关要求退还（　　）。

A. 多缴税款、滞纳金

B. 多缴税款

C. 多缴税款并加算同期存款利息

D. 多缴税款并提出赔偿申请

15. 因纳税人、扣缴义务人计算等失误，未缴或者少缴税款的，税务机关在 3 年内可以追征税款、滞纳金；有特殊情况的，可（　　）。

A. 只追征税款不加收滞纳金

B. 将追征期延长到 10 年

C. 将追征期延长到 5 年

D. 处以 2 000 元以上 10 000 元以下的罚款

16. 扣缴义务人未按规定期限向税务机关报送代扣代缴、代收代缴税款报告表的，由税务机关责令限期改正，可处（　　）罚款；逾期不改正的，处以（　　）罚款。

A.1 000 元以下，1 000~5 000 元

B.2 000 元以下，2 000~5 000 元

C.2 000 元以下，2 000~10 000 元

D.5 000 元以下，5 000~20 000 元

17. 纳税人有（　　）的税务违法行为，经税务机关提请，由工商行政管理机关吊销其营业执照。

A. 未在规定期限内申请办理税务登记

B. 未按规定使用税务登记证件

C. 不办理税务登记，经税务机关责令限期改正，逾期仍不改正

D. 伪造税务登记证件

18. 依据《刑法》，自然人和没有出口退税权的单位骗取国家出口退

税的，以（　　）论处。

A. 诈骗罪　　　　B. 偷税罪

C. 骗取出口退税罪　　　　D. 骗税罪

19. 抗税罪的犯罪主体只能是（　　）。

A. 自然人　　　　B. 公司

C. 事业单位　　　　D. 社会团体

二、多项选择题

1. 注销税务登记的适用范围包括（　　）。

A. 被吊销营业执照

B. 资不抵债破产

C. 改变隶属关系或经营地址

D. 纳税人经营地址迁移而脱离原主管税务机关的管辖区

2.《税收征管法》赋予税务机关的检查权限包括（　　）。

A. 查账权　　　　B. 生产、经营场地调查权

C. 询问权　　　　D. 查处税收违法案件

3. 构成逃避追缴欠税罪应同时具备（　　）条件。

A. 有欠税的事实存在

B. 行为人为了不缴纳欠缴的税款实施了转移或者隐匿财产的行为

C. 由于行为人的转移或隐匿行为致使税务机关无法追缴到其欠缴的税款

D. 税务机关无法追缴的欠税数额达到了 1 万元以上

4. 税务机关在发票检查中享有的职权有（　　）。

A. 借用发票填写

B. 调出发票查验

C. 查阅、复制与发票有关的凭证、资料

D. 向当事各方询问与发票有关的问题和情况

5.《税收征管法》规定的纳税申报方式是（　　）。

A. 直接申报　　　　B. 邮寄申报

C. 电话申报　　　　D. 数据电文申报

6. 税务机关采取的税款征收方式主要有（　　）。

A. 查账征收　　　　B. 查定征收

C. 查验征收　　　　　　　　　D. 定期定额征收

7. 下列情形中，税务机关有权核定纳税人应纳税额的有（　　）。

A. 擅自销毁账簿或者拒不提供纳税资料的

B. 依照法律、行政法规应当设置但未设置账簿的

C. 依照法律、行政法规的规定可以不设置账簿的

D. 依照法律、行政法规的规定可以不办理税务登记的

8. 下列各项中，不适用《税收征管法》的有（　　）。

A. 契税　　　　　　　　　B. 关税

C. 车辆购置税　　　　　　　D. 教育费附加

9. 税务机关按《税收征管法》第 38 条采取税收保全措施时，应当符合（　　）。

A. 纳税人有欠税的行为

B. 纳税人有逃避纳税义务的行为

C. 必须是在规定的纳税期之前和责令限期缴纳应纳税款的限期内

D. 必须是在规定的纳税期届满和责令限期缴纳应纳税款的限期后

10. 税务机关依法责成纳税人提供纳税担保时，如果纳税人不能提供纳税担保，经县以上税务局（分局）局长批准，税务机关可以采取（　　）税收保全措施。

A. 书面通知纳税人开户银行或者其他金融机构冻结纳税人的金额相当于应纳税款的存款

B. 扣押、查封纳税人的价值相当于应纳税款的商品、货物或者其他财产

C. 扣押、查封纳税人个人（法人代表）相当于应纳税款的生活用品

D. 提请公安机关给予行政拘留

11. 关于税款征收，下列表述正确的有（　　）。

A. 税款优先于担保债权

B. 税款优先于无担保债权

C. 税款优先于罚款、没收违法所得

D. 税款优先于抵押权、质权、留置权执行

12. 税务部门启动“多证合一”登记制度，是指企业分别由工商行

政管理部门、质量技术监督部门以及税务部门核发的（　　），改为一次申请，由工商行政管理部门核发一个加载法人和其他组织统一社会信用代码的营业执照的登记制度。

A. 营业执照　　B. 组织机构代码证

C. 税务登记证　　D. 安全许可证

13. 逃避缴纳税款罪与抗税罪的主要区别有（　　）。

A. 主体不同　　B. 侵犯客体不同

C. 客观表现不同　　D. 内容不同

14. 下列各项中，属于虚开增值税专用发票的行为有（　　）。

A. 为他人虚开　　B. 为自己虚开

C. 让他人为自己虚开　　D. 介绍他人虚开

三、判断题

1. 凡依法由税务机关征收的各种税收以及关税、船舶吨税及海关代征税收的征收管理，均适用《税收征管法》。（　　）

2. 从事生产经营的纳税人应当自领取营业执照之日起 15 日内，将其财务会计制度或者财务会计处理办法报送税务机关备案。（　　）

3. 企业法人的分支机构不得为纳税保证人。企业法人的职能部门有法人书面授权的，可以在授权范围内提供纳税担保。（　　）

4. 采取紧急的强制措施时，无须报县以上税务局（分局）局长批准。（　　）

5. 纳税人申请减税应向主管税务机关提出书面申请，并按照规定附送有关资料，由主管税务机关报有权审批的税务机关审批，而不得直接向有权审批的税务机关提出申请。（　　）

6. 纳税人在税务机关采取税收保全措施后，按照税务机关规定的期限缴纳税款的，税务机关应当自收到税款或银行转回的完税凭证之时起 24 小时内解除税收保全。（　　）

7. 纳税人发生解散、破产、撤销以及其他情形，依法终止纳税义务的，应当自工商行政管理机关办理注销之日起 30 日内，持有关证件向原税务登记管理机关申报办理注销税务登记。（　　）

8. 无论是纳税人合并，还是纳税人分立，纳税人均应当向税务机关报告，并依法缴清税款。（　　）

9. 税务机关派出的人员进行税务检查时，因故未出示税务检查证和税务检查通知书的，被检查人不得拒绝税务机关的检查。（　　）

10. 纳税人未按照规定使用税务登记证件，或者转借、涂改，损毁、买卖、伪造税务登记证件的，处 2 000 元以上 10 000 元以下的罚款；情节严重的，处 1 万元以上 5 万元以下的罚款。（　　）

11. 纳税人、扣缴义务人逃避、拒绝或者以其他方式阻挠税务机关检查的，由税务机关责令改正，可以处 1 万元以下的罚款；情节严重的，处 1 万元以上 5 万以下的罚款。（　　）

四、综合题

1. 某市税务稽查局在开展的专项执法检查中，发现以下问题：

（1）甲公司于 2018 年 6 月 20 日领取营业执照，于 8 月 10 日接到税务机关通知，责令甲公司于 8 月 15 日之前办理税务登记。甲公司认为自己尚未开业，未予理睬。8 月 22 日，主管税务机关提请工商行政管理部门吊销甲公司的营业执照。无奈，甲公司于 8 月 23 日补充完成税务登记手续，被认定为一般纳税人。

（2）由于公司一直未经营，经董事长同意，将税务登记证件转借给乙公司使用，被主管税务机关处以 0.7 万元的罚款。

（3）2018 年 9 月 18 日甲公司正式经营，对个人消费者出售产品，并开出增值税专用发票。

（4）2018 年 10 月 15 日，甲公司准备内部装修，申请停业登记时，主管税务机关要求甲公司先办理年度所得税纳税申报。甲公司认为自己经营不足一年，又未营利拒绝办理。

（5）2018 年 12 月 5 日主管税务机关对甲公司再次检查时，重点进行发票使用情况检查。发现甲公司 2018 年 9 月份开出的发票存根联部分已销毁，同时发现甲公司在规定的纳税期限内将部分货款提前转移到股东个人账户上，有逃避纳税义务的行为。经主管税务机关主持工作的常务副局长批准（局长在外地开会），书面通知甲公司开户银行冻结存款。同时，还发现甲公司在内部装修期间，一直未停止营业，但销售的产品收入一直未交税。税务机关要求其补交税款，该公司董事长以武力拒交，情节严重。有人认为其构成逃避缴纳税款罪，有人认为其构成抗税罪。

要求：（1）税务机关提请工商行政管理机关吊销甲公司营业执照是否正确？甲公司申请税务登记应提供哪些资料？

（2）税务机关对甲公司处以 0.7 万元的罚款是否正确？

（3）2018 年 9 月，甲公司增值税专用发票的使用是否正确？

（4）甲公司是否应办理 2018 年企业所得税纳税申报？

（5）税务机关冻结甲公司银行存款的行为属于采取什么措施？程序是否正确？甲公司发票存根联的保存是否正确？

（6）税务机关做出补征税款的决定是否正确？甲公司董事长的行为属于什么性质？

（7）逃避缴纳税款罪与抗税罪的区别有哪些？

2. 某基层税务所 2018 年 8 月 15 日在实施日常税务稽查工作中发现，辖区内某私营企业自 2018 年 5 月 10 日办理工商营业执照以来，一直没有办理税务登记，也没有申报纳税。根据检查情况，该企业应纳税 1 800 元。税务所于 8 月 30 日做出下列处理决定：责令纳税人在 9 月 10 日前申报办理税务登记，处 1 000 元罚款，补缴税款、加收滞纳金，并补缴税款 1 倍的罚款。

要求：税务所的处理是否正确？为什么？

3. 某县税务局直属分局个体所在税务检查中发现，某饭店新增了营业项目，但未办理税务登记变更手续，于是下发了“限期改正通知书”，责令其限期改正。该饭店经营者认为，虽然增加了经营项目，但店名没有改变，也未到工商行政管理部门办理变更登记，因此不应办理变更登记。

要求：你认为该直属分局个体所的做法正确吗？依据何在？

4. 某公司开业并办理了税务登记。两个月后的一天，税务机关发来一份税务处理通知书，称该公司未按规定期限办理纳税申报（纳税期为每月 1—10 日）并处罚款。公司经理对此很不理解，跑到税务局辩称，该公司虽已开业两个月且已按规定办理了税务登记，但尚未做成一笔生意，没有任何收入，又如何办理纳税申报呢？

要求：该公司的做法有无错误？如有错误，错在哪里？应如何处理？